オーナーたちのプロ野球史

鉄道・新聞・映画・食品・ＩＴなど58社の興亡

中川右介

朝日文庫

本書は二〇二一年十月、日本実業出版社より刊行された『プロ野球「経営」全史　球団オーナー55社の興亡』を加筆、改題したものです。図表は、すべて新しく作り直しました。

はじめに

この本は、プロ野球史を「親会社」の視点から描くものだ。したがって、野球の本でありながら、名選手・名監督・名勝負・伝説の名試合も出てこない。プロ野球球団を経営したオーナーと、その企業を主人公にした野球史の本である。

日本野球機構（NPB）加盟のプロ球団は一二（ファームのイースタン・リーグとウエスタン・リーグのみに加盟する球団は除く）だが、これまでに合併や身売りもあるので、球団の親会社となった企業は、ネーミングライツも含めれば、五八社になる。なかには一年に満たずに撤退したところもあるが、歴史に名は残っている。

一九三六年に日本職業野球連盟が発足したときに加盟したのは七球団で、その親会社は鉄道会社が三、新聞社が四だった。この二業種しかなかった。現在は鉄道会社と新聞社が各二、食品メーカーが三、情報・ネット関係が三、金融、自動車メーカーが各一（マツダは厳密には広島東洋カープの親会社ではないが）となる。一二チームだが親会社の業種としては六しかない。偏りがあるのだ。

これまでにプロ野球に参画しながらも全て撤退したのが映画会社で、大映、東映、松竹の三社が球団を持っていたのに、いまは一社も残っていない。食品メーカーでは、最初に球団を持った大洋漁業が手放し、一方で日本ハムが参入するなど、日本人の食生活が魚から肉へと変わったことを象徴する。鉄道会社もかつては関西五大民鉄のうち、京阪を除く四社、阪神、阪急、南海、近鉄が球団を持っていたが、阪神以外は撤退した。国鉄や東急、西鉄、一年だけだが名鉄も球団を持っていた時期がある。新聞社も、毎日新聞、産経新聞がいったんは持ちながらも撤退した。

撤退する業種がある一方、情報通信に関する事業をしている、いわゆるネット関連企業が現在は三社が参入している。元気な業界がどこかが分かる。

一方、一九三六年から現在まで親会社が一貫しているのは阪神タイガースだけだ（阪急と経営統合してはいるが）。最初の球団とされる巨人軍は実は経営母体は一貫していない。三六年の東京巨人軍の経営母体は、株主のなかに正力松太郎の名はあるが読売新聞社はなく、筆頭株主は京成電鉄の社長だった。巨人軍が読売新聞社の子会社に経営が移管されるのは戦後なのだ。またプロ野球が始まるよりも前に建てられ、現在まで現役の球場として使用されているのは、阪神甲子園球場のみである。

本書は基本的には時間軸に沿って、どの企業・どの人物がプロ野球に参画し撤退していったかの歴史をたどる。そこから、この一世紀弱の日本社会の変遷も見ていこうという企てである。

長い歴史物語は、明治の初め、アメリカへ留学した鉄道技師がボールとグローブを携えて帰国した話から始まる。そこから「初の職業野球のチーム」結成まで、日本社会は半世紀近くを必要とした。明治初期から昭和初期まで、野球と鉄道と新聞とは並行して発展し、この三者が出会うことで、「プロ野球」は誕生する。

オーナーたちのなかには野球を愛した者もいれば、何の興味も持たない者もいた。華族もいれば戦後成金もいた。球団を持つ目的も、営利事業のひとつ、自社の宣伝、顧客サービス、社員が一体になるため、成り行き、などさまざまである。撤退した企業も多いが、そのなかで経営破綻したのは、偶然にも、大映とダイエーである。

歴史物語として、紳士録として、産業興亡史として、お楽しみいただきたい。

追記
二〇二一年一〇月に本書が刊行されてからの三年間に、球団の身売りも新球団の加盟もなかったので大きな加筆はないが、細かい修正と加筆をした。図版は文庫の判型に合わせてダウンサイジングすると、文字が小さくなり読めないので、すべて新たに作り変えた。

オーナー一覧（登場順、ただし一部の一族はまとめてある）

平岡凞　新橋アスレチック倶楽部創設者
河野安通志　日本運動協会（芝浦協会）と宝塚運動協会、後楽園イーグルス創設者
野呂辰之助　天勝一座支配人、天勝野球団創設者
小林一三　阪急グループ創業者、宝塚運動協会後援者、阪急軍（→阪急ブレーブス）創設者
野田誠三　甲子園球場設計者、阪神電鉄社長、阪神タイガース三代目オーナー
正力松太郎　読売新聞社社主、日本テレビ創業者、読売巨人軍オーナー
大隈信常　大日本東京野球倶楽部（巨人軍）初代オーナー、日本職業野球連盟初代総裁
松方正雄　大阪野球倶楽部（タイガース）初代オーナー、日本職業野球連盟副総裁
有馬頼寧　伯爵、東京セネタース（→翼軍→大洋軍）オーナー
大島一郎　新愛知新聞社社長、中部日本新聞社社長、名古屋軍オーナー
田中斎　新愛知新聞編集局長、國民新聞代表取締役、名古屋軍専務、大東京軍専務
鈴木龍二　國民新聞社会部長、大東京軍常務、日本野球連盟会長、セ・リーグ会長
宮田光雄　警視総監、貴族院議員、大東京軍オーナー
森一兵　名古屋新聞社長、名古屋金鯱軍オーナー
押川清　後楽園イーグルス社長
大橋松雄　共同印刷専務、大東京軍オーナー
小林富次郎（二代目）　小林商店（ライオン歯磨）社長、大東京軍（→ライオン軍）スポンサー
田村駒治郎（二代目）　田村駒社長、ライオン軍（→朝日軍→パシフィック→ロビンス）オーナー

高橋龍太郎　大日本麦酒社長、イーグルス、高橋ユニオンズオーナー
寺田甚吉　南海電鉄社長、南海軍（→近畿日本軍）オーナー
佐伯謙吉　大和工作所社長、大和軍オーナー
村上巧兒　西日本鉄道社長、西鉄軍オーナー
松根宗一　理研工業副社長、産業軍オーナー
赤嶺昌志　名古屋金鯱軍球団代表、「赤嶺派」を率いる
横澤三郎　セネタース創設者
西園寺公一　華族、セネタースオーナー（名義貸しだけとの説もある）
橋本三郎　田村駒工場長、ゴールドスター（→金星スターズ）創設者
吉村茂　南海電鉄社長、南海ホークスオーナー
杉山虎之助　中部日本新聞社社長、中部日本ドラゴンズオーナー
五島慶太　東急グループ総帥
宇高勲　宇高産業社長、宇高レッドソックスオーナー
土手潔　府中産業社長、結城ブレーブスオーナー
唐崎専彌　唐崎産業社長、唐崎クラウンオーナー
大塚幸之助　大塚製作所社長、大塚アスレチックスオーナー、金星スターズオーナー
永田雅一　大映社長、大映スターズ（→大映ユニオンズ→大毎オリオンズ→東京オリオンズ）オーナー
大谷竹次郎　松竹創業者
大川博　東急専務、東映社長、東急フライヤーズ（→東映フライヤーズ）オーナー
大川毅　東映取締役、東映フライヤーズオーナー
福島慎太郎　外交官、毎日オリオンズ球団社長

佐伯勇　近畿日本鉄道社長、近鉄パールス（近鉄バファロー→近鉄バファローズ）オーナー
西亦次郎　西日本鉄道社員、西鉄ライオンズオーナー
中部兼市　大洋漁業二代目社長、大洋ホエールズオーナー
中部謙吉　大洋漁業三代目社長、大洋ホエールズ二代目オーナー
中部新次郎　大洋漁業副社長、大洋ホエールズ（→横浜大洋ホエールズ）三代目オーナー
中部慶次郎　大洋漁業社長、横浜大洋ホエールズ（→横浜ベイスターズ）四代目オーナー
永野重雄　財界四天王のひとり、広島カープ創設時の球団会長
松田恒次　東洋工業（マツダ）社長、広島東洋カープオーナー
松田耕平　東洋工業（マツダ）社長、広島東洋カープ二代目オーナー
松田元　広島東洋カープ三代目オーナー
三浦義男　交通協力会会長、国鉄スワローズオーナー
水野成夫　産経新聞社社長、サンケイスワローズ（→サンケイアトムズ）オーナー
福田英雄　フジテレビ副社長、サンケイアトムズオーナー
松園尚己　ヤクルト本社社長、アトムズ（→ヤクルトスワローズ）オーナー
松園直已　ヤクルト本社副会長、ヤクルトスワローズ三代目オーナー
重光武雄　ロッテ創業者、ロッテオリオンズオーナー
中村長芳　岸信介秘書、ロッテオリオンズオーナー、ライオンズオーナー
小宮山英蔵　平和相互銀行・太平洋クラブなどの創業者、ライオンズのスポンサー
西村昭孝　日拓グループ創業者、日拓ホームフライヤーズオーナー
大社義規　日本ハム創業者、日本ハムファイターズオーナー
桜井義晃　廣済堂グループ（クラウンガスライター）創業者、ライオンズのスポンサー

堤義明　西武鉄道グループ総帥、西武ライオンズオーナー
中内㓛　ダイエー創業者、福岡ダイエーホークスオーナー
川勝傳　南海電鉄社長、南海ホークスオーナー
吉村茂夫　南海電鉄社長、南海ホークスオーナー
小林公平　阪急電鉄会長、阪急ブレーブスオーナー
宮内義彦　オリックス社長、オリックス・ブレーブス（→オリックス・ブルーウェーブ→オリックス・バファローズ）オーナー
砂原幸雄　ＴＢＳ社長、横浜ベイスターズオーナー
正力亨　読売新聞グループ社主、読売巨人軍オーナー
務臺光雄　読売新聞社長、読売巨人軍の実質的オーナー
渡邉恒雄　読売新聞社長、読売巨人軍オーナー
久万俊二郎　阪神電鉄社長、阪神タイガースオーナー
三木谷浩史　楽天創業者、東北楽天ゴールデンイーグルスオーナー
孫正義　ソフトバンク創業者、福岡ソフトバンクホークスオーナー
杉山健博　阪急電鉄社長、阪神タイガースオーナー
春田真　ＤｅＮＡ会長、横浜ＤｅＮＡベイスターズオーナー
南場智子　ＤｅＮＡ創業者、横浜ＤｅＮＡベイスターズ二代目オーナー

※「オーナー」という肩書・役職ではない人物も含まれる。

オーナー（企業・個人）と球団

■運営会社 ●個人オーナー ▲スポンサー

（ ）は名称変更あるいは別名（地名の有無などは略）。アミのかかっている球団は現存するもの。

オーナー	球団
日本運動協会■	日本運動協会（芝浦協会）
天勝一座	天勝野球団
阪急電鉄	宝塚運動協会 阪急軍（阪急ブレーブス）
大日本東京野球倶楽部■	東京巨人軍
阪神電鉄	大阪タイガース（阪神軍、阪神タイガース）
新愛知新聞社	名古屋軍
名古屋新聞社	名古屋金鯱軍（大洋軍）
國民新聞社	大東京軍
有馬頼寧●	東京セネタース（翼軍、大洋軍）
西武鉄道（旧）	東京セネタース（翼軍）
後楽園スタヂアム	後楽園イーグルス
大橋一族●（共同印刷）	ライオン軍
小林商店▲	ライオン軍
田村駒治郎●（田村駒）	ライオン軍（朝日軍、パシフィック、太陽ロビンス、大陽ロビンス、松竹ロビンス）

オーナー	球団
南海電気鉄道	南海軍 南海ホークス
高橋龍太郎●（大日本麦酒、サッポロビール）（イーグルスでは▲）	イーグルス（黒鷲軍） 高橋ユニオンズ（トンボユニオンズ）
大和工作所	大和軍
理研工業	産業軍
西日本鉄道	西鉄軍 西鉄クリッパース（→西鉄ライオンズ）
近畿日本鉄道	近畿日本軍（近畿グレートリング） 近鉄パールス（近鉄バファローズ）
中部日本新聞社（→中日新聞社）	中日ドラゴンズ（名古屋ドラゴンズ）
橋本三郎●	ゴールドスター（金星スターズ）
横澤三郎●	セネタース
読売新聞社（読売興業→よみうり→読売巨人軍）	東京読売巨人軍（読売ジャイアンツ）
河野安通志●	東京カップス
東急電鉄	東急フライヤーズ 急映フライヤーズ
宇高産業	宇高レッドソックス
日本産業自動車	グリーンバーグ

府中産業	結城ブレーブス
唐崎産業	唐崎クラウン
大塚製作所・大塚幸之助	大塚アスレチックス 金星スターズ
熊谷組	熊谷レッドソックス
永田雅一●（大映）	大映球団 急映フライヤーズ 大映スターズ（大映ユニオンズ） 大毎オリオンズ（東京オリオンズ）
毎日新聞社	毎日オリオンズ（大毎オリオンズ、東京オリオンズ）
大洋漁業（→マルハ→マルハニチロ）	大洋ホエールズ（横浜ベイスターズ） 大洋松竹（洋松）ロビンス
松竹	松竹ロビンス 大洋松竹（洋松）ロビンス
西日本新聞社	西日本パイレーツ
国鉄球団■	国鉄スワローズ
名古屋鉄道	名古屋ドラゴンズ
トンボ鉛筆▲	トンボユニオンズ
広島野球倶楽部■	広島カープ
東映	東映フライヤーズ
広島カープ（→広島東洋カープ）■（株主・松田家）	広島カープ（広島東洋カープ）

産経新聞社	サンケイスワローズ（サンケイアトムズ、アトムズ）
ヤクルト本社	ヤクルトアトムズ（ヤクルトスワローズ）
ロッテ	ロッテオリオンズ（千葉ロッテマリーンズ）
福岡野球■（中村長芳●）	太平洋クラブライオンズ クラウンライターライオンズ
太平洋クラブ▲	太平洋クラブライオンズ
日拓ホーム	日拓ホームフライヤーズ
日本ハム	日本ハムファイターズ
クラウンガスライター（廣済堂）▲	クラウンライターライオンズ
西武鉄道グループ（西武ホールディングス）	西武ライオンズ
オリックス	オリックス・ブレーブス（オリックス・ブルーウェーブ、オリックス・バファローズ）
ダイエー	福岡ダイエーホークス
ＴＢＳ	横浜ベイスターズ
ソフトバンク	福岡ソフトバンクホークス
楽天	東北楽天ゴールデンイーグルス
ＤｅＮＡ	横浜ＤｅＮＡベイスターズ

オーナーたちのプロ野球史 ● 目次

オーナーたちのプロ野球史

鉄道・新聞・映画・食品・ＩＴなど58社の興亡

第 1 章

野球伝来は鉄道とともに

1871 - 1911

野球と鉄道——平岡凞

日本の野球の歴史は鉄道とともに始まった——と言える。鉄道会社を親会社に持つプロ野球チームは多いが、最初から野球と鉄道とは縁が深かったのだ。

球史に最初に登場するのは、平岡凞《ひらおかひろし》（一八五六～一九三四）である（この人物については、主として鈴木康允・酒井堅次著、『ベースボールと陸蒸気　日本で初めてカーブを投げた男・平岡凞』に拠る）。幕末の安政三年八月に生まれた。大河ドラマ『青天を衝け』に登場した、徳川慶喜の小姓・平岡円四郎は親戚にあたる。平岡家は、徳川家康が江戸入城した頃にはすでにその家臣だったという家柄だ。凞の父・庄七（代々、この名）は、箱館奉行の下役を務めていたが、御三卿のひとつ、田安徳川家の付家老に出世し、慶應四年の江戸城明け渡しに立ち会った。この政権交代劇の主役は倒幕側では西郷隆盛、幕府側では勝海舟となっているが、幕府側で実務を仕切ったのは平岡庄七だったという。平岡家は家康の江戸入城と、江戸城明け渡しの両方に関わったことになる。

維新後、庄七は断絶しかけていた清水徳川家の再興のため尽力した。その時の新政府の交渉相手が大隈重信で、庄七の交渉力を評価し、新政府の内務少丞《しょうじょう》に推挙した。

平岡庄七は新政府の役人となった。その息子・凞は明治維新の一八六八年、一二歳だった。父が不在がちなのをいいことに遊びまくっており、その将来が危ぶまれた。一八七一年（明治四）、清水家の若き当主が新政府の海外視察団の一員としてアメリカへ行くことになった。平岡が息子も同行させてくれないかと清水家に申し出ると、お家再興の功労者からの頼みなので快諾してくれ、その渡航費用まで出してくれた。

かくして平岡凞は一八七一年六月二三日（旧暦五月六日）に一五歳で私費留学生として渡米する。平岡たちを乗せるアメリカ号は横浜から出港した。新橋—横浜間に日本初の鉄道が正式開業するのはその翌年、一八七二年（明治五）一〇月（旧暦九月）のことだ。鉄道についての知識は徳川政権時代から日本に入ってきているが、営業開始は明治五年なので、平岡は走る蒸気機関車を見ないままアメリカへ渡った。

サンフランシスコに着いた平岡は、この黒く巨大な走る機械を目にして衝撃を受けたようだ。平岡はボストンの学校に入学することになっており、サンフランシスコから大陸横断鉄道で東へ向かった。ボストンでは教育家で知られるポイントン家に下宿し、九月に初等学校に入学した。四等から始めたが、成績優秀で半年後の七二年春に二等に進級した。このころ岩倉具視を代表とする使節団がアメリカに着き、平岡はその通訳をすることになり、伊藤博文ら政府高官たちと知り合えた。伊藤からは「これからは鉄道が重要だ、鉄道技師になって帰国してくれたら歓迎する」という旨を言われた。

平岡は一八七三年八月に初等学校を卒業し、技術専門学校のハイスクールへ進んだ。しかし校長が日本人である平岡をバカにするような態度をとり、さらに勉強の中身も基礎的なことばかりなので、ハイスクールは楽しくない。早く実用的なことを身に付けたい平岡は退屈していた。

この技術専門学校で、平岡はベースボールという楽しみを見つけた。クラスメートが放課後にベースボールをしていたので仲間に入れてもらったのだ。運動神経がよかったので、すぐにチームリーダーとなり、とくに投手として投げる球が速く、めったに打たれなかった。しかしベースボールは楽しかったが、学校はつまらないので三か月で中退した。下宿先のポイントン夫人は中退に驚いたが、鉄道関係の仕事をしたいという平岡の希望を理解し、鉄道車両メーカーのヒンクリー・ロコモティブ社の工員の仕事を世話してくれた。

工場に入ると平岡は次々と提案し、よく働いた。そのため同僚たちから浮いた存在にもなったらしいが、工員たちがベースボールをしているのに加わると、そのうまさが驚嘆され、会社のチームのレギュラーになった。「平岡選手」の誕生である。投手として、開発されたばかりの変化球、カーブを投げることもできた。

アメリカで全米プロ野球選手協会（National Association of Professional Base Ball Players ＝略称 NAPBBP）が結成されたのは、平岡がアメリカへやってきた一八七一年のことだった。当時のボストンにはレッドストッキングス（レッドソックスとは関係がない。現・アトランタブレーブス）というプロ・チームがあり、都市全体でベースボールが盛んだった。

平岡が勤務したボストンのヒンクリー・ロコモティブ社はそう大きな企業ではなかった。平岡という有能な日本人がいることは、すぐに鉄道業界に知れわたり、ニューハンプシャーのマンチェスター・ロコモティブ社に転じ、さらには、フィラデルフィアのボールドウィン・ロコモティブ社に勤務し、高山鉄道のための蒸気機関車の開発に携わった。機関車の開発・設計だけでなく、運転にも従事し、有能な鉄道技師となった。

平岡は一八七六年（明治九）六月に帰国した。彼がアメリカから日本に持ち帰ったのは、鉄道技術とベースボールとローラースケートだった。平岡は帰国時にボールとグローブを持ち帰り、最初は弟と遊んでいたが、訪ねて来る青年たちが興味を示すようになると、神田三崎町の練兵場でベースボールの真似事を始めた。

ベースボール伝来

日本にベースボールが伝えられたのは、平岡がアメリカへ留学している間の一八七二年（明治五）で、第一大学区第一番中学校（東京大学の前身のひとつ）のアメリカ人教師ホーレス・ウィルソンが、生徒たちに教えたのが最初とされる。欧米文化の多くが明治初期に「お雇い外国人」によって日本に伝えられたが、野球もそのひとつだった。

明治五年は、前述のように新橋—横浜間に鉄道が開業した年でもあり、日本野球史と鉄道史は同じ年に始まった。その翌年には北海道の開拓使仮学校（北海道大学の前身のひとつ）のアメリカ人教師、アルバート・G・ベーツが日本に赴任する際にバットとボールを持参し、生徒たちに教えた。最初にベースボールを知ったのは第一番中学校の生徒だが、最初に試合をしたのは北海道開拓使仮学校の生徒とされている。

平岡が日本にいない間に、日本野球の歴史は「学校」で「教育」のひとつとして始まっていた。

平岡が青年たちとベースボールに興じていた神田三崎町の練兵場は、東京開成学校のそばにあった。生徒たちは、自分たちよりもベースボールがうまい人たちがいるのに驚いた。

いつまでも遊んでいるわけにはいかないので、平岡はアメリカで知り合った伊藤博文を訪ねた。伊藤は工部卿になっており、平岡は工部省鉄道局に迎えられた。最初の勤務先は新橋工場である。

この鉄道局新橋工場時代の一八七八年（明治一一）に平岡が結成したのが、日本最初の野球チーム「新橋倶楽部」である。ニックネームを「アスレチッククラブ」としたので、「新橋アスレチック倶楽部」と呼ばれる。平岡が暮らしたフィラデルフィアにアスレチックスがあったので、そこからもらった。参加したのは新橋工場の工員や学生だった。

鉄道局は国鉄、いまのJRの前身だが、この新橋アスレチック倶楽部と後の国鉄スワローズとは直接の関係はない。

平岡は新橋停車場構内にグラウンドを作り、これを「保健場」と称した。アメリカにある「レクリエーション・パーク」を訳したもので、平岡が野球を娯楽と考えていたことが分かる。平岡はアメリカのスポーツ用品メーカーのスポルディングから用具を提供してもらった。アメリカでグローブやキャッチャーマスクを使用し始めた時期で、その最新の用具が贈られたのだ。平岡はユニフォームも作り、ベースボールとはこういうものだという見本を示した。

新橋アスレチック倶楽部に続いて、平岡の父が仕えていた田安徳川家の当主・徳川達《さと》孝《たか》が一八七九年にヘラクレス倶楽部を結成、さらに八四年には慶應義塾大学野球部の前身となる三田ベースボール倶楽部が結成された。一方、東大農学部の前身、駒場農学校にも野球チームができ、八二年に新橋アスレチック倶楽部と対戦し、これが日本初の対抗試合とされている。

新橋アスレチック倶楽部はいまの社会人野球に近い。工員たちの娯楽として始まり、メンバーは三〇名を超えていた。この歴史が長く続けば日本野球史は別の展開をしたかもしれないが、一八九〇年（明治二三）、平岡が鉄道局を辞めたのにともない新橋アスレチック倶楽部は解散した。

平岡は公務員には向かなかったようで、一八八六年（明治一九）に退職すると車両製造工場「匿名組合平岡工場」を創業した。平岡工場は小石川砲兵工廠の一部を借り受けて建てられた。ここは現在の東京ドームがあるあたりだ。

平岡の鉄道車両工場は成功した。平岡は趣味も広く、小唄、常磐津《ときわず》、清元《きよもと》、長唄、義太夫などをこなす人だった。市川團十郎家と縁が深い、当時は廃れていた河東節《かとうぶし》（浄瑠璃）の再興にも尽力したと伝えられている。

さまざまな分野に足跡を遺した平岡は、明治から大正になった一九一二年に引退し、三四年に七七歳で亡くなった。そして「日本野球の祖」として野球殿堂入りしている。その野球殿堂はかつての平岡工場所在地の近くにある東京ドームの中にある。

学生野球

最初にベースボールが伝来した第一番中学校は、学制が変化していくなかで、開成学校、東京開成学校、第一高等中学校、第一高等学校、東京帝国大学と名称や機構が変わっていく。旧制第一高等学校ベースボール部は一八七二年（明治五）を創設の年として活動し、その過程で「baseball」の日本語が「野球」となった。

「野球」と訳したのは正岡子規という俗説がある。子規が野球を好んでいたのは事実で、彼の幼名が「升《のぼる》」だったことから、「野球《ノ・ボール》」という雅号を思いつき、一八九〇年（明治二三）から使っていた。だがあくまで雅号であり、baseballの訳語と考えたわけではなさそうだ。

訳語として「野球」を考え出したのは、中馬庚《ちゅうまかのえ》（一八七〇～一九三二）とされる。中馬は鹿児島出身で、一八八七年（明治二〇）に第一高等中学校に入学、ベースボール部で二塁手として活躍した。一八九四年（明治二七）に「ベースボール部史」が出版されることになり、中馬が執筆を担い、ベースボールの訳語として「野球」と決めたのだ。中馬が子規の雅号「野球」を知っていたかどうかは確認できない。

第一高等中学校は同年に第一高等学校へと改称されたので、中馬が書いた部史は一八九五年（明治二八）二月に「一高野球部史」として刊行され、これが「野球」が活字になった最初とされている。中馬はさらに一八九七年（明治三〇）には『野球』という野球研究書も書いている。これが日本最古の野球専門書である。

中馬は東京帝国大学へ進むと、コーチ・監督として後進を育てた。卒業後は教育者として、鹿児島・新潟・秋田・徳島などの学校の校長を歴任した。

学生スポーツとしての野球は、明治二〇年代から三〇年代にかけて普及していった。一八八三年（明治一六）、青山学院大学の前身の東京英和学校、明治学院大学の前身のひとつ波羅《バラ》大学、東大の前身のひとつ工部大学校に、それぞれ野球部が創設された。

慶應義塾に野球部が創設されるのは一八八八年（明治二一）だった。前述の三田ベースボール倶楽部が前身だ。早稲田大学では、前身の東京専門学校時代の一八九七年（明治三〇）に、後に作家・編集者となる押川春浪《おしかわしゅんろう》（一八七六〜一九一四）らによってベースボール部が作られたが、道具も揃わず人数も集まらず、本格的な活動はできなかった。正式に野球部が創設されたのは一九〇一年（明治三四）のことだ。

最初の早慶戦は一九〇三年（明治三六）一一月二一日で、早稲田が挑戦状を送達し、慶應がこれを受けた。試合は三田にある慶應のグラウンドで行なわれ、慶應が勝った。これが「東京六大学野球」の始まりとなる。

「野球」という日本語を生んだ第一高等学校野球部は、いまの東大野球部からは想像できないが、歴史が長いだけあり当時最強だった。一九〇四年（明治三七）六月、早稲田と慶應がこの一高を倒し、さらに早慶戦では早稲田が勝利した。勢いに乗った早稲田は翌一九〇五年にはアメリカへ遠征試合に出かけた。そのときの選手のひとりが、プロ野球史の最初に登場する河野安通志である（第3章参照）。

一九〇七年（明治四〇）には、慶應大学野球部がハワイのセントルイス・カレッジ野球団を招致した。大学野球部のような名称だがセミプロで、これが日本へ来た最初のアメリカの球団となり、慶應との試合で観戦料を取ったのが、日本初の有料試合だという。セントルイス・カレッジは早稲田とも対戦した。

早稲田も負けじと、翌一九〇八年にはワシントン大学、一九〇九年にはウィスコンシン大学を招致した。一九一〇年になると、早稲田はアメリカ・ハワイへ遠征した。六月二三日から九月二日まで長期滞在し、一二勝一二敗一分け、勝率五割の成績だった。

そして同年秋、早稲田大学の招致でシカゴ大学が来日した。せっかくだから、東京だけでなく関西でも試合をやろうとなり、大阪毎日新聞が主催する。だが、グラウンドがない。大阪毎日新聞は阪神電鉄に相談した。

こうして日本野球史に「阪神」が登場する。

阪神電鉄

阪神電鉄の創業は一八九九年（明治三二）とされているが、前史があり、一八九三年（明治二六）に伊丹の谷新太郎なる人物ら四名が資本金三〇万円で、「神阪電気鉄道」の設立を発起したのが始まりだ。「阪神」ではなく「神阪」だったのだ。当初の計画は神戸市加納町から尼崎町までつなげるものだった。この計画に尼崎在住の伊達尊親、梶源左衛門、小西新右衛門ら二〇名も参加し、九四年に「摂津電気鉄道」として出願し、九五年には尼崎から大阪・上福島までの延長を出願した。

それとは別に一八九五年、大阪の財界人、藤田傳三郎・外山脩造《とやましゅうぞう》ほか八名が資本金一二〇万円で「坂神電気鉄道」を発起した。さまざまな協議があり、翌九六年七月、両社は合併することになり、九九年六月に資本金一五〇万円の「摂津電気鉄道株式会社」が設立され、七月の株主総会で「阪神電気鉄道」と改称され、「阪神電鉄」が誕生する。

初代社長には、「坂神電気鉄道」の発起人だった外山脩造（一八四二〜一九一六）が就任した。開業の一九〇五年で六三歳になっている。幕末の天保年間に越後の長岡藩士の子として生まれ、一七歳の年に江戸へ出て、剣術や漢学を学び、昌平坂学問所（東京大学の前身のひとつ）に入った。帰郷後、維新の動乱となり、北越戦争では長岡藩家老・河井継之助のもとで戦い、河井の最期まで付き添った人だ。

河井が福沢諭吉への紹介状を書いてくれたので、外山は一八六九年（明治二）に、慶應義塾に二八歳で入塾した。開成学校でも学びながら、七二年（明治五）に慶應義塾を卒業すると、大蔵省紙幣寮に入った。いったん辞職したが、大蔵省の銀行課に入り国立銀行創設に関わった。七八年（明治一一）、渋沢栄一の斡旋で乱脈経営により混乱していた大阪第三十二国立銀行（後に浪速銀行を経て帝国銀行）総監役となった。

渋沢の他、五代友厚も後見役となってくれ、外山は第三十二国立銀行の整理にあたった。こうした実績から、外山は一八八二年（明治一五）には日本銀行大阪支店の初代支店長となったが、日銀総裁と衝突して三年で辞め、八七年から八八年にかけて欧米へ視察旅行をした。この時、鉄道事業に興味を抱いた。帰国後は大阪で、電気鉄道業、興信所事業、麦酒醸造事業、瓦斯《ガス》事業、電気事業、保険事業など、さまざまな事業に関わり、多くの役職に就いた。

外山は投資家なので自ら経営を担うことは少なく、阪神電鉄は例外だった。資金が足りないので安田財閥に支援を仰ぎ、安田系の第三銀行に社債を引き受けてもらった。

こうして会社はできたが、大阪―神戸間にはすでにいまのＪＲにあたる官設鉄道・東海道線が通っていた。官設鉄道は逓信省鉄道局が経営している。大阪―神戸間に民間鉄道が通れば乗客が減るのは目に見えているので、逓信省は難色を示した。そこで阪神電鉄は、実際には「鉄道」なのだが「軌道」だとして申請した。

ここでいう「軌道」とは、路面電車のことだ。「鉄道」は専用軌道（線路）の上を走り、その上は構造的にも法的にも自動車や人は入れない。「軌道」は併用軌道を走る。併用軌道とは道路に線路が埋め込まれ、その上を自動車や人も通れるものだ。この二つは法律が異なり、鉄道は「私設鉄道条例」（一九〇〇年に私設鉄道法）、軌道は軌道条例（一九二四年に軌道法が施行）に基づいて敷設、営業される。

「鉄道」は逓信省の認可が必要だが、「軌道」は逓信省と内務省が管轄する。阪神電鉄はそこに着目した。大阪―神戸間の新たな「鉄道」を申請しても、官設鉄道が同じ区間を走っているので逓信省が認可しないことは目に見えていた。そこで路線の一部、神戸市内と御《み》影《かげ》付近を併用軌道とすることで、「みなし軌道条件」を適用させ、「軌道」として申請したのだ。内務省はもともと鉄道利権を握る逓信省に敵愾心《てきがいしん》を抱いていたが、「軌道」が増えれば自分たちの利権が増えるということからも、逓信省の反対を押し切って、阪神電鉄の軌道事業への特許を下ろさせた。

一九〇五年（明治三八）四月一二日、阪神電気鉄道は神戸・三宮駅―大阪・出入橋駅（現在の大阪梅田駅の近くにあった）間を開業した。九〇分で神戸と大阪を結び、一二分間隔で運転する。五月二九日には八〇分に短縮し一〇分間隔での運転となった。しかし建前上は軌道であり高速運転はできないので、逓信省へ提出する表のダイヤとは別に、実際に運行する裏のダイヤがあった。これについては逓信省も知っていて黙認していたようだ。利用者の便を考えれば、高速で走ったほうがいい。

阪神電鉄が鉄道事業法（当時は地方鉄道法）の適用を受け、名実ともに鉄道会社となるのは一九七七年なので、実に七〇年以上も、建前としては軌道だったのである。

鉄道会社が単に列車を走らせるだけでなく、沿線開発によって多角経営をはかるというビジネスモデルは、阪急の小林一三《いちぞう》が始めたとされているが、実は阪神のほうが先だ。阪神電鉄は一九〇七年（明治四〇）に遊園地「香櫨園《こうろえん》」開設に加わり、〇八年には電灯電力供給事業の営業を開始、〇九年には西宮停留場前に貸家三〇戸を建て、土地建物賃貸業を始めている。

こうして阪神が事業を定着させたところに後の阪急グループ総帥・小林一三が現われた。阪急の創立は一九〇七年（明治四〇）で、鉄道の開業は阪神電鉄の五年後、一〇年（明治四三）だった。同時に箕面《みのお》に動物園を開業し、沿線の土地を買い占めておいて分譲住宅を売った。さらに宝塚に娯楽施設を作り、やがては梅田に百貨店も建てる。これがあまりにも鮮やかだったので、私鉄のビジネスモデルのすべては小林一三が始めたことと印象づけられている。

話がそれたが、阪神が開設に加わった香櫨園という遊園地が、早稲田大学とシカゴ大学の試合をするために即席で造成された野球場のある場所なのだ。

甲子園の前に、香櫨園があったのである。

香櫨園

いまも阪神電鉄本線西宮駅の隣に香櫨園駅があるが、そこに一九〇七年に遊園地「香櫨園」が開設し、同時に香櫨園駅も設置された。

「香櫨園」を造ったのは、大阪商人の香野蔵治と櫨山《はぜやま》喜一で（二人は兄弟という説もある）、二人の名をとって、香櫨園と名付けられた。全体の敷地は現在の西宮市殿山町・雲井町・松園町・霞町・相生町・羽衣町辺りとかなり広大で、沿線ということで阪神電鉄も資金を出した。遊園地といってもアトラクションがあるわけではなく、広大な公園をイメージすればよく、そのなかに、動物園・博物館・音楽堂・運動場などがある複合娯楽施設だった。

この香櫨園に大阪毎日新聞は目をつけ、阪神に野球場の建設を依頼した。阪神は運動場内に野球場を造成することにし、わずか二週間で整備した。スタンドやフェンスは仮設に近く、雑草もそのままで、丘陵地だったため平坦ではなく、外野後方は斜面だった。

早稲田大学とシカゴ大学の試合は三日にわたり行なわれ、無料で観戦できたため、多くの観客が押し寄せた。その大半が阪神電鉄を利用したので、かなりの運賃収入になった。

阪神電鉄は、人を惹き付けるイベントをすれば、大勢が電車に乗ってきてくれることを知った。香櫨園は急ごしらえだったので無料にしたが、ちゃんとしたグラウンドで、スタンドも整備し、入場料を取れるようにすれば、運賃収入と合わせて多くの収入が得られるとそろばんを弾いた。

しかし香櫨園の土地が第三者の手に渡り、地代を払わなければならなくなると、遊園地の入場料収入だけでは赤字になるため、一九一三年（大正二）に香櫨園は閉園となった。香櫨園はなくなったが、香櫨園駅はその名のまま現在に至っている。

阪神電鉄は香櫨園に代わる球場を自社の沿線に作ろうと考えるようになる。

そこに、ライバルとして登場するのが、小林一三率いる箕面《みのお》有馬《ありま》電気軌道、後の阪急電鉄だったのである。

小林一三

小林一三は、阪急グループの創始者で鉄道と百貨店を軸にして多くの関連会社を創立したただけでなく、宝塚歌劇団の生みの親でもある。さらに映画・演劇の東宝の生みの親として演劇・映画史に残るが、野球史にもその名が残っている。

小林一三は山梨県巨摩《こま》郡河原部《かわらべ》村（現在は韮崎市本町一丁目）で酒造業と質屋、さらには絹問屋を営む韮崎有数の裕福な商家の子として、一八七三年（明治六）一月三日に生まれた。彼の名はこの生まれた日にちなむ。だが母がその年の八月に亡くなり、婿養子だった父は居づらくなって、養子を解消してしまい、まだ幼い一三が家督を継いだ。

満一五歳になったばかりの一八八八年（明治二一）、小林は東京の慶應義塾に入った。卒業すると三井銀行（現・三井住友銀行）に入り、最初は東京本店秘書課というエリートコースに配属され、半年後には大阪支店へ転勤となった。三井銀行はすでに一〇〇店以上の支店や出張所があり、そのなかでは大阪支店は大きく、名門支店である。そこに配属になったのは入行を世話してくれた高橋義雄が大阪支店の支店長だったからに他ならない。

一八九五年（明治二八）、高橋が三井呉服店（後の三越）再建のために東京へ行くことになり、後任の支店長として岩下清周《いわしたきよちか》（一八五七～一九二八）がやって来た。岩下は大規模融資を大胆に推し進めたため、支店としての貸出限度額を超えるなど本店との軋轢が生じ、一年にして左遷されてしまう。岩下は三井銀行を辞め、得意先だった藤田組（DOWAホールディングスの前身）の藤田傳三郎が準備していた大阪北浜銀行の設立委員になってしまった。小林は岩下に可愛がられており、小林も岩下を慕っていたので、大阪北浜銀行へ誘われていた。だが小林は女性関係が理由で、すぐには三井銀行を辞めなかった。名古屋支店、東京の箱崎倉庫、本店調査課と異動する。

その間にも小林は慶應義塾の人脈を頼って、住友銀行（現・三井住友銀行）や三井呉服店へ転職しようとしたが、うまくいかなかった。

一九〇六年（明治三九）、小林はかつての上司、岩下清周が大阪で新事業を計画していると知った。岩下は北浜銀行を投資銀行として事業を拡大すると、さらなる新事業としてそれまでにない近代的な証券会社の設立を考えていたのだ。小林は岩下が東京へ来ると「自分に任せて欲しい」と売り込んだ。岩下は快諾し、「一日も早く大阪へ出てこい」と言った。

かくして一九〇七年（明治四〇）、小林は一四年間勤めた三井銀行を退職し、大阪へ向かった。三四歳での転職だ。だが、彼を待っていたのは株価の未曾有の暴落（一九〇七年恐慌）だった。

暴落の混乱で、証券会社設立は白紙になった。それに代わる就職先を岩下は世話してくれた。それが三井物産常務の飯田義一が取締役をしている阪鶴《はんかく》鉄道だった。

鉄道事業に何の関心も知識もない小林だったが、他に選択肢はなかった。

箕面有馬電気軌道株式会社

阪鶴鉄道は、その名の通り大阪と舞鶴を結ぶ民間鉄道だった。一八九五年（明治二八）に設立され、九七年に池田―宝塚間の営業を開始した。香爐園を造った香野蔵治が阪鶴鉄道の株を買い占め大株主になっていたが、砂糖の相場に手を出して失敗した。香野は株買い占めの資金を三井物産から借りていたが、返済などできない。そこで三井銀行が阪鶴鉄道の株を手に入れ、経営権を握ったのである。だが、一〇年かかってようやく大阪―舞鶴の直通運転が可能になったところで、鉄道国有法により国に買い取られることになってしまった。

阪鶴鉄道の清算が決まると、株主・経営陣はその代わりとなる新たな鉄道計画を立てた。阪鶴鉄道は蒸気機関車だったが、新技術である電車を走らせようという事業で、一九〇六年（明治三九）一月に、箕面有馬電気軌道株式会社の創立発起人会が立ち上がった。新会社は四月に、梅田―有馬と宝塚―西宮の区間の鉄道敷設認可申請を政府に出し、一二月にその認可が下りた。

当時の関西は鉄道建設ラッシュだった。一九〇五年（明治三八）に阪神電気鉄道が営業を開始し、〇七年から蒸気鉄道だった南海鉄道が電化され、さらに京阪電気鉄道、神戸市電、兵庫電軌が設立されたばかりだった。いずれも大都市と大都市を結ぶか、大都市内の路線で、充分な乗客数が見込まれた。それに対し箕面有馬電気軌道は、大阪から郊外へと向かう路線だ。はたして需要はあるのか。好景気で投機ブームだった間は鉄道株なら何でも儲かるという雰囲気だったので人気があったが、そこに株の大暴落が起きると、投資家たちは逃げてしまい、このままでは設立を断念しなければならない可能性も高まった。

小林が「阪鶴鉄道へ行かないか」と言われたのは、そんな時期だった。彼の仕事はまず阪鶴鉄道を清算すること、そして新会社を立ち上げることの二つだった。

小林は手を引こうと思えばできた。しかし彼は鉄道事業に、無限の可能性を見るようになっていた。鉄道事業の拡大とは、単純には「線路は続くよ どこまでも」という考えで、路線の延長によって乗客数を増やして利益をあげていくものだ。しかし、小林は「線」ではなく「面」という発想をした。鉄道を敷く予定の土地を歩き、ほとんど人が住んでいないことに気付いた。普通なら、こんなところに鉄道を敷いても客はいないと思い手を引く。だが小林は、誰も住んでいない一面の田園風景に、未来の住宅街を見た。

ここには人はいないが土地は山ほどある――「山ほどある」を「売るほどある」に変換できたのが、小林一三の天才性だった。眼の前にある土地を買い占めて、そこに分譲住宅を建てて売ろうと思いついたのだ。安い土地を買い、家を建てて付加価値を付けて売るのだから、まず土地の売買での差益が上がる。分譲住宅を購入した人は梅田へ通うので、電車の客になる。電車の乗客を、鉄道会社が自ら作るのだ。需要の創出である。

それまでの鉄道会社は鉄道そのもので利益を出そうとしていた。実際、儲かる路線はそれで利益が出ていた。だが、小林は鉄道を通すことでの都市開発を思いついた。小林は岩下のもとへ行き、自分なりの事業計画を説明した。鉄道建設のための機材や物資については三井物産に頼み、後払いでいいとの言質を取った。引き受け手のいない株は五万四〇〇〇あった。岩下は、「各方面をできるだけ運動してみたまえ。それでも足らぬというときは何とか考慮する」と言った。ビジネス書によくある美談では、岩下は「本気で起業するつもりがあるのか」と、小林に覚悟を問うたことになっている。

一九〇七年（明治四〇）一〇月一九日、大阪商業会議所で箕面有馬電気軌道株式会社の設立総会が開かれ、岩下が社長となり、小林が専務取締役となった。実質的には小林が社長と言っていい。

箕面有馬電気軌道は翌一九〇八年（明治四一）八月に、大阪（梅田）―池田と箕面支線、池田―宝塚の軌道敷設工事の認可申請をし、一〇月に認可を得た。阪神同様に軌道としてスタートしたのだ。そして一〇年（明治四三）、箕面有馬電気軌道は開業した。最初の営業区間は本線である梅田―宝塚の二四・九キロと、支線の箕面―石橋の四キロ。梅田―宝塚を所要時間五〇分で結んだ。

一方、沿線の土地の買収も進み、二五万坪を開業までに取得していた。土地の分譲は六月に開始された。二五万坪のうち池田室町に、三三〇平方メートル（約一〇〇坪）を一区画として二階建て、五～六室、延床面積六六～九九平方メートルの建売住宅を二〇〇戸建てて分譲した。いずれも「電燈付き」というのが売り物だった。価格は頭金五〇円、残金は毎月二四円ずつ一〇年の割賦という、いまでいう住宅ローン方式で、これもまた画期的だった。阪神が三〇戸の貸家を建てたのとは桁が違う。

宣伝が巧みだったこともあり、池田室町住宅は大阪都心部に勤務先のあるサラリーマン層が競って買い、またたく間に完売した。小林の最初の構想は見事に成功した。需要のないところに需要を生み出した手法として日本商業史に残るものだった。当然、以後の民間鉄道会社はこれを真似していく。東京の西武、東急はその見事な模倣だった。

分譲住宅の新住民たちは、梅田へ通勤のために箕面有馬電気軌道を利用するが、それだけでは乗客は増えない。もうひとつの終点である箕面へ向かう乗客も増やさなければならなかった。箕面はすでにそれなりの観光地で、瀧安寺という西暦六五〇年頃からあるという寺を中心にした広大な森林地帯があった。そこに箕面有馬電気軌道は開業から八か月後に箕面動物園を開設した。

社名の箕面有馬電気軌道が示すように、当初の計画では、この鉄道の終点は有馬温泉のある有馬であり、宝塚はその途中の暫定的な終点だった。しかし宝塚から有馬までは距離としては一〇キロほどだが、山間を貫くことになるので難工事が予想され、小林は開業時に有馬まで延ばすことをほぼ断念し、代わりに、神戸へつなげることを狙っていた。

一方、宝塚線の客を増やすために宝塚を観光開発した。宝塚はもともと温泉場だったので、さらに魅力ある観光地にすれば、分譲住宅を買った沿線のサラリーマンが休日には家族連れで宝塚へ行くと考えたのだ。電車の休日客を増やすという意味でも、宝塚の観光地化は急務だった。一九一二年（明治四五）七月一日、小林は宝塚に、大理石造りの大浴場と家族向きの温泉が備わった、いまでいうアミューズメント施設、「パラダイス」を開場させた。

豊中運動場

一九一三年（大正二）二月、箕面有馬電気軌道に、十三―門戸間と大阪―野江間の敷設の認可が下りた。これで神戸までの延伸が可能となり、六月には宝塚―有馬間の軌道敷設権を放棄した。

この年、箕面有馬電気軌道は豊中運動場を建てた。宝塚パラダイスに次ぐ娯楽施設である。鉄道を利用してもらうためには「行き先」を作らなければならない。大正になるとスポーツが盛んになっていたので、観客席を整備したグラウンドを建て、アスリートたちの競技を見せれば、観客が来るはずだという読みだった。

もちろん、香櫨園での早稲田とシカゴ大との試合が多くの観客を集めたことも、小林の脳裡にデータとしてインプットされていただろう。阪神電鉄が香櫨園に代わる球場を造るのに遅れているうちに、小林は、現在の豊中駅から西に約三〇〇メートルのところ、人家などほとんどなく、綿畑や雑木林が広がるなかに、赤レンガの外壁に囲まれた運動場を建てた。豊中運動場は「東洋一の大グラウンド」と謳われ、二万平方メートルもあった。野球の他に、ラグビーやサッカーなどのフィールドとしても使用でき、一周四〇〇メートルのトラックを備えた陸上競技場でもある。観客八〇〇〇人を収容できる木造の観覧席を設置し、さらに観覧席の前に縄を張った臨時観覧エリアもあった。

箕面有馬電気軌道は、梅田―豊中間の往復割引切符を販売し、豊中運動場には事前予約制の無料団体観覧席を設けるなど、集客策を次々と打ち立てた。全国的に見ても他に大きな運動場がなかったので、スポーツ大会を誘致できたのだ。東京に神宮外苑競技場ができるのは、一一年後の一九二四年（大正一三）のことだ。京浜急行電鉄が造った羽田運動場があったが、交通の便が悪く、水はけもよくないため、人気がなかった。

一方、観光地である有馬までの延伸が完全になくなったことで、箕面有馬電気軌道にとって宝塚の重要性が増した。有馬までの権利を放棄したのは六月二三日で、その一週間後の七月一日に、宝塚パラダイスのアトラクションとして、少女たちによる「宝塚唱歌隊」が結成された。「宝塚歌劇団」の前身である。

小林は宝塚から西宮までの敷設権を得ると、さらに神戸までの延伸を考えた。調べると、西宮—神戸間の一四キロの権利を得ている灘循環電気軌道という会社があった。この会社は鉄道敷設許可を得ていたが設立が危ぶまれていたのを、岩下の北浜銀行が助けた経緯があったので、小林は簡単に提携できると思っていた。そもそも灘循環電気軌道はまだ何の工事もしていない。

ところが、一九一四年に北浜銀行が取り付け騒ぎに見舞われた。関西財界には、関西出身でもない岩下への反感は根強く、これが爆発し、岩下バッシングが起きる。岩下は北浜銀行の頭取を辞任、北浜銀行は休業に追い込まれた。

相場師の高倉藤平《とうへい》は、北浜銀行の大株主の立場を利用して箕面有馬電気軌道の経営にも介入しようとしていた。小林はこの相場師と直談判し、北浜銀行所有の株式を売却する際は当社重役に優先して売り渡すという確約を得た。高倉は小林が買えるはずがないと思っていたのかもしれない。小林は勝負に出た。自ら借金をして北浜銀行所有の四万五〇〇〇株のうちの二万株を買い、残りは日本生命、大同生命などに頼み、買い取ってもらった。

こうして小林は恩人・岩下の失脚という非常事態を乗り切り、さらには箕面有馬電気軌道の大株主にもなった。

だが阪神電鉄が灘循環電気軌道を買収する案が浮上していた。そこで小林は阪神に対し、三つの案を提示した。第一案は「阪神が灘循環線を買収する場合は、当社が線路敷設の特許を取得し、準備を進めている新線計画に要した費用を支払うこと」、第二案は「第一案に不賛成の場合は、灘循環線を阪神と当社との共同経営とすること」、第三案は「第一、第二案とも同意にいたらぬ場合は、当社が灘循環線を買収し、大阪・神戸直通線の計画を進める」。

阪神としては、小林の箕面有馬電気軌道が計画している線は、人家の少ない山手側なので、どうせ開通しても阪神の客が取られることはないと考えたのか、第三案を承諾した。

これが阪神最大の判断ミスとなる。このとき、せめて共同経営案を受け容れていれば、巨大なライバルは誕生しなかった。そしてはるか後、そのライバルに助けてもらい経営統合することもなかったであろう。

かくして、一九一六年（大正五）四月、箕面有馬電気軌道は臨時株主総会で灘循環電気軌道の敷設権を買うことを決議した。あわてた阪神は鉄道院に上申書を出すなどして妨害に出たが阻止できず、一七年八月に灘循環電気軌道の工事施工が認可された。

これを受けて一九一八年二月四日、箕面有馬電気軌道は社名と実態とが一致していなかったので、阪神急行電鉄株式会社へと社名変更した。この時点から「阪急電車」という略称になっている。

用地買収に難航したり、裁判があったりしたが、一九二〇年（大正九）七月一六日、阪急の神戸本線三〇・三キロメートルと、伊丹支線二・九キロメートルが開通した。さらに一一月には梅田に五階建ての阪急ビルディングが竣工した。三階から五階はオフィスだが、二階を食堂として、一階はデパート白木屋に貸して日用雑貨の店とした。これが後の阪急百貨店へとつながる。

それまでの百貨店はターミナル駅からは離れた場所にあった。百貨店のほとんどは呉服店を前身としており、顧客の大半は裕福な階層で運転士付きの自動車で来店していた。電車を利用する庶民・サラリーマン家庭は百貨店の顧客ではなかったのだ。小林は阪急沿線に住宅を構えたサラリーマン層が百貨店の新しい客になると思いついた。彼らは阪急で大阪まで来る。そうすれば駅に隣接して百貨店があれば、そのままそこへ行くはずだ。

鉄道会社として後発の阪急は、沿線の宅地開発、郊外の観光開発に続いて、都心部に百貨店を作り、線である鉄道事業を面の事業へと展開していった。

さらに沿線に野球場を作った。だが鉄道会社だけではプロ野球は生まれない。新聞社と鉄道会社が組むことで、日本のプロ野球は誕生するのだ。

第 2 章

新聞の拡販競争に使われた野球

1911 - 1924

読売新聞

読売新聞社の公式サイトの「読売新聞小史」にはその創刊についてこう書かれている。

〈読売新聞は1874年（明治7）11月2日、半紙大の裏表2ページで創刊されました。題号は、江戸時代の「読みながら売る」かわら版の販売方式に由来します。発行所は、東京・虎ノ門の日就社《にっしゅう》。創刊時の部数は約200部でした。漢字の脇に、その意味を話し言葉風に注記するなど、大衆にも読みやすい紙面が評判を呼びました。〉

日本最初の近代的教育制度を定めた法令として学制が発布されたのは一八七二年（明治五）である。明治七年当時、新聞を読むのはごく一部のインテリでしかない。その時代に読売新聞は大衆向けの新聞として創刊された。

発行元の日就社は一八七〇年（明治三）に、子安峻《こやすたかし》（一八三六～九八）、本野盛亨《もとのもりみち》（一八三六～一九〇九）、柴田昌吉《しばたまさよし》（一八四二～一九〇一）の三人が共同で設立した、日本最初期の活版印刷会社のひとつで、横浜が創業の地だ。

子安は幕末史に脇役として登場する。天保七年に大垣藩士の長男として生まれ、砲術研究のため江戸へ留学し、蘭学、英語、舎密学（化学）などを学んだ。砲術の師が佐久間象山で、そこには吉田松陰もいた。いったん帰藩した後、村田蔵六（後の大村益次郎）の私塾「鳩居堂《きゅうきょどう》」の塾頭となり、幕府の洋学研究機関である蕃書調所《ばんしょしらべしょ》教授手習に登用された。その後、横浜運上所の翻訳通訳係となる。運上所とは関税や外交事務、港の行政や警察業務、船の製造や修理の監督までを管轄する役所だった。倒幕・維新の激動のなか、「神奈川奉行所」「神奈川裁判所」と名称は変わったが、子安はそこでずっと翻訳や通訳の仕事をしていた。

本野盛亨と柴田昌吉も語学に堪能で神奈川裁判所に勤めており、子安と知り合い、日就社創業に参画した。本野は佐賀藩士で、大阪の緒方洪庵の適塾で蘭学を学び、一八六八年に神奈川裁判所の大参事に就任した。日就社設立後の一八七二年には駐英公使館一等書記官として渡英し、帰国後は大蔵省に勤務し横浜税関長となっていた。柴田は長崎生まれで、長崎英語伝習所で学び、明治新政府で通訳を務め、神奈川裁判所通訳・翻訳係となり、子安と知り合った。

社名「日就社」は子安が大垣藩校時代に学んだ詩経「日に就き月に将《すす》む、学んで光明に緝熙《しゅうき》なることあらん」にちなむ。「緝熙」は「明るく広く」という意味で、学問や人知の日進月歩をもたらそうという意味だ。しかし創業者三人の没後の一九一七年（大正六）に合名会社読売新聞社と変更され、元の名は消えた。

子安と柴田は日就社を創立すると、英和辞典の編纂に取り掛かり、三年かかって、一八七三年（明治六）に『附音挿図英和字彙』として出版した。五万五〇〇〇語が収録され、初版五〇〇〇部、定価八円だった。約三年間かかったとはいえ、公務の傍らに編纂していたというのだから、驚異的だ。

この英和辞典刊行後、日就社は横浜から虎ノ門へ移転し、読売新聞を創刊したのだった。子安は日就社創立の一八七〇年には、横浜毎日新聞の創業にも参画しており、辞書と新聞という二つの開明事業に携わったのだ。

読売新聞は創刊当初は二〇〇部刷っても半分も売れなかったが、販売所を増やし、部数を伸ばしていき、一八七七年（明治一〇）には二万五〇〇〇部を突破して全国一となり、社屋も虎ノ門から銀座一丁目に移転した。

時代は自由民権運動を経て、憲法の発布、国会開設へと向かい、新聞の役割は大きくなる。読売新聞は総合紙への脱皮を目指し、一八八四年（明治一七）に法学者で大隈重信の盟友だった小野梓《おのあずさ》（一八五二～八六）を招聘した。しかし小野は八六年に三三歳の若さで亡くなった。翌八七年（明治二〇）、小野の盟友である高田早苗《たかださなえ》（一八六〇～一九三八）を主筆として招聘した。高田も大隈重信の盟友で立憲改進党に加わり、また東京専門学校（後の早稲田大学）創立にも加わった人物だ。

さらに一八八九年（明治二二）には小説家・劇作家・翻訳家・評論家の坪内逍遥が文学主筆に就任し、同時に尾崎紅葉、幸田露伴も入社し、小説を書いた。とくに一八九七年（明治三〇）から連載された尾崎の『金色夜叉《こんじきやしゃ》』は大人気となり、「文学新聞」と称されるまでになった。

一方、初代社長の子安は九州の炭鉱も経営していたが、こちらが経営不振となったために奔走し、日就社に不在がちとなっていた。そこで、本野盛亨が一八八九年の終わりから、実質的な社長となった（子安の社長退任は正式には一八九二年）。本野は英国から戻った後、一八八二年（明治一五）に検事に転じ、八七年（明治二〇）に大阪控訴裁判所検事を退官していた。本野は一九〇九年（明治四二）に七三歳で亡くなるまで社長の座にある。

読売新聞のライバル、朝日、毎日と野球

読売新聞の社長が交代する頃、大阪の朝日新聞が東京へ進出してきた。

朝日新聞社の設立、「朝日新聞」の創刊は一八七九年（明治一二）で、読売の五年後だ。創業者は木村平八・木村騰《のぼる》の親子だったが、西洋雑貨商の村山龍平《りょうへい》（一八五〇～一九三三）も創刊に参加していた。二年後の八一年（明治一四）、木村親子は村山に経営権を譲った。村山は前年に官吏から朝日新聞社に入社していた上野理一（一八四八～一九一九）を共同経営者とし、以後、二人は一年交代で社長となる。

朝日新聞が東京へも進出するのは一八八八年（明治二一）で、「めさまし新聞」を買収し、「東京朝日新聞」とし、大阪で出していたものは「大阪朝日新聞」となった。大阪と東京にそれぞれの本社を置いていたが、一九〇八（明治四一）に合併する。

朝日は東京進出にあたり、半年間半額という販売政策が当たり、急速に部数を伸ばし、東京の新聞界は混乱に陥った。

現在の三大全国紙で最も長い歴史を持つ毎日新聞は、「大阪毎日新聞」が「東京日日新聞」を買収して現在に至るが、創刊は「東京日日新聞」のほうが先という、複雑な経緯がある。

東京日日新聞の創刊は一八七二年（明治五）で、読売新聞の二年前だ。発行元は「日報社」という。東京での初の日刊新聞で、戯作者の条野伝平（一八三二～一九〇二）、元貸本屋番頭の西田伝助（一八三八～一九一〇）、浮世絵師の落合幾次郎（一八三三～一九〇四）の三人が創業者だった。それぞれの職業を見ればわかるように、娯楽色の強い大衆紙としてスタートした。

しかし一八七四年（明治七）に福地源一郎（福地櫻痴《おうち》、一八四一～一九〇六）が入社すると、政治色が強くなる。福地は長崎生まれで幕府の翻訳係となりヨーロッパ視察もした。維新後は新聞を発行したこともあったが、大蔵省（現・財務省）に入り、岩倉使節団の一員として欧米をまわり、その後に日報社に入った。福地は伊藤博文をはじめとする政府高官と親しく、当時の新聞が反政府の論調だったなか、政府擁護の立場をとった。さらに「官報」がまだなかったため、その機能を代行する新聞とした。

福地は政治活動もしていたが、一八八八年（明治二一）に部数低減、売上不振の責任をとって退社すると演劇界へ転じ、翌一八八九年（明治二二）、大日本帝国憲法が公布された年、新しい劇場として開場した「歌舞伎座」の共同経営者となった。

福地が去った後、東京日日新聞は政府寄りの論調から中立へと転じ部数も増やしたが、再び政府寄りになったことで低迷し、一九一一年（明治四四）に大阪毎日新聞に買収された。

大阪毎日新聞は一八七六年（明治九）に創刊された「大阪日報」が前身である。創業者は西川甫という徳島出身の実業家で、米相場で成功し財を成した。大阪日報は日本立憲政党に買収され、休刊、代替紙の創刊など紆余曲折して、一八八七年（明治二〇）に実業界の兼松房治郎（一八四五〜一九一三）が買収し、翌八八年に「大阪毎日新聞」と改題した。

兼松は綿糸・雑貨商に従事した後、三井組銀行部大阪支店に勤め、取締役兼堂島米商会所重役となり、さらに大阪商船創設にも参加した。とくに新聞に関心があったわけでもないようで、一八八九年に本山彦一（一八五三〜一九三二）を相談役として迎えると、実質的には手を引き、神戸にオーストラリアと貿易する「豪州貿易兼松房治郎商店」（現・兼松株式会社）を創設した。

ここに登場する本山彦一が今日まで続く毎日新聞を築くのである。本山は熊本藩士の子で、一八七一年（明治四）に上京し、七六年に福沢諭吉の慶應義塾に入学した。卒業後は兵庫県属（事務を扱う役人）となり、勧業学務課長、神戸師範学校長を務めた後、退官して、藤田組支配人、時事新報記者、明治生命、山陽鉄道、大阪製糖、南海鉄道等の取締役を歴任した。

一八九七年(明治三〇)に、後に首相となる原敬(一八五六〜一九二一)が大阪毎日新聞に入り、翌年に社長になると、本山は業務担当となった。原敬は盛岡で生まれ、維新後の司法省法学校に入学したが、放校処分を受け、郵便報知新聞社(現・報知新聞)に入った。しかし、井上馨の推挙で外務省に入ると外務次官にまで出世し、一八九六年(明治二九)には在朝鮮国特命全権行使になった。その翌年に退官して大阪毎日新聞に入ったのである。

原敬は一九〇〇年(明治三三)に伊藤博文に誘われて政界入りするため、大阪毎日新聞社長を辞め、一九〇三年(明治三六)から本山が社長となった。

朝日新聞は東京進出にあたり、「めさまし新聞」を買収したが、毎日新聞は一九〇六年(明治三九)に東京で「毎日電報」を創刊し、一一年(明治四四)に、「東京日日新聞」を譲り受けて、「毎日電報」を合併するという手法を取った。第二次世界大戦中まで、東京ではこの名で発行されていく。

国会の開設、日清・日露戦争を経て新聞の役割は大きくなり、明治の終わりに、朝日・毎日という大阪発祥の新聞は東京にも進出したのである。

こうして東京に、読売・朝日・毎日(日日)が揃った一九一一年(明治四四)、野球をめぐる論争が展開された。単純に言えば、「青少年が野球に夢中になると、勉強が疎かになる」というものだ。昭和の戦後にマンガが「悪書」として焚書になったり、最近ではゲームやスマートフォンを中学生・高校生から奪おうとする動きがあったりするのと、同じ構図だ。

明治の終わりの一九一一年に、野球に対する風当たりが強くなったのは、それだけ野球が盛んになっていたからである。

野球害毒論争

野球のなかでもとくに東京の大学野球はファンも多く、人気のあるスター選手も生まれていた。なかでも、早稲田と慶應は大学そのものがライバル関係にあったので、両校の試合、いわゆる「早慶戦（慶應関係者は「慶早戦」と呼ぶ）」は応援合戦も過熱した。そのため、一九〇六年（明治三九）秋をもって中止となっていた。

早慶に続いて、立教大学は一九〇九年（明治四二）、明治大学は一九一〇年（明治四三）、法政大学は一九一五年（大正四）にそれぞれ野球部を創設した。一九一四年（大正三）、明治大学が早慶に呼びかけて「三大学野球リーグ」を結成し、一六年に法政が加わり、一七年に正式に四大学リーグとなり、二一年には立教も加わって、五大学リーグになる。だが総当たり戦ではなく、早慶戦は行なわれなかった。

東京帝国大学の野球部は一中野球部以来の歴史を断ち切り、一九一九年（大正八）に改めて創設され、二五年に五大学リーグに加わり、「東京六大学野球連盟」が発足し、早慶戦も復活した。

関西でも大学野球は盛んで、京都五大学野球連盟が一九二八年に結成され、同年には関西学生野球連盟も結成された。その後紆余曲折があって、一九三一年に東京六大学に対抗して、関西六大学野球連盟が結成された。参加したのは、関西大学、関西学院大学、京都帝国大学（現・京都大学）、神戸商業大学（現・神戸大学）、同志社大学、立命館大学である。東京とは異なり、加盟大学の入れ替えがあり、さらに一九八一年から八二年にかけて連盟は解体し、八二年に新たに同名の「関西六大学野球連盟」が結成されたので、一九三一年のものは「旧連盟」となる。

この他、東京と関西以外の大学でも野球部は結成されていった。

野球が害毒かどうかという大論争が巻き起こるのは、一九一一年（明治四四）である。この論争があったがために、野球を清く正しいものにしようという機運が盛り上がり、東京六大学リーグや、中等学校の全国大会が開催されたのだ。その背景には、読売と朝日の新聞拡販競争があった。

「野球と其害毒」という記事が「東京朝日新聞」に連載されたのは、一九一一年八月二九日からで、二二回にわたった。

害毒論の先陣を切ったのは、ある時期まで日本最強の野球部があった、第一高等学校校長の新渡戸稲造（一八六二～一九三三）だった。新渡戸は札幌農学校で学んでおり、その前身である開拓使仮学校は野球が最初期に伝来した学校でもある。新渡戸自身、選手ではなかったが、野球の経験もある。野球の歴史が最も古い二校に関係し、『武士道』の著者でもあるこの教育者は、野球の何がいけないというのか。

新渡戸は〈野球と云う遊戯は悪く云えば巾着切りの遊戯、対手を常にペテンに掛けよう、計略に陥れよう、塁を盗もうなど眼を四方八方に配り神経を鋭くしてやる遊びである。故に米人には適するが、英人や独逸人には決して出来ない。〉と書く。

ゲームの本質が武士道に反すると言いたいようだ。さらに、学校が野球選手には成績を手加減してつけているとその弊害を述べ、多くの父兄から子弟に野球選手にならないよう忠告してくれと頼まれているとも書く。現在も野球部員が学業面で優遇されているのは周知の事実だが、明治の終わりからそれは始まっていたのだ。現在は子供に素質・才能があれば、親のほうが野球選手にさせたいと奔走するので、後段は、いまとは異なる。

新渡戸の次に登場するのは、東京府立第一中学校の校長、川田《かわだ》正澂《まさずみ》で、「学生の大切な時間を浪費する」「疲労の結果勉強を怠る」「慰労会などの名目の下に牛肉屋、西洋料理屋等へ上がって堕落する」「主に右手で球を投げ、右手に力を入れて球を打つが故に右手のみ発達し、体育としても不健全だ」と具体的に指摘する。最初の三つは、まあそう考えもあるだろうと、一応は理解できるが、右手のみ発達するというのは荒唐無稽な説だ。

しかし、身体への悪影響については、順天中学校校長の松見文平も〈手の甲へ強い球を受けるため、その振動が脳に伝わって脳の作用を遅鈍にさせる〉という似非科学的な論を展開している。

さらに東京大学医科整形医局長の金子魁一も、毎日練習することで疲労が堆積し、さらに学校の名誉のために勝たなければという重い責任感が「日夜選手の脳を圧迫し甚だしく頭に影響するは看易い理である」と推測している。

軍人・乃木希典は学習院長の立場から〈対外試合のごときは勝負に熱中したり、余り長い時間を費やすなど弊害を伴う〉と学業と両立しないことを強調する。東京高等師範学校教授の永井道明も、〈野球は時間を空費し、身体を疲労衰弱させるので、野球選手は学科ができない〉と学業が疎かになることを指摘したうえで、さらに〈学生野球で入場料を取って観衆に見せるのは教育上問題があり、野球を利益手段とする学校は論外で、学生が哀れである〉と、この時点で学生野球の商業化の問題を指摘している。

医師で日本医学校幹事の磯部検蔵は、早稲田や慶應の野球部が渡米したことを挙げて、〈野球をやらなければ教育ができぬと云うなれば、早稲田、慶應義塾はぶっつぶして政府に請願し、適当なる教育機関を起こして貰うがいい〉〈早稲田、慶應の野球万能論のごときは、恰も妓夫や楼主が廃娼論に反対するが如きもので一顧の価値がない〉と野球というより、早慶二校を批判というか蔑視・敵視している。

「東京朝日新聞」は捏造事件まで起こした。早稲田大学野球部のエースだった河野安通志《こうのあつし》（一八八四～一九四六）の「旧選手の懺悔」という談話を九月五日に載せたのだ。選手も野球は害毒だと認め懺悔しているという内容だった。ところが河野は、「取材を受けたことはない、捏造だ」という反論を「東京日日新聞」に投稿する。「東京朝日新聞」も一〇日に河野の反論を掲載するという一幕もあった。

押川春浪の反撃

当然、害悪論への反論も巻き起こった。その先頭に立つのが、早稲田大学在学中に野球部を創設した、作家にして編集者の押川春浪《しゅんろう》（一八七六～一九一四）だった。

春浪自身は選手ではなかったが、弟・押川清（一八八一～一九四四）が早大野球部キャプテンだったこともあり、野球界に知人も多い。スポーツ団体「天狗倶楽部」の結成メンバーでもあり、相撲、テニスにも興じていた。早稲田在学中の一九〇〇年（明治三三）に、いまでいうSF冒険小説『海島冒険奇譚 海底軍艦』でデビューした（この人物については、横田順彌・會津信吾著『快男児 押川春浪』に詳しい）。

一九〇四年（明治三七）、春浪は当時最大の出版社である博文館に編集者として就職し、

「写真画報」の編集者となった（この出版社については第5章に記す）。そのかたわら、創作の執筆も続けていたが、〇八年に「写真画報」が廃刊になると、新雑誌「冒険世界」の主筆となった。自分の裁量で作れる雑誌を持つと、春浪は「冒険世界」誌上に、野球やスポーツの記事を多く載せていった。

一九〇九年（明治四二）、京浜電気鉄道（現・京急）が所有していた羽田沖合の干拓地に羽田球場が建設された。野球場は各地にあったが、大半が大学・高校・中学が所有するもので、いわゆる草野球チームが使用できるものはまだ少なかった。押川春浪の天狗倶楽部も球場探しに苦労していた。そこで春浪が、友人の文藝評論家で京浜電鉄電気課長でもあった中沢臨川に、学校以外の公共の野球場が必要だと頼み、中沢が会社の上層部に掛け合って建設したものだ。このように京急はかなり早くから野球に関わっていたのに、結局、職業野球チームは持たなかった。

羽田に建設されたのは野球場だけではなく、テニスコートや自転車練習場もあり、全体を「羽田運動場」と称した。野球害毒論争が展開された一九一一年には、自転車練習場が陸上トラックに改築され、翌年のストックホルム・オリンピックのための予選会が開かれた（大河ドラマ『いだてん』にも出てきた）。この予選会の主催は大日本体育協会だが、押川春浪が創設した日本運動倶楽部も共催した。

「東京朝日新聞」の野球害毒論は、押川春浪の活動が実った一九一一年秋のことで、彼としては見過ごすわけにはいかない。春浪は自分の「冒険世界」で反論の陣を張るが、それだけではなく、「東京朝日」のライバル、「読売新聞」と提携し、九月一六日、同紙主催で「野球問題大演説会」を開催した。「読売新聞」はそれに先立って紙面でも「問題となれる野球」という一六回にわたる野球擁護論を連載した。

九月一六日、神田美土代町で大演説会は開催され、早稲田、慶應、明治の野球部関係者たちが演説し、そのなかに押川春浪もいた。その演説会の詳細は「読売新聞」に掲載され、ここに、野球をめぐる「朝日」対「読売」の最初の対決が始まった。朝日に捏造記事を載せられた河野安通志も登場して、「野球をやると利き手が異常に発達するので有害だという主張があるが、私の手を見よ」と両手を挙げて、根拠のないデタラメであることを示した。

『読売新聞百年史』では、この演説会では〈圧倒的な野球賛成論が場内を支配し、野球有害論を一掃した観があった。〉とし、〈野球有害のキャンペーンをやった朝日新聞が、これから四年後の大正四年には第一回全国中等野球大会（現在の全国高校野球大会）を主催したのだから、本社の主張は、大衆の声を代弁したものといえよう。〉と誇らしげだ。

春浪は「東京日日新聞」とも提携し、九月一日から七回にわたり「侮辱せられた学生の為に弁ず」を書いて新渡戸を批判し、野球学生を擁護した。

演説大会では、「東京朝日新聞」不買運動、広告不掲載運動が決議されるなど、野球である。「読売」の思うつぼは害毒か否かというよりも、「反朝日」決起集会のようになった。

そもそも「東京朝日新聞」が野球を攻撃したのは、青少年の将来を憂いたからではなく、大阪でライバル関係にある「大阪毎日新聞」が「東京日日新聞」を買収して、東京へ進出してきたからだった。読者をつなぎとめ、さらには増やすには、刺激的な記事を載せようという、営業政策から生まれた野球攻撃だった。

しかし、その目論見は裏目に出る。「読売」「毎日」がともに野球擁護に出たことで、「東京朝日」の野球害毒論は敗北し、野球はますます盛んになっていく。

さて、あえて「朝日」ではなく「東京朝日」と記してきたが、この野球害毒論争に、「大阪朝日新聞」は傍観を決め込んだ。「東京朝日新聞」にこういう記事が載っていると、間接的に、他人事のように報じただけだった。この傍観が四年後の全国中等学校優勝野球大会へとつながる。

押川春浪は自分の雑誌「冒険世界」でも新渡戸稲造批判を展開した。博文館上層部がこれを注意したことで、この年の一一月、春浪は退社してしまった。翌一九一二年、春浪は天狗倶楽部の仲間の資金援助と協力を得て、「武俠世界」を創刊するが、一四年一一月に三八歳の若さで亡くなる。

「甲子園」の始まり

中等学校（旧制、いまの高校）の野球部の歴史としては、一八八五年（明治一八）に、東京府立第一中学校（現・東京都立日比谷高等学校）で野球をしていたのが確認できる。大学野球と高校野球の歴史はほぼ同じ頃に始まっていたようだ。野球害毒論では大学野球、とくに早稲田と慶應がやり玉に挙がっていたが、旧制中学でも野球は盛んになっていたのだ。

現在の「夏の甲子園」の前身にあたる全国中等学校優勝野球大会の第一回は一九一五年（大正四）で、東京で大学野球リーグが始まるのとほぼ同時期だ。

いまの「夏の甲子園」は、一九一五年六月下旬、阪急（当時は箕面有馬電気軌道）事業部の豊中球場（豊中運動場）の担当者が、大阪朝日新聞の記者・田村省三（俳人・田村木国）を訪ね、「豊中で夏に何かできないか」と相談したことから始まった。田村は大阪府立北野中学（現・北野高校）時代に野球をしていたので、「中等学校の野球大会はどうか」と提案した。すでに全国各地で中等学校の野球大会が開催されていた。そこで各地区の優勝校を集めて日本一を決めるのはどうかと考えたのだ。田村が社会部長の長谷川如是閑に相談すると、「それはいい」となって、二人で社長の村山龍平のもとへ行って、この構想を話すと、「大賛成だ」と即決された。田村が思いついてから社長決裁まで三〇分もかからなかったという。

現在は阪神電鉄の甲子園球場で開催されている夏の全国大会だが、もともとは阪急が朝日新聞と組んで始めたものだったのである。実はプロ野球も、読売新聞社が巨人軍を作る前に、阪急が球団を作っていた。だが、ほかのことでは成功した阪急の小林一三も、野球に関しては先駆者とはなれない。大会には七三校が参加し、一〇校が出場、始球式では「大阪朝日新聞」の村山龍平が投げた。

現在、甲子園球場で開催されている高校野球の全国大会を主催する日本高校野球連盟にあたる組織は、この時代は存在しない。この全国大会は、民間企業である大阪朝日新聞社が主催するイベントで、一九二四年に大阪毎日新聞社主催で始まる春の選抜大会も同じだった。戦後、・GHQが学校スポーツの大会を民間企業が主催することに難色を示したため別組織が必要となり、一九四六年二月に全国中等学校野球連盟が結成され、翌年の学制改革に連動して全国高等学校野球連盟となり、六三年に財団法人化する際に日本高校野球連盟となる。

では、大阪朝日新聞は何のために中等学校の野球部の全国大会を開催しようとしたのだろうか。野球を普及させるためでも、青少年の心身を鍛えるためでもなく、新聞拡販のためだった。のちに読売新聞が職業野球を始めるのも新聞を売るためであり、朝日が職業野球に加わらなかったのも、中学(戦後は高校)野球に支障が出るのを恐れたためだ。両方にかかわった毎日が低迷するのは、どっちつかずの体質が原因のひとつかもしれない。

本音は新聞拡販のためだが建て前が必要なので、第一回大会開催にあたり、当時の「大阪朝日新聞」の社説には、野球についてこう書かれた。〈攻防の備え整然として、一糸乱れず、腕力脚力の全運動に加うるに、作戦計画に知能を絞り、間一髪の機知を要するとともに、最も慎重なる警戒を要し、而も加うるに協力的努力を養わしむるは、吾人ベースボール競技をもってその最たるものと為す。〉そのまま軍国主義に突入しそうな雰囲気でもある。

東京とは違うとはいえ、同じ「朝日」が展開した害毒論にも配慮し、あくまでアマチュアスポーツであるということも徹底させ、かつての野球は害毒の面もあったが、朝日新聞が主催する中学野球は健全であることにした。この出発点が、後に職業野球と高校野球との間に高く固い壁を作ってしまう。

東京で早慶明の三大学野球リーグが結成されるのは、その前年の一九一四年（大正三）だった。しかし応援合戦の過熱で中止となった早慶戦はまだ復活しない。前述したように、一六年に法政、二一年に立教、二五年に東大が加わり、六大学となったところで、ようやく早慶戦も復活した。

このリーグ戦は「東京六大学野球連盟」が運営しており、新聞社もどこの企業も直接には関与していない。いまも高校野球は朝日と毎日が主催し、職業野球は実質的には読売が主導しているが、大学野球は、大新聞社の支配下にない。

中等学校野球の大会は一九一六年の第二回も豊中球場で開催された。参加校は一一五校で、豊中の全国大会に出場したのは一二校、一三試合が行なわれた。敗者復活戦もあったので、一度負けても帰るわけにもいかず、選手たちの滞在が長くなり、その費用が問題視され、次回からは複数の球場で開催することになった。

一方、阪神電鉄は香櫨園に代わるものとして、兵庫県武庫郡鳴尾村（現・西宮市の一部）に、陸上競技場、プール、テニスコート、野球場を擁す総合スタジアムを建設していた。そこに野球場を二面配置することで、第三回からの招致に成功した。ここで阪急は阪神に負けた。以後、一九二三年（大正一二）の第九回大会まで鳴尾球場で開催される。

豊中球場は以後、中学（現・高校）ラグビーやサッカーの大会にも使用されていたが、一九二二年（大正一一）に、阪急が宝塚に運動場を造ると閉鎖された。最大の理由は、大きなイベントがある時は一般の乗客が利用できなくなるほど満員となってしまうためだった。豊中は梅田と宝塚の中間にあるため、臨時列車を走らせるのが難しく、阪急全体の構想として、運動場や遊楽地を宝塚に集中させる戦略が取られたのだ。

阪神甲子園球場

一九二二年六月、宝塚運動場がオープンした。総面積三万三〇〇〇平方メートルで豊中運動場の一・五倍。鉄筋コンクリート製の収容人数二万五〇〇〇人の観客スタンドを備えた総合グラウンドだった。阪急が宝塚運動場を建てたのは、鳴尾に奪われた中学野球の全国大会を招致しようとの思惑があった。阪神はそれに対抗して、さらに大きな球場を建てなければならなくなった。対抗心もあったが、大会を宝塚に奪われるのは経営上も痛手だ。

鳴尾での中学野球の全国大会は、回を重ねるごとに観客が増え、仮設席を設けなければならなくなり、またグラウンドの土が雨が降るとぬかるんで使用できなくなるなどの問題があった。そこで大阪朝日新聞社は、阪神電鉄に本格的な野球場を建ててくれないかと打診していたのだ。

当時すでに阪神電鉄は武庫川の支流、枝川と申川《さるがわ》の埋立地に新球場を建設する計画があったので、早急に実現することに決めた。決断したのは専務取締役・三崎省三だった。三崎は電気工学の勉強でアメリカに滞在していたことがあり、メジャーリーグの野球を実際に見ていたので、アメリカの球場も知っていた。設計を命じられたのは、後に阪神電鉄社長になる野田誠三（一八九五〜一九七八）である。京都帝国大学工学部を卒業し一九二二年に阪神電鉄へ入った、入社して三年目の社員だった。野田はアメリカへ行き球場を見てきたかったが、時間と資金がなく、アメリカのメジャーリーグの専門誌を見て研究し、手本とすべきはヤンキー・スタジアムだと決めた。ニューヨーク市に図面を貸してくれないかと照会したが入手できず、写真を見て設計した。

甲子園球場の起工式は一九二四年三月一一日、夏の第一〇回大会に間に合わせるため、突貫工事で八月一日に完成した。当初は一〇〇万円の予算だったが、急がせたこともあり二五〇万円かかった。一九二四年は干支では「甲子」だったので「甲子園大運動場」と名づけられた。

敷地総面積五万四〇〇〇平方メートル、五〇段の座席を有する鉄筋コンクリート造りのメインスタンドと、外野には二〇段の木造スタンドを設け、六万人分の観客席を備えた。研究を重ね、グラウンドの砂は淡路島の赤土が適していると分かり、船で輸送したので、この経費もかかった。

球場ができると阪神電鉄は仮設の駅を設け、夏の大会に間に合わせた。常設の駅ができるのは一九二六年だ。一九二九年にはラグビー、サッカー等のグラウンドとして甲子園南運動場が完成したのをはじめ、甲子園地区にはテニスコート・水泳スタジアム・動物園・水族館・海水浴場と阪神の一大レジャーゾーンが完成した。阪急の宝塚運動場に匹敵するものだった。この頃、並行して本業の鉄道では、梅田—滝道の本線に加え西大阪線や国道線が開通する。阪神電鉄の基礎は、この時期に築かれた。

甲子園ができると、鳴尾球場は競馬場として使用されていたが、戦中は軍に、戦後は進駐軍に接収された後、日本住宅公団（現・都市再生機構）の団地となった。阪神タイガースの二軍が二〇二四年まで使用した阪神鳴尾浜球場は、旧球場から二キロほど離れた別のところにある。

阪急の豊中とその後継の宝塚、そして阪神の鳴尾と甲子園とも、そこで開催されるスポーツイベントの大半は、大阪朝日新聞や大阪毎日新聞との共催だった。

ここに、新聞社が宣伝して客を集め、鉄道会社が輸送して、鉄道会社が建てた球場で開催する、新聞・鉄道が提携してスポーツイベントを開催する、日本独自のビジネスモデルが確立された。

一方、甲子園で中等野球の夏の全国大会が開かれるようになるこの一九二四年は、毎日新聞主催の春の選抜大会が始まった年でもある。だが第一回は甲子園ではなく、名古屋の山本球場で行なわれた。

山本球場は名古屋市昭和区にあった球場だ。一九二二年に、運動用具店を営む山本権十郎が個人で建てたもので、収容人数は二〇〇〇人ほどしかない。左翼が広く右翼が狭いという変則的な形状だったこともあり、大会に使用されたのは一年だけで、翌年からは春の選抜も甲子園で開催される。

こうして野球史に、読売・朝日・毎日・阪神・阪急の五社が登場した。

このうち朝日以外の四社が職業野球の球団を持つのである。

第 3 章

先駆者たち —— 短命の三球団

1920 - 1930

初のプロ球団「日本運動協会」

全国中等学校優勝野球大会が一九一五年（大正四）、東京六大学リーグが一九二五年（大正一四）に発足し、そのちょうど間の一九二〇年（大正九）、日本初の職業野球球団が誕生した。現在の日本野球機構とは歴史として断絶しているので忘れられているが、読売巨人軍よりも前にプロ球団が存在していたのである。

その日本初のプロ球団は「日本運動協会」という。芝浦球場を本拠地としていたので「芝浦協会」とも呼ばれる（この球団については佐藤光房著『もうひとつのプロ野球』、小川勝著『幻の東京カップス』等に詳しい）。設立を呼びかけたのは早稲田大学野球部OBの河野《こうの》安通志《あつし》（一八八四～一九四六）、押川清（一八八一～一九四四）、橋戸信（一八七九～一九三六）の三人だ。彼らは同時期に野球部に在籍し、一九〇五年のアメリカ遠征のメンバーでもあった。

河野は野球害悪論のときに「東京朝日新聞」に捏造記事を書かれた元選手で、卒業後は呉服店で働き、簿記ができたので横浜商業や早稲田大学で講師もしていた。さらに早大野球部を指導し、実質的な監督だった時期もある。だが学内の派閥抗争で追放されていた。押川は作家・押川春浪《しゅんろう》の弟で天狗倶楽部のメンバーでもある。橋戸は卒業後アメリカに渡り四年後に帰国して萬《よろず》朝報に入ったが、大阪朝日新聞に転職し、全国中等学校優勝野球大会の運営に携わっていた。

当時の大学野球は、害悪論が出るのももっともなほど、ある意味では腐敗していた。現在も堂々と行なわれているが、中学の有望選手を授業料免除、さらには金品を渡して入学させて、野球部員は授業に出ずに野球だけをしているありさまだった。学生の不祥事も絶えなかった。

この現状に早稲田大学野球部長・安部磯雄は学生野球浄化を強めていく。その教え子である河野安通志は、安部の浄化路線を理解した上で、それを実現するためにも「プロ球団を作りプロとアマの間に明確な線を引く」「学生たちの模範となるプロ球団を作るべき」と考え、これに押川と橋戸が賛同した。

三人は大学野球関係者から資金を集め、資本金九万円（八万五〇〇〇円説もある）で合資会社「日本運動協会」を設立した。橋戸が社長、河野と押川が専務となった。「野球協会」ではなく「運動協会」としたのは、スポーツ全般に取り組むつもりだったからだ。定款の事業目的には、〈一、運動競技に関する一切の事業、二、運動競技場の設計工事、工事監督修繕請負及び之に付帯する一切の業務、三、各種運動体育用具の製造販売及び之に付帯する一切の業務〉とある。総合的スポーツ事業会社を目指していた。

日本運動協会は芝浦に球場を建てた。一塁側・三塁側・ネット裏に各二〇〇〇人収容のスタンドがあり、外野の立ち見席を含めて二万人を収容できた。両翼約九〇メートルで、グラウンドはほぼ正方形。当時は男女が席を同じにできなかったので、女性用の客席は三塁側に別に設けられていたという。さらにテニスコートも六面あった。

球団の選手のための合宿所も建てた。こうした設備面の整備と並行して選手を集めなければならない。一九二一年春から新聞広告などで募集し、選考が始まった。合計二〇〇名以上の応募があり、一四歳から二七歳までの一四人を選んだ。しかし大学野球部の現役選手やOBは応募してこなかった。「職業野球」なるものの将来性がまったく見えなかったからだ。

芝浦球場の「球場開き」は一九二一年三月一三日に開催されたが、対戦したのは早稲田大学OBの「稲門倶楽部」と慶應大学OBの「三田倶楽部」だった。早慶戦は応援合戦の過熱が問題となり、一九〇六年（明治三九）に中止になっていたので、その代わりとなり、二万人が観戦した。収益の半分を日本運動協会が取り、かなり利益が出たので、稲門―三田戦は何試合も行なわれた。

OBの早慶戦が盛り上がったことで、現役の早慶戦も復活しようとの機運となり、一九二五年に東京六大学リーグが結成された。日本運動協会は早慶戦復活のきっかけを作ったのだ。

このように日本運動協会はまずグラウンドが披露された。しかし野球チームはまだ存在しない。日本運動協会は秋までに一四名の「見習選手」（選手候補生）を選んで採用し、選手たちは秋から合宿生活を始めた。最初の一年は対外試合は行なわず練習に徹する方針が取られた。その間も社会人として恥ずかしくないよう、野球だけでなく英語・数学・簿記の授業もした。これには選手引退後に役立つようにという配慮もあった。合宿は外出許可が必要なほど、厳しいものだったという。

待遇は、大卒初任給が五〇円の時代、見習選手は一五円で、本選手に選ばれれば五〇円から一〇〇円とし、賞与も出す。職務中の負傷や疾病には治療費を出すし、恩給制度も設けるという、かなり時代に先駆けたものだった。それでも一流大学の学生は官庁や企業への就職を選ぶので、中卒者が大半となった。

「日本最初のプロ球団」という称号は、この日本運動協会なのだが、その時点では運営会社があるだけでチームはない。二一年秋に選手たちが合宿生活を始め、最初の対外試合は二二年六月だった。その間に別のプロ球団が誕生し、試合を行なっていた。その「日本で最初に試合をしたプロ球団」は、「天勝野球団」という。

天勝野球団

松旭斎天勝《しょうきょくさいてんかつ》（一八八六〜一九四四）という、当時知らぬ者のいないスター女性奇術師がいた。その天勝の夫で一座の支配人をしていた野呂辰之助（一八七七〜一九二六）が一九二一年二月に結成したのが天勝野球団である。これは株式会社などの会社組織ではなく、天勝一座の一部門のようなものだった。

松旭斎天勝は一一歳で奇術師・松旭斎天一の弟子となり、本名が「カツ」だったので「天勝」として舞台に出るようになると、美人だったこともあり、一座のスターになった。

天勝の夫となる野呂辰之助は、相撲茶屋大和屋の子で父の代から興行も担っていた。野呂は二八歳になる一九〇五年（明治三八）から「天一一座」の支配人となっていた。一九一一年（明治四四）に天一が引退を表明すると、天勝は野呂を連れて一座を出て、「天勝一座」を旗揚げした。天勝は天一から強要されて妾になっていたので、これを機にその関係も断った。

新生・天勝一座は国内各地を巡業し、さらには朝鮮・中国・台湾へも渡り、大成功した。そして一九一五年（大正四）、天勝と野呂は結婚した。二九歳と三八歳で、天勝のほうから持ちかけた結婚だという。天勝は奇術以外は何もできず、一座を維持していくには野呂の手腕が必要だったので、つなぎ留めておくための結婚とも言われる。だが座員のなかにはこの結婚を快く思わない者もいて、一座は分裂した。それでも、『サロメ』を奇術風演出で上演すると大当りとなり、天勝一座の人気はますます高まり、座員は一〇〇名近くになった。

野呂がどの程度の野球好きだったのかはよく分からない。一九二〇年に日本運動協会が設立されると興行師として何か閃いたのか、彼はプロ球団の結成を思い立った。

当時、役者や藝人の間で野球チームを結成するのが流行となっていた。彼らは一座を組んで旅をする。興行は夜が基本なので昼間はやることがない。そこで野球チームを作り行く先々で、地元チームと対戦していた。

天勝も野球チーム結成を了解し、一九二一年（大正一〇）二月に天勝一座のなかに「天勝野球団」が結成された（天勝・野呂夫妻と野球団については大平昌秀著『異端の球譜「プロ野球元年」の天勝野球団』に詳しい）。天勝は野球には興味はなかったが、一座の広告塔になると説明されたらしい。

日本運動協会は、学生たちの規範となるチームを作るという崇高な目的があったにもかかわらず、選手として応募してきたなかには大学生も大学卒業生もいなかった。ところが、天勝野球団は奇術団の宣伝という世俗的な目的だったにもかかわらず、学生が集まった。単純に待遇が良かったのだ。給与も高く試合のないときは何もしなくてよかった。日本運動協会のように学習の時間もない。

野呂は浅草福井町（現在の浅草橋一丁目・二丁目あたり）に広大な屋敷を持ち、天勝一座の本部事務所を置いていたが、座員の宿舎でもあった。さらに野呂は何人もの学生の学資を出して、屋敷に住まわせていた。いわゆる書生である。そのなかには天勝の弟・吉沢広吉もいて、慶應義塾大学に通っていた。

野呂は吉沢広吉や立教大学の学生に頼み、選手を集めることにした。広吉の先輩である慶應出身で「東京日日新聞」の運動記者だった小野三千磨《みちまろ》（一八九七〜一九五六）をコーチに招聘できた。資金力と人脈を駆使し、慶應、立教、法政出身者を中心としたチームが出来上がり、小野の指導で猛訓練が始まる。最初の対外試合は新派役者・河合武雄の「ピーマ倶楽部」で、天勝野球団はあえなく敗退した。

その後、天勝一座が満州と朝鮮を巡業するので野球団も同行し、大連や京城、大邱、釜山で地元のチームと対戦し、一勝四敗と大きく負け越した。内地に戻ると、九州、中国地方で対戦していった。相手となるのは、企業のチームや劇団のチームもあれば中学とも対戦した。さらに、台湾へも行った。その後は豊橋、浜松へ行って、初年の一九二一年を終えた。

初のプロ球団同士の対決

一九二二年（大正一一）六月、日本運動協会チームは練習期間を終えて、対外試合に臨んだ。最初に向かったのは満州だった。天勝野球団も満州・朝鮮・台湾へ行ったが、この時代は日本の統治下にあったので、距離はあるものの、気分的には現在の感覚よりも近いのだ。

日本運動協会は満州で一か月にわたり一七の試合をして、一二勝五敗と好成績をあげた。対戦相手は地元の、いまでいうセミプロのようなチームだ。

帰国後、軽井沢で早大野球部二軍と合同合宿をし、これで野球部監督の安部磯雄に認められて一軍との試合を許可された。この時点では早大野球部のほうがプロ球団よりも格上だった。当時の早大野球部は人気・実力とも日本一とされていた強豪で、〇対〇のまま延長戦となり、一対〇で早大が勝った。

負けたとはいえ、相手が強豪・早大だったので運動協会は注目された。各地のアマチュアチームから試合の申し込みが届いた。関西の強豪実業団チーム「阪神電車」や「大毎野球団」(大阪毎日新聞)とも対戦した。「阪神電車」のチームはかなり強かったが、これがそのままタイガースになるわけではない。

一方、天勝野球団は一九二二年になるとチームを再編成した。コーチの小野三千麿は東京日日新聞の記者をしながら、球団のために働いていたが、そのうちに自分も現役の選手として投げたくなってきた。そんなとき、大阪毎日新聞の大毎野球団から誘われた。小野は一座で天勝の一番弟子だった女性奇術師・小天勝と恋愛関係に発展しており、一座では男女交際は厳禁とされ、それを破った者は退団しなければならないこともあり、天勝のコーチを辞めた。

小野は退団にあたり、慶應の後輩の鈴木関太郎を主将として呼び、さらに慶應、明治、法政、立教などの実力のあるOBや現役生を紹介し天勝野球団に入団させた。その結果、一年目よりも強力なチームができ上がった。

野球団が天勝一座の巡業と連動するのは前年と同じだった。野球団が先乗りして地元の強豪チームと対戦し、当日夜か翌日に奇術団が来る。

三月から巡業が始まり、松岡紡績のチームと対戦し、勝った。その勢いで三月九日、京阪の寝屋川球場で、大毎軍と対戦した。天勝野球団から大毎に移った小野は病気を理由に出場しなかった。本当に病気だったのか、小野がついこの前までいたチームとの対戦を遠慮したのか、小野が投げて負けたら大毎の恥となるので、万一を考えて出さなかったのか。エース小野のいない大毎軍相手に天勝は三対二で勝った。大阪毎日新聞は「天勝軍は天晴といふべし」と書いた。

しかし翌日は大毎軍が勝ち、後日に決着をつけることになった。

四月中旬から、天勝一座はこの年も大陸に渡った。今度は三か月かけての満州・朝鮮への遠征だ。一か月近く巡業して、強豪の大連実業団、大連満州倶楽部などを相手に二勝一敗だった。

そして六月二一日、朝鮮の京城（現・ソウル特別市）で、天勝球団と日本運動協会が対戦した。天勝にとっては遠征での最後の試合だが、日本運動協会にとっては最初の試合で、この一戦を皮切りにして、朝鮮・満州をまわる。そういう日程だった。

この六月二一日の天勝野球団対日本運動協会こそが、日本初のプロ球団同士の試合とされる。初戦は天勝が六対五で勝ち、三日後の第二戦は運動協会が三対一で勝った。第三戦をしようとなったが、天勝一座の旅程が決まっているので、天勝が応じられず、後日東京で第三戦をして決着をつけることになった。

断ち切られた歴史

日本運動協会は、天勝戦の後、朝鮮・満州をまわった。前年は一二勝五敗だったのに、この年は六勝六敗一分けとふるわなかった。七月一八日に内地へ戻り、九州各地をまわり、東京に戻った。

日本運動協会と天勝野球団との決戦は八月三〇日と決まった。場所は芝浦球場である。京城で一勝一敗となっていたので、これに勝ったほうが、日本一のプロ球団だ（二チームしかないが）。新聞も、日本に二つしかない職業野球団の決戦と報じていたので、芝浦球場は満員となった。

結果は五対一で日本運動協会が勝った。天勝の野呂としては残念だが、彼らには次の目標があった。天勝一座がアメリカ公演をするので同行し、もしかしたら現地でメジャーリーグのチームと対戦できるかもしれないのだ。

天勝一座は浅草の常盤座で、八月三〇日から「サヨナラ公演」を打っていた。しばらく日本を留守にするという意味だ。

九月一日、午前一一時から公演が始まった。その最中の一一時五八分、関東大震災が東京を襲った。天勝一座は本部が全焼し、衣装や道具を全て失った。アメリカ公演も中止となった。しかし関東では奇術どころではないが、他の地域は地震の被害はない。一座の避難場所として、立教大学野球部の合宿所を借りると、野呂と天勝は興行が打てないか関西へ様子を見に行くことにした。その間に、野球団の選手たちは見切りをつけて、散り散りになってしまった。

天勝一座の震災後初公演は一〇月二〇日で、上野公園内で開催された東京市主催の「慰安演藝会」に出演した。さらに年が明けて一月二一日、天勝一座はアメリカへ向かったが、そこに野球団の姿はなかった。第二のプロ球団・天勝野球団は三年でその歴史を閉じた。

一方――日本運動協会は選手たちは無事だったが、芝浦球場が被災した。埋立地だったので、地下水が噴き出したのだ。さらに、関東戒厳司令部と東京市社会局に土地が徴発され、使用できなくなった。当局は球場を「震災復興基地」として救援物資の置き場とした。これは臨時措置で、すぐに返還されると思われたが、甘かった。戒厳司令部が撤退しても、内務省が引き続き接収したままだった。内務省は使用料を払うわけでもなく、勝手にグラウンドに倉庫を建て始めた。

選手たちは、当面は野球どころではないので、それぞれの故郷へ帰るよう指示された。

帰れない者は押川邸などに泊めてもらっていた。

再集合したのは一一月一日で、仙台で一か月間、練習に励み、仙台鉄道局のチームなど対戦もした。一二月に東京に戻り、早大の戸塚球場（後の安部球場）を借りて試合をするなどしていた。

だが年が明けても、芝浦球場が返還される兆しはない。もともと経営は楽ではなかった。対戦すべきプロ球団が天勝野球団しかなく、大学の野球部も早大以外は対戦してくれない。河野たちは協会の解散を決断し、一九二四年（大正一三）一月二三日に発表した。

こうして最初のプロ球団二チームは、儚くも散ったのである。運動協会は二年間に一〇三試合対戦し、六七勝二七敗九分けという成績だった。

宝塚運動協会

当たり前だが、関東大震災では関西は何の被害も受けていない。東京からの避難民で一時的に人口は増え、復興需要もあり景気はよかった。阪急総帥・小林一三は日本運動協会解散を知ると、宝塚のグラウンドを本拠地にチームを再建しないかと、河野たちに呼びかけた。

河野はこの申し出を受け入れることにし、故郷へ帰っていた選手たちを呼び戻し、二月二六日、宝塚へ向かった。押川は兄・春浪が亡くなっていたので跡取り息子となったため東京を離れるわけにはいかず、橋戸はこの年に「大阪朝日新聞」から「東京日日新聞」(毎日新聞の前身)へ移ったため、河野ひとりが宝塚へ向かった。

小林が球団を引き受けたのは、彼なりの壮大な構想があったからだった。鉄道各社は阪神が甲子園(この一九二四年に開場)、京阪が寝屋川、東京でも京成、東横(現・東急)などが沿線にグラウンドを持っていた。そこで各社がチームを持ち春秋二期にリーグ戦をして優勝を争えば、入場料収入と鉄道の運賃収入とで球団の経費は十分に賄えるはずだと計算したのだ。

宝塚運動協会となっての第一戦は地元の関西大学が相手で、三月二三日だった。新たな選手の募集もして、五月には東京へ行き、稲門倶楽部と対戦した。そして早くも七月には大連へ向かう。大陸には以後も毎年のように遠征した。

宝塚運動協会となって最初の一九二四年は八一試合を戦った。東京時代よりも多い。この宝塚での試合の観客のなかに歌舞伎役者六代目尾上菊五郎がいた。東京の劇場の多くが焼失したため、この時期、菊五郎は宝塚大劇場で公演していたのだ。もともと野球が好きだったようで、熱心に練習や試合を見るだけでなく、選手たちを自分の宿舎に招いて御馳走していた。

菊五郎は東京に帰ると、自分も野球チームを作ることにした。普通なら一チームを作るが、それでは試合ができない。菊五郎は同時に三チームを結成した。一門の役者を、

「寺島ベースボールクラブ」（「寺島」は菊五郎の本名）「カージナルス」「ジャイアンツ」

の三チームに編成したのだ。菊五郎は寺島ベースボールクラブのエースで四番だった。

菊五郎は自分の三チーム同士だけでなく、他のアマチュアチームと試合をして楽しんでいた。それは入場料をとって見せるものではなく、経費は菊五郎の持ち出しで、道楽のひとつだ。しかし、ある意味で日本運動協会の河野よりも菊五郎のほうが、生まれたときから興行の世界で生きてきたので、野球興行の本質を直感で理解していた。一チーム作っただけではだめなのだ。一チームでは練習はできるが試合はできない。日本運動協会の失敗は、一チームしか作らなかったことだった。自分たちで複数のチームが作れなくても、呼びかけて複数のプロ球団を作るべきだったのだ。

宝塚運動協会が東京へ遠征してくると、菊五郎は選手たちが泊まる旅館に豪華な差し入れをしてもてなし、このプロ球団との交流を続けた。

菊五郎は瞬時に三チームを結成したが、それは草野球レベルのものだ。小林の構想に賛同してプロ球団を持とうという鉄道会社はなく、宝塚運動協会チームは、大毎野球団や大学野球部と対戦するしかなかった。それでも大毎との対戦は人気カードとなった。

一方、大阪毎日新聞と東京日日新聞の主催で、一九二七年（昭和二）八月に「（第一回）全日本都市対抗野球大会」が開催された。参加するのは全国各地の実業団チーム、鉄道局チーム、有名選手中心の倶楽部チームなどだ。この大会の実現には河野の同志である橋戸が尽力した。フランチャイズの理念がここにあった。

こうして中等学校野球（現・高校野球）、大学野球、社会人野球というアマチュア野球の大会が整備された。しかし、野球は学業の一環か、趣味として楽しむもので、それを職業にしようという者は、依然として少ない。

野球の最高の技術を持つ選手たちが競い合うプロフェッショナルの世界は、日本には定着しないのだ。野球に限らず、プロ・スポーツという概念が根付かない。

職業野球は興行の要素も持ち、それは卑しいものだとのイメージもあった。卓越した経営者として鉄道事業と不動産開発などを手掛ける小林一三はその一方で、稀代の興行師でもあり、世界にも例を見ない少女だけの歌劇団を成功させていた。

小林がこの時点で野球にもっと力を入れていれば、状況は変わったかもしれない。だが、そこまでの情熱はなかったようだ。一九二七年（昭和二）から、小林は請われて東京電燈（東京電力の前身のひとつ）の経営も引き受け、東京を拠点とするので、関西で野球に割ける時間もなかったのだろう。小林は一九二九年（昭和四）には阪急百貨店も開業し、流通事業にも乗り出した。宝塚少女歌劇のための専用劇場を東京にも建てる構想は日比谷に劇場街を作るという都市開発となり、演劇・映画の「東宝」へと発展する。「東宝」の出現は演劇・映画の興行界にとって大激震となり、松竹と正面対決する。そのどさくさで誕生するのが永田雅一の大映であり、小林の弟子にあたる五島慶太の東急グループから戦後に東映が生まれる。松竹、大映、東映がプロ野球球団を持つのは後の話である。

阪急の小林としては、宝塚運動協会を資金面で援助することしかできない。阪急は年間三万円を宝塚運動協会へ提供していた。

一九二九年（昭和四）、世界恐慌は日本にも及び、いわゆる昭和恐慌となる。対戦相手の大毎野球団は、大阪毎日新聞社の経営不振で解散してしまった。他の鉄道会社は、どこも球団を結成する気配すらない。大毎がなくなれば対戦相手がなくなるので、収入が激減する。無理すれば続けられたかもしれないが、阪急は宝塚運動協会の解散を決め、七月三一日に解散した。

選手たちは簿記を習っていたのが功を奏し、阪急の関連会社に就職した者が多かった。朝鮮や満州の実業団チームに入った者もいた。

小林は、河野に宝塚音楽学校の校長にならないかと誘った。理想を持ち若い選手たちを厳しく指導していたその手腕を買ったのだ。しかし河野は野球人だ。少女歌劇には興味がない。断って、東京に戻った。

河野は母校の早大野球部の総務となった。当時の監督は市岡忠男（一八九一～一九六四）で、その上の、いわば総監督的な立場となった。河野は市岡の七歳上なので、この人事は順当だったが、市岡としては面白くない。

選手への指導は市岡がすると決めたにもかかわらず、河野が部員を指導したので、二人の関係は悪化した。有力選手の入団をめぐっても二人は対立し、一九三〇年秋、市岡は野球部監督を辞めて読売新聞社に入った。こうして市岡が読売新聞社に入ったことで、巨人軍が生まれるのだ。

もし阪急が宝塚運動協会を維持し、小林一三が考えたように阪神など関西の鉄道各社が球団を持っていれば、プロ野球は読売中心主義ではない別の歴史を持つことになったであろう。

第 4 章

最初の七球団

1931 - 1936

読売新聞の危機

読売新聞社は創業者三人のうち初代社長の子安峻が退いた後は、本野盛亨《もとのもりみち》が社長となり、一九〇九年（明治四二）に七三歳で亡くなるまで社長の座にあった。以後、本野家が経営を担う。長男・本野一郎（一八六二～一九一八）は外交官で、父が亡くなった時はモスクワに駐露大使として赴任していた。次男・英吉郎（一八六四～一九一八）は読売新聞の外報部長だったが社長になる意思がない。そこで、盛亨の甥にあたる高柳豊三郎が三代目の社長になった。高柳は三井物産に勤め、日本郵船に転じて天津、香港、上海の各支店に勤務した後、名古屋支店長をしていた。新聞には縁のない人だった。

本野一郎が社主、高柳豊三郎が社長となったが、もともと読売新聞は紙面については主筆や編集長が任されて作っていたので、高柳は営業面を担うことになった。

ところが、高柳は就任から二年で、一九一二年（明治四五）二月二二日に四九歳で亡くなった。後継の四代目社長には、前社長・本野盛亨の次男・英吉郎が就任した。英吉郎は幕末の一八六四年（元治元）、父が在英国代理公使だったときにロンドンで生まれた。少年時代にも父の仕事の都合で英国で暮らし、ロンドン大学で学んでいる。帰国して帝国大学工科に入り、卒業後は農商務省特許審査官などを務めていたが、一八九六年（明治二九）に欧米出張し、帰国後の一九〇〇年（明治三三）に官職を辞して、読売新聞社に入っていた。父が亡くなったときは社長になる気はなく、また母もまだ若いと反対していたが、今回は社長になった。四八歳である。

四代目社長、本野英吉郎は経歴からわかるように英語が堪能で、イギリス的な自由主義と合理性を身に付けた進歩的な教養人だった。社内も明るくなったという。

しかし経営は厳しい。そこで起死回生の大イベントとして、一九一七年（大正六）、「東海道五十三次駅伝競走」を企画した。この年は「江戸」が「東京」になって五〇年目だったので、東京市をはじめ各企業が記念行事を企画していたが、そのなかでも大規模なものだった。一八六九年（明治二）三月七日（旧暦）に明治天皇は京都を出て、以後は東京で暮らした。三月七日は新暦では四月二七日なので、この日に京都三条大橋を出発して、東京・上野まで五一六キロを二三区間に分けて走る。東京組は東京高等師範、第一高等学校、早稲田大学の三校から選ばれ、関西組は愛知県立第一中学校の生徒を中心にした。ゴールしたのは二九日の昼前後だった。

この駅伝が、いまの箱根駅伝へとつながる。当時の読売新聞は支局があるのは横浜だけだったので、二三の選手交代地に宿を取り、選手、役員、伴走者、そして記者らを待機させ、原稿は電話の回線を確保して送ったため、莫大な経費がかかり、イベントとしては盛り上がって成功したのだが、赤字となった。

この駅伝のあった一九一七年、社主の本野一郎が前年一一月に外務大臣に就任し、とても公務との両立ができなくなり、社主を退任、弟で社長の本野英吉郎が社主になった。

そこで次の五代目社長には本野一郎の外務省の同僚、秋月左都夫（一八五八〜一九四五）が懇願されて就任した。六〇歳での就任だ。

一九一八年、世の中はシベリア出兵をめぐって国論が二分されていた。外務大臣本野一郎は四月に胃病で辞任していた。さらに弟で社主の英吉郎も腎臓病で倒れていた。英吉郎は七月に五五歳で、一郎は九月に五七歳で胃癌で亡くなる。社主の座は一郎の長男・盛一が継いだ。秋月社長は盟友・一郎の死にショックを受けたのか、一二月に肺炎となり、大磯に引きこもった。しかし翌年、小康を得ると、パリ講和会議の西園寺公望全権大使の「全権顧問」として、また社主の本野盛一も全権大使の随員として渡仏してしまった。

経営トップがいない一九一九年（大正八）、印刷工の労働争議が起き、八月三一日発行の新聞は出せなくなった。社主である本野家は盛一がフランスへ行っていて不在だ。残された一郎の妻は読売新聞社を手放すと決めた。

一九一九年九月、本野家が所有する読売新聞社は解散した。従業員には給料一か月分と、三か月分の退職金が支払われた。これで読売新聞社は創業者三人とは完全に縁が切れた。財界人の集まりである日本工業倶楽部の大倉喜八郎、和田豊治、内藤久寛、郷誠之助、中島久万吉、大橋新太郎、川崎八郎右衛門らが出資して匿名組合を作り、新しい読売新聞社となり、社長に東京朝日新聞編集局長だった松山忠二郎（一八七〇〜一九四二）

が就任した。

新社長となった松山忠二郎は一八七〇年（明治二）に生まれ、早稲田大学の前身の東京専門学校を卒業した。東京経済雑誌社に入ったが東京朝日新聞に転じ、アメリカに特派されたこともある。一九一八年（大正七）に編集局長となったが、同年八月の「白虹《はっこう》事件」の責任をとって辞任したところだった。

「白虹事件」とは、大阪朝日新聞が富山の米騒動を報じたとき「白虹日を貫けり」という中国の故事にたとえた事件だ。中国では変乱がおきるときは白い虹が太陽を貫くという言い伝えがある。変乱とは革命である。前年にロシア革命が起きていたので当局は敏感になっており、朝日は革命を起こそうとしていると疑われ、新聞法違反、朝憲紊乱罪で大阪朝日の編集発行人と記事を書いた記者が起訴された。村山龍平社長は暴漢に襲われ負傷し、社長を辞任した。これを受けて東西の朝日の編集陣が大量に辞任、松山もそのひとりだった。

松山が読売新聞の社長になると、東京朝日時代の仲間たちが読売新聞に参集した。さらに時事新報、毎日新聞、萬朝報《よろず》などからも優秀な記者（編集者）を引き抜いて、松山は理想的な新聞を作ろうと意欲に燃えていた。

松山主導の紙面改革は評判もよく、一三万部まで部数を伸ばした。そのため銀座一丁目にあった社屋では手狭となり、一九二三年（大正一二）八月一九日、京橋区西紺屋町

（現・銀座三丁目）に建てた新社屋に移転した。創業者一族との関係がなくなり、新体制となったことの象徴としての新社屋だった。

九月一日、読売新聞社は夕方から丸の内の東京會舘で新社屋の新築落成記念祝賀会を開くことになっていた。ところが、一一時五八分に関東大震災が襲った。新しい社屋は天井と外壁を残すだけとなった。ようやく新聞を発行できたのは六日で、二ページの号外で復刊した。元の八ページに戻せたのは一一月二〇日だった。

しかし、関東一円が震災の被害にあっているので、新聞を読む人そのものが激減していた。震災前は一三万部だったが、この年の暮れには五万部を割り込みそうだった。どの企業も被害を受け再建には莫大な資金が必要となるので、松山の後ろ楯だった日本工業倶楽部の資本家たちも読売新聞社を支援する余裕がない。一八七四年（明治七）の創刊から五〇年を迎えようとしていたとき、読売新聞は最大の危機を迎えた。

正力松太郎登場

読売新聞社が経営危機を迎えていた一九二三年（大正一二）一二月二七日、摂政宮となっていた皇太子裕仁親王（昭和天皇）は、帝国議会の開院式に出るため皇居を出て国会へ向かっていた。その自動車が虎ノ門を通ったとき、狙撃されるという事件が起きた。「虎ノ門事件」である。弾丸は皇太子には命中せず、同乗していた侍従長が軽傷を負っただけだった。犯人・難波大助はその場で捕らえられ、大逆罪で起訴された。翌年一一月に死刑判決が出て、二日後に処刑される。

皇太子が無事だったとはいえ、皇族を狙ったテロである。事件発生当日に、山本権兵衛内閣の全閣僚は皇太子に辞表を提出した。皇太子は山本を慰留したが辞職の意志は固く、年が明けた一九二四年一月七日に山本内閣は総辞職し、清浦奎吾《きようらけいご》が次の首相となった。

内閣が総辞職するほどの大事件である。警備責任者もただではすまない。警視総監・湯浅倉平と警視庁警務部長の正力松太郎は懲戒免官となった。

読売新聞が経営危機にあったとき、正力松太郎は失業した。この偶然が日本野球史を変える。野球だけではない。新聞の歴史も、そして戦後のテレビの歴史、原子力の歴史も変えていく。

正力松太郎は一八八五年（明治一八）に富山県射水《いみず》郡枇杷首《びわくび》村（後の大門町、射水市）で、土建請負業を営む家に生まれた。金沢大学の前身である第四高等学校に入り、一九〇七年（明治四〇）に東京帝国大学法科大学独法科に入学し、一一年（明治四四）に卒業した。内閣統計局に入った後、一三年（大正二）に警視庁に入り、警務部警務課、日本橋堀留警察署長、牛込神楽坂警察署長、警視庁第一方面監察官となる。一九一八年（大正七）の米騒動を鎮圧したことが評価され、従六位に叙せられ、順調に出世していた。一九年には警視庁警務部刑事課長、二一年には警視庁官房主事となり、正六位に叙せられた。

関東大震災後の一九二三年一〇月に正力は警務部長となっていた。そして一二月二七日に虎ノ門事件が起き、一月七日に懲戒免官となったのだ。正力はかつての上司などに退官の挨拶にまわったが、そのなかには山本内閣の内務大臣だった後藤新平もいた。後藤は正力をねぎらい、「一万円あるから、これで二、三年、休んでおれ」と言った。ありがたい話だが固辞した。正力はいずれは政界へと考えており、いまここで後藤から一万円もの大金を貰うのは、後藤の子分になることを意味していたので、それは避けたい。一九二四年一月二六日、皇太子婚礼の儀が執り行なわれた。前年一一月に予定されていたが震災で延期されていたのだ。その間に虎ノ門事件が起き、内閣総辞職、警備責任者の正力の処分となったわけだが、婚礼の儀の恩赦で懲戒免官は取り消された。これで正力は本人が望めば官界へ復帰できた。しかし、免官になってから二〇日ほどの間に、読売新聞を買わないかという話が持ち上がっていた。

日本工業倶楽部の財界人たちは松山忠二郎を見限り、読売新聞にこれ以上の支援はしないと決めていた。といって、潰すわけにもいかない。そんなとき、貴族院議員でもある郷誠之助（一八六五～一九四二）が正力を思い出した。正力が警視庁官房主事時代に政界工作をした際に面識があったのだ。郷は正力を呼ぶと「君もどうせ政界に打って出るつもりなのだろう。それには新聞を持っていたほうがいい。一〇万円ほど必要だが、三井と三菱に出させるから、君が立て直せ」と言う。一〇万円は現在の三億円くらいだろう。

ところが一週間ほどして、郷から「大阪で赤新聞をやっている男が読売を買いたがっており、敵に回すとやっかいなので、三井と三菱が手を引いた。この話はなかったことにしてくれ」と言う。正力は読売買収に乗り気になっていたので、「一〇万円は自分で用意します」と言った。しかし警察官僚に一〇万円もの蓄えはないので、誰かに頼むしかない。

正力は後藤新平を訪ね、単刀直入に一〇万円を貸してほしいと頼んだ。後藤はその場で「わかった。二週間もあれば金はできる。新聞経営は難しいから失敗しても返さなくていい」と承諾した。自分から出た金だと口外するなというのが唯一の条件だった。

後藤は自分の土地を担保にして一〇万円を作り、正力に届けた。その他に懇意の財界人からも資金を集めて三〇万円ほど作って、正力は二月二六日、読売新聞社へ乗り込んだ。

社長の松山は抵抗した。部長一三名に辞表を書かせ、このまま社長になっても明日から新聞は出ないと脅した。しかし正力は部長たちの辞表を受け取り、次長に対し、「辞めたい者は辞めてくれ。残った者は部長にする」と宣言した。これによって、リベラルな松山一派を労せずに追放できた。

正力が経営権を得た一九二四年二月当時、読売新聞社は月平均一万円の赤字で、その他の経費で年間に五〇万円の欠損となっており、有利子負債が一七万円という状況だった。

読売新聞の飛躍

大震災前の東京の新聞は発行部数のトップは「報知新聞」で三六万部、続いて福沢諭吉が創刊した「時事新報」と徳富蘇峰《とくとみそほう》の「國民新聞」が三〇万部前後で続き、それを東京朝日が二三万部、東京日日新聞（後、毎日新聞）が二〇万部前後で追い、ここまでが「五大新聞」だった。読売はその次のランクで一三万部前後だった。

震災で新聞社も社屋・印刷所を失ったが、報知、東京日日、都新聞は無事だった。朝日は大阪で印刷して東京へ運ぶことで乗り切っていく。その結果、東日、朝日の部数は伸びて、震災から二年でそれぞれ六〇万部に達する。

これまでと同じことをしていたのでは部数は伸びない。正力は「グロテスク、エロティック、センセーション」が新聞の生命だと開き直り、大衆が喜ぶ紙面へと改革した。ヒットしたのが「ラジオ欄」だった。ラジオ放送の開始は大震災から二年弱が過ぎた一九二五年（大正一四）七月からだった。新聞社にとってはラジオは脅威だった。放送開始から三か月で受信機は一〇万台を超えていた。だがその日の何時からどんな番組が放送されるかは分からない。一方、新聞紙面にはラジオの広告が増えていた。そこに読売新聞の広告部長は目をつけ、番組表を新聞に掲載することを思いつき、正力に提案した。他紙はラジオを敵視していたので、番組表を載せるなど思いもつかない。一社独占が可能だ。

一一月一五日から「よみうりラヂオ版」を付けると便利だと評判になり、半年で一万部の増加となり、ラジオの広告も増えた。

部数増加につながった最大のヒット企画が、一九二六年の囲碁の本因坊秀哉《ほんいんぼうしゅうさい》対雁金《かりがね》準一《じゅんいち》七段の対局だった（日本棋院対棋正社敗退手合）。毎日、紙面に対局の棋譜を載せ、菊池寛ら著名人たちに観戦記を書いてもらい、発行部数は三倍になった。

こうして囲碁欄、将棋欄、競馬の予想欄、ビリヤード欄、麻雀欄、釣り欄など、新しいコーナーを次々と採用していった。その結果、一九三三年（昭和八）には読売の部数は五〇万部を超えた。

後発の読売が部数競争に勝つには戦略が必要だった。正力は大規模イベントを主催するのが手っ取り早いと考え、次々とイベントを企画させた。イベントの宣伝は自前の紙面なのでただでできる。そうやって集客できればイベントそのもので利益も出る。その新イベントの情報を新聞に独占して載せれば、知りたい者は読売を買うしかないので、新聞も売れる。

この戦略でいくつものイベントが企画、実施されたが、そのひとつが一九三一年(昭和六)のアメリカ大リーグの来日だった。

大リーグ来日

アメリカから野球チームが来日するのは明治の終わり、一九〇八年(明治四一)の「リーチ・オール・アメリカン」が最初だった。運動具会社リーチがメジャー・リーグ・ベースボール(MLB)所属の六選手と3Aの選手による選抜チームを編成してやってきた。対戦したのは早稲田大学、慶應義塾大学などの大学野球部や、各地の倶楽部チームだった。

MLB加盟球団の初来日は一九一三年(大正二)で、ニューヨーク・ジャイアンツとシカゴ・ホワイトソックスが世界一周ツアーのなかで来日した。

一九二〇年(大正九)は、一一月に3Aのコーストリーグ主体の「オール・アメリカン・ナショナル」が来日した。このチームをエージェントとして率いていたのが、ハーバード・H・ハンター(一八九五〜一九七〇)という元選手だった。ボストン生まれで、ジャイアンツ、カブス、レッドソックス、カージナルスを転々としていたが、三五歳になったので、エージェントに転じていた。チームが帰った後も早稲田大学に頼まれ、翌年一月まで日本に留まって指導した。これでハンターと日本球界との関係ができた。

ハンターは一九二二年（大正一一）には、自らMLB選抜チームを率いて来日した。東京六大学を中心に一六試合を戦った。ここからMLBと日本とを結ぶハンターのエージェントとしての活動が始まる。

この時点で日本運動協会と天勝野球団があったが、日米野球の相手にはなっていない。そして一九二三年に関東大震災となり、翌年この二つの職業野球団は消滅し、日本運動協会の後を継いだ宝塚運動協会も一九二九年（昭和四）に解散した。

宝塚運動協会の河野安通志は早稲田大学野球部に戻り、監督の上の「総務」となった。監督の市岡忠男にとっては、先輩の河野が上にいるのでやりにくい。翌年（一九三〇年）九月、来日したシカゴ大学チームとの試合を終えると、市岡は早稲田の監督を辞任した。この情報を得ると、正力自ら市岡と会い、読売新聞運動部に入社してくれと頼んだ。他の新聞は社会部がスポーツを担当していたが、読売は運動部を独立させていたのだ。市岡は読売新聞社に入り部長になる。

この時期、読売新聞に嘱託として入り日米野球実現の実務面を担当するのが、鈴木惣太郎（一八九〇〜一九八二）だった。群馬県伊勢崎市出身で早稲田大学を中退し、大倉商業学校（現・東京経済大）に入学し直し、貿易を学んだ。アメリカへ渡ると、コロンビア大学の聴講生となり、アメリカ野球について研究したという経歴を持つ。鈴木は一九二九年に『米国の野球』という本を著した。それを読売の運動部の記者が読んで、正力にこういう男がいると報告し、嘱託での入社が決まった。

正力が野球に詳しい者を集めていたのは、ベーブ・ルースを呼ぶためだった。一九二九年に報知新聞論説委員の池田林儀《しげのり》（一八九二〜一九六六）から、ベーブ・ルースを呼ばないかと声をかけられたのが、正力と野球との関係の始まりだった。

池田は秋田県出身で東京外国語学校（現・東京外国語大学）を卒業し、大日本雄辯会講談社（現・講談社）に入った。同社では「講談倶楽部」などの編集に携わったが、大隈重信が創刊した雑誌「大観」の記者に転じ、さらに一九一八年（大正七）から「報知新聞」に移っていた。

「報知新聞」の創刊は一八七二年（明治五）で、郵便制度を確立した前島密らが「郵便報知新聞」として創刊した。一八九四年に「報知新聞」となる。だが朝日、毎日が東京へ進出してくると報知は部数競争で劣勢となり、一九三〇年には大日本雄辯会講談社に買収される。さらに戦時体制下の一九四二年に新聞統合によって読売新聞と合併する。

しかし一九二九年（昭和四）の報知新聞は発行部数八〇万部の大新聞であり、読売は二〇万部に満たない。報知にできないものを読売ができるわけがないのに、池田がなぜ正力に打診したのか。佐野眞一『巨怪伝』によれば、後に読売新聞社長となる務臺光雄《むたいみつお》（一八九六〜一九九一）が間に入っている。

務臺は長野県松本市に生まれ、早稲田大学専門部政経科を卒業した。一九二三年に報知新聞社に入社し、販売局で働いていたが、販売局長になっていた一九二九年に、読売に移った。正力の情報網に「報知の販売局長は遣《や》り手だ」と引っかかり、引き抜かれたのだ。務臺は読売新聞で販売部門の責任者になると、「読売と名が付けば白紙でも売ってみせる」と豪語した伝説で知られる。

報知新聞時代の一九二四年（大正一三）、務臺はアメリカへ行った。そのときに球場でベーブ・ルースのホームランを見て感動した。その話を池田にしたところ、そんなにすごいのなら日本に呼ぼうとなった。しかし高額のギャラがネックとなり、報知では実現しなかった。そのうちに務臺は読売に移った。読売は正力のワンマン体制なので、正力が「おもしろい、やれ」と言えば実現する。しかし務臺はまだ正力に提案できるポジションになかった。そこで池田から正力に打診してもらおうと考えた。

正力は野球には疎い。ベーブ・ルースもよく知らなかったが、「世界一の野球選手」だと聞いて、日本に呼ぶ気になった。この男は「世界一」とか「世界最大」、あるいは「史上初」といったことが好きなのだ。だが、その年はベーブ・ルースのスケジュールが合わない。そこで翌一九三〇年はどうかとなった。

正力は外務省に日米親善になると理屈をつけて、ニューヨークの領事館に交渉にあたらせた。すると保証金としてベーブ・ルースに七万円、ルー・ゲーリッグに三万円でいいという。だが二人以外は有名選手は含まれない。それでは呼ぶ意味がないと正力が断り、またも流れた。

一方、ハンターは過去二回の日本ツアーで、興行的には成功したとは言えなかったので、次は日本のしっかりした興行元と組みたいと考えていた。ニューヨーク領事館から読売に、ハンターと組んでみてはどうかと情報が提供された。

一九三一年（昭和六）一月、ハンターは来日した。横浜で出迎えたのが市岡だった。ハンターが早稲田でコーチをしたとき、市岡もいたのでよく知っていたのだ。

かくして読売新聞社はハンターをエージェントに、MLB選抜チームを招聘することになった。この年もベーブ・ルースは日本に来ないが、「鉄人」ルー・ゲーリッグや「剛腕」レフティ・グローブら一流選手による来日が実現した。日本側は初めてオールスターチームを結成して挑む。

来日に際し、読売新聞社はハンターにギャランティーとして一一万円、滞在費として一〇万円を用意した。さらに利益が出たらそれも全額渡すという契約だった。

東京の試合は読売新聞社が球場を借りて興行するとして、大阪はどうするか。ハンターは前の来日時に大阪毎日新聞に世話になったので、同社に主催してもらいたいとの意向だった。読売が大阪毎日に打診すると、辞退するという。そこで正力が阪急の小林一三に相談すると、大阪朝日と話したらいいと助言された。

しかしハンターは毎日のライバルである朝日の主催になることに難色を示す。そこで、朝日・毎日双方と関係が良好で、甲子園球場を持つ阪神電鉄に打診すると、乗ってきた。甲子園で二試合、ギャラは一万七〇〇〇円でまとまった。結果として、阪神は二試合で七万円の興行収入を得て、大儲けした。ここに、読売新聞と阪神電鉄の野球での持ちつ持たれつの関係が始まる。さらに名古屋での興行権は新愛知新聞社が一試合を一万円で買うことになった。この新聞社については後述する。

一九三一年（昭和六）一〇月二九日、MLB一行が横浜港に到着した。第一戦は一一月七日、神宮球場での立教大学との試合だった。この年の日米野球では、全日本チームの他、立教大学、早稲田大学、明治大学、慶應大学、法政大学、関西大学、八幡製鉄、横浜高商、全横浜が対戦し、合計一七試合、全てMLB選抜が勝った。

どの試合も満員となり、入場料だけで三六万円の興行収入となった。当時の読売新聞は月極八〇銭で一八万部、ひと月の購読料の合計が一四万四〇〇〇円なので、その倍以上の売上となった。ここから諸経費が引かれて、ハンターは二四万五〇〇〇円を得た。

読売新聞は一行が横浜に着いたときから連日大きく報じた。試合結果を読もうと新たな購読者が増え、一〇万部以上の部数拡大を達成した。ハンターも儲けたが、読売も儲けたのである。

興行そのもので利益を出し、新聞の読者も増やす。一石二鳥である。正力の興行師としてのカンは冴えていた。野球に何の関心もない男が、野球で最大のビジネスとしての成功を摑んだのである。

一方、興行的には成功したが、日本チームが全敗したことに、市岡忠男と鈴木惣太郎は少なからず衝撃を受けていた。二人は「職業野球の球団が必要だ」と意見が一致した。

幻のプロ野球リーグ構想

市岡と鈴木は早大野球部OBの浅沼誉夫《よしお》と、慶應野球部部長だった三宅大輔も仲間に入れて、プロ球団結成へと動き始めた。これは読売新聞とは関係のない動きだった。球団はホームグラウンドを持つべきだとの考えから、市岡は大隈重信の養子・信常の協力も得て、水道橋近くの小石川砲兵工廠跡地に球場を作ろうとした。しかしうまくいかない。球場の候補地は二転三転し、品川駅近くの芝浦の埋立地に一二万人収容できる屋根付き球場を作ろうという計画に発展した。一九三一年六月に「株式会社東京臨海野球場」が設立され、発起人には学生野球の名だたるOBとともに六代目尾上菊五郎の名もあった。

しかし球団も球場も思うように進まない。市岡らは特定の企業の下での球団ではなく、アメリカのメジャーリーグのように独立採算制の球団を作ろうとしていたのだが、どうやって収益をあげたらいいのか分からない。一チームだけ作っても、宝塚運動協会のように行き詰まるのは必至だった。さらに悪いことに、プロ・チームを作った場合の対戦相手となるはずの大学野球部との試合が不可能になってしまった。

ＭＬＢ選抜の来日で世間の野球熱がさらに高まると、国家は冷や水を浴びせかけてきたのだ。文部大臣の諮問機関として体育運動評議会が設置され、一九三二年三月、野球統制令を発表した。これは大学野球部に対しての規制で、入場料など経理報告、試合は土曜日・日曜日に限定、プロ・チームとの対外試合の禁止、来日した外国チームとの対戦禁止といった厳しいものだった。この統制令により、ＭＬＢを招聘しても、大学野球部や学生選抜チームは対戦ができなくなった。

市岡たちの計画が頓挫したところに、読売新聞ではメジャーリーグを再び招聘しようという話が浮上していた。正力松太郎は一九三一年のゲーリッグらによる日米野球に満足していたが、やはりベーブ・ルースを呼びたい。ゲーリッグ一行のなかにいたフランク・オドール（一八九七〜一九六九）がエージェントとなり、一九三三年（昭和八）一二月に来日し、正力と会った。この会談で翌年秋にベーブ・ルースを呼ぶことで合意した。もっともルース当人の同意はまだ取れていない。通訳は鈴木惣太郎で、読売新聞運動部長である市岡忠男も同席した。

この席で六大学との対戦が困難であること、プロ・チームを作ろうと思っていることが鈴木からオドールへ伝えられた。鈴木・市岡らは、まだ読売新聞が球団を持つことまでは考えていない。彼らとしては独立した球団を持ちたい。

日本の野球は中学、高校、大学などで教育の一環として身につけ、卒業後は大学のOBチームか、実業団や地域のクラブチームで楽しむものだった。野球に限らず、スポーツを職業とする、つまりスポーツで金を儲けることはタブー視されていた。異常なまでにアマチュア精神が肥大化していたのだ。そのため、過去の三球団（日本運動協会、天勝野球団、宝塚運動協会）も孤立し、長続きしなかった。

市岡たちは最高の技能集団としてのプロ・チームまではイメージしていたが、利益を求める興行としての野球にはまだ抵抗がある。日米野球は日米の文化交流という建前があるので容認できた。だがプロ球団を作ろうと動き出して二年が経つが、目処が立たない。興行師・正力松太郎に頼るしかないのではないか。市岡・鈴木・三宅・浅沼の四人は話し合った。誰もが正力の手腕は認めていた。頼めば実現するだろう。しかしそうなれば、正力のチームができるだけだ。それでいいのか。

結局、いまはとにかくプロ球団を発足させることを最優先に考えようとなり、彼らの作った事業計画を正力に提案することになった。これが一九三四年（昭和九）初夏のことだった。正力は「分かった、引き受けた」と言った――読売（巨人）中心史観で書けば、〈この時、日本プロ野球の歴史が始まった〉となる。

しかし歴史というものは、単線で進むわけではない。関西でもプロ球団結成への動きが胎動していた。

阪神電鉄の模索

兵庫県宝塚市に、清荒神《きよしこうじん》（真言三宝宗の清荒神清澄寺寺院）と宝塚とを結ぶ「清宝自動車」という小さなバス会社があった。その専務取締役・田中義一《よしかず》は関西大学野球倶楽部理事長でもあり、かねてよりプロの野球団を結成したいと考えていた。それには甲子園を持つ阪神電鉄と組むしかない。そんなとき阪神が、清宝バスを買収しようとしてきた。清荒神と宝塚の間は、阪急電鉄が結んでいた。阪神が同区間を通るバスを買収すれば、阪急の客を奪える。当然、阪急もそれは分かっていたので、先に清宝バスの買収に動いていた。だが、田中は阪神に売ると決める。これが一九三二年（昭和七）のことだった。清宝バスの路線を得て、阪神は尼崎・西大島から清荒神までの直通バスを運行できるようになり、大阪・福島―宝塚、神戸滝道―宝塚の直行バスの運行を開始した（現在は清荒神・宝塚のバス路線はない）。

こうして一九三二年に田中義一は阪神グループの一員となると、後輩の関西大学野球倶楽部のマネージャー中川政人と、プロ球団の結成へ向けて準備を始めた。

田中がバス会社を身売りして阪神に入った一九三二年というのは、読売新聞の日米野球の第一回（一九三一年）と第二回（一九三四年）の間にあたる。読売の市岡たちがプロ球団設立へと動き始めたころだ。野球界の人脈は狭いので、その情報も届いていただろう。

大日本東京野球倶楽部

一九三四年六月九日、日本工業倶楽部で「職業野球団発起人会」が開かれた。一一日には読売新聞社内に創立事務所が設けられた。八月には「大日本東京野球倶楽部」というチーム名が決まっていた。

正力と市岡らとの間では、とりあえず日米野球のためにチームを作るが、終了後も継続してチームを運営していくことで合意しており、市岡たちは選手集めを始めた。

一方、肝心のベーブ・ルースの来日が確定できない。このスター選手はなかなか「行く」と言わないのだ。鈴木惣太郎が渡米して説得し、一〇月一日にようやく決まった。来日一か月前だった。

ベーブ・ルース、ルー・ゲーリッグを擁したMLB選抜チームは一一月二日に横浜に着いた。全日本代表チームは半月前の一〇月一五日に千葉県・谷津《やつ》海岸に新設された谷津球場に集まり、練習を開始した。三〇名の選手が集まっており、そのなかには三原脩、沢村栄治らがいた。

読売新聞主催の第二回日米野球は一一月四日の神宮球場が第一戦で、函館・湯ノ川、仙台・八木山、神宮、富山・神通、神宮、横浜、静岡・草薙、名古屋・鳴海、甲子園、

小倉、京都、大宮、宇都宮の各球場をまわり、日米混合の紅白戦二試合を含めて一八試合が行なわれ、全日本チームは一八戦全敗した。最後の大宮での試合にはスタルヒンが二イニングだけ投げた。

そして、一二月二六日、「大日本東京野球倶楽部」が正式に株式会社として設立された。代表取締役には大隈信常が就いた。取締役に正力、後藤圀彦《くにひこ》（一八九一～一九四五）、安楽兼通らの名がある。後藤は京成電気軌道株式会社（現・京成電鉄）の社長、安楽は正力の義弟である。筆頭株主は後藤で、正力、東京湾汽船、大隈、オドール、安楽兼通、東芝、東京急行電鉄、吉本興業も株主となっていた。

さらに阪神電鉄も二〇〇株持たされた。今回も阪神は大阪での興行権を二試合五万円で読売新聞から買っていた。大入りとなり七万円の興行収入となったので、利益分の二万円をこの新球団に出資してくれと頼まれたのだ。阪神は日米野球を担当した事業課運動係長・富樫興一《こういち》の名義で株を持った。オドールの株は、日米野球成功の謝礼として現金を用意したら、当人から新球団の株で欲しいと言われたからだった。

一方、日米野球の功労者でプロ球団の提唱者であった市岡ら四人は、市岡だけが一〇〇株を持ち総監督となり、三宅大輔が監督となった。早慶で分け合ったのだ。鈴木惣太郎はビジネス・マネージャー、浅沼誉夫は育成・技術担当部長になった。

京成の後藤圀彦が筆頭株主になったのは、正力との因縁からだ。後藤は正力が乗り込む前の読売新聞で政治部長や経済部長を務めていたが、郷誠之助に見込まれて側近となり、いくつもの企業に送り込まれていた。正力が読売新聞を買うときも郷との連絡役を務めていた。

後藤は郷の指示で京成電気軌道の専務に就任し、正力も外部招聘の総務部長となっていた。当時の京成は浅草乗り入れをめぐって東武と争っており、許認可権を持つ東京市への政界工作をしていた。その成果があったのか、東京市議会で京成の東京市内乗り入れは可決され、一九三一年七月に特許が下りた。「政界工作」とは要するに、金をばらまいたのである。京成が東京市議会の議員に合計一六万円（現在の約三〇〇〇万円）をばらまいたとして、社長・本多貞次郎と専務の後藤が贈賄で逮捕され、正力も贈賄幇助罪に問われて逮捕された。

正力が言うには、認可が下りた謝礼として後藤から一〇万円もらったので、自分は一円も受け取らず、世話になった議員二人に渡したところ、その議員がさらに自分の子飼いの議員たちにばらまいたのだという。正力の理屈では「自分は一銭ももらっていないので無罪だ」となるのだが（これが元警察官の言い分なのだから恐ろしい）、当然、起訴され、裁判では有罪、執行猶予となった。このとき正力が渡した相手のひとりが、戦後の政界で自民党の大物となる三木武吉だった。いまも続く読売新聞と自民党との深い関係の始まりである。

この大日本東京野球倶楽部が読売巨人軍になるわけだが、この創立時は株主構成だけみれば、京成電鉄の子会社に近い。つまり、正力が本気で職業野球に力を入れるつもりだったかは怪しい。だめとなれば撤退するつもりで、リスクを分散するために京成・後藤を巻き込んだとみるべきだろう。後藤は筆頭株主となったが、京成電鉄はこの会社の経営には関わらなかった。読売新聞は全面的にバックアップはしたが、やはり経営には関わらない。

巨人軍は親会社のない球団として歴史を始めたのである。

年が明けて一九三五年（昭和一〇）、大日本東京野球倶楽部は一月一四日から静岡の草薙球場で練習を開始し、二月一四日に横浜港を発ってアメリカへ向かった。船上でオドールから「大日本東京野球倶楽部」というチーム名は分かりにくいと指摘された。オドールはニューヨーク・ジャイアンツに在籍していたことがあるので、「トーキョー・ジャイアンツ」にしてはどうかと提案した。これが採用され、アメリカ遠征中は「トーキョー・ジャイアンツ」として戦った。

ジャイアンツはマイナーリーグのチームやセミプロと一〇九試合を戦い、七五勝三三敗一分けとまずまずの成績で、七月一六日に帰国した。総経費八万五八一三円に対し総収入が七万七二一四円で、八五九九円の赤字だが、期間中の人件費・事業費を加算すると欠損は四万三〇〇〇円だった。

帰国後、改めて名称問題が検討された。最終的には正力が「ジャイアンツでいこう」と決め、翌年「東京巨人軍」（東京ジャイアンツ）に正式に改称する。

正力構想

九月から東京ジャイアンツは各地を転戦していた。その間に、新球団の結成準備が始まっていく。

正力は過去のプロ球団、日本運動協会と宝塚運動協会、天勝野球団が短命に終わった理由を調べさせ、複数のチームによるリーグ戦ができなかったからだとの結論を得ていた。日米野球の経験で、いいカードがあれば観客が球場に押し寄せることは実証ずみだ。大学野球もまだまだ人気がある。野球人気は衰えを知らない。

となれば、どうしたらいいかの答えは単純だ。東京、名古屋、大阪、福岡など大都市にそれぞれ二球団を作り、春と秋にリーグ戦を開催するのだ。

ここから策略家としての正力の才能が発揮される。大阪では日米野球で儲けさせた阪神に持ちかけよう。阪神が球団を結成すればライバルの阪急も名乗りをあげるはずだ。同じように名古屋でも日米野球の興行権を売った新愛知新聞に持ちかければ、ライバルの名古屋新聞も参加するだろう。大阪で同業の朝日と毎日ではなく鉄道会社の阪神を選んだのは、朝日・毎日は東京へも進出しているので、両社が球団を持ちそのチームの人気が出ると読売の拡販戦略に影響する。そこで阪神に白羽の矢を立てた――読売史観ではこうなっている。さらに九州でも福岡日日新聞に声をかけている。福岡には球団はできなかったが、もしできていたら、七球団になってしまい、半端だ。大阪、名古屋ではペアになるよう考えたのに九州はどうするつもりだったのか。どうもこの正力構想は、後になって創作されたように思える。

一球団を作るだけではだめで、一気に六球団によるリーグを作ろうとした点では、正力は興行としての野球を理解していた。だが、アメリカの野球事情に疎いため、フランチャイズを何も理解していなかった。戦後の一九五二年にようやく日本プロ野球はフランチャイズ制を本格的に導入するが、それまでは連盟が球場を借りて試合を主催し、経費を取った上で残ったものを球団に配給するという形だった。だから、甲子園ではタイガースの出ない試合も開催されていた。また、甲子園球場や西宮球場で試合が行なわれても、球場には使用料が入るが、阪神や阪急の球団にはストレートには一円も入らない。

そうなったのは正力が球場を持つことに無関心だったからだ。建てるには費用がかかるし、メンテナンスもしなければならない。一年中、試合があるわけではないので、プロ野球のない日に他のイベントを誘致しなければならない。そんなことをするよりは試合ごとに借りたほうがいいという考えで、それは巨人軍がいまだに東京ドームを本拠地にしながらも、所有はしないことに現れている。

正力は「プロ野球は儲からなくていい」と慈善事業であるかのように語っているが、それは表向きで、裏では読売新聞社は儲けていた。読売新聞は、巨人戦を中心としたプロ野球を報じることで売上を伸ばしていったので、トータルでは儲かる。だが、他の球団はそうもいかない。後に多くの球団が慢性的な赤字体質になるのは、出発点での正力の姿勢に問題があった。

日本野球協会

八月一七日に東京會舘で、第二の職業野球チーム「日本野球協会」の創立披露パーティーが開かれた。

日本野球協会は正力の働きかけで生まれたものだった。対戦相手が必要になった正力は、四高柔道部の後輩で、大蔵官僚から代議士に転じていた駒井重次（一八九五～一九七三）に、プロ球団を作らないかと持ちかけた。駒井は後藤新平の女婿《じょせい》でもある代議士の鶴見祐輔（一八八五～一九七三）を誘い、日本野球協会を立ち上げたのだ。

資本金は一〇〇万円で西武鉄道から支援を受けることが決まっていたという。さらに駒井は子爵で貴族院議員の安藤信昭も巻き込んだ。創立披露パーティーには安藤の実兄である有馬頼寧も出席していた。この二人については後に記す。

披露パーティーで鶴見がぶち上げた計画は、西武線沿線の上井草に建てる新球場は、二万五〇〇〇坪の土地に、第一期工事では三万八〇〇〇〇人を収容する観客席を作り、将来的には二階屋根式にして八万人を収容するという壮大なものだった。

しかし、鶴見と駒井の計画は肝心の資金集めに難航し、頓挫する。

九月一七日、東京ジャイアンツは甲子園球場で全大阪と対戦した。満員となったその客席には、阪神電鉄で球団を持つかどうかを検討する委員会のメンバーもいた。

大阪野球倶楽部

田中義一と中川政人が、阪神電鉄の事業課運動係長だった富樫興一に「プロ球団を結成しよう」と正式に持ちかけたのはこの年の春だった。大日本東京野球倶楽部が結成されたので、このタイミングしかないと考えたのだ。二人とも宝塚運動協会が短命に終わったことはよく知っていた。プロ球団は複数なければ事業として成立しない。東京にできたのなら大阪にも作れば、東西の対決になる。前年の甲子園での日米野球の盛況は記憶に新しいので、阪神電鉄としても乗りやすい。

一方、富樫のもとには読売の市岡忠男からも球団を作り一緒にやろうとのアプローチがあった。正力の指示で市岡が動いたとされる。

富樫は球団設立を阪神電鉄を実質的に統括していた取締役支配人・細野躋《ほそののぼる》に相談した。細野は野球好きだったので、すぐにでも賛成したいが、儲かるのかどうか、赤字になるとしてもどの程度の額なのかを見極めたく、慎重だった。

さらに、阪神電鉄がプロ球団結成に慎重だったのは中等野球との関係があまりにも深かったからだ。アマチュア野球精神の総本山となっていた甲子園でプロ球団の試合をすることへの、中等野球サイドからの反発を恐れた。しかし五月に役員の異動があり、今西与三郎が社長となると、新役員のなかに職業野球に積極的な者がいたこともあり、プロ球団を持とうという空気になっていく。

前年の甲子園での日米野球が、二試合で七万円という興行収入だったのも記憶に新しい。野球は儲かる。しかも、阪神電鉄は新たに球場を建てる必要はない。日本一の球場がすでにある。試合のたびに大阪から神戸までの沿線住民が阪神電車に乗ってくれる。甲子園は春と夏の中等野球の大会以外は、ほとんど空いている。やらない理由はない。

かくして阪神電鉄は一〇月一日に準備委員会を、社内ではなく大阪・中之島ビルに一室を借りて秘密裏に設置した。それは阪急を意識していたからだ。阪急が気付いたときには、すでに選手も獲得しておかなければならない。

富樫は四日に上京し巨人軍事務所を訪ねた。一六日に巨人対全大阪の試合が甲子園で予定されていたのでその打ち合わせもあったが、球団設立についても話されていた。東京倶楽部の阪神の持ち株は富樫の名義だったので、この時点で富樫は巨人の関係者でもある。

九日に読売新聞は〈甲子園のスタジアムを持つ阪神電鉄が、こんどいよいよ職業野球団を結成することに決定した〉と報じた。この記事では、〈名古屋、福岡などでも目下しきりにその計画を進めている〉〈東都の二大球団とともに東西球界は職業野球色をもって彩られ、興味を集めるであろう〉とも記されている。

一〇月上旬の時点で、東都、すなわち東京に二球団、さらに大阪の阪神の他、名古屋と福岡でも動きがあるというのだ。東京の二球団のうちひとつは巨人軍だが、もうひとつは日本野球協会のことだ。名古屋は新愛知新聞、福岡は福岡日日新聞である。

一六日は雨で中止となり、巨人対全大阪の試合は一七日に甲子園球場で開催され、富樫たち準備室のメンバーたちも観戦した。巨人軍は沢村栄治が投げ、好ゲームとなり客席は盛り上がった。有料入場者は四四八六人、興行収入は一六六六円だった。日米野球には遠く及ばないが、ビジネスとして成り立つ数字だ。電鉄本社の稟議書に決裁が下りたのは一二月六日だった。

こうして――一九三五年一二月一〇日、株式会社大阪野球倶楽部が設立された。社長は置かず、会長に関西財界の大物、松方正雄（一八六八～一九四二）に就いてもらった。大日本東京野球倶楽部が大隈重信の養子をトップに据えたので、対抗して松方正義の子を立てたのだ。松方は浪速銀行頭取、共同火災保険取締役、豊川鉄道監査役、ＪＯＢＫ（ＮＨＫ大阪放送局）理事長など多くの役職に就いていたが全てを辞任し、大阪野球倶楽部会長に専念した。

阪神電鉄社長・今西与三郎は大阪野球倶楽部の筆頭株主となったが社長にはならなかった。松方を支える実務面の役員は、専務取締役になった富樫興一と、常務取締役になった田中義一である。株主は、電鉄社長の今西が三〇〇〇株で筆頭株主、電鉄の幹部六名が一〇〇株ずつで、富樫もそのひとりだ。会長の松方と甲子園を建設した大林組の大林義雄も一〇〇株、さらに話をもってきた田中義一と中川政人も一〇〇株持った。

「阪神野球倶楽部」とせず「大阪野球倶楽部」にしたのは、アメリカではチーム名は都市名とニックネームだと知っていたためだ。ニックネームは電鉄社員から公募する。

大阪タイガース

阪神の球団は会社の設立登記の準備と並行してチーム編成も始めていた。これは田中と中川が担当した。二人は関西大学出身なので新チームは同大学出身の選手で固めようと考えていた。監督には関西大学ＯＢで大阪鉄道局（後の国鉄、ＪＲ西日本）に勤務していた本田竹蔵を考えていた。本田が監督になれば、関西大学の学生たちも入団してくれるという目論見もあった。まだ職業野球は将来性が不安であり、優秀な学生は一流企業に入ってしまう時代だ。

しかし、阪神電鉄本社内は、監督は東京六大学出身者にすべきとの意見が多かった。

田中と中川はここで阪神電鉄に手を引かれては困ると考え、本田案を引っ込めた。

田中たちは情報を集め、大阪の明星商業（現・明星高校）から明治大学へ進み、野球部助監督をしていた谷沢梅雄に打診した。明大野球部は岡田源三郎監督が辞める予定で、谷沢は次期監督として助監督をしていたのだが、岡田がなかなか辞めない。そこで阪神からの話に乗った。ところが、名古屋新聞がプロ球団を作ることになり、岡田を監督に招聘した。こうして岡田が明大監督を辞任したので、谷沢は阪神の話を断って、明大の監督になった。

田中と中川は再度、情報を集めると、早大出身で、この年の夏の中等野球の全国大会で優勝した松山商業の監督、森茂雄（一九〇六～七七）の名が挙がった。森は引き受けてくれ、一二月一日に契約した。当時は「コーチ」という職種は存在しない。選手の代表として監督を補佐するのは「主将」だった。その主将には明治大学出身で大連実業団にいた松木謙治郎を獲得した。松木は後にタイガースの監督になる。選手では、実業団の日本コロムビア硬式野球部にいた若林忠志や立教大学の景浦将《かげうらまさる》など有力選手と契約した。一二月一〇日の会社設立時、大阪野球倶楽部は森監督と六人の選手と契約していた。そのなかには景浦と藤村富美男の名もある。

球団名の公募で、「タイガース」と決まったのは年が明けた一九三六年一月一〇日で、若林忠志の入団発表も行なわれた。

「大阪タイガース」の誕生である。しかしこれはあくまで球団名で、運営会社の社名は「大阪野球倶楽部」のままだった。社名が「阪神タイガース」になるのは、二五年後の一九六一年のことだ。前年暮れのうちに、佐藤惣之助に作詞、古関裕而に作曲を依頼し、球団歌も作っていた。『大阪タイガースの歌』として、三六年三月二五日に甲子園ホテルで開催された激励会で披露される。現在「六甲颪《ろっこうおろし》」の通称で親しまれている歌だ（六一年に球団名が「阪神タイガース」となったときに、曲名も『阪神タイガースの歌』になる）。

小林一三の電報

一九三五年一〇月九日に読売新聞が阪神電鉄が職業野球団を作ろうとしていると報じたとき、阪急総帥・小林一三は世界一周の視察旅行に出ており、アメリカのワシントンに滞在していた。

大阪毎日新聞の奥村信太郎専務と高石眞五郎主筆は、同社ワシントン支局に電報を打ち、小林に知らせるよう託した。その電文には「もし貴殿にその意志があるなら全面協力する」ともあった。

小林の決断は早い。即座に梅田の阪急本社への電報を打たせた。「即座に球団を結成し、西宮駅北口に購入済みの土地にスタジアムを建てよ」という内容だ。小林の帰国予定は翌年二月だったので、それまでにやっておけという、緊急案件だった。

中等野球の全国大会も、もとはといえば阪急の球場で始まったものだし、宝塚運動協会を後援したように、小林は早くから野球に着目していた財界人だった。読売の正力とも交流はある。その動きも知っていたので、西宮に球場のための土地を用意し、極秘裏に職業野球団結成の準備をしていたのだ。大阪毎日からの報せで、阪神が先行していることを知ったときも、こちらの情報が阪神側に漏れたのではないかと思ったほどだった。阪神の動きが表面化した以上、阪急も隠しておく必要はない。公然化し、動きを加速しなければならない。宝塚運動協会が解散したのは一九二九年なので、六年の空白がある。甲子園球場を持ち中等野球や日米野球などの経験もある阪神とは異なり、ゼロからの出発だ。

阪神の場合、田中と中川が富樫に提案し、稟議書に何人もの印が押されて決裁された上で球団が設立されたが、阪急は小林一三からの電報ひとつで決まってしまう。

球団結成の実務を担うのは阪急百貨店洋家具売り場にいた村上實（一九〇六～九九）で、当時まだ入社四年目だった。一〇月下旬のある日、突然、佐藤博夫専務取締役に呼ばれ、職業野球チームを作るので選手を集めてくれと命じられた。小林からの電報を受けて、社内では社員の調査をして野球部出身者を洗い出し、慶應義塾大学野球部のマネージャーをしていた村上に白羽の矢が立ったのだ。

小林の電報には大阪毎日新聞の奥村専務を頼れともあった。村上はさっそく奥村を訪ねて協力を要請、快諾を得た。奥村は大阪毎日の運動部長・鈴木三郎を村上に紹介した。

村上は運動部の小野三千麿も紹介された。あの天勝野球団のコーチをしていた慶應OBである。当時は東京日日新聞記者をしながらコーチをしていたが、天勝奇術の女性団員と恋に落ちたので辞めて、大阪毎日新聞に移った。小野は毎日では全国都市対抗野球大会の育成に尽力していた。小野にとっては天勝野球団に続いてのチーム編成の手伝いだ。

もうひとり、明治大学野球部出身の湯浅禎夫（一九〇二～五八）もいた。二人とも実業団の大阪毎日野球団に入るために入社したが、ノンプロなので記者としての仕事もしていた。湯浅は後に毎日オリオンズの監督になる。

阪急のためにリストアップされたのは、慶應の宮武三郎と山下実、早稲田の伊達正男、法政の鶴岡一人だった。

村上は東京へ向かうと、まず読売新聞に正力を訪ねて、阪急も球団を結成したいと伝えた。すでに正力主導の職業野球団の連盟結成が動いていた。正力は阪急の加盟を快諾した。

次に会ったのは宮武三郎（一九〇七～五六）だ。慶應野球部では村上の一年後輩になる。村上は東京會舘に一年後輩の宮武を呼び、阪急に入らないかと誘った。すると「東京セネタースと五年間一万八〇〇〇円で契約した」と言う。村上はがっかりしたが、よく聞くとまだ契約書に署名捺印していない。村上は必死に説得した。一年でも先輩であることが優位に働いたのだろう。宮武の気持ちは揺らぎ、「間に入っている人や世話になった人と相談する」となった。結局、村上は宮武とその関係者たちに挨拶してまわり、一か月かかってようやく入団にこぎつけた。宮武は村上の相談役にもなってくれた。

次は山下実（一九〇七〜九五）だ。山下も村上の一年後輩で卒業後は大連満州倶楽部に所属していたが、國民新聞が設立しようとしていた大東京倶楽部に誘われて上京し、同倶楽部の合宿所に滞在していたので東京にいたのだ。契約金も貰ったと言う。しかしよく聞くと、山下もまだ契約書に署名捺印しておらず、契約金といっても、小遣い程度のものだった。よく知っている村上からの誘いだし、宮武も入るというので、山下も阪急に入ると決めた。

法政の若林忠志（一九〇八〜六五）とも会った。ハワイの日系二世で、ハワイ大学でも活躍し、法政に入った選手だ。村上が条件を提示すると、毎月の給料は半分でいいので契約金として一万円を前金で欲しいと言われた。一万円となると村上にも決められない。大阪の本社の承認が必要だった。村上は大阪へ戻り説明したが、決裁が下りない。その間に阪神が若林の条件を丸呑みして契約した。

村上が慶應出身だったことで宮武と山下を獲得できた。阪急は総帥の小林一三も慶應出身なので、慶應色が強い。その慶應出身の三宅大輔は巨人軍監督だったが、村上が相談に来ると、温かく迎えた。阪神が選手集めで先行していたので、村上は監督人事は後にして選手集めに奔走していたが、そろそろ監督も決めなければならない。そんなとき、三宅から「巨人を辞めたので阪急の監督をやってもいい」と電話をもらった。

巨人は国内遠征四〇試合を三六勝三敗一分けと好成績だったのだが、負けた三試合のうち二試合が、東京鉄道局（東鉄）との対戦だった。一一月三日に大宮で負け、九日に早稲田の戸塚球場で負けると、市岡総監督は三宅監督を解任し、育成・技術担当部長の浅沼誉夫を監督にした。これで首脳陣は早稲田閥で固まった。一六日の東鉄との通算四試合目から浅沼が指揮を執り、勝った。

三宅の解任は東鉄に連敗したのが決め手となったが、アメリカ遠征中から火種はあった。遠征はかなりハードな日程で選手たちは疲弊していたので、三宅は試合中以外は自由にさせていた。市岡はこれが気に入らない。三宅に選手をもっと厳しく管理するよう命じた。だが三宅は「精神修行の場ではない」と選手をかばった。

この頃から市岡は三宅を解任しようと考え、そのきっかけを待っていたようだ。

市岡は三宅の後任に据えた浅沼も翌年のアメリカ遠征から帰ると解任してしまい、東京巨人軍に二連勝した東鉄の監督、藤本定義が後任となる。

数か月の間に七球団が同時に動き出しているので、選手の争奪戦は激しかった。

さて――話を阪急に戻せば、三宅大輔を監督にすると決まると、年が明けた一月二三日に、阪急は球団設立を発表した。監督は二人で、三宅大輔が技術方面、村上實が事業方面、主将に宮武三郎という布陣だ。チーム名は「阪急軍」となった。

阪神は別会社として大阪野球倶楽部を設立したが、阪急は電鉄社内に一部門として「大阪阪急野球協会」を設置した。親会社の社名を球団名とした最初の球団となる。

東京セネタース

一九三五年八月に創立披露パーティーを開いた、駒井重次と鶴見祐輔らの「日本野球協会」は頓挫した。駒井に誘われて加わった貴族院議員の安藤信昭（一八九〇～一九七六）が資金集めをしていたが、なかなか球団作りが進まないので、安藤は駒井と手を切り、異母兄の有馬頼寧《よりやす》伯爵に呼びかけた。

有馬は旧筑後国久留米藩主有馬家に生まれた。学習院高等科に進学し、一九〇六年（明治三九）に東京帝国大学農科（現・農学部）に入学した。欧州を遊学した後、農商務省に入省して農政に携わった。一九二四年（大正一三）に立憲政友会から衆議院議員総選挙に立候補して当選、在任中に父が亡くなったので有馬家を継いで伯爵となり、華族の互選による貴族院議員になった。一九三二年（昭和七）の斎藤内閣で農林政務次官となり、三七年（昭和一二）の第一次近衛内閣では農林大臣になり、近衛の側近として大政翼賛会の設立に関わる。

有馬は東京にもう一球団欲しい正力松太郎からも頼まれたので、安藤が実務面を担うならと引き受け、資金集めに協力した。しかし球団設立には数十万円が必要で二人のポケットマネーはそれほどはない。安藤が西武鉄道と懇意にしていたので、同社にも出資してもらうことになった。

そのころ西武鉄道は沿線の上井草に球場を建てようとしていた。現在の杉並区にあたる区域に西武線の駅は井荻駅しかなく、地域住民は上井草と下井草にも駅を作ってくれと要望した。西武が「採算がとれない」と渋ると、当時の井荻町長・内田秀五郎は「上井草に遊園地など娯楽施設を作れば行楽客が来る」と提案した。地主が土地を貸す話もまとまり、一九三七年に西武はテニスコートやトラックを有する上井草競技場をつくった。そこにセネタースに出資する話が来たので、西武は引き受けるとともに、上井草の運動場を東伏見へ移転させ、跡地に野球場を建設することになったのだ。

西武鉄道

当時の西武鉄道は現在の西武新宿線にあたる路線を運行させていた会社だが、この時点ではまだ堤康次郎のものではない。現在の西武鉄道と区別するため「旧・西武鉄道」とされることが多い。

西武鉄道の歴史は複雑である。現在の西武池袋線にあたる池袋—飯能間が、武蔵野鉄道として開業したのは一九一五年（大正四）四月だった。会社の設立は一九一二年で資本金七五万円、発起人の筆頭は、平沼銀行を創立し政友会系の衆議院議員でもあった実業家の平沼専蔵（一八三六～一九一三）だった。平沼は幕末の天保年間にいまの飯能市に生まれ、開港された横浜に出て、海産物の店で働いて、独立して商店を開いた。株式投機でも成功し、銀行を創立するまでになった。武蔵野鉄道は、平沼にとっては、故郷である飯能と都心とを結ぶための鉄道だった。

武蔵野鉄道は開業から一〇年で池袋から飯能までの全線を電化し、さらに一九二九年には吾野まで延伸した。

一方、不動産開発会社「箱根土地」が、一九二四年に武蔵野線沿線のいまの練馬区大泉の土地を学園都市にしようと買い占め、分譲した。その際に東大泉駅（現・大泉学園駅）を建設して武蔵野鉄道に寄贈した。この「箱根土地」が、堤康次郎の会社だった。

堤康次郎（一八八九～一九六四）は一代で西武コンツェルンを築いた人物である。強引な手法で土地や企業を買収したので、ライバルの東急の五島慶太が「強盗慶太」と呼ばれたのに対し、「ピストル堤」と称された。また私生活は乱脈を極め、手当たりしだいに女性と関係を持ち、一〇〇人以上の非嫡出子がいたとされる。認知された次男がセゾングループを率いる堤清二（一九二七～二〇一三）、三男が西武鉄道グループを率い、西武ライオンズのオーナーになる堤義明（一九三四～）である。

堤の生地は滋賀県愛知《えち》郡八木荘村（現・愛荘町）で、生家は農業と麻仲買商を営んでいた。しかし四歳の年に父が亡くなり、母は実家に戻され、康次郎と妹は祖父母に育てられた。小学校高等科を優秀な成績で卒業し、彦根中学へ無試験で入学できた。ところが祖父が「繁華な町に下宿させると悪い人間になる」と反対したので進学せず、家業の農業に就いた。祖父とともに肥料商を試みたが失敗、彦根に出て米相場に手を出してまたも失敗と苦難が続く。

一九〇六年、康次郎は一八歳で京都の海軍予備学校へ入った。株で儲けようとし、満鉄株では儲けたが、日本水電株では失敗する。〇七年、康次郎が一八歳の年に祖父が亡くなった。〇九年、康次郎は父祖伝来の田畑を担保に五〇〇〇円を工面して上京し、早稲田大学政治経済学部政治学科に入学した。二一歳だった。この時点ですでに女性に子供を産ませ、その後最初の結婚をした。

早稲田に入ったものの、堤は授業にはあまり出ず、アルバイトと政治活動に熱中していた。一九一一年、大隈重信主宰、永井柳太郎主筆の政治評論雑誌「新日本」の経営に社長として関わった。だが出版はうまくいかない。どうにか資金を作ろうと真珠の養殖に手を出すが、紹介者に騙され失敗した。一方で政治活動も続けて、桂太郎首相が立憲同志会を結成する計画に参加した。

その後も出版と政治活動を続けていたが、一九一八年、堤は三〇歳の年に長野県沓掛を別荘地に開発する事業に着手した。天職を見つけたのである。一九年には箱根の強羅に一〇万坪の土地を買い、ここも観光地として開発していく。二〇年に箱根土地株式会社を設立し、これが一九四四年に国土計画興業株式会社に改称され、康次郎没後の六五年に国土計画株式会社、九二年に株式会社コクドとなる。

西武鉄道グループは、鉄道を主軸にターミナルに西武百貨店、沿線各駅に西友、郊外に豊島園や西武園を有し、さらに宅地開発もしていったので、阪急のビジネスモデルを踏襲しているかのように見えるが、別荘地・観光地の開発をする不動産事業が始まりで、なりゆきで鉄道を始めたと言っていい。

箱根土地の拡張は止まらない。村山貯水池（多摩湖）と小平地区一帯の開発に乗り出し、土地を買い占めると同時に、多摩湖鉄道を設立して、一九二八年に国分寺―萩山間を開業した。堤サイドからみれば、これが西武鉄道グループの始まりとなる。

一方、平沼が亡くなった後、武蔵野鉄道は浅野セメント（現・太平洋セメント）の浅野財閥と、大日本製糖（現・大日本明治製糖）を中心とする藤山財閥が株式の大半を持っていた。浅野財閥は秩父地域にセメントの原材料である石灰石が埋蔵されていると知り、藤山財閥の株式を全て買い取って経営権を握り、吾野まで延伸させた。だがその工事に費用がかかり、経営は悪化した。一九三二年、浅野財閥は堤に武蔵野鉄道の株式を売り、鉄道から手を引いた。

堤のものになった武蔵野鉄道は債権者から訴えられて運賃収入が差し押さえられたり、電気代を滞納して受電できなくなる混乱もあったが、一九三八年に大口債権者である東武鉄道の根津嘉一郎《ねづかいちろう》（一八六〇〜一九四〇）との間で和解が成立した。

ここに登場した根津嘉一郎は、東武鉄道のみならず、関西の南海鉄道をはじめ何社もの鉄道会社の経営に参画し、鉄道以外でも、日清製粉などの製粉業、富国徴兵保険（現・富国生命保険）などの保険業、ビール醸造など、多くの企業の経営に関わっていた。その事業拡大欲は際限なく、北千住―久喜のみを走っていた東武鉄道の経営権を得ると、浅草―伊勢崎に延伸させ、さらに日光にまでつなげた。それとは別に池袋と川越を結ぶ東上線の設立にも関わり、開業後は東武と合併させ東武東上線とした。根津は東上線の南を走る武蔵野鉄道にも目をつけ、手に入れようとしていたのである。

だが、実業之日本社社長の増田義一に説得され、根津は武蔵野鉄道から手を引いた。増田は武蔵野鉄道の債権者であった安田信託銀行と富国徴兵保険の両社に関係していた。

一方、旧・西武鉄道は一八九二年（明治二五）に設立された「川越鉄道」が原点である。同社は九四年に現在の国分寺―久米川―東村山間を開業し、さらに九五年には久米川―川越間を開業した。状況が変化するのが一九二〇年（大正九）で、川越鉄道は武蔵水電に吸収合併された。武蔵水電は一九一三年設立の電力供給会社で、翌年に川越電気鉄道と合併した。社名は武蔵水電を残し、川越鉄道と西武軌道を相次いで吸収合併した。西武軌道は青梅街道を走る軌道で後に都電杉並線となるが、この時点では荻窪と新宿西口の淀橋とを結んでいた。

一九二二年、武蔵水電の電灯電力事業は帝国電灯（現・東京電力）に吸収合併され、残された鉄道・軌道事業を運営するために「武蔵鉄道」が新設され、同社は「西武鉄道」と改称した。

旧・西武鉄道が東村山から高田馬場まで開業するのは一九二七年、堤が国分寺─萩山の多摩湖鉄道を設立する前年だ。旧・西武鉄道は高田馬場から東村山を通って川越まで直通し、さらに現在の多摩川線にあたる多摩鉄道も吸収合併した。

さて──一九三六年一月一七日、有馬頼寧・安藤信昭兄弟は、旧・西武鉄道を経営母体に、「株式会社東京野球協会」を資本金二〇万円で設立し、安藤が理事長、オーナーの有馬は相談役となった。有馬・安藤で六割、西武が四割を出資した。顧問には第一回日米野球のエージェント、ハンターの名もある。この時点の「西武」はまだ堤康次郎のものではない。

チーム名は「東京セネタース」になった。ワシントン・セネタースから取られたが、セネタースは「上院議員」という意味で、有馬と安藤が日本の上院である貴族院議員なので、それに因んだものだった。

監督には明治大学出身の横澤三郎（一九〇四～九五）が就任した。横澤は台湾で生まれ、東京で育ち、明治大学に入った。大学卒業後は社会人クラブチーム・東京倶楽部で活躍していた。横澤は兄弟が多く、兄の小林次男（継男）がマネージャー、弟の四郎（一九〇六〜八二）と七郎（一九一三〜二〇〇二）が選手として入団した。

横澤兄弟は戦後、セネタースを復興させる。

新愛知新聞と國民新聞

大阪では阪神・阪急という鉄道会社によってプロ球団が結成されたが、名古屋では、新聞社二社が結成した。これも正力の戦略ということになっているが、そう単純ではない。

読売新聞が最初に球団結成を呼びかけたのは、新愛知新聞だった。阪神同様に、日米野球の名古屋興行権を買ったことで、読売との関係があった。名古屋のもうひとつの有力紙が名古屋新聞で、この二紙が戦中の新聞統合策によって合併し、いまの中日新聞になる。

新愛知新聞社主は大島宇吉（一八五二〜一九四〇）である。大島は幕末の嘉永五年に地主の家に生まれ、分家の養嗣子となり一七歳で家督を相続した。自由民権運動が盛り上がると、大島は愛知自由党に入り各地で演説会を開いていた。しかし八四年に自由党の過激分子が決起した名古屋事件に巻き込まれ、大島も一味とされて家は官憲に包囲された。逃走していた首謀者が逮捕されると、大島は関与していないと分かり、立件されなかった。同年に県会議員にもなった。

大島は新聞に活路を見出すことにし、一八八六年（明治一九）に新聞を創刊した。無題で、不定期に刊行される新聞だったが、翌年八月に日刊の「愛知絵入新聞」とし、政府を批判する論説を載せた。当然、官憲からの度重なる弾圧を受け、いったん廃刊となり、八八年（明治二一）七月に、「新愛知」として再出発した。大島が説明するには「通俗日刊絵入新聞」だという。

一八九〇年（明治二三）の第一回衆議院議員選挙に、大島も立候補したが落選した。以後は新愛知の経営に専念すべく同年一二月に社長に就任した。紙面は小室屈山《くつざん》（重弘）という主筆に任せ、大島は販売網拡大に乗り出し、東海・北陸から上信越、西は関西まで各地を回り、支局・通信部を設けていった。一九一四年（大正三）には桐生悠々《きりゅうゆうゆう》を主筆に招いている。

大島は新愛知の販売網を築くと、紙幅を拡張して広告収入も増大させ、販売と広告の両面で経営基盤を固めた。広告集めでは自ら東京、大阪に出張して代理店や広告主を歴訪したという。一九一九年（大正八）には立憲政友会から衆議院議員選挙に立候補し当選した。

こうして力を蓄えた大島は、関東大震災後に経営不振に陥っていた「國民新聞」を傘下に収めた。

國民新聞は徳富蘇峰《とくとみそほう》（一八六三〜一九五七）が一八九〇年（明治二三）に創刊した。蘇峰は平民主義を唱える思想家であり、國民新聞はその立場から政治問題を論じていたが、やがて帝国主義的国家主義に転じ、政府系新聞となった。国民の間に不満があった日露戦争の講和条約をめぐって政府を擁護したために部数が激減した。挽回策として地方版を新設し、大衆路線に転じて部数が上向き、五大新聞のひとつとなったが、震災に襲われた。

震災による経営危機を乗り切るため、國民新聞は東武鉄道の根津嘉一郎《ねづかいちろう》に出資してもらい、共同経営体制となった。しかし根津と徳富は対立し、一九二九年（昭和四）に徳富が東京日日新聞に移籍すると、國民新聞は紙面も経営体制も迷走し、根津の手に負えなくなった。そこで根津は経営権を新愛知新聞に譲渡したのだ。

震災後の一九二七年（昭和二）、新愛知新聞には萬朝報《よろず》からも買ってくれないかとの申し入れがあったが、負債が一二〇万円もあると分かり、断った。その五年後の三二年（昭和七）七月、根津から國民新聞を買ってくれと頼まれたのだ。

大島宇吉は慎重だった。実情を調べ、何度も根津サイドと協議した上で、一九三三年（昭和八）八月に、大島と根津との会談で譲渡がまとまった。

新愛知新聞と國民新聞とは紙面はまったく異なるが、オーナーが同じ、兄弟新聞の関係になった。このことが正力の構想を揺るがす。

名古屋軍

新愛知新聞社で球団を任されたのは、田中斎《ひとし》（一八九七～一九六六）である。田中は明治大学専門部商科を卒業すると、一九二三年（大正一二）にアメリカへ渡り、ジョンズ・ホプキンス大学で学んだ。このとき、メジャーリーグの試合も見て、プロ球団がどう運営されているのかも知っていた。帰国して明治大学の講師になったが、二五年（大正一四）に新愛知新聞社長・大島宇吉の実子である田中仁三郎の入婿になり、明治大学に籍を置いたまま、新愛知新聞経済部長となった。明治では助教授、教授となり、新愛知新聞でも三〇年（昭和五）に主幹兼編集局長に就任、さらに國民新聞の代表取締役にもなった。

田中によると、一九三四年のベーブ・ルースが来た第二回日米野球の名古屋での興行権のことで、新愛知新聞社を代表して正力に会いに行ったとき、「昭和六年の第一回のときの関係もあるので、名古屋での試合は任せます。そのかわり、名古屋で職業野球チームを作ってもらいたい」と頼まれた。その時点ではまだ大日本東京野球倶楽部は設立されていないが、正力は「MLB選抜と戦う全日本チームを母体にして職業野球チームを作るという構想」を田中に明かし、協力を求めたのだ。

田中は名古屋に戻ると、首脳陣に職業野球チームのことを話した。その場でやろうと決まり、「アメリカで野球を見てきたんだからお前がやれ」と言われ、担当することになったという。この回想が正しければ、新愛知は日米野球の前、つまり一九三四年秋から動き出していたことになる。

田中は、プロ球団は特定の企業が私物化するのではなく、地域の市民のものとすべきと考えた。資本は広く市民の間から求め、新愛知はチームが独立して経営できるまでの間、ファンから預かるという形で運営する。この考えに則り、田中は中京地区の名士に呼びかけると、多くの名士が応じてくれた。

運営会社の骨格ができると、名古屋軍は監督人事に着手した。國民新聞運動部長に相談すると、明治大学出身の天知俊一（一九〇三〜七六）を推薦された。天知は兵庫県西宮市出身で、明治大学予科へ進学し野球部では捕手だった。卒業後の一九二九年、東京六大学野球の専属審判員に就任した。調べると誰もが最高の野球人だと推すので交渉したが、引き受けてもらえなかった（戦後、中日ドラゴンズの監督になる）。

次に浮上したのが、河野安通志だった。日本初の職業野球である日本運動協会の設立者で、このときは読売新聞運動部の顧問をしていた。名古屋軍は正力の了解を得てから、押川清を通じて河野に交渉し、総監督を引き受けてもらった。監督には河野の推薦で後輩の池田豊が就任する。早稲田閥で固めたのだ。

河野ほど「職業野球」に苦労してきた男はいない。野球で稼ぐことが卑しいとされ、将来が不安定なので、優秀な選手でもプロでやろうとは思わない。選手集めに苦労することは目に見えていた。河野は有名選手の獲得合戦をするのではなく、まだ無名の選手を採用して育てること、アメリカから連れてくることなどを提案し、田中もそれに賛成した。

こうして名古屋軍も動き出す。

大東京軍

ここまでは正力の目論見通りだった。後述するが、正力は新愛知新聞に呼びかけるのとほぼ同時にライバル紙の名古屋新聞にも持ちかけて、名古屋地区に二球団を実現する。しかし、新愛知新聞の田中は正力とは別の構想を抱いていた。アメリカでの見聞から、職業野球を興行ビジネスとして成立させるには、二リーグ制で、フランチャイズを確立し、さらにファーム（二軍）も持たなければならないと認識していたのだ。正力は、大都市に複数球団を置いて対戦するという考えで、フランチャイズ制をまったく考えていない。田中のほうが先進的なのである。

新愛知の名古屋軍は運営会社として「大日本野球連盟名古屋協会」を一九三六年一月一五日に設立した。大島宇吉は八三歳になっていた。長男の慶治郎が後継者と目されていたが、一九三五年に六三歳で急逝したため、宇吉の孫の一郎が支配人（実質的な社長）となり、球団の副会長、実質的なオーナーになった。大島宇吉は相談役で、取締役会長には弁護士の大野正直、副会長に中京財界の大物・上野誠一、専務取締役に田中斎、常務取締役に河野安通志という布陣だった。

この社名が示すように、田中は「大日本野球連盟」を構想していたのだ。それは当面は東京・名古屋・北海道・新潟の四地区に協会を作り、それぞれの球団がリーグ戦を戦うというものだった。この構想に従い、田中は名古屋に加え、新愛知が買収していた東京の國民新聞に、「大東京軍」を作らせることにした。

それは、正力構想にはない動きだった。東京にはすでに巨人の他にセネタースがあったので、それ以上は不要なのだ。

田中は東京の球団の会長には、元警視総監の宮田光雄になってもらおうと考え、頼みに行った。すると、國民新聞社会部長だった鈴木龍二（一八九六〜一九八六）を役員にするなら引き受けると言われた。鈴木は東京高等工業学校を卒業して、一九二一年（大正一〇）に國民新聞社へ入り、政治部、社会部記者を経て社会部長となった。社会部だったので警察に日参しており、正力や宮田とも面識を得ていた。こんにちでは見かけない、政治家や軍人・財界人の懐に入ることで特ダネを手に入れて書くタイプの記者で、「カミソリ龍二」の異名をとった。一九三四年四月に國民新聞が新愛知の傘下となると、それに反発して辞めて、時事新報社へ入ったが一年ほどで辞め、銀座に事務所を設けて広告会社を始めたところだった。

鈴木が辞表を叩きつけた相手が田中だった。その田中に鈴木は呼び出され、國民新聞社で会った。それが暮れのことで、職業野球の球団を作るからその実務をしてくれと頼まれた。鈴木は野球には何の関心もなかったので断ろうとしたが、宮田から推薦されたと聞いて、引き受けた。

そもそも田中がなぜ元警視総監に会長になってもらおうとしたのか。巨人は京成電鉄の後藤圀彦や、郷誠之助といった財界人がバックにいる。セネタースは貴族院議員がオーナーだ。そこで大東京軍は官界出身者で固めようと考え、宮田のもとへ行ったという。

鈴木は選手ではなく役員集めに奔走し、元警視総監の長延連と警保局長だった森岡二朗の二人に副会長になってもらった。

こうして田中斎による第二の球団「大東京軍」の骨格ができた。田中は本拠地となる球場をすぐに造るよう指示した。

当然、監督、選手も集めなければならない。名古屋軍が早稲田閥だったので大東京軍は慶應閥で固めることにし、永井武雄（一九〇四～三八）を監督にした。永井は卒業後はキリンビールに勤務しながら、全大阪や東京倶楽部の選手として都市対抗野球大会で活躍していた。さっそく、慶應の山下実を獲得しようとしたが、阪急に持って行かれてしまい、水谷則一を主将とした。しかし永井はまだ練習試合の段階で、東京ガスと戦って大敗したので、鈴木龍二が解任し、後任の監督には慶應から選手として入団していた伊藤勝三（一九〇七〜八二）が就く。

すでに新愛知新聞を母体とする「名古屋軍」が、「株式会社大日本野球連盟名古屋協会」として、一九三六年一月一五日に、資本金一五万円で設立されていた。

一か月遅れて二月一五日、國民新聞を母体とする「大東京軍」が「株式会社大日本野球連盟東京協会」として、資本金一五万円で設立された。大島宇吉は相談役で、取締役会長には宮田光雄、副会長に森岡二朗と長延連、専務取締役に田中斎、常務取締役に鈴木龍二という布陣だ。

この二球団は、大日本野球連盟という組織に属し、その名古屋と東京の支部と解釈できる社名だった。しかし田中が構想していた北海道と新潟では球団の結成ができなかった。大日本野球連盟は名古屋・東京だけで見切り発車する。

名古屋金鯱軍

新愛知新聞社主・大島宇吉は立憲政友会の代議士だったが、ライバルの名古屋新聞社主の小山松寿（一八七六〜一九五九）は立憲民政党の代議士だった。

名古屋新聞の起源は、一八八六年（明治一九）創刊の「金城新報」「金城たより」に遡る。この二誌は金城新報社が発行していたが、九四年に金城新報社と金城社に分裂した。金城新報社は「金城新報」を出し続けたが、九五年に廃刊してしまう。金城社は新たに「真金城」を創刊したが、九六年に名古屋の大実業家・山田才吉が引き取り、「合資会社中京新報社」として再建され、紙名を「中京新報」と改題した。

それから一〇年が過ぎ、山田は小山松寿に中京新報社を譲渡した。

小山は長野県佐久郡小諸与良町（現・小諸市）に生糸仲買人の子として生まれ、一八九五年に東京専門学校（現・早稲田大学）法律科を卒業し、中国に渡った。一九〇〇年に中国で大阪朝日新聞の戦時特別通信員を委嘱され、〇二年に帰国すると、正式に大阪朝日の社員となった。そして名古屋通信部に赴任した。その四年後の〇六年、「中京新報」社長の山田才吉が小山の腕を見込み、同紙を譲った。小山は経営権を得ると、「名古屋新聞」と改題し、進歩的な論調の新聞にし、読者を増やしていた。

名古屋新聞を手に入れた一九〇六年、小山は名古屋市会議員に立候補して当選し、政界にも進出した。一五年の衆議院議員総選挙に立候補し当選、一六年に憲政会結成に参加し、二五年には加藤高明内閣で農林政務次官、二九年に立憲民政党幹事長、三〇年に衆議院副議長となり、三七年には衆議院議長に就任する。

小山が政界で活躍するようになっていたので、一九三〇年には主筆だった与良松三郎（一八七二～一九三八）が社長を継ぎ、小山の妻の兄で写真家・ジャーナリストの森一兵

（一八七八〜一九四五）が営業局長として支える体制となっていた。

正力は新愛知新聞に「職業野球の球団を作ってみないか」と声をかけると、ほぼ同時に名古屋新聞の森一兵に「新愛知が職業野球の球団を作る準備をしているので、そちらもどうですか」と誘った。阪神がやれば阪急もやるように、ライバル関係の二社があれば、一社がやればもう一社も乗ってくると読んでいたのだ。

これを受けて名古屋新聞は専務の大宮伍三郎が中心となって球団作りが始まった。総監督には明治大学野球部監督だった岡田源三郎を招聘でき、監督には同じ明治の二出川延明、主将には法政の島秀之助を呼べた。

チーム名は「名古屋金鯱《きんこ》軍」とし、一九三六年二月二八日に資本金二〇万円で「株式会社名古屋野球倶楽部」が設立された。代表取締役に森一兵、取締役に大宮と岡田が就いた。

球団代表となったのは名古屋新聞の赤嶺昌志《あかみねまさし》だった。この人物についてはこの後、改めて記す。

日本職業野球連盟結成

正力構想は、福岡日日新聞に球団を作らせること以外は実現した。だが、もしこれが実現したら、福岡あるいは九州にもう一球団必要になるが、それはどうするつもりだったのか。七球団で始めるつもりだったのだろうか。

想定外は、新愛知新聞と國民新聞の田中斎がもうひとつのリーグ「大日本野球連盟」を結成しようとしていることだ。

正力は使者を立てて、田中に別リーグ結成を思い留まるよう交渉した。しかし田中は屈しない。正力のリーグに入る気はないと断った。そこで正力は静観することにした。二球団はできてもそれ以上は無理だと踏んだのだろう。

結局、田中は新潟と北海道に球団をつくることができず、二チームでは「連盟」にはならないので、正力のリーグに加盟する。

一九三六年一月二〇日、東京・銀座の菊正ビルで第一回日本職業野球連盟会合が開かれた。この時点では、まだ七球団が揃っていないが、連盟を作ることが決まる。

そして半月後の二月五日、七球団の代表が日本工業倶楽部に集まり、「日本職業野球連盟」が結成された。「二月五日」なので大東京軍と名古屋金鯱軍はまだ設立登記はされていないと思われるが、連盟は七球団でスタートした。経営母体（親会社）は鉄道会社が三、新聞社が四、地域では東京に三、名古屋に二、大阪に二だ。

七球団ではカードが組みにくいし、東京に三つは多い。それでも連盟は動き出す。連盟総裁には大隈信常（巨人）、副総裁に安藤信昭（セネタース）、松方正雄（タイガース）が選ばれた。

この場か、あるいは後日の会議で、名古屋金鯱軍代表として出席していた赤嶺昌志から、「大東京軍の親会社の國民新聞は名古屋軍の新愛知新聞の資本下にあり、二球団とも田中斎がオーナーとなっている。これだと二球団の試合は真剣勝負にならないのではないか」との指摘があった。大東京軍の鈴木龍二は、赤嶺を「鋭いことを言うやつ」だと、記憶に留めた。この問題は、赤嶺が指摘しただけでとくに議論にはならなかった。

このとき、東京巨人軍は一四日に横浜港を発って、第二次アメリカ遠征へ行くことが決まっていた。帰国予定は六月である。そこで出発前にプロ球団同士の試合をやっておこうとなり、二月九日から一一日まで、名古屋郊外の鳴海球場で、名古屋金鯱軍と巨人軍が壮行試合を開催した。

これが日本職業野球連盟所属チーム同士の初の試合だった。もしこのまま金鯱軍が継続していれば、巨人・金鯱戦が「伝統の一戦」となったかもしれないが、「名古屋金鯱軍」は六年で球史から消える。

二月一一日に名古屋金鯱軍と東京巨人軍の最終戦が行なわれ、その一五日後、陸軍の青年将校らが下士官や兵を率いて決起した。世にいう「二・二六事件」である。

プロ野球の歴史は軍靴の足音とともに始まった。

球団の変遷　戦前　1936～1944

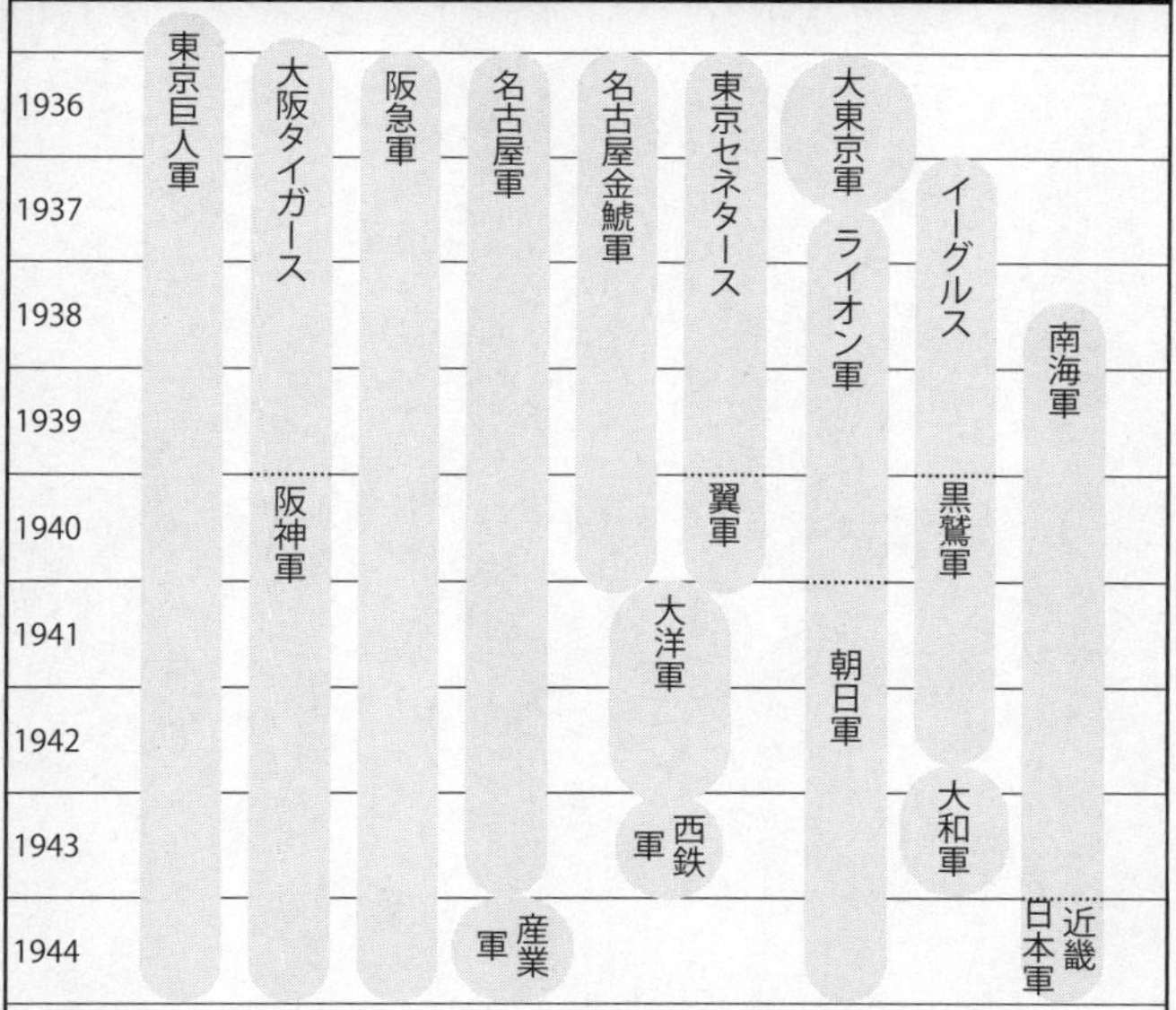

点線は名称変更のみで、オーナー企業は同じことを指す。（以下同）

第 5 章

戦争と野球と

1936 - 1945

年度別順位　1936～1944

	1位	2位	3位	4位	5位	6位	7位	8位	9位
1936春	セネタース	金鯱	タイガース	名古屋	阪急	大東京			
1936夏	阪急	タイガース	セネタース	名古屋	金鯱	巨人	大東京		
1936秋	タイガース	**巨人**	阪急	名古屋	セネタース	金鯱	大東京		
1937春	巨人	タイガース	セネタース	阪急	金鯱	大東京	名古屋	イーグルス	
1937秋	**タイガース**	巨人	イーグルス	金鯱	セネタース	ライオン	阪急	名古屋	
1938春	**タイガース**	巨人	阪急	イーグルス	セネタース	金鯱	名古屋	ライオン	
1938秋	巨人	タイガース	阪急	名古屋	セネタース	ライオン	イーグルス	南海	金鯱
1939	巨人	タイガース	阪急	セネタース	南海	名古屋	金鯱	ライオン	イーグルス
1940	巨人	阪神	阪急	翼	名古屋	黒鷲	金鯱	南海	ライオン
1941	巨人	阪急	大洋	南海	阪神	名古屋	黒鷲	朝日	
1942	巨人	大洋	阪神	阪急	朝日	南海	名古屋	大和	
1943	巨人	名古屋	阪神	朝日	西鉄軍	大和	阪急	南海	
1944	阪神	巨人	阪急	産業	朝日	近畿日本			

1936年春は甲子園大会での5試合総当たり戦の結果。巨人はアメリカ遠征で不参加。

1936年夏は3回のトーナメントでの合計勝率。

1936年秋は2回のトーナメントでの「勝ち点」の合計が巨人・阪神が同率1位だったので、年度優勝決定戦が行なわれ巨人が勝ったが、勝率ではタイガースが1位。

1937・38年は春・秋の優勝チームが年度優勝決定戦を闘い、タイガースが勝った。

1936年春の名古屋・阪急は同率の4位。

1938年秋のセネタースとライオンは同率の5位。

1942年の阪急と朝日は同率の4位。

1943年の阪神と朝日は同率の3位。

一九三六年に始まる日本職業野球連盟は、敗戦前年の一九四四年にいったん活動を休止する。それまでの九年間に新球団の加盟や球団の身売りや合併、チーム名の変更があった。最大で九球団となるのだが、九年間、同じ名称だったのは東京巨人軍と阪急軍のみだった。

球場を持たない球団

東京巨人軍は一九三六年二月九日から一一日まで、名古屋で金鯱軍と壮行試合をすると、一四日に横浜を発って第二次アメリカ遠征へ出た。

二月一五日には宝塚球場で名古屋金鯱軍対東京セネタース、四月一九日には甲子園球場で大阪タイガース結成記念試合として、対東京セネタース戦が行なわれた。

巨人以外の六球団は四月二九日から五月五日まで甲子園球場で、トーナメント形式による初のリーグ戦「第一回日本職業野球連盟　大阪試合」を開催した。ここから、日本プロ野球の歴史は本格的に始まる。続いて名古屋大会が五月一六日と一七日に鳴海球場で、五月二二日から二四日まで宝塚球場で開かれた。

最初のリーグ戦が東京ではなく、大阪（甲子園は厳密には兵庫県にあるが）と名古屋で開催されたのは、巨人軍が不在ということもあるが、東京にプロ球団が使える球場がまだなかったからである。

正力松太郎がフランチャイズ制を何も理解していなかったことが、ここでも分かる。

正力は巨人軍をいち早く結成させたが、その本拠地となる球場は後回しにしていた。

日本職業野球連盟発足時に自前の球場を持っていたのは大阪タイガースだけだった。阪急は西宮球場を建設中で、セネタースも上井草に建設中だ。名古屋の二球団と大東京軍と巨人は持っていない。東京には明治神宮野球場が一九二六年に開場しているが、東京六大学野球連盟が建設費を寄付したこともあり、学生野球のための球場で、プロ野球の試合には貸さない方針だった。プロ球団が使えるようになるのは、戦後の一九六二年からだ。

名古屋大会が開かれた鳴海球場は、一九二七年（昭和二）に、愛知電気鉄道（現・名古屋鉄道）が「東の神宮、西の甲子園に負けない本格的な球場を」として建てたもので、約二万人収容、両翼一〇六メートル、中堅一三二メートルの大球場だった。

鳴海球場は一九三六年にはプロ野球が使用したが、以後はこれだけの大球場でありながら、ほとんど利用されない。名古屋の二球団は、鳴海球場を本拠地とするという発想を持たなかった。

帰国した巨人を迎え、七月一日から一九日まで、七球団によるトーナメント形式の第一回全日本野球選手権大会が、早稲田の戸塚球場、甲子園球場、名古屋の山本球場で開かれた。

東京では神宮球場が使えないので、早稲田大学に頼み戸塚球場を借りた。名古屋の山本球場は中等野球の第一回選抜大会が開催された球場である。高校野球でも使われたのは一年だけだったが、プロ野球もこの球場で公式戦をしたのはこのときだけだ。グラウンドが変則的なのもさることながら、約二〇〇〇人しか収容できないので、採算が合わなかったのだ。

九月一八日から一二月七日まで第二回全日本野球選手権手大会が開催された。四回の総当たり戦と、二回のトーナメント戦で、それぞれの一位チームに勝ち点一が与えられ（首位が二チームの場合は〇・五点ずつ）、総合点で優勝を決めるシステムだった。

このときは東京の二つの新球場が間に合い、一一月三日から一一月一二日までの「東京第一次リーグ戦総当たり」が東京の上井草球場で、一一月二九日からの「東京第二次リーグ戦総当たり」が洲崎球場で開かれた。後楽園球場も完成しつつあった。

だが、プロ野球史最初期に登場する上井草、洲崎、後楽園の三球場ともいまはない。洲崎は、あった場所も正確には分からない。上井草球場は跡地がスポーツ施設になっているので、名残はある。後楽園は一九八七年に隣接地に東京ドームが建てられると解体された。この時代にプロ野球が開催された球場でいまも現役なのは甲子園球場のみだ。

上井草球場（東京球場）

東京・上井草に東京セネタースの本拠地として、西武鉄道が建てた「東京球場」が一九三六年八月二九日に開場した。正式名称は「東京球場」なのだが、所在地の地名から「上井草球場」と呼ばれるほうが多かったらしい。

収容人数二万九五〇〇人で、上の客席だと富士山が見え、周囲も松に囲まれていた。上井草は高田馬場から三〇分ほどのところで、現在は住宅地だが、当時はほとんどが農地だった。そこに、両翼一〇〇・六メートル、中堅一一八・九メートル、本塁後方一八・三メートルの本格的な球場ができたのだ。

東京セネタースのオーナーである有馬頼寧が政財界の要人を招待するための三〇〇〇人規模の招待席も作られ、記者席もあれば、選手の更衣室や食堂も整備されていた。

上井草球場での最初の試合は、八月二九日、三〇日の「東西対抗職業野球選手権」で、タイガース対大東京軍、阪急対セネタース戦だった。高田馬場から上井草までの西武線の往復券付き入場券が五〇銭で売られた。

洲崎球場

上井草球場は都心から西にできたが、東にも洲崎球場が開場し、一一月二九日からの第二回全日本野球選手権大会東京第二次リーグの総当たり戦が行なわれた。

洲崎球場は國民新聞の大東京軍が建てた球場だ。

大東京軍と名古屋軍を持つ國民新聞・新愛知新聞の田中斎は、フランチャイズ制を理解していたので、球団結成を決めると、東京では鈴木龍二にすぐに球場を建てるように指示した。

鈴木がどこか球場にふさわしい場所はないかと探していると、現在の江東区新砂にあたる「洲崎」に東京ガスが所有している土地があると知った。調べると、材木置場にしているだけだった。大東京軍の運営会社である「株式会社大日本野球連盟東京協会」の副会長になっていた、元警視庁警保局長の森岡二朗が東京ガスの経営陣をよく知っていたので、森岡を通して頼むと、地代なしで貸してくれるという。

ただ、ひとつだけ条件があり、東京ガスのチームと一回だけでいいので対戦してくれと言う。鈴木はその条件を呑んだ。ところがその試合で大東京軍は二〇対三で大敗する。試合後、鈴木は監督の永井武雄に思わず「クビだ」と言ってしまい、永井も「いいですよ」と言ってそのまま辞めてしまった。

巨人軍でも浅沼誉夫《よしお》監督が簡単にクビになっているが、プロ野球の監督は最初期から身分が軽い。

監督ひとりが犠牲になって、洲崎球場は一九三六年八月二四日に起工式をして、一〇月一四日には竣工式という突貫工事で完成した。甲子園も短期間でできているが、球場はグラウンドは整備するだけで、作るのは客席部分のみなので、簡単にできるようだ。洲崎球場の収容人数は約二万人とされるが、グラウンドの正確な広さは、はっきりしない。海に近いため、満潮時にはグラウンドが海水に浸かって、試合ができなくなったり、客席にはカニがいたという逸話が残っている。また近くには洲崎遊郭（洲崎パラダイス）があった。

大東京軍は合宿所を深川不動尊の脇に借り、試合が終わると選手たちはユニフォームのまま市電（都電）に乗ってそこまで帰っていた。

現在ならば東京メトロ東西線東陽町駅か木場駅が最寄り駅だが、当時は日本橋からバスで行くのが便利だった。そこで大東京軍は東京市内のデパートで、バスの乗車券付き入場券を売った。西武鉄道・セネタースと同じようなことを考えたのだ。

洲崎球場のそばには、かつて汽車工場があった。これこそが、明治初期にアメリカへ渡り、鉄道技術と野球を日本に持ち帰った平岡凞の平岡工場東京製作所であった。平岡工場は当初は小石川砲兵工廠の一部を借り受けて建てられたが、一九〇一年に「汽車製造」と合併し、洲崎近くに移転していたのだ。平岡工場が最初にあった小石川の旧東京砲兵工廠の跡地に後楽園球場ができ、洲崎の工場近くにも球場ができたのは、まったくの偶然だ。平岡は一九三四年に亡くなっているので、日本のプロ球団が本格的に始まったことは知らない。

洲崎球場は大東京軍の球場なので大東京球場とも呼ばれたが、巨人軍の試合も行なわれ、二年目の一九三七年の巨人とタイガースとの死闘は伝説となった。

しかしわずか三年で洲崎球場ではプロ野球の試合は行なわれなくなってしまう。後楽園球場ができたからだ。

後楽園球場とイーグルス

第三の球場である後楽園球場は、正力が作ったものではない。そもそも巨人軍のために建てられたものではないのだ。

日本最初の職業野球チーム、日本運動協会とその後身の宝塚運動協会を作った河野安通志は、新愛知新聞の名古屋軍の総監督に迎えられていた。だが、一年で辞めてしまう。河野は名古屋軍と大東京軍の専務である田中斎に呼ばれ、「なぜ名古屋は大東京を負かしてばかりいるのか」と叱責されたからだ。田中としては両軍が互角であるのが望ましい。だが、一九三六年の第一回選手権大会では、大東京は最下位だった。第二回でも、名古屋のほうが強い。

田中斎が二チームの専務取締役であることは、名古屋金鯱軍の赤嶺からも八百長をするのではないかと問題視されたが、河野はその八百長を暗に求める田中に立腹して、辞表を出した。

雇われ監督ではだめだ。自分のチームを持たなければだめだ。河野は盟友・押川清と相談し、球場と一体となった球団を作ろうと決めた。

河野・押川は球場の候補地として、最初は目黒の競馬場跡地を考えたが、話がまとまらない。次に小石川にある陸軍の砲兵工廠の跡地に目をつけた。かつて平岡工場のあった近くだ。跡地は瓦礫の山となっており、国有地なので大蔵省が管理していた。河野・押川は、日本運動協会の同志で、東京日日新聞に入っていた橋戸信の協力も得て、職業野球の公益性を唱えて、総面積三万五五〇〇平方メートルを約九〇万円で払い下げてもらえることになった。三人の友情は続いていたのだ。

しかし建築費を見積もると約一〇〇万円、土地代と合わせて二〇〇万円ほど必要だ。河野・押川にはとてもそれだけの資金はない。二人は奔走して、阪急の小林一三ら財界人に株主になってもらうことで、一九三六年一二月二五日、「株式会社後楽園スタヂアム」を創立した。株主は、小林が一〇〇〇株、正力松太郎が一〇〇〇株で多く、小林の異母弟で帝国拳闘会拳道社（現・帝拳）会長の田邊宗英、共同印刷の大橋松雄、東急の五島慶太、松竹の大谷竹次郎らも持った。後楽園がボクシングと縁が深いのは田邊が社長になるからである。

河野・押川は後楽園球場のお膳立てをしたところで、正力や小林たち資本家に持っていかれた。しかし、二人の本来の目的は自前の球場を持つ球団の設立だ。後楽園スタヂアムの子会社として、「後楽園野球倶楽部イーグルス」を設立し、押川が社長、河野が常務取締役・総監督となった。「東北楽天ゴールデンイーグルス」が、この後楽園イーグルスを知ってのネーミングがどうかは定かでないが、何の関係もない。強そうな動物は限られているのだ。

監督にはタイガースの監督だった森茂雄が選手兼任で就任した。森は一九三五年の球団設立時に監督となり、三六年の最初のリーグ戦の指揮を執ったが、阪急との練習試合で大敗したため、七月二九日に突然、解雇されていた。この後、何度も繰り返されるタイガースの監督解任劇の始まりである。球団との間にはっきりとした契約書もなかったようだ。早大人脈で、河野と押川はタイガースを解雇された森を連れてきた。河野のイーグルスへは、名古屋軍の選手が何人も彼を慕ってついてきた。選手の移籍も簡単だった。

日本職業野球連盟としても七チームよりも八チームのほうが試合を組みやすいので、新球団の加盟は歓迎された。

かくして、一九三七年（昭和一二）のプロ野球は八チームで戦われる。

後楽園スタヂアムは九月一一日に完成した。両翼七八メートル（後に、八七・八メートルに拡張）、中堅一二〇・八メートル、左中間・右中間一一〇・一メートル、内野の観客席は二階建である。

河野と押川はこの球場はイーグルスの本拠地だと考えていたが、そうはならない。そもそもまだフランチャイズという考えがまったくない。後楽園スタヂアムの大株主は巨人の正力と阪急の小林一三だ。イーグルス専用球場にはならないし、優先的に使えるわけでもない。

河野と押川の悲願は、またも挫折した。それでも河野としては自分の球団が持てたので、夢の半分は実現したことになる。しかしこの先駆者の苦労は続くのである。

西宮球場

東京の後楽園球場よりも半年早く、一九三七年五月、阪急の西宮球場が完成した。

小林一三が西宮に球場を作れと指示したのは、一九三五年一〇月だったが、用地買収に難航し、三六年一二月一日に起工して、五か月で建てた。当初は阪急・西宮北口駅の真上に建設し、駅と直結させるつもりだったが、駅周辺に阪神電鉄所有の土地が点在し、阪神が売らなかったため、その計画は断念され、西宮北口駅南の水田を買収して建てた。

西宮球場がモデルにしたのはシカゴのリグレー・フィールドで、収容人数は五万五〇〇〇人、両翼一〇一メートル、中堅一一八・九メートル。二階建スタンドで、二階席の上には日本初の鉄傘もあり、客席は背付きの椅子だった。どの席からもホームベースが見やすいように客席の傾斜も計算されていた。選手用の浴場、記者室、郵便局もあり、トイレも男女別だった。野球だけでなく、他の興行にも使うことを前提とした設計だった。劇場や百貨店を持つ阪急ならではと言える。

五月一日に開場式が挙行され、続いて地元の滝川中（現・滝川高校）と浪商（現・大阪体育大浪商）、興国商（現・興国高校）と甲陽中（現・甲陽学院高校）の試合が行なわれた。最初のプロの試合は五月五日で、阪急軍と名古屋軍の対戦だった。

これで、関西には甲子園と西宮の二つの大球場ができたことになる。

同時に第三の関西球団設立の動きも始まっていた。阪急・阪神は、東京に対抗するためにもう一球団あったほうがいいと、南海に声をかけていたのだ。

そして七月七日、盧溝橋事件が勃発した。日中戦争の静かな始まりである。この諍いが長期にわたる泥沼の戦争になるとは、まだ誰も知らない。

八月九日には第二次上海事変が起き、この年の一二月、南京事件が起きる。

博文館・共同印刷

プロ野球二年目の一九三七年は、春季リーグからイーグルスが参加し八球団となったほか、大東京軍が秋季リーグからライオン軍になった。二年ともたずに、大東京軍は身売りされたのである。

田中斎と鈴木龍二が大東京軍のコンセプトとしたのは、「官界をバックにする」ということだった。しかし官僚は自身に資金があるわけでもない。親会社の國民新聞も、経営が思わしくなかった。もともと徳富蘇峰の時代からうまくいっていない新聞だった。大東京軍を持っても新聞の拡販には効果がなかった。そこで共同印刷の大橋松雄に球団の株を持ってもらうことになった。大橋松雄は後楽園スタヂアムの株主でもあった。

共同印刷は、明治から戦前にかけての大出版社「博文館」が自社の出版物を印刷するために作った会社だ。

博文館は新潟県出身の大橋佐平（一八三六〜一九〇一）が創業した。大橋家は材木商で、佐平はそれを継いだが酒造業も始め、さらに信濃川の水運の権利も得て町の実力者になったところで、明治維新とぶつかった。維新後、大橋佐平は役人となり、学校建設に尽力していたが、一八七七年（明治一〇）に長岡出版会社の設立に参加し共同経営者となった。この会社は書籍と雑誌の小売業を本業としていたが、大橋は出版を本業とするべきだと主張し、それが通らないと独力で「北越雑誌」を創刊した。ところが一年と続かず、次は「北越新聞」を創刊するも共同事業者との意見が合わず袂を分かち、「越佐毎日新聞」を創刊した。

その一方、大橋は一八七九年（明治一二）には書籍と雑誌の小売店として大橋書店を開業した。だが新潟の出版・新聞のマーケットはそれほど成熟していなかったので、失敗した。大橋佐平は成人していた長男・新太郎に長岡での事業を委ね、自ら東京へ出た。

五二歳での再出発だ。一八八七年（明治二〇）、大橋は新たな出版社「博文館」を創業した。

博文館が最初に出したのは、さまざまなジャンルの専門雑誌に載った論文をまとめた雑誌「日本大家論集」だった。大橋は、同じ長岡出身の帝国大学医科大学（現・東京大学医学部）教授で医学・解剖学者の小金井良精（一八五九～一九四四、作家・星新一の祖父）をいきなり訪ね、「先生が最近雑誌に書いた論文を転載させてください」と頼んだ。学者としては、儲けるために論文を書くわけではないので、転載されて広く読まれるのならありがたい。小金井は快諾した。

大橋は学者たちを訪ね、「小金井先生も了解してくれた」と言って論文の転載許可をもらい、一八八七年六月に「日本大家論集」を創刊した。政治、経済、法律から文学、理学、医学、史学、哲学、工学、宗教、教育、衛生、勧業、技藝までのあらゆるジャンルの論説が載っていたので、この雑誌は当たった。当時の雑誌の発行部数は一〇〇〇部前後が普通で、多くても二〇〇〇部前後、価格も二〇銭から三〇銭が一般的だった。そこを「日本大家論集」は八〇ページ、一〇銭の価格で三〇〇〇部を刷った。公務員の初任給が二〇円前後なので、現在なら一〇〇〇円くらいの雑誌だ。新聞で紹介されたこともあり、たちまち売り切れて、版を重ねて一万部を超えるという、当時の出版界で空前のヒットとなった。

勢いにのって博文館は「日本之教学」「日本之女学」「日本之商人」「日本之殖産」「日本之時事」など専門誌を次々と創刊し、雑誌だけではなく書籍も出すようになり、たちまち大出版社へと発展した。そこで長男・大橋新太郎（一八六三〜一九四四）も上京し、博文館を手伝うことになった。長岡での事業は次男・省吾に譲られた。

新太郎が加わることで事業はさらに拡大した。博文館は書籍と雑誌を出版するだけでなく、一八九一年に取次会社として東京堂（現在の東京堂書店と取次のトーハンの前身にあたる）を設立し、さらに九三年には広告会社内外通信社、そして九六年には共同印刷の前身である博文館印刷所を設立したのだ。

一八九五年（明治二八）、博文館はそれまで出していた二〇余りの雑誌はすべて廃刊にし、新たに総合雑誌「太陽」と「少年世界」「文藝倶楽部」の三誌を創刊し、大成功した。

三大雑誌創刊と同じ一八九五年には「博文館日記」の発行も始めた。博文館の出した雑誌は現在何ひとつ存続していないが、「博文館日記」だけは現在も発行されている。

さらに博文館は教科書出版へも進出した。

一九〇八年に博文館は「冒険世界」を創刊し、その編集長が押川春浪である。野球有害論争のときに野球擁護論に立ち、博文館を退職した作家で、イーグルスの球団社長になった押川清の兄である。同年には野球研究会が創刊した月刊誌「ベースボール」の発売元となった。「ベースボール」誌は一一年に「野球界」と改題され、博文館内に設立した野球界社が発行することになった。この「野球界」は一九五九年まで続く。

　野球とは関係がないが、博文館が一九二〇年に創刊した「新青年」こそが、日本ミステリ生誕の地と言って過言ではない雑誌だった。江戸川乱歩、横溝正史をはじめとする戦前から活躍した探偵小説作家たちの大半はこの雑誌からデビューしており、横溝は編集長だったこともある。

　このように博文館は野球とは関係が深く、この後、日本職業野球連盟の事務所も、博文館の日本橋の社屋内に置かれ、当時の「野球界」編集長が戦後にベースボール・マガジン社を興す池田恒雄（一九一一～二〇〇二）である。

　博文館二代目の大橋新太郎は事業を出版以外にも広げ、国会議員にもなった。博文館は長男の進一（一八八五～一九五九）が一九一四年に三代目社主となった。

　共同印刷は、大橋佐平の三女こうの婿養子となった大橋光吉（一八七五～一九四六）が継ぎ、その長男・大橋松雄（一九〇四～四二）は早稲田大学野球部の左腕投手として活躍した経験があったので、鈴木龍二から大東京軍の株を引き受けてくれと頼まれると快諾した。だが松雄はまだ若く自由になる資産はそれほどない。そこで従兄弟にあたる博文館三代目の大橋進一にも株を持ってもらうことにした。

　しかし大東京軍は、博文館・共同印刷の子会社になったわけではない。あくまで大橋松雄・進一が個人で株主になっただけだ。球団名に博文館や共同印刷の名は付かない。

この買収劇で大橋松雄と鈴木龍二を仲介したのは、小西得郎だった。

小西得郎

小西得郎《こにしとくろう》（一八九六〜一九七七）はラジオや野球の実況中継で有名になるが、ひとことでは言い表せない人物である。父は京都帝国大学教授のロシア文学者・小西増太郎で、得郎も第三高等学校（京都大学の前身のひとつ）に合格した。しかし、野球をしたいという理由で明治大学に入り、キャプテンとして東京六大学リーグで活躍した。

明治大学卒業後、小西は石川島造船に勤めたが数か月で退職した。このとき、接待や商談で神楽坂の料理屋を利用し、この町が気に入り住むようになった。石川島を辞めると上海へ渡り、アヘンの密売で儲けた。軍隊生活の後、密売で儲けた資金で神楽坂の置屋の主人になった。三二歳のことだ。

小西は野球とも関係し続け、都市対抗野球の審判をしていた。日本職業野球連盟発足時、岐阜に関西鵜軍という球団結成の動きがあったらしく、監督になるはずだったが、この計画は頓挫した。

大東京軍は東京ガスとの試合で負けたのを理由に、監督予定だった永井武雄を解任した後、慶應出身の伊藤勝三（一九〇七〜八二）が選手兼任監督になったが、二勝二七敗三分の成績だったので、シーズン途中で解任された。こうして三人目の監督に小西が招聘されたのだ。球団常務の鈴木は野球について何も知らなかったので、小西は指南役となった。鈴木は三人目にようやく、話の合う監督を得たのだ。

大東京軍の経営難を相談された小西は、野球の知り合いで資産家はいないかと思い巡らせ、大橋松雄に行き着いた。

一九三七年の春季リーグは巨人の優勝、大東京軍の六位で終わった。その後の八月一日、大東京軍の経営陣は、専務取締役・大橋松雄、常務取締役・鈴木龍二、取締役・大橋進一、同・田村駒治郎（この人物については後に記す）となった。

國民新聞（名古屋新聞の系列）は一年にしてプロ野球から撤退し、一九四二年に新聞統制によって「都新聞」と合併して「東京新聞社」となる。同社の経営の主導権は都新聞側が握ったが、戦後になると名古屋新聞と新愛知新聞が合併してできた中日新聞社の傘下に入る。

田中齋は國民新聞が都新聞と合併した際に新聞界から去った。戦後は一九四七年に日本社会党の代議士になったが公職追放になり辞職し、追放解除後も二回立候補したが落選した。明治大学教授になり、同商学部部長となったところで亡くなる。正力松太郎に対抗して別リーグを構想したほどの人物だったが、プロ野球に関わったのは一年ほどだったことになる。

ライオン軍

秋季リーグが始まるにあたり、大東京軍はチーム名を「ライオン軍」へ改めた。後楽園のイーグルスやタイガースのような強そうな名前にしようというので、百獣の王ライオンを選んだのだ。後の西鉄や西武のライオンズとは直接の関係はない。

ライオン軍として再スタートを切ったはいいが、球団の赤字はそう簡単には解消できそうもない。選手の給料も支払いの目処が立たない。そこで、鈴木と大橋松雄、小西たちはスポンサーを探すことになった。ライオン軍なのだから、ライオンに関係のある企業はないかと考え、ライオン歯磨を製造している小林商店を思いついた。共同印刷が小林商店の製品のパッケージ等の印刷を受注していたので、よく知っていたのだ。

株式会社小林商店は一八九一年（明治二四）に小林富次郎が設立した、石鹼と燐寸《マッチ》の原料取次店が始まりである。

小林富次郎は幕末の一八五二年（嘉永五年）に父母の出稼ぎ先の武蔵国北足立郡与野町（現・埼玉県さいたま市）に生まれたが、四歳の年に両親は郷里の越後国中頸城《なかくびき》郡柿崎村直海浜《のうみはま》村（現・新潟県上越市柿崎区直海浜）に戻り、富次郎もそこで育った。一六歳で与野町で家業の酒造りに従事したものの、経営不振で廃業した。次に、養蚕業や養豚業を始めたが失敗し、上京して石鹼工場に勤めた。よく働いたので共同経営者に迎えられたが、不景気で会社は解散してしまう。

小林は燐寸メーカーの「鳴春舎」に同郷の仲間と共に入社すると、社長の播磨幸七に見込まれ、石鹼と、燐寸の軸木の会社を共同経営する。一八九一年（明治二四）に宮城県石巻市で燐寸製造を始めたが、北上川の大洪水が起こり、原木が流出した。その損害は甚大で、事業撤退を余儀なくされ、絶望のあまり投身自殺をしかけた。しかしキリスト教徒だったので、牧師の言葉を思い出して、再起を決意した。

小林は東京に戻り、神田に小林富次郎商店を開き、石鹼の製造から販売までを手掛け成功した。さらに、牧師から歯磨粉の製造方法を教えてもらい、それを改良して、一八九三年（明治二六）に「獅子印ライオン歯磨」を発売すると、これも成功した。

小林富次郎は一九一〇年（明治四三）に亡くなり、その養子が二代目小林富次郎となって事業を継いだ。これが現在のライオン株式会社になる。

歯磨の商品名をライオンとしたのは、当時、「象印歯磨」「キリン歯磨」など、歯磨きに動物の名を冠するのが流行っていたからだ。牙があるからだろう。そこで動物の中でも一番強く、丈夫な牙を持つ「ライオン」を採用した。

鈴木が小林商店の社長・二代目小林富次郎を訪ね、資金難なので援助してくれないかと頼むと、その場で快諾してくれ、毎月八〇〇円を出してくれることになった。選手の月給が一〇〇円から二〇〇円だったので、かなり助かった。

小林はスポンサーになる条件として、「チーム名をライオンにする」ことを求めた。それはすでに鈴木や大橋、小西たちで決めたことなので異存はなかった。小林商店がライオン軍にするよう求めたので改名したと記している史料もあるが、小林商店側が、小林の求めでライオン軍になったと思い込み、そう広がったのだろう（ライオン軍については、山際康之著『広告を着た野球選手　史上最弱ライオン軍の最強宣伝作戦』に詳しい）。

大東京軍は一九三七年秋季リーグからライオン軍として戦った。しかしライオン歯磨の小林商店の子会社になったわけではなく、いまでいうネーミングライツ契約のようなものだ。したがって、小林商店＝ライオンはプロ球団の親会社だったわけではない。

ライオン軍は連盟主催のリーグ戦以外に、地方遠征にも出かけた。対戦相手にタイガースを選び、北海道や富山まで興行した。五〇銭のライオン歯磨の缶（当時は缶入りだった）を持って行くと入場料が無料になることにし、球場の前でも歯磨を売りそれを出すと、缶の帯封を剝がして歯磨の缶は客に返すというシステムだ。その売上からタイガースにギャラを払った。この興行でかなり利益も出た。

鈴木の斡旋で小林商店は後楽園球場のスコア・ボードを寄付した。もちろん、その両側には「ライオン歯磨」と書かれている。

秋のリーグ戦が終わるとライオン軍はまたも経営者が代わった。大橋松雄・進一がこれ以上、資産を投入するのが難しくなり、繊維商社「田村駒」社長の田村駒治郎が買い取ったのだ。田村の妻・礼子は安田財閥の二代目安田善助の二女で、その妹、三女の芳江が大橋松雄の妻という関係なので、田村駒治郎と大橋松雄は義理の兄弟となる。

大橋松雄から球団経営に苦労していると聞いた田村駒治郎は、「俺に任せろ」と言って、大橋の持つ株を全て買い取った。

田村駒は大阪に本社があるので、ライオン軍は大阪へ移ることになった。

田村駒治郎

ライオン軍オーナーとなった田村駒治郎は、繊維商社・田村駒の二代目である。田村駒治郎の球団は、戦後は松竹ロビンスとなり、いまの横浜DeNAベイスターズへとつながる（この人物とライオン軍からロビンスまでの球団については、中野晴行著『球団消滅　幻の優勝チーム・ロビンスと田村駒治郎』に詳しい）。

初代田村駒治郎（一八六六～一九三一）は幕末に摂津国池田村槻木（現・大阪府池田市槻木町）に、酒造業を営む笹部九兵衛（神田屋）の二男として生まれた。しかし九歳で父が亡くなり、すでに家業は傾いていたので、一三歳で奉公に出され、徴兵逃れのため、親戚の田村家の養子となった。駒治郎は大阪の洋反物商・岡島千代造の店員となり、洋反物の知識を得た。一八九四年に独立し、実弟と「神田屋田村駒商店」を創業した。田村駒はいち早くデザインの重要性に気づき、一八九八年に「意匠室」を設置し、「意匠の田村駒」として知られるようになった。

田村駒はモスリンをはじめとした洋反物でたちまち業績を伸ばし、一九一八年に株式会社田村駒商店とした。田村駒治郎は関西財界の大物となり、大阪市会議員、さらには貴族院議員にもなった（高額納税者が貴族院議員になれた）。篤志家としてさまざまな寄付をしているが、マンガ家・手塚治虫が卒業した池田小学校にも設備を寄付している。

一九三一年に初代駒治郎は亡くなり、長男・駒太郎が二代目を襲名した。

二代目田村駒治郎（一九〇四〜六一）は大阪市で生まれた。出生時の名は駒太郎である。一九二一年に大阪市立天王寺商業学校（現・大阪市立大阪ビジネスフロンティア高校）を卒業し、田村駒に入社した。社長の子だったが、丁稚から始め、二年後から販売の仕事に就いて優秀な成績を挙げた。

一九二六年に、駒太郎は父の許しを得て、欧米を旅した。少年時代から野球を愛好していたので、アメリカでプロ野球を見て、球団オーナーが社会的に尊敬されていることを知った。

帰国後に安田財閥の一員である禮子と結婚し、一九三一年三月に父・初代田村駒治郎が亡くなると、二代目を襲名し、二か月後に田村駒の社長に就任した。

それまでの田村駒は近代的企業というよりは船場の商家的だった。二代目襲名というのが、いかにも商家である。田村は欧米旅行での見聞も活かし、田村駒の近代化に取り組んだ。最大の改革がそれまでの卸と販売業だけだった事業を、製造にまで広げることだった。一九三四年に繊維製造会社として太陽レーヨンを設立し翌年に岡山県玉島町（現・倉敷市玉島）に工場を建てた。住み込みで働いていた従業員のために社員寮を建設し、番頭・手代を部長・課長の職制に改め、服装も着物から洋装にした。社屋も木造から六階建てのビルへ建て替えた。

そんな時期に、田村駒治郎はプロ球団のオーナーになったのだ。しかしチーム名はライオン軍のままで、「田村駒」の宣伝にしようとの思いは抱いていない。

経営権を持つと、田村は早稲田の増田稲三郎、田中勝雄らを重役として招聘した。監督は小西得郎が続けた。

高橋龍太郎とイーグルス

後楽園スタヂアムが持つ球団という位置づけで始まったイーグルスだが、河野・押川と後楽園スタヂアム経営陣との間で「フランチャイズ」についての見解の相違が明らかになり、一九三八年一〇月、後楽園スタヂアムは、イーグルスの株を全て河野に譲渡し、関係を絶った。「後楽園イーグルス」は「イーグルス」と改称した。

後楽園スタヂアムの経営陣に正力や小林一三がいるのだから、後楽園球場はイーグルス専用球場になるはずがなかった。後楽園は東京での連盟主催試合の場となり、上井草球場や洲崎球場は見捨てられてしまう。

後楽園スタヂアムという後ろ楯をなくすと、イーグルスはたちまち経営危機に陥った。河野たちは奔走し、一九四〇年、大日本麦酒社長の高橋龍太郎にスポンサーになってもらった。

高橋龍太郎（一八七五〜一九六七）は「日本のビール王」とも称される。戦後、参議院議員で通産大臣を務めた政治家でもあり、野球とサッカーとの関係も深い。

高橋の生家は愛媛県の庄屋の分家で、酒造業も営んでいた。徳川時代は広大な田畑も持ち、藩の財政の一翼を担っていたが、維新後は没落した。龍太郎は次男だったが兄が幼くして亡くなっていたので、実質的には長男だった。松山中学校（現・愛媛県立松山東高校）に進学し、父の知り合いで、夏目漱石の『坊っちゃん』の「山嵐」のモデルとなった数学の教員の家に下宿した。中学校を卒業すると、東京高等商業学校（現・一橋大学）に進学した。だが、病により転校し、京都に新しくできた京都第三高等学校（現・京都大学）工科に移った。

第三高等学校を卒業すると、高橋は大阪麦酒に入社した。当時の日本のビール醸造は、ドイツ人技術者に頼っていたが、大阪麦酒は、日本人でできるようにしたいと考え、工科出身の高橋を雇ったのだ。高橋はドイツに派遣されて六年間、ビール醸造法を学んだ。一九〇六年（明治三九）、大阪麦酒、日本麦酒、札幌麦酒の三社が合併し大日本麦酒となった。〇八年に高橋は社長の欧米視察に同行し、さらに新しい知識も得た。吹田工場長、大阪支店長、取締役、常務取締役、専務取締役と出世し、一九三七年に取締役社長になった。

こうして社長になってから、高橋はイーグルスのオーナーになったのである。イーグルスと高橋は、大東京軍を共同印刷の大橋松雄が支援したのと同じような関係で、大日本麦酒が親会社になったのではなく、あくまで高橋個人が資金を提供した。イーグルスの経営は河野が引き続き担う。高橋はスポンサーとして資金を出すだけで、球団経営には口を出さなかった。高橋が自ら先頭に立つのは戦後の高橋ユニオンズを結成したときのことだ。そう、この人物は戦後もまた球界に登場する。

南海軍

日本職業野球連盟三年目の一九三八年になると、一月一〇日には、巨人軍の沢村栄治選手をはじめとする一九名が応召、入営した。以後、次々と選手は応召していく。

この年、新球団「南海軍」が創立された。会社名としては「南海野球株式会社」、親会社は南海電気鉄道である。

南海電気鉄道は現存する私鉄（民鉄）のなかで最古の歴史を持つが、最初から現在のような長い路線だったわけではない。

南海電気鉄道の始まりは、一八八五年（明治一八）に難波―大和川間で営業を開始した阪堺《はんかい》鉄道である。設立されたのは前年（一八八四年）で発起人は関西財界の大物たち――土木請負業・藤田組のオーナー藤田傳三郎（一八四一～一九一二）、第百三十国立銀行の松本重太郎（一八四四～一九一三）、第四十二国立銀行の田中市兵衛（一八三八～一九一〇）、阪神電鉄の初代社長でもある外山脩造（一八四六～一九一六）、寺田財閥総帥の寺田甚与茂《じんよも》（一八五三～一九三一）ら、一九名だった。

藤田は長州出身で、高杉晋作の奇兵隊のメンバーだったとの説もあるが、史料にはその名は見つからないともいう。明治維新後は薩長藩閥政府に食い込み、政商として活躍した。官営釜石鉱山鉄道が一八八三年に廃止されると、その資材を譲り受けて、阪堺鉄道を敷設したとも伝えられる。

阪堺鉄道は一気に堺までは通せず、まず難波、天下茶屋、住吉、大和川の四駅、七・六キロで営業開始した。堺まで到達するのは大和川橋梁が完成した後、一八八八年（明治二一）一二月二七日のことだった。大阪―堺間は昔から人の流れが盛んだったので、阪堺鉄道の収益力は高かった。

一方、一八八九年（明治二二）、堺と和歌山を結ぶ紀泉鉄道が計画され、それとは別に九一年（明治二四）には紀阪鉄道が発足し、両社は一八九三年（明治二六）に合併して「紀摂鉄道」となり、「南陽鉄道」を経て、九五年（明治二八）に「南海鉄道」と改称した。

そして九七年（明治三〇）一〇月、まず堺—泉佐野間が開通した。

南海鉄道は一八九八年（明治三一）一〇月、阪堺鉄道の事業を譲り受け、一九〇三年（明治三六）三月に難波—和歌山市間が全線開通した。この合併では南海鉄道が存続会社となったのだが、合併比率は阪堺株一に対し南海株二・五で、阪堺鉄道の株主のほうが利益は大きい。新「南海鉄道」の初代社長は松本重太郎、二代目が鳥居駒吉、三代目が田中市兵衛で、いずれも阪堺鉄道系の人たちだ。実質的には阪堺鉄道が南海鉄道を吸収合併したように見える。

南海鉄道は発電所を建設し、一九一一年（明治四四）に全線を電化した。その前年に社長の田中市兵衛が亡くなった。以後、大塚惟明、片岡直輝、渡邊千代三郎、岡田意一と社長は交代していった。

阪堺鉄道の発起人として南海の歴史に登場した寺田甚与茂は、生家は徳川時代から酒造業を営んでいたというが、質屋の店員から一代で財閥を成した立志伝中の人物である。第五十一国立銀行頭取も務め、鉄道、電力、紡績などの事業を展開し、南海と岸和田紡績（後の大日本紡績、現・ユニチカ）は今も続いている。岡田社長時代の一九三一年（昭和六）、取締役だった寺田甚与茂が亡くなり、翌年、寺田の息子・寺田甚吉（一八九七〜一九七六）が専務になり、一九三三年（昭和八）一〇月の取締役会で社長になった。

一九三四年（昭和九）、南海は定款変更して「会長」を置くことにし、東武鉄道の根津嘉一郎が就任した。その下に社長として寺田甚吉がいて、専務取締役に中山隆吉がいた。根津はこの時代、名だたる企業の歴史に必ず登場する。

日本職業野球連盟が発足すると、阪急の小林一三は南海の寺田に「球団を作り、プロ野球に参加しないか」と誘っていた。阪急と阪神は大阪—神戸間を走るので競合するが、大阪から南へ向かう南海とは競合しないので、小林と寺田は親しくしていたようだ。

一方、阪神電鉄取締役支配人の細野躋《のぼる》は、南海で取締役支配人の小原英一と親しかった。二人とも鉄道省出身だったのだ。細野は「乗客へのサービスと企業のイメージアップのために球団を持つのがいい」と勧めた。これが日本職業野球連盟がスタートした一九三六年暮れのことだった。

小原はその気になり、専務取締役の中山隆吉や総務課長の二階賢に根回しをした上で、寺田社長に進言し、了承を取り付けた。

寺田はゴルフ好きだったので、プロ・スポーツに理解はあった。小林一三との雑談のなかでも野球チームの話は出ていたのだろう。だが、寺田を動かしたのは、細野の「企業のイメージアップ」という考えだった。南海は関西では知らぬ者はいないが、関西以外では知名度が低い。寺田はそれを気にしていたのだ。そこに、まさに知名度アップになる企画が提案された。

寺田は即決し、「球団の経費は鉄道の宣伝費から出す。儲けなくていい」との方針も決めた。資本金の一五万円は寺田が個人として出した。当時の南海電鉄の宣伝費は年間二〇万円から三〇万円で、そこから球団の経費を出すことになった。この方針が、はるか後、南海ホークスの赤字体質を生み、結果として球団を手放すことになる。

そんな先の話はともかく、一九三八年三月一日、「南海野球株式会社」が資本金一五万円で設立された。寺田甚吉がその全額を個人として出資して取締役会長となり、中山が社長、小原が副社長になった。中百舌鳥《なかもず》に阪神の甲子園、阪急の西宮に匹敵する球場を建てることが決まった。

中百舌鳥球場は一九三九年八月一日に開場する。両翼九〇メートル、中堅一二〇メートルの球場だった。戦前は三三試合の公式戦が行なわれたが、戦後は一九五〇年に大阪球場ができると二軍の本拠地になる。

南海軍はさっそく、日本職業野球連盟に参加を申し出た。しかし「せっかく偶数の八球団になったのに、ひとつ増えたら九球団になり、対戦カードが組みにくい」との反対意見もあった。それでも阪急と阪神の推薦もあるので、三月二九日の総会で参加が認められた。ただし、すでに春季リーグは日程が固まっていたことから、秋季リーグからの参加となった。

球団名、日本語に

一九三八年（昭和一三）は、春季リーグは八球団、秋季リーグは南海軍が加わり九球団で戦われた。初登場の南海軍は八位、優勝は東京巨人軍で、最下位は名古屋金鯱軍だった。

一九三九年からは一シーズン制になった。といっても現在のように春から秋まで、連日試合があるわけではなく、春季（三月から五月）、夏季（六月から八月）、秋季（九月から一一月）の三季に分け、それぞれで四回総当たり、一チーム三二試合を戦う。それぞれの季ごとの成績も表彰するが、年間通しての勝率で優勝を決めた。優勝は巨人軍だった。

日本職業野球連盟は三月一日に「日本野球連盟」へと名称変更した。

この時期になると応召した選手が増え、チーム力も低下し、物資が乏しくなりボールの品質も低下するなど、戦争の影響も出てくる。

一九四〇年に大政翼賛会が発足すると、いよいよ戦時体制となっていく。まだアメリカとの戦争は始まっていないが、英語が使えなくなっていき、まず「リーグ」がだめとなり、秋季リーグから「秋季連盟戦」となり、一〇月一五日から「監督」は「教士」、選手は「選士」と呼ぶことになった。当然、チーム名が英語のものは改めろとなる。

該当するのは、タイガース、イーグルス、セネタース、ライオン軍だ。大阪タイガースは「阪神軍」、イーグルスは「黒鷲軍」、東京セネタースは「翼軍」となった。

タイガースはライバルの阪急が「阪急軍」を名乗っているので、「阪神軍」とした。イーグルスはイーグルを日本名にして強そうにみせるため「黒鷲」とした。セネタースは新しいチーム名を懸賞金一〇〇円で一般公募した。一万三四〇〇以上もの応募があり、「翼軍」に決定した。当選した男性は「市電にぶら下がっていた大政翼賛会の宣伝ビラを見て、思いついた」と語ったそうだ。有馬頼寧は大政翼賛会の理事でもあったので、ふさわしい球団名だった。

ライオン軍は困った。小林商店は「ライオンは日本語だ」と言い張り、「獅子軍」はどうかと提案しても受け容れない。翌年まで持ち越しとなる。

一方、一九四〇年は全球団が満州へ行き、リーグ戦を戦った。このとき、団長として率いたのはイーグルスの河野だった。日本運動協会時代に満州遠征の経験もあるので適任だった。過密日程だったが、現地では好評で、「来年も来てくれ」と言われたので、河野はその場で約束した。これが後に問題となる。

合併

一九四一年一月一三日、翼軍（旧セネタース）と、名古屋金鯱軍が合併し、八球団となった。表面上は対等合併だが、実質的には翼軍が金鯱軍を吸収合併した形だった。名古屋新聞にとって、球団は重荷になっていたのである。出征する選手が多く、チーム編成が困難になったのも理由のひとつだった。合併後の球団名は、「大洋」となった。新球団は有馬がオーナーで、西武鉄道の後援もそのままだった。

この時点で、一九三六年の連盟スタート時の七球団で、親会社・オーナーが変わらないのは、巨人軍、阪神軍、阪急軍、名古屋軍のみとなった。

一月一七日、ライオン軍は小林商店とのスポンサー契約、いまでいうネーミングライツ契約を解消し、「朝日軍」となった。田村駒の子会社に太陽レーヨンがあったので、そこから取られた名だという。それならば「太陽軍」にすべきだが、先に「大洋軍」ができてしまい、読みが「たいよう」と同じになってしまうので、「朝日」としたのだろうか。

一方、一九四一年、日本野球連盟は機構改革をした。それまでは理事会が議決機関で全てを決めていたがこれを諮問機関とし、新たに会長とその下に事務長を置いて運営するという案だ。國民新聞時代の大東京軍で常務となった鈴木龍二は、ライオン軍になってからもその職にあったが、連盟の仕事もしており、彼の発案による改革だった。

鈴木は、会長には大東京軍設立の時に副会長になってもらった元警察官僚の森岡二朗がいいと考えていた。森岡は台湾の総務長官になったため大東京軍副会長を辞め、野球から離れていたが、任期を終えて東京に戻っていた。森岡の下で実際の運営をする事務長には、野球に詳しい者でなければならないので、黒鷲軍の河野安通志が適任と考えた。

鈴木はこの機構改革案と人事案を正力に相談し、了解を得て、二人に交渉した。かくして三月五日に森岡が会長に、河野が事務長になった。河野は公平な運営をするために、黒鷲軍の総監督を辞任した。

だが、河野がこの年も満州リーグを実施しようと準備を始めると、巨人軍の市岡忠男が反対を唱えた。覚えておられるであろうか。河野と市岡はともに早稲田出身で、河野のほうが七歳上になる。河野が、宝塚運動協会が解散になって早稲田の総監督となったとき、監督だったのが市岡だった。河野が選手を指導したことに怒り、市岡は早稲田を辞め、読売新聞の運動部長になった。このときから、市岡は一方的に河野を憎んでいた。

市岡は満州まで行く必要はないと猛反対した。市岡が反対するということは、巨人が反対することであり、巨人が参加しないのでは成立しない。満州リーグは中止になった。河野は連盟事務長を辞任し、黒鷲軍へ復帰、事務長には鈴木が朝日軍を辞めて就任した。鈴木は野球には何の興味もなかったが、以後、日本のプロ野球を実質的に支配していくようになる。

この後も、市岡は河野がやろうとすることをことごとく潰しにかかる。

一九四一年一二月八日、大日本帝国海軍はアメリカ・ハワイの真珠湾を攻撃し、太平洋戦争が始まった。中国大陸での帝国陸軍の戦いは泥沼化していた。戦況は悪化し、若者は徴兵され、プロ野球チームは選手の確保に窮するようになっていく。

相次ぐ身売り

一九四二年のシーズン途中の九月一二日、黒鷲軍は鉄工所の大和工作所に譲渡され、「大和軍」となった。高橋龍太郎はここで手を引いたのだ。戦況悪化でビールの製造もできにくくなっていた。

この時代、最も景気がいいのが軍需産業で、大和工作所もそのひとつだった。社長の佐伯謙吉は後楽園イーグルス時代からの後援会長で、また高橋龍太郎とも親しくしていた。

一九四三年になると、二月二二日に大洋軍（旧セネタースと旧金鯱軍）が「西鉄」となった。この背景には国策としての新聞社統廃合命令によって、一九四二年九月に名古屋新聞社と新愛知新聞社が合併し、「中部日本新聞社」となったことがある。いまの中日新聞社である。

新愛知新聞は名古屋軍を持っており、名古屋新聞もまだ大洋軍の経営に参加していたので、二つの球団を持つのは好ましくないとして、新しい中部日本新聞社は名古屋軍を残し、大洋軍からは手を引いた。その結果、大洋軍は有馬と西武鉄道のみで経営していくことになった。

この頃、堤康次郎はようやく西武鉄道を手に入れた。西武鉄道は武蔵野鉄道とは競争関係にあり、それだけでなく所沢駅を共用していたためトラブルが絶えなかった。武蔵野鉄道の堤康次郎は西武を買収しようと考え、株の買い占めを進めていたが、なかなかうまくいかない。東武東上線を持つ根津嘉一郎が西武鉄道の株を買い占めていたのだ。武蔵野鉄道は東武東上線と西武鉄道の間を走るので、根津が西武鉄道を買収し、三社を統合する考えなのは明らかだった。

根津財閥総帥の根津嘉一郎は一九四〇年に七九歳で亡くなっていた。長男・藤太郎（一九一三〜二〇〇二）が二代目嘉一郎となり、事業も継いだ。

初代根津嘉一郎存命中の一九三八年、大都市の鉄道・バス・路面電車の適切な競争と分担を図るため、陸上交通事業調整法が制定され、交通事業調整委員会が設置された。同委員会は首都圏を六つのブロックに分け、第二ブロックに東武東上線・武蔵野鉄道・西武鉄道が属した。根津は東上線を経営し、西武の大株主だったので、当然、武蔵野鉄道も狙い、三社をひとつにしようと考えていた。

しかし、東武としては、伊勢崎線と日光線が属す第三ブロックが本拠地であり、そこにある総武鉄道との統合を優先せざるを得なかった。二代目になると、東武は第二ブロックの制圧は諦めて堤に西武鉄道を譲り、一方で第三ブロックの総武鉄道は東武に吸収合併された（東武野田線）。

かくして堤康次郎は一九四三年六月に西武鉄道の経営権を獲得し、社長に就任したのである。

この後、武蔵野鉄道は敗戦直後の一九四五年九月に、西武鉄道と食糧増産株式会社とを合併して西武農業鉄道となり、四六年一一月に西武鉄道に社名変更する。

西武鉄道が大洋軍との関係を断つのは、堤が社長に就任する前だった。

後楽園球場ができてからは、プロ野球の試合もほとんど開催されなくなったため、西武鉄道は堤が社長になる前の一九四二年七月に上井草球場を東京市に寄附していた。土地は借りていたものだったので、地主との賃貸借契約は東京市が引き継いだ。

一方、残された有馬だけでは球団経営を続けることは、資金的に困難だった。

有馬は、徳川時代には久留米藩主だったので、福岡財界に大洋軍を引き受けさせることにした。福岡県出身の、ブリヂストンタイヤ創業者の石橋正二郎（一八八九～一九七六）や、白木屋の鏡山忠男（一八九二～一九八〇）などは、いわば有馬家の家来である。政友会の松野鶴平（一八八三～一九六二）が斡旋して、石橋や鏡山に大洋軍へ出資させ、福岡へ移転させ、会社名は「西鉄野球クラブ」となった。チーム名となった「西鉄」も出資したが、石橋や鏡山も大洋軍へ出資していたのである。

その西鉄こと西日本鉄道も国策としての企業統合、陸上交通事業調整法によって、一九四二年九月に、九州電気軌道、福博電車、九州鉄道、博多湾鉄道汽船、筑前参宮鉄道の五社が合併して生まれた鉄道会社だ。登記上は九州電気軌道が他の四社を吸収した。

複雑なので、西鉄については戦後に改めて球団を持つところで記すが、当時の社長は村《むら》上巧兒《かみこうじ》（一八七九～一九六三）である。

村上巧兒は大分県出身で、早稲田大学政治経済学科を卒業し、大阪毎日新聞社に入った。一九〇八年に三越呉服店に転じ、広告部、通信販売部に勤務した後、九州水力電気に入社し、同社取締役、常務にまでなった。この九州水力が九州電気軌道を買収したので同社の専務になり、三五年には社長となった。そして前述の企業統合で五社が合併した西日本鉄道の初代社長になったのである。

村上に球団を持つよう勧めたのは、政友会の代議士、野田俊作（一八八八～一九六八）だった。野田は福岡県出身で、第七高等学校（鹿児島大学の前身のひとつ）時代には野球部で活躍した。東京帝国大学法科大学経済学科を卒業し、南満州鉄道に入り、満州での野球の発展にも尽力していた。父・野田卯太郎が福岡を選挙区にして代議士となっていたので、俊作は一九二四年の総選挙で千葉県の選挙区から政友会公認で出馬して当選し、二七年に父が亡くなった後はその地盤の福岡県第三区から立候補し、当選を続けていた。犬養内閣の鉄道参与官、鉄道会議議員、廣田内閣の司法政務次官、政友会総務などを歴任した、九州の大物政治家のひとりだ。

この時代、国会議員の多くが大企業経営者でもあった。

野田が西鉄の村上社長に球団を持つよう勧め、一方で有馬の意を汲んで同じ政友会の代議士・松野鶴平も動き、ブリヂストンの石橋や白木屋の鏡山に出資させたという経緯のようだ。西鉄本社で球団を担当したのは西亦次郎《またじろう》（一九〇九〜七四）といい、戦後の西鉄ライオンズのオーナーになる。

こうして九州・福岡に球団が生まれた。正力松太郎の初期構想のひとつが、彼とは関係なく、実現したのである。しかし、西鉄軍が結成されても九州では一試合も連盟のリーグ戦は行なわれなかった。フランチャイズ制がなかったからだ。

ようやく九州にプロ球団が誕生したものの、西鉄軍は一九四三年一二月に解散してしまった。一年しかもたなかったのである。

こうして名古屋新聞の金鯱軍はセネタースとの合併、九州・福岡への移転を経て消滅したわけだが、中部日本新聞が残した名古屋軍も危機にあった。合併に伴い球団経営見直しの声が上がり、球団への投入資金が大幅に減っただけでなく、新聞社の営利事業兼営が認められなくなったのである。そこで中部日本新聞社取締役となっていた新愛知新聞社創業者一族の大島一郎が個人的に出資することで、一九四三年を乗り切った。

新聞社の営利事業が認められないのに巨人軍が残っていたのは、これまで記してきたように、巨人軍は読売新聞社の子会社ではなかったからだ。正力が個人的に出資していたので、新聞社の営利事業とはみなされなかった。

後楽園イーグルスを前身とする大和軍も一九四三年一二月に解散した。河野は戦局も悪化しているのでこれ以上、野球を続けるべきではないと考えたのだ。学徒出陣が決め手となったという。河野は野球の遠征でアメリカへも何度も行っていたので、その国力を知っており、日米開戦時から「この戦争は負ける」と親しい人には語っていたという。

連盟に解散を届け出た河野に、事務長の鈴木は「解散ではなく、休止としておいたらどうか」と提案したが、河野は潔く解散した。

解散したからといって、河野は選手たちを放り出すことはしなかった。再就職先を探し、ヂーゼル自動車工業（現・いすゞ自動車）が河野を含め選手たちを雇ってくれることになった。専務だった弓削《ゆげ》靖が野球好きだったのだ。弓削は後にいすゞ自動車と日本自動車工業の社長になる。

選手たちはヂーゼル自動車工業の工員として働き、河野は同社青年学校の教頭になった。早稲田を卒業した後、教員となり英語と簿記を教えていたことがあったので、教職に復帰したとも言える。青年学校は陸軍の指示で設けられたトラック製造の熟練工養成のための学校なので、河野に教えられることは何もない。弓削の好意だった。

軍に迎合した男

このようにして一九四三年のシーズン後、大和軍と西鉄軍が解散し、巨人軍、阪神軍、阪急軍、名古屋軍、朝日軍（田村駒）、南海軍の六球団となった。

そのなかの名古屋軍は一九四四年のシーズン開始前に理化学研究所グループのひとつ理研工業の傘下となり「産業軍」に改称した。これを主導したのが赤嶺昌志《あかみねまさし》(一八九六〜一九六三)だった。

赤嶺は大分県出身で明治大学法学部を卒業して、名古屋新聞社に入った。野球の経歴は確認できない。一九三六年、名古屋新聞が金鯱軍を結成してから野球に関わり、金鯱軍の球団代表になった。ところが翌年、赤嶺はライバルの新愛知新聞に招聘され、名古屋軍の球団経営を担った。球団の実権を握ると営業面だけでなくチーム編成も担うようになり、他球団が東京六大学の選手ばかりを採用して、めぼしい選手がいなくなると、格下のランクとされていた東都大学野球連盟の選手に手を伸ばした。強豪の門司鉄道局野球部の選手を阪急と引き抜き合戦したことでも知られる。

軍国主義化は球界にも影響を及ぼしたが、赤嶺は連盟内では率先して軍に協力すべきという立場を鮮明にした。赤嶺の主導で野球用語の日本語化を推し進め、選手は「選士」、試合は「仕合」となり、「ストライク」は「よし」となった。これに抵抗したのが河野安通志だった。

赤嶺はさらにユニフォームを国防色、帽子を戦闘帽にする改革を推し進めた。そのため「軍に迎合した男」と批判されるが、本人としては、「野球存続のためには何でもやるべき」という考えだったようだ。

前述のように一九四二年の新聞統制令で、新愛知新聞社が名古屋新聞社と合併したことは、赤嶺にとっては古巣への復帰となった。合併会社・中部日本新聞社は、その時点では二つの球団を持っていた。そのうち旧・名古屋新聞の大洋軍（旧・金鯱軍）は手放し、名古屋軍が残された。しかし新聞社によるプロ野球球団の直接経営が禁じられたため、一九四三年はオーナー・大島一郎が個人で運営資金を出していたが、それも限界となった。

『中日ドラゴンズ30年史』によると、このままでは選手たちが路頭に迷うので、旧新愛知新聞社の大島一郎と勝田重太朗らが相談し、二人が親交のある理化学研究所の副社長・松根宗一（一八九七〜一九八七）に相談し、赤嶺球団代表以下選手たちを理研の社員として雇ってもらい、厚生施設の一部門の名目で試合に出場させてもらうことになったという。

ここに「赤嶺派」なる「選手集団」が誕生した。赤嶺はいわゆるオーナーではないが、一族郎党を率いて、戦争末期から敗戦直後の混乱期を生き抜いていく。

赤嶺は戦後のプロ野球再興と二リーグ分裂における重要人物となる。

理化学研究所

理化学研究所は現在も同名の国立研究法人があり、「理研」として知られる。戦前の理研はその前身だが、敗戦によっていったん歴史は途切れる。

始まりは一九一七年（大正六）で、渋沢栄一が設立者総代となり、皇室・政府からの補助金、民間からの寄付金を基に「財団法人理化学研究所」として設立された。理研が研究する分野は物理学・化学・工学・生物学・医科学などの基礎研究から応用研究まで幅広い。皇族の伏見宮貞愛《さだなる》親王が総裁、菊池大麓《だいろく》が所長に就任した。しかし菊池は就任してすぐに亡くなった。

一九二一年（大正一〇）に物理学者の大河内正敏（一八七八〜一九五二）が第三代所長に就任してから、理研の本格的な研究活動が始まった。大河内は、上総大多喜《かずさおおたき》藩主で維新後は子爵となった大河内家の長男として東京浜松町に生まれた。学習院初等科に進み、大正天皇の「御学友」となり、第一高等中学校を経て、東京帝国大学工学部造兵学科に入学し、一九〇三年に首席で卒業し、ヨーロッパに留学した。帰国後は東京帝大教授、貴族院議員になり、原内閣では海軍省政務次官と、学界だけでなく政界でも活躍した。理研所長になると、大河内は研究室制度を導入し、自由に研究させ、その成果を事業化していったのである。

理化学研究所の研究成果は次々と事業化されていった。一九二七年（昭和二）に理化学興業が創設され、工作機械、マグネシウム、ゴム、飛行機用部品、合成酒などを製造し、関連会社も作られ、最盛期には六三社、一二一の工場を持つ「理研コンツェルン」

となった。陸軍の要請で原子爆弾の研究・開発をしていたことでも知られる。

名古屋軍を引き受けた松根宗一は愛媛県宇和島市生まれで、東京商科大学（現・一橋大学）を卒業し日本興業銀行に入った。どういう経緯かよく分からないが、理研に入り、理研工業副社長になった。戦後も理研ピストンリング工業会長に就任し、同時に東京電力顧問になり、原子力発電に最初期から関わる人物だ。理研も松根も、以後、プロ野球との関わりは確認できない。

名古屋軍は理研の傘下となると「産業軍」へ改称した。「理研産業」から採られたという説もあるが、『中日ドラゴンズ30年史』には、「産業に従事して、軍需要員の実を上げていた実情にもとづいて、産業軍を名乗った」とある。

これで赤嶺と選手たちは、中部日本新聞社とはいったん、縁が切れた。

最後の一年

一九四四年（昭和一九）二月五日、日本野球連盟は「日本野球報国会」と改称した。

選手の多くが戦場へ行き、国内も野球どころではない雰囲気となっていたが、それでも四月三日に春季戦が始まり、この日から、名古屋軍は産業軍となった。六球団合わせて七四名しか選手はいない。試合は土曜・日曜のみで、選手たちは平日は軍需工場で働くことになった。阪神、阪急、南海、朝日の選手はそれぞれの親会社で働き、巨人は東芝府中の車輌工場、産業は理研工業で働いた。

六月一日、「南海軍」が「近畿日本軍」となった。南海鉄道が関西急行鉄道と合併し、近畿日本鉄道となったためである。この近畿日本鉄道から戦後、旧南海の路線が分立・独立して現在の南海になる。

六月一日に春季戦が阪神と巨人の同率首位で終わると、もう野球はできなくなるかもしれないので、その前に東西対抗戦をやろうとなった。しかし六月一七日に後楽園球場が空襲で使えなくなり、東京での開催はできず、二四日から二六日まで西宮球場で開催した。

七月一日から夏季戦が開始し、四回の総当たり戦で、八月三〇日に阪神の優勝で終わった。まだ野球を続けられたのだ。だが、八月三〇日が戦中の最後の公式戦となる。

九月六日には後楽園は軍部に接収され、グラウンドは畑になった。

選手や経営陣のなかでは、「もう野球は無理」、「いやまだやれる」という二つの意見があった。それは、個々人のなかでも同じだった。さすがに秋季リーグ戦はもう難しいとなり、夏季リーグの一位・六位と、二位・五位、三位・四位のチームを合体させて三チームで戦うことになった。名付けて、「日本野球総進軍優勝大会」である。「阪神・産業」「阪急・近鉄」「巨人・朝日」の三チームが編成され、九月九日から甲子園、一七日から後楽園、二四日から西宮球場で、それぞれ三日ずつ、二回総当たり戦をした。

その最終日の九月二六日に、秋季リーグの中止を正式に決定し、春と夏の通算成績で阪神の優勝が決まった。

一〇月二三日、丸の内の東京會舘でオーナー会議が開かれ、プロ野球の中断を決めた。同時に、報国会も解散するのか何らかの形で残すのかも協議され、ここまで持ちこたえてきたのだから、何らかの形で組織だけは残そうという結論を出した。報国会は残すが、機能は選手の登録のみとして、これを専務理事の管理とすることなどが決まった。会議に出席したのは、阪神・阪急・近畿日本・朝日・巨人・産業の六球団の代表だった。専務理事の鈴木龍二は全ての責任者となった。

一一月一三日、日本野球報国会は「野球は一時休止」と発表し、各球団は解散した。

しかし休止後の一九四五年も、関西の球団だけで一月一日から「関西正月大会」を開催していた。会場は一日・三日・五日が甲子園、二日・四日が西宮球場で、阪神と産業による「猛虎」と、阪急と朝日による「隼」との対戦で、五日連続のダブルヘッダーだった。空襲の警戒警報発令で中止になった試合もあったので八試合のみが行なわれ、猛虎の七勝、隼の一勝だった。

さらに三月一四日にも試合が予定されていたが、一三日夜の大阪大空襲で中止となり、以後は一試合もないまま敗戦となった。したがって非公式ではあるが、一月五日がプロ野球の戦中最後の試合だ。

その後も日本野球報国会は事務所を文京区弓町（現・本郷二丁目）に維持していたが、一九四五年五月二五日の空襲で焼けた。

そして――八月一五日、昭和天皇は敗戦をラジオで国民に伝えた。

戦場へ行くのは若く健康な男子だった。その条件に当てはまるのが野球選手だった。彼らの多くが戦場へ行った。そして多くが帰ってこなかった。

戦死したと確認できる選手は、巨人が沢村栄治をはじめ八名、阪神が景浦将をはじめ二〇名（他六名が生死不明）、南海が一〇名、産業（名古屋）が五名、阪急が六名（他五名が生死不明）、大和（イーグルス、黒鷲）が二名（他に二名が生死不明）、朝日（大東京、ライオン）が五名、西鉄（セネタース、翼、大洋、名古屋金鯱）が三名だった。

死者五九名、不明一三名である。

第 6 章

再出発

1945 - 1947

敗戦時の六球団

一九三六年に発足した日本職業野球連盟は七球団で始まり、一時は九球団にまで増えたが、合併・解散などで、一九四四年秋に連盟として活動休止を決めた時点では、六球団になっていた。すなわち、東京巨人軍、阪神軍（旧名・大阪タイガース）、阪急軍、産業軍（元・名古屋軍）、近畿日本軍（旧名・南海軍）、朝日軍（元・大東京軍、ライオン軍）である。

この六チームの監督・選手たちは、チーム解散後、故郷へ帰る者、まだ戦争が続いていたので応召した者、親会社の社員となった者など、さまざまだった。

敗戦後いち早く動いたのは阪急だったと思われる。球団代表だった村上實は八月一五日の玉音放送後、すぐに阪急電鉄の太田垣士郎会長（一八九四～一九六四）に「野球はどうしますか」とお伺いを立てた。すると「再建せよ」と即答された。太田垣は一九五一年に関西電力が発足するとその社長となり、黒部第四ダム建設を指揮したことで知られるが、プロ野球再建の号砲を鳴らした人でもある。

西宮球場は保管してあった野球用具とともに無事だった。村上は阪急再建をすぐに発表した。それを知り選手たちも集まり再スタートを切った。

村上は阪神の富樫興一、近畿日本の松浦竹松らと連絡を取り、再建しようと呼びかけ、情報交換も始めた。三人は集まり、東京での再興が難しければ関西だけで先行しようと

年度別順位　1946 〜 1949								
	1位	2位	3位	4位	5位	6位	7位	8位
1946	グレートリング	巨人	阪神	阪急	セネタース	ゴールドスター	中部日本	パシフィック
1947	大阪	中部日本	南海	阪急	巨人	東急	太陽	金星
1948	南海	巨人	大阪	阪急	急映	大陽	金星	中日
1949	巨人	阪急	大映	南海	中日	大阪	東急	大陽
1946 年の中部日本とパシフィックは同率の 7 位。								

話し合った。

関西のもうひとつの球団である朝日軍は、奈良の軍需工場にチームごと移動して、そこで働きながら敗戦を迎えた。面倒を見ていたのは、田村駒治郎オーナーの大阪市立天王寺商業学校時代の同級生（後輩としている資料もある）、橋本三郎である。橋本は田村駒の社員として働いていたが、田村駒治郎が大東京軍を買い取り、ライオン軍とした当時から、球団のマネージャーのような立場にあった。一九四四年秋に連盟が活動休止となった後も、橋本はチームを維持し、奈良県御所《ごせ》町（現・御所市）にあった田村駒の系列工場に疎開させ働かせていた。

こうして朝日軍の選手たちは奈良で敗戦を迎えた。阪急などがチーム再建に動き出したことを知った橋本は、田村からの連絡を待っていた。しかし、何も言って来ない。

朝日軍オーナーである田村駒治郎は八月一五日を東

京で迎えた。田村駒は、大阪の本社ビルも東京支社も空襲で焼けていた。田村は大阪へ帰ると、会社再建に向けてすぐに動き出した。

朝日軍のことも気になったが、奈良の工場は無事だと聞くと安心し、何もしなかった。田村は、野球はアメリカの国技だから、占領軍も野球は禁止しない、それどころか応援するだろうと漠然と考えていた。朝日軍再建の思いは強い。だが、それをすぐに奈良の橋本へ伝えなかった。いまのようにすぐに携帯電話でつながる時代ではなかった。これが後に大騒動となる。

読売新聞は会社としては無事だったが、危機に瀕していた。五月の空襲で銀座にあった本社と有楽町の別館が焼失し、築地本願寺を借りて新聞を編集・制作し、印刷はライバルの朝日新聞社や毎日新聞社に依頼していた（一〇月一日から、自前で印刷）。読売に限ったことではないが、印刷用紙不足で、敗戦直後の新聞は一枚の表と裏の二面しかない。さらに読売新聞社では労働組合が結成され、正力松太郎追放の動きが出てきた。それだけではない。戦中の正力は、大政翼賛会総務、翼賛政治会総務、小磯内閣の内閣情報局参与などを歴任し、貴族院議員に勅選されていたので、戦犯として逮捕されることが予想された。正力は野球どころではなかった。

最後の産業軍は、赤嶺昌志がチームをまとめて理研工業で働き、敗戦を迎えた。しかし理研コンツェルンは軍部と一体となっていたので、敗戦によって解体は必至だった。

六球団のうち、阪神・阪急・近畿日本の親会社は、線路や駅舎、車輌に被害があったものの、運行していたので、すぐに「戦後」の再出発に入れた。

正力・読売抜きでの再出発

読売新聞社が混乱を迎えつつあるなか、巨人軍代表・市岡忠男は再興へ向けて動き出していた。巨人軍の選手四人が読売新聞社に勤務して敗戦を迎えていたので、中核メンバーはすぐに揃う。

市岡はフロントを固めるべく、鈴木惣太郎に電報を打った。鈴木は一九三四年の日米野球でアメリカとの交渉役として尽力し、巨人軍の前身である大東京野球倶楽部設立にも関わった人物だ（第4章「大リーグ来日」）。市岡と鈴木は九月七日に築地本願寺を仮社屋としていた読売新聞社で会い、プロ野球再興について語った。市岡は鈴木惣太郎に巨人軍再興への協力を求めた。

九月一五日、鈴木惣太郎は正力松太郎と会った。正力は「国民のなかにはアメリカを憎んでいる者も多いから、アメリカのイメージの強い野球が反感を持たれるのではないか」との危惧を漏らし、巨人軍再建に消極的だった。そのため、鈴木惣太郎は巨人軍のフロントに入るのではなく、正力の自由勤務の秘書という立場になった。主な仕事はアメリカ人記者への対応と通訳、翻訳などだった。

九月二〇日、鈴木惣太郎は日本野球報国会事務長だった鈴木龍二と、読売新聞が間借りしている築地の本願寺近くでばったり会った。鈴木龍二はプロ野球再興を考えており、正力に相談に行くところだった。しかし、その場では鈴木惣太郎に野球の話をせず、おそらく鈴木龍二は正力に会えなかった。数日後、鈴木龍二は改めて鈴木惣太郎を読売新聞社に訪ね、野球再興に力を貸してくれと頼んだ。鈴木惣太郎は正力が消極的であることを告げた。

鈴木龍二は疎開先の箱根仙石原《せんごくばら》で敗戦を迎えていた。八月一五日の敗戦から三日後に様子を見に東京へ出たが、以後は仙石原にこもり、社会のなりゆきを見ており、プロ野球再建へ向けて動き出したのは一〇月になってからだと『鈴木龍二回顧録』に記しているが、これは記憶違いか何かを隠している。八月末か九月初旬にかけての時点で、鈴木龍二はプロ野球再興へ向けて動いていた。外務省の松本滝蔵を訪ね、プロ野球再開のための資金を出してくれないか打診した。松本はハワイ生まれで明治大学野球部とも関係が深い人物で、代議士で外務政務次官をしていた。松本はプロ野球再建に賛同し、協力は約束してくれたが、国費での援助は難しいと断った。

鈴木は活動拠点として銀座の古いビルの一室を借りると、まもなくして政界の大物、大野重治とばったり会い、プロ野球を再開しようと思っていると近況を伝えると、「それなら事務所がいるだろう。おれのところへ来い」と言われ、銀座の弘業社ビルに事務所を置いた。こうした準備をする一方で、鈴木は読売新聞社に正力松太郎を訪ねようとして、鈴木惣太郎と出会ったのだ。

鈴木龍二は鈴木惣太郎とともに正力を逗子《ずし》の自宅に訪ね、プロ野球を復活させたい、外務省の松本とも会ったことなどを伝えた。正力は「結構だが、無理をするな」と言った。

とりあえず、これで正力のお墨付きも得たことになる。

前述したように、この時期の正力は労働争議と戦犯容疑で野球どころではなかった。実際、一二月一二日に巣鴨プリズンに収容され、出所するのは二年後の一九四七年九月だ。プロ野球再興の最も大変な時期に、娑婆《しゃば》にいなかった。正力は戦後の巨人軍再出発とプロ野球再興には何ら関与していない。「プロ野球の父」と称されるこの人物は、世の多くの父親がそうであったように、産ませただけで、子育ては何もしていないのである。その後も正力がしたことは、二リーグ分裂の原因を作ったことだけだ。

藤本定義

朝日軍のオーナー・田村駒治郎は田村駒の本社のある大阪が本拠地で、甲子園球場近くに邸宅があったが、東京・赤坂の氷川神社のそばに東京での家があった。その屋敷は奇蹟的に空襲に遭わず、無事だった。この田村邸がプロ野球再興の討議の舞台となる。

田村の鞄持ち（秘書）をしていたのが藤本定義（一九〇四〜八一）である。史上唯一の巨人と阪神の両方で監督をし（合計七球団で監督）、阪神史上最初に、二リーグ分裂後に二度優勝した監督として知られるが、戦争末期から戦後初期にかけては田村駒治郎の秘書をしていたのだ。

藤本定義は野球人の多い愛媛県松山市生まれで、松山商業を経て早稲田大学へ進み野球部で投手として活躍した。卒業後は大阪鉄道局吹田の野球部を経て、一九三三年秋から東京鉄道局の監督を務めた。三五年、東京巨人軍が第一次アメリカ遠征後の国内巡業の際に、藤本率いる東京鉄道局は二勝した。その巡業での巨人軍の戦績は三六勝三敗だったので、そのうちの二敗を東京鉄道局に喫したのだ。これに巨人総監督の市岡忠男が激怒し、監督の三宅大輔は解任された。次の監督になった浅沼誉夫《よしお》もすぐに解任された。三六年五月に浅沼の後任になったのが藤本で、職業野球連盟の公式戦に巨人軍は藤本監督で臨んだ。

巨人を解任された三宅は阪急の初代監督を二年務め、戦中最後の一九四四年には産業軍の監督になった。

藤本も巨人の監督になったはいいが苦労し、三度も辞表を出した。そのうち二回は慰留されたが、一九四三年一月、前年に五連覇を達成し、ようやく辞めることができた。七年の監督生活に疲れたというのが表向きの理由だが、球団代表の市岡忠男との確執も理由のひとつだった。

東京巨人軍監督を辞めると、藤本定義は朝日軍オーナーの田村駒治郎に「うちに来い」と誘われた。田村は敵将である藤本の采配を高く評価していたのだ。しかし藤本はもう野球の仕事をするつもりはなかったので断った。すると、「二、三年、鞄持ちをしたら、会社を持たせてやる」と言う。

こうして田村の鞄持ちとなった藤本は、朝日軍の様子も分かっていたが、野球には直接関わらなかった。

藤本の自伝『実録プロ野球四十年史』によると、九月下旬に赤坂の田村邸に、鈴木龍二・鈴木惣太郎をはじめ、巨人・阪神・阪急・南海・名古屋の代表が集まり、プロ野球再興で盛り上がり、東西対抗戦をやることまで決まったとある。この会合を藤本は、「九月下旬ころではなかったかと思う」と曖昧に記しているが、一か月後の一〇月下旬ではないかと思われる。

日付はともかくとして、プロ野球再興を田村たちが語り合った夜のことを藤本はこう書いている。

〈田村邸秘蔵の日本酒に、意気は大いに上がり、焼野が原をすき腹をかかえてさまよっている不安な世相などは、まるで眼中にないもののごとくであった。〉

一〇月五日、東京にいた藤本は大阪にいた田村からの「すぐに来い」との電報を受け取り、大阪へ向かった。朝日軍再興の件だった。野球には関わらないことにしていた藤本だったが、もはや仕方がない。藤本は、早稲田の先輩で戦前も朝日軍の社長だった増田稲三郎に社長を、同じ早稲田の先輩である田中勝男に代表になってもらうことを田村に提案し、了承を得た。

こうして改めて「株式会社朝日野球倶楽部」が発足した。チーム名は田村の妻の発案で、平和になったので天下太平だということと、太平洋のごとく洋々たれという意味を込めて、パシフィックとした（「太平パシフィック」、「太平」とも呼ばれる）。

こうして球団再出発に関わったことで、藤本定義はパシフィックの監督を引き受けることになる。

関西四球団と巨人軍

話は前後するが、一〇月二五日（二二日説も）、大阪梅田の阪急百貨店八階の食堂に、在阪四球団（阪神・阪急・近畿日本・朝日）の幹部が集まり、「大日本野球連盟」結成のための会合を持った。

東京の動きが見えないので、在阪四球団は日本野球報国会（日本野球連盟）の再出発が遅れるようなら新しい組織を作り、とにかく再開へ向けて動こうという目的での集まりで、「連盟は大日本野球連盟として再出発し、阪神、阪急、朝日、南海（近畿日本）、巨人の五チームは開店休業中につき、連盟再出発と同時に無条件に連盟参加資格を持つ」と申し合わせた。ここでは巨人軍については言及されているが、産業軍については触れていない。関西四球団としては存在が確認できる自分たちだけでも始めようとしていたが、巨人なしというわけにもいかないので、巨人も仲間に入れることにしたらしい。

東京では、一〇月二五日、読売新聞社で労働争議が勃発した。正力追放の動きが活発化し、ますます野球どころではなくなった。それでも巨人軍は、球団代表の市岡忠男のもと、読売新聞調査局資料部に勤務していた藤本英雄ら四人が復帰して、再スタートした。まずは選手集めだった。

奈良のゴールドスター

藤本定義は田村の命で朝日軍を再建すべく、自分の出身地の松山に選手探しに出かけた。奈良の軍需工場にいる選手たちは、まとまっているはずなので、様子すら見に行かなかった。これが大きなミスとなる。

一〇月九日に、鈴木龍二が勝手に職業野球を再興すると発表すると、それが報じられて、全国各地で新球団結成の動きが出ていた。そのひとつが、奈良の旋盤工場にいる旧朝日軍の監督と選手たちだった。

朝日軍を任されていた橋本三郎は田村からの連絡を待っていたが、敗戦から一か月が過ぎても、何も言ってこない。様子を見にも来ない。選手たちは、自分たちは田村駒から見捨てられたのではないかと不安になった。そこで、橋本は自分たちで球団を立ち上げようと決意し、呼びかけた。苦しい時をともにしてきたので、監督兼選手だった坪内《つぼうち》道典《みちのり》（一九一四〜九七）以下、選手たちは橋本についていくことになった。

橋本は新球団「ゴールドスター」を結成すると、さっそく野球連盟に加盟を申請した。それで初めて、田村駒治郎は奈良で何が起きているかを知り、松山にいた藤本に、すぐに奈良へ行けと指示した。藤本は橋本たちと会った。藤本は見捨てられたと思ったという橋本の気持ちがよく分かり、同情して、理解を示してしまった。これで、橋本たちは勇気づけられ、後には引けなくなった。

田村からみれば、飼い犬に手を噛まれた感覚だった。橋本に言わせれば、田村は球団を自分に押し付け、その後、様子を伺うこともなかったので、もういらないのかと思った——となる。

日本野球連盟は一一月一日に赤坂の田村邸で会合を開き、ゴールドスター問題を協議したが、結論は出なかった。

田村は藤本に選手集めをさせ、「パシフィック」こそが朝日軍の正統な後継球団であると主張した。鈴木龍二が田村をなだめて、ゴールドスターの加盟を認めるのは年が明けた一九四六年二月のことである。

藤本には巨人からも「監督に復帰してくれ」との打診があったが、断った。結局、田村駒治郎のもとで実業家になるつもりだった藤本定義は、パシフィックの監督を引き受け、球界に復帰した。

セネタース復活

関西の四球団が再結集していた頃、東京では新球団を結成しようとしていた男たちがいた。そのひとりが、野球連盟発足時から参加した東京セネタースの初代監督だった横澤三郎（一九〇四～九五）である。

横澤は台湾で生まれ、東京で育った。旧制荏原《えばら》中学校時代は遊撃手、旧制明治大学時代は二塁手だった。まだプロ野球はなかったので、大学卒業後は社会人クラブチーム・東京倶楽部で活躍し、一九三六年に東京セネタースが設立された際に監督として招聘された。三二歳で、選手としても一試合に出た。だが二年目の三七年の秋季リーグの途中で辞任し、審判に転じて日本野球連盟の審判として四四年まで務めていた。敗戦の一九四五年は四一歳だった。

横澤三郎の兄弟三人が東京セネタースに関わっていた。兄の小林次男（継男）はマネージャー、弟の四郎（一九〇六～八一）と七郎（一九一三～二〇〇二）は選手として入団した。四郎は三郎が監督を辞めた年に退団したが、七郎は四〇年まで続け、戦後も四六年と四七年に選手として活躍する。小林次男は大映に入って、スカウト（宣伝部長という説も）をしていた。

横澤三郎が小林次男から「プロ野球が復活するらしい」と聞いたのは九月半ばだった。横澤は自分の手で新球団を作ろうと決断し、兄弟は結集した。横澤三郎が社長、小林次男が専務、四郎はマネージャーとスカウト、七郎は選手として新球団に参加する。球団名は愛着がある「セネタース」に決めた。

しかし、かつての東京セネタースは西武鉄道と有馬頼寧という母体があったが、新セネタースには親会社はない。小林が遠縁にあたる川口証券の社長・川口真一郎に頼み、スポンサーになってもらった。川口は野球についてはほとんど知識はなかった。「儲かるのか」と聞くと、小林は儲かるとは言えないので、「分からない」と正直に答えた。それでも川口は新時代には何が儲かるか分からないので、やってみようと決めた。

セネタースは資金を得ると銀座の交詢社《こうじゅんしゃ》ビルの一室を借りて事務所とした。

戦前の東京セネタースは翼軍、大洋軍、西鉄軍と経営母体と名称が変わった後、四三年シーズンで解散していたため、野球連盟への無条件での参加資格がない。それを認めてもらう工作も必要だった。

そして選手集めだ。一九四四年秋まで存続していた球団は、その時点で契約していた選手の優先権があるが、セネタースはまったく新しいチームとして出発するので選手集めはゼロからの出発だ。だが横澤兄弟には当てがあった。古巣の明治大学野球部にとんでもないバッターがいるとの噂が耳に入っていた。大下弘という。

産業軍、中部日本新聞へ

野球はアメリカの国技とも言えるものなので、アメリカ占領下では優遇される気配だった。すでに神宮球場では一〇月二八日に東京六大学OB紅白試合が行なわれていた。

一一月六日、阪神の富樫興一代表、南海（近畿日本）の松浦竹松代表、朝日の田中勝雄代表の三人が上京し、連盟の鈴木龍二と会った。一〇月二五日の阪急を含めた四球団での会合の報告に来たのだ。

鈴木は歓迎した。そこに産業軍の赤嶺昌志と巨人の市岡忠男も加わり、日本野球報国会を「日本野球連盟」として復活する決議を正式に行なった。

この時点で産業軍は存亡の危機にあった。年が明けて一九四六年になると、GHQの指令により、産業軍のスポンサーである理化学研究所、理研工業（理化学興業の後身）、理研産業団は解体される。赤嶺は理研に見切りを付け、元のオーナーである中部日本新聞に頼るしかないと考えていた。そこで鈴木龍二に「中部日本新聞の大島一郎社長を説得してくれ」と頼んだ。それを受けて鈴木は、大島に「赤嶺を代表にして、連盟に再び入ってくれ」との趣旨の手紙を書いた。大島は了解した。

中部日本新聞社は、新愛知新聞と名古屋新聞とが戦時下の国策、一県に新聞社は一つという新聞統制によって合併した。同じ県でのライバル会社の合併なので、いつ分裂するか分からない。そこで、新愛知新聞創業家の大島家と、名古屋新聞創業家の小山家とから交互に社長を出すと決めた。そのおかげで分裂はしないが、いまなお社内は二大派閥に分かれたままで、これが中日ドラゴンズの監督人事にも直結しているとされる。

赤嶺の立場は微妙だ。もともとは名古屋新聞にいて名古屋金鯱軍代表となっていたが、金鯱軍が翼軍と合併すると手を引いた。そして名古屋新聞が新愛知新聞と合併して中部日本新聞になると名古屋軍の面倒を見て、同社が球団を持ち堪えられなくなると理研傘下にした。

届け出の際に赤嶺は、うっかりなのか、わざとなのか、オーナーを「中部日本新聞社」と記した。この時点では、資金を出したのは大島一郎個人であり、新聞社ではなかったのだが、この届け出により、産業軍は「中部日本」として連盟に参加し、中部日本新聞社が親会社となってしまった。

赤嶺としては、「大島一郎」は「中部日本新聞社」の社長なのだから、同じだと思ったのかもしれない。だが、この届け出を根拠に、中部日本新聞社は球団に介入してくるようになる。

東西対抗戦

横澤のセネタースも一一月六日に連盟加盟が内定した。

こうして新しい連盟の陣容ができてきた。

その数日後、鈴木龍二の事務所に小西得郎がやって来て、雑談のなかで「東西対抗戦をやろう」と言い出した。一〇月二八日の六大学ＯＢによる紅白戦が野球ファンの間で話題となっていたのだ。

球団代表たちが雁首揃《がんくびそろ》えていても何も始まらない、とにかくゲームをやることだ。職業野球が復活したと話題になりニュースとして伝われば、全国各地に散らばっている選手たちも集まってくるだろう――鈴木は小西に同意した。

では、どこでやるか。東京の場合、後楽園球場と神宮球場は占領軍に接収されていた。小西は「神宮がいいでしょう。六大学に開放してくれたんだから、プロがやると言えば、進駐軍も否応はないでしょう」と言った。

鈴木は関西の各球団にも連絡し、東西対抗戦をやらないかと呼びかけた。神宮球場の使用許可は英語が得意な鈴木惣太郎に任せた。道具は橋本三郎の奈良県の軍需工場と西宮球場に保管されているとわかった。道具の運搬のため、鈴木龍二が自ら関西へ出向いた。

この準備をしている間に、田村駒治郎は朝日軍を「太平パシフィック」と改めると決めた。

東西対抗戦は一一月二二日と二三日に神宮球場、二四日に群馬県桐生市の新川球場、一二月一日と二日に西宮球場と決まった。桐生は名古屋軍監督や審判も務めた池田豊の出身地で、戦災を受けなかったので食糧が豊富だというので選ばれ、池田が球場の使用を交渉した。

東西の編成は、東軍が巨人、名古屋、セネタース、パシフィック、西軍が阪神、南海、阪急から選ばれた選手だった。「選ばれた」といっても、後のオールスターのような意味ではない。どのチームもまだ人数が揃っていなくて、このとき神宮へ来られる者たちによって、編成された東軍・西軍だった。

東軍の監督にはセネタースの横澤三郎、西軍はパシフィックの藤本定義が就いた。新球団セネタースは新人ばかりを集め、すでにチームが編成されていた。そのなかには戦後のプロ野球スター第一号である大下弘もいた。

二二日は雨だったので中止となり、二三日が戦後初のプロの野球選手による公式戦となった。正式名称は「日本職業野球連盟復興記念東西対抗戦」である。八月一五日から数えて、ちょうど一〇〇日目でもあった。正式なリーグ戦が始まるのは翌年からとしても、まだ東京が焼け野原で、食糧難だった時期に、野球は再開したのだ。

入場料は六円、そのうちの四円が税金だった。つまりチケット代は二円で二〇〇パーセントの課税率となる。これは劇場なども同じだった。

第一日の神宮球場の観客は五八七八人だった。二四日は桐生で第二戦が行なわれ、その後、一行は一〇時間の列車の旅で西へ向かい、一二月一日、西宮球場で第三戦が行なわれた。二日の第四戦は日曜日で好天だったので約八〇〇〇人の観客が入った。

幻の東京カッブス

もうひとつ、鈴木龍二としては加盟を認めてやりたい新球団があった。

河野安通志が、大和軍（旧イーグルス）の選手たちに呼びかけて結成した「東京カッブス」である。河野にとって、日本運動協会・宝塚運動協会・後楽園イーグルスに次いで、四回目の球団結成である（この球団については主に小川勝著『幻の東京カッブス』に拠る）。

河野は九月にヂーゼル工業を退職した。すでに六一歳になっていた。が、まだ野球でやり残したことがあると考えていたのだろう。ヂーゼル工業にいた大和軍の選手たちに呼びかけ、新球団を作ることにした。

球団名のカッブスはシカゴ・カブスのcubsと同じで「クマやキツネの子供」という意味で、転じて、「見習い」「新米」の意味も持つ。これからの世代による球団、というような思いが込められていた。

河野は選手も揃い準備が整うと、一二月一〇日前後に日本野球連盟会長の鈴木龍二に加盟を申請した。事実上、大和軍の復活なので、鈴木は認めようと考えていた。

何も根回しせずに理事会にかければ東京カップス加盟は賛成されたかもしれないが、鈴木はまず巨人軍の了解をとらなければと考え、巨人軍代表・市岡忠男に相談した。ところが市岡は河野を憎んでいたので反対した。理由は、「大和軍は一九四三年に解散している」というものだった。無条件で加盟できるのは一九四四年秋に連盟が活動休止を決めたときまで存続していた球団だというのが、市岡の主張だった。しかし、横澤のセネタースの参加は認めているので、筋が通らない。河野を入れたくないという感情的な理由しかない。

市岡があまりに反発するので、鈴木は東京カップスの加盟申請を理事会に諮ることをせず握り潰した。鈴木はこの後も巨人軍には逆らわないという処世術で、生き抜く。

河野はそんなことは何も知らず、加盟申請が通ったとの報せを待って年を越した。

一九四六年が明けると、元日から阪神・阪急・近畿日本・朝日（パシフィック）の四球団は、「正月大会」を西宮球場で開催した。このことからも関西が先行していたことが分かる。

一月一二日、河野安通志は脳溢血で急死した。新球団・東京カップスのことは鈴木龍二と市岡以外の他球団の代表が何も知らないままだ。

しかし河野が結成した東京カップスは、彼が亡くなった後は、東京・雪ケ谷にある町工場「日本産業自動車」の社長・藤代藤太郎をオーナーにして存続する。日本産業自動車は、地元では「ニッサン」と略して呼ばれていたが、「日産自動車」とは関係ない。

一方、ヂーゼル自動車工業（現・いすゞ自動車）の川崎工場で野球部が創設され、元大和軍選手のなかにはこちらに残った者もいて、そのひとり、苅田《かりた》久徳《ひさのり》（一九一一〜二〇〇二）が監督になった。苅田は法政大学を出て、巨人軍の前身の大日本東京野球倶楽部に入ったが、巨人には行かず東京セネタースに入り、大和軍解散まで所属していた選手だ。

一九四六年、再出発の年

一月二〇日、東京・赤坂の田村駒治郎邸で、日本野球連盟の代表者会議が開催され、プロ野球の再開についての具体的協議に入り、日程、審判、公式記録などについて話し合った。また球団名に愛称をつけることになった。

一月二五日、近畿日本が「近畿グレートリング」と改称した。「大和」の「大」をグレート、「和」をリングと、強引に英訳したという説と、鉄道の車輪という意味との二つの説とがある。これが英語のスラングで女性器の意味だと分かるのは後のことだ。そのおかげで、進駐軍の兵士たちはこのチームを応援したのだが、翌年、近畿日本鉄道から旧南海電鉄の路線が分離・独立したのに際し、「南海ホークス」となる。

赤嶺昌志が預かっている産業軍は、前述のように、元のオーナーである中部日本新聞社長の大島一郎が個人資産を出して運営していくことになったが、大島は新聞社社長として戦争責任を追及されそうなため、一九四五年一一月の定時総会で社長を退任して社主になった。後任の社長には大島派（元・新愛知新聞）の杉山虎之助（一九〇四～一九六六）が就任した。その過程で、当初は「大島一郎」が個人オーナーとなるはずだったが、中部日本新聞社が球団を持つことになり、結果的には赤嶺が連盟に届け出た通りとなった。中部日本新聞社は、球団運営のための「株式会社中部日本野球倶楽部」を四六年二月一日に設立し、球団名は「中部日本」とした。監督には東京カップスの監督に内定していた竹内愛一《よしかず》（一九〇三～七二）を招聘し、何人かの選手も竹内とともに入団した。

一方――こじれていた朝日軍は、二月三日に田村駒の朝日軍が「太平パシフィック」となることが正式に認められた。さらに一八日に橋本三郎が面倒を見ていた朝日軍メンバーらの新球団も、「金星ゴールドスター」として正式に連盟への加盟が認められた。連盟の鈴木龍二としても、偶数の八球団のほうが試合日程を組みやすいので歓迎し、抵抗する田村駒治郎をなだめた。

田村と橋本の間では旧朝日軍の選手の帰属を巡っても争いがあったが、これも、朝日軍はいったん解散しているので、選手たちの保有権は田村にはないと裁断され、坪内道則以下の監督・選手はゴールドスターに帰属できた。

阪神軍は三月二四日に「大阪タイガース」に戻した。「阪神タイガース」になるのは一九六一年からだ。阪急軍は公募で「阪急ベアーズ」としたものの、弱そうなのと投資の世界で「ベアー」は縁起が悪い言葉だと指摘され、「ブレーブス」となった。

かくして戦後のプロ野球は、大阪タイガース・阪急ブレーブス・太平パシフィック・近畿グレートリング・金星ゴールドスター・東京ジャイアンツ・セネタース・中部日本の八チームで始まった。

当時はフランチャイズという概念がないので、連盟が主催するペナントレースの試合は、入場料の総売上から税金と球場使用料などの経費を引いた残りの三割を八チームで均等に分け、七割は勝ち試合の数に応じて配分することになっていた。したがって、弱いチームは経営が苦しくなる。

ペナントレースは四月二七日開幕で、八球団・一五回総当り四二〇試合で、一一月五日まで戦われ、近畿グレートリングが優勝した。

セネタース、経営破綻

戦前も毎年のように球団経営者やチーム名の変更があったが、戦後もしばらくは激動の日々が続く。

一九四六年のシーズン途中から、セネタースは資金繰りに苦しむようになっていた。川口証券の川口真一郎社長がスポンサーになっていたが、川口の資金も底をついてしまった。横浜の土建業者・安藤国夫にも援助してもらったが、それも限界だった。そこで、高利貸しで銀座のキャバレー経営者の「織手登」(「折手」「織出」としている資料もある)なる人物を次のスポンサーにしたが、その織手もシーズンが終わる頃には資金が尽きた。

織手は野球史にこのシーンにしか登場しないので、その素性もよく分からない。「おりてのぼる」という名も本名なのか不明だ。和服で球場に来るなど、外見は粋な男だが、鈴木龍二に言わせると、かなり高利で金を貸し、暴力団とも関係があったらしいが、その真偽も分からない。

セネタース末期、西園寺《さいおんじ》公一《きんかず》(一九〇六~九三)が球団の会長になることになり、連盟に届け出された。

西園寺公一は元老・西園寺公望《きんもち》の孫で、戦時中は近衛文麿首相のブレーンだったが、ゾルゲ事件に連座して逮捕され、禁錮一年六月、執行猶予二年の有罪判決を受けたという人物だ(鈴木龍二は『回顧録』では西園寺に会長になってもらう話は、一九四五年秋の球団設立時としている)。戦前の東京セネタースの理事長だった安藤信昭の紹介で、西園寺は会長になるのを了承したらしい。

それを知った鈴木龍二は熱海にいる西園寺に会いに行った。だが西園寺は野球には興味がなさそうで、そのうちにこの話はなくなった。

だが小西得郎によると、織手が西園寺の看板があれば資金が集まると踏んで、企んだことだったという。織手は集まった金を持ち逃げしようとしたのだ。ところが、西園寺の名前では金が集まらなかった。

もはや打つ手はない。横澤三郎と小林次男はどこかに身売りするしかないと覚悟した。選手たちを路頭に迷わすわけにはいかなかった。

そこに、東急が球団を欲しがっているとの話が来た。

東急と五島慶太

東急グループの起源は二つある。ひとつは一九一八年（大正七）に設立された「田園都市株式会社」である。この会社は財界巨頭・渋沢栄一が作った企業のひとつだ。渋沢は一九一五年（大正四）にアメリカを視察し、アメリカ人が郊外の広い家から都心へ通勤していることを知り、日本でも郊外に住宅地を作り、鉄道を敷いて都心へ通勤させる構想を抱いた。そんなとき、多摩川台から大岡山、洗足《せんぞく》にかけて宅地開発しないかと、畑弥右衛門《はたやえもん》から相談された。畑は尾崎行雄（東京市長、司法大臣など）の秘書だった。

渋沢を中心に一九一六年から田園都市開発株式会社創立委員会が立ち上がり、一八年に「田園都市株式会社」として設立され、渋沢は相談役、社長には中野武営《ぶえい》が就任し、渋沢の四男・秀雄も役員となった。だが中野は急逝し、渋沢の娘婿である竹田政智が代表取締役となった（社長は空席）。

もうひとつの起源が一九一〇年（明治四三）設立の「武蔵電気鉄道」で、現在の東急東横線の母体となる鉄道会社だ。渋谷から横浜まで直通の鉄道を敷設する計画だったが、なかなか進まない。免許が下りても資金がないなど、さまざまな理由で計画倒れに終わる。

そこに乗り込んできたのが、財界で「再建屋」の異名を持つ郷誠之助だった。潰れそうな読売新聞を正力松太郎に買わせた男である（第4章「正力松太郎登場」）。郷は自分で再建するわけではない。それに相応しい人物を探して送り込む手法を取る。読売新聞社に正力を送ったように、武蔵電気鉄道に誰かを送り込もうと考え、鉄道次官の石丸重美《しげみ》に誰かいないかと相談した。

石丸が紹介したのが五島慶太《ごとうけいた》（一八八二～一九五九）だった。後にその強引な手法から「強盗慶太」と呼ばれる男である。

五島慶太は長野県小県《ちいさがた》郡殿戸村（現・青木村）の農家に生まれた。村では一番の資産家だったが、父が製糸業に手を出したものの失敗したため、家計は苦しかった。学校の成績はよく勉強も好きだったので、父に頼んで無理して、長野県尋常中学校上田支校（現・長野県上田高等学校）に入学した。三年を終えると松本に出て、長野県尋常中学校松本本校（現・長野県松本深志高等学校）に進学した。さらに上の学校へも進学したかったが、家計の事情でストレートには行けず、代用教員をしながら、勉強していた。一九〇七年（明治四〇）、五島は東京帝国大学政治学科の選科に入ると、すぐに本科へ移り、一一年に二九歳で卒業した。高等文官試験に合格し農商務省に入省したが、一九一三年（大正二）に鉄道院に移った。そして一九二〇年（大正九）、郷誠之助に口説かれて、五島は鉄道院を辞めて武蔵電気鉄道の常務になった。だが五島をしてもなかなかうまくいかない。

一方、田園都市株式会社は鉄道敷設のために子会社として荏原鉄道を設立していた。郊外に開発した宅地に住むサラリーマンを都心の職場へ運ぶための鉄道だ。だが、こちらも進まない。役員には大物財界人がずらりと名を連ねていたが、それぞれの本業もあるし、宅地開発も鉄道事業も経験のない者ばかりで行き詰まっていた。第一次世界大戦後の恐慌で株も暴落し、経営陣の一部が株を売りたいと言い出したので、第一生命の矢野恒太《つねた》が引き受け、同時に、関西で宅地開発と鉄道で成功している小林一三に助けを求めることにした。

小林は最初は断った。阪急は軌道に乗っているとはいえ、まだまだやりたいことはある。東京での鉄道と宅地開発は関西の仕事の片手間にできる事業ではない。矢野は何度も断られたが、小林以外にこの事業ができそうな人材は日本にいないのだから、必死で食いついた。矢野は小林に経営してもらうことは諦めたふりをして、「一度だけでいいから、田園都市と荏原鉄道の役員の前で話してくれ」と頼んだ。それまでも断ったのでは角が立つと思い、小林は引き受けて、東京へ向かった。沿線を宅地開発していくという小林の鉄道経営は、東京でも注目されるようになっていたのである。

一九二一年(大正一〇)、小林は東京の田園都市株式会社と荏原鉄道の重役会に出席し、事業計画の説明を受けた。それはとても計画とは呼べない穴だらけのものだった。小林としては聞き流してそのまま帰ってもよかったのだが、求められるとたちまち問題点を列挙した。しかし、問題点が分かっても、それを改善し実行できる者がいない。

結局、小林は矢野のアドバイザーとして、月に一度、役員会に出席する形で田園都市と荏原鉄道の経営に無報酬で参画することになった。

報酬は得なかったが、小林一三は東京財界とのつながりを得た。財界巨頭の渋沢栄一に貸しを作ったことにもなった。田園都市の役員をしていた渋沢の四男・秀雄は、小林を敬服し、弟子のような存在となる。

だが小林にも限界がある。月に一度しか東京へ行けないので、実務を担う人材が必要だった。そこで小林は鉄道院にいた面白い役人のことを思い出した。それが武蔵電気鉄道に移っていた五島慶太だった。

東急の発展

小林が五島と会うと、武蔵電気鉄道も難航しているという。そこで、「武蔵電気鉄道は後にして、先に荏原鉄道をやらないか」と持ちかけた。荏原で利益を出して、その資金で武蔵をやればいいと説得したのだ。こうして一九二二年（大正一一）、五島は武蔵電気鉄道常務のまま、荏原鉄道を改称した目黒蒲田電鉄の専務にもなった。

一九二四年（大正一三）一一月、目黒蒲田電鉄の目黒―蒲田間が開通した。後の東急目蒲《めかま》線（現・東急目黒線と多摩川線）である。前年九月の関東大震災の後で、都心部の家を失った人々が目蒲線沿線の郊外に住宅を求めたため業績は好転し、その利益で目黒蒲田電鉄は、武蔵電気鉄道を買収した。小林の言う通りになったのだ。武蔵電気鉄道は東京横浜電鉄と改称し、二七年（昭和二）に渋谷―横浜（駅名は「神奈川」）間が開通、三二年に桜木町まで延びた。

五島は基本的には小林の手法を倣った。渋谷駅に東横百貨店を建て、沿線に多摩川園、田園テニス倶楽部、田園コロシアムなどの娯楽施設も造っていった。さらに独自の経営戦略として学校を沿線に誘致した。蔵前にあった東京工業大学を目蒲電鉄沿線の大岡山に、東横線沿線には、慶應義塾大学を日吉に、日本医科大学を武蔵小杉に、東京府立高等学校（後の東京都立大学）を目黒区八雲《やくも》に、東京府青山師範学校（後の東京学芸大学）を世田谷の下馬《しもうま》に、それぞれ誘致したのである。通勤客だけでなく、通学客という新たな需要の創出だった。

鉄道の拡張も続けた。一九三六年に五島は目黒蒲田電鉄と東京横浜電鉄の社長となるが、それと前後して、三四年（昭和九）に目黒蒲田電鉄は競合していた池上電気鉄道を一夜にして吸収合併し、東京横浜電鉄は三八年に玉川電気鉄道を買収、江ノ島電気鉄道をも傘下にした。

こうして、一九三九年一〇月一日、目黒蒲田電鉄は東京横浜電鉄を合併し、同月一六日に社名を東京横浜電鉄と改称した。これにより、現在の東急の路線がほぼ完成する。

戦時体制に入り、企業の統合が国策となると、五島はそれを背景にして関東圏の鉄道を支配下に置いていった。一九四一年（昭和一六）九月に小田急電鉄社長、同年一一月に京浜電気鉄道社長になった。そして四二年（昭和一七）五月、東京横浜電鉄は陸上交通事業調整法に基づいて京浜と小田急を合併し、「東京急行電鉄株式会社」となった。

かくして「大東急」を完成させると、四四年二月、五島は東急社長を辞任した後、東條英機内閣の運輸通信大臣に就任し、七月まで務め、その間の五月に東急は京王電気軌道を合併していた。

小林一三の阪急を手本として五島は事業を拡大していったが、阪急にあって東急にないものがあった。宝塚歌劇と東宝（映画と演劇）と、プロ野球である。小林は東宝には苦労していたので、映画には手を出すなと五島に言っていた。

セネタース、東急へ

「大東急」時代は敗戦によって終わる。敗戦後の一九四七年八月、五島は東條内閣の閣僚だったことで占領軍によって「公職追放」となり、「大東急」は四八年に「集中排除法」の適用を受け、小田急・京王帝都・京浜急行が分離し、それぞれ元に近い形に戻った。

東急がセネタースを買収した一九四六年暮れから四七年にかけての時期は、五島はまだ正式には公職追放になっていないが、東急社長を辞任しており、東急の社長は小林中《あたる》（一八九九〜一九八一）が務めていた。この後、「財界四天王」「財界総理」とまで称される財界人だ。

小林中は山梨県中巨摩郡《なかこまぐん》源村《みなもとむら》（現・南アルプス市）に大地主の子として生まれた。旧制甲府中学校（現・山梨県立甲府第一高等学校）を卒業し、慶應義塾大学経済学部を受験したが落ち、早稲田大学政治経済学部経済学科に入学した（無試験だった）。一九二二年（大正一一）に郷里の石和《いさわ》銀行取締役となった。祖父が創立し、父が頭取だった銀行だ。一九二九年（昭和四）に山梨県出身の根津嘉一郎が社長となっていた富国徴兵保険相互会社（現・富国生命保険）に入社し、社長秘書となった。そして財界での人脈を広げ、郷誠之助を中心とする実業家グループ「番町会」のメンバーとなり、五島とも親しくなった。この関係があったので、五島は自分がいない間の東急を小林に託したのである。

一九四六年暮れに東急がセネタースを買収した経緯は諸説ある。

まず、セネタースの横澤は連盟の鈴木龍二に「もう資金が尽きた」と相談し、鈴木が東急系の箱根強羅《ごうら》ホテル支配人の猿丸元に買収話を持ちかけたという説がある。ところが当の鈴木は『回顧録』には、横澤と明大で先輩後輩にあたる小西得郎が東急の五島慶太に話をつなげたと書いている。

ここに登場した猿丸元は「百人一首」の猿丸大夫の末裔とされる芦屋の名門家の生まれといわれる人物だ。同志社大学を卒業し、毎日新聞社に入り、社会部に配属された。このときデスクだった本田親男は、後に毎日がプロ野球に参入するときの社長となる。猿丸は記者時代に五島慶太の知遇を得て、箱根に建設中だった強羅ホテルの支配人になった。だが戦中は軍の要請でジャワのバリ島のホテルの総支配人となっていた。敗戦後、強羅ホテル支配人に復帰するはずだったが、東急が資金難に陥り、ホテルを小佐野賢治に売ってしまったため、仕事がなくなってしまった。

一方、小西自身が語るには、たしかにセネタースと東急の間に立ったが、話は逆で、東急側から、どこか球団を買いたいと相談され、セネタースを紹介したという。東急が球団を持とうとしたのは、系列の箱根強羅ホテルが進駐軍に接収されたため、支配人の猿丸元の仕事がなくなったからだった。五島から「何をやりたい」と問われた猿丸は、知り合いの浅岡信夫と相談した結果、野球がいいとなり、浅岡が小西に相談して、セネタースはどうかとなった――というのが小西の説明だ。

浅岡信夫（一八九九～一九六八）は元俳優で、後に参議院議員になる。戦後の混乱期特有の人物のひとりだ。広島県広島市でパン屋の子として生まれ、運動神経がよくスポーツ万能で、早稲田大学時代は相撲部に属し、さらにハンマー投げの選手でもあった。卒業後の一九二五年（大正一四）、日活大将軍撮影所に入り、サイレント時代の映画スターとなった。三〇年に映画から引退すると渡米し、アメリカの映画事情を学んだ。帰国後は映画国策確立の行政機関の設置を主張し、情報局の官僚や政治家とも交際をもった。戦後も児玉誉士夫《よしお》に近い辻嘉六《つじかろく》の懐刀としても知られ、闇の世界にも近い。

セネタース専務の小林次男は日活の宣伝部にいた（スカウト説もある）こともあるので浅岡とも懇意だった。また浅岡は東急専務の黒川渉三とは広島の中学で親友だった。

このようないくつもの人脈がからんで、セネタースの東急への身売りが決まった。その金額は二四万円から四〇万円まで諸説ある。東急が払ったのが四〇万円で、横澤が手にしたのは二四万円、間に何人もいるので中抜きされたのかもしれない。

年内には東急への身売りが決まったが、横澤はスポンサーの織手に相談なく話を進めていた。そこで織手がへそを曲げ、「売らない」と言い出した。織手は独自に買い手を探しており、見つかりかけていたので、東急への身売りに反対し、選手たちも横澤派と織手派とに分裂し険悪になった。

そこで闇の世界に顔が利く浅岡信夫の出番となる。浅岡は織手と会って話をつけた。織手の唯一の条件は、横澤三郎が監督を辞めることだった。横澤としても、もう懲りていたので、辞めるのはかまわなかった。

こうして横澤兄弟は去り、年が明けた一九四七年一月七日、セネタースは東急フライヤーズとして、連盟に運営会社と名称の変更が届けられた。運営会社は「株式会社東急ベースボール倶楽部」である。

後任の監督には川崎いすゞの監督になっていた苅田久徳が就任した。鈴木龍二の発案だったという。苅田の指揮のもと、いすゞは都市対抗野球で健闘していたのだ。

しかし、苅田としてはプロへ戻る気はなかったので、小西得郎から話があっても断った。ところが東急の小林中がいすゞにやって来て、弓削専務に「苅田をくれ」と頼む。弓削は驚いて、苅田に「東急へ行け」と言った。

新球団のチーム名「フライヤーズ」は「空を飛ぶ者」という意味から、「高速鉄道」「急行」の意味もある。鉄道会社にふさわしい名前だった。

年が明けて一九四七年一月七日、セネタースは正式に「東急フライヤーズ」となった。

相次ぐ改称

一九四七年一月一一日、東京巨人軍の運営会社である大日本東京野球倶楽部の会長だった大隈信常が亡くなった。これにともない同社は二月に臨時株主総会を開催し、読売新聞社に全株式を譲渡し、商号を「読売興業株式会社」と改めることを決めた。「東京巨人軍」は四月三日に「読売巨人軍」と改称し、名実ともに読売新聞社の球団となった。

それまで読売新聞社と東京巨人軍は資本関係はなく、正力が個人的に作った企業である大日本東京野球倶楽部が持つ巨人軍に読売新聞が協力していただけだったが、以後は読売新聞社の子会社となる。また全役員が辞任し、新たに清水与七郎（一八八五～一九八三）が代表取締役となった。清水は東大工学部を卒業し、逓信省を経て東京芝浦電気の取締役となった人物である。大日本東京野球倶楽部設立時に東芝が出資した時、東芝側で担当していた。

大隈の死も会社組織改変の理由のひとつだが、これは読売新聞社内での反正力派による、正力追放工作のひとつでもあった。正力がA級戦犯容疑者として巣鴨プリズンに入っている間に、正力個人のものだった巨人軍を読売新聞社のものにしたのだ。

創立時に株主のひとりだった市岡忠男の株も読売新聞に取られてしまった。市岡が自分の資金で買ったのではなく名義上だけの株主だったので、仕方がなかった。市岡は正力派と見なされていたので、反正力派が実権を握っている当時の読売新聞にあっては、不遇となる。といって、正力が助けるわけでもなかった。そのため、正力との関係も微妙なものになる。

この後、巨人軍の運営会社と親会社は読売新聞グループのなかで異動を繰り返す。一九五〇年一月に読売興業から独立して「株式会社読売巨人軍」が創立されたが、翌五一年三月に解散して読売興業に包括移転された。読売興業は一九九二年六月に「よみうり」に社名変更し、二〇〇二年七月の読売グループの再編成で読売新聞社と大阪読売新聞社が経営統合し、持株会社「読売新聞グループ本社」ができた際に、「株式会社読売巨人軍」として再独立し、現在に至っている。

中部日本は、創設時の名古屋軍時代からニックネームはなかったが、この年三月、オーナーの杉山虎之助（中部日本新聞社社長）の干支が辰であることから「ドラゴンズ」とした。

前述のように、一九四四年に南海電気鉄道と関西急行鉄道とが合併し、近畿日本鉄道となっていたが（第5章「最後の一年」）、四七年三月一五日の株主総会で、六月一日から元の二社に分離することになった。細かく記すと、新しい南海電鉄は、旧南海鉄道の傍系会社で、近畿日本に合流しなかった高野山電気鉄道株式会社を南海電気鉄道株式会社と改称し、近鉄から同社へ旧南海鉄道の事業を譲渡するという形が取られた。グレートリングは旧・南海の事業だったので、新しい南海電鉄が持つことになり、近畿日本時代のニックネーム「グレートリング」は、五月三日に「ホークス」に改称された。

田村駒の太平パシフィックも、三月一〇日に「太陽ロビンス」となった。田村駒の子会社「太陽レーヨン」の「太陽」、コマドリの英名が「ロビン」なので「ロビンス」とした。もっとも太陽レーヨンは戦時中の企業統合で帝國製麻株式會社に合併されていたので、球団名にしても宣伝効果はない。田村駒治郎から見たら旧朝日軍の叛乱軍であるゴールドスターが「金星スターズ」になったので、金星より大きく明るい太陽にしたのかもしれない。

一九四七年のペナントレースは四月一八日に開幕し、総当たり戦一七回で、一一月一二日まで、各チーム一一九試合を戦い、大阪タイガースが優勝した。

国民リーグの四球団

娯楽が少ない時代だったので、プロ野球は人気が出た。外から見れば儲かっているように見えたので、新規参入を企てる者が出てきた。しかし、日本野球連盟は新規参入を認めない。既存の八球団のみと決めた。

そのため、断られた新球団は新たに「国民野球連盟」(国民リーグ)を結成した。アメリカに「アメリカン・リーグ」と「ナショナル・リーグ」の二つがあることに倣うつもりだった。

結局、この国民リーグは一九四七年のみで消えてしまうのだが、オーナーのうち宇高《うだか》勲《いさお》と大塚幸之助の二人はその後もプロ野球と関わり続ける。

国民リーグの生みの親は、宇高産業社長の宇高勲（一九〇七～七九）である。宇高はいわゆる「戦後成金」のひとりだ。和歌山県に生まれ、早稲田大学理工科を卒業後、台湾へ渡り貿易業に従事し、その利益で兵庫県神戸市で貿易商を営んでいた。そのかたわら、大阪市の旋盤工場を経営し、尼崎市の電線工場も買収した。戦争末期の一九四四年に応召し、その後の空襲で旋盤工場は焼失したが、電線工場は残った。

敗戦後、宇高は「宇高産業」を興し、電線工場で自動車用クラクションの製造を始めると大成功した。その資金でプロ球団「宇高レッドソックス」を作り、日本野球連盟に加盟を申し込んだが、鈴木龍二は八球団を増やすことはできないと断り、「アメリカには二つのリーグがあり、競い合っているので、新しいリーグを作ってはどうか」と勧めた。本気で勧めたのか、どうせできっこないと思って言ったのかは分からない。だが、宇高は真に受け、自分で新リーグを結成することにし、他に三球団を集めた。

第二の球団が、「結城ブレーブス」である。河野安通志の東京カッブスは、前述したように、河野の没後は東京・大田区雪ヶ谷の町工場・日本産業自動車の社長をオーナーにして存続していたが、この球団に広島で劇場・映画館・料亭・バー・キャバレーなどの興行・遊興施設を展開している「鯉城園《りじょうえん》」のノンプロチーム「鯉城園倶楽部」のメンバーが加わり、石本秀一《しゅういち》が後任を引き受けた。石本は広島出身で、母校の広島商業学校

（現・広島商業高校）の監督をはじめ、プロ野球創生期から大阪タイガース・名古屋金鯱軍・大洋軍・西鉄軍で監督をした。チーム名はメジャーリーグの本塁打王ハンク・グリーンバーグの名をもらい、「グリーンバーグ」と改名した。

だが、日本産業自動車は国税局の査察を受け、懲罰的に工場の資材が差し押さえられ、操業中止に追い込まれた。

グリーンバーグの新たなスポンサーとなったのが、茨城県結城町（現・結城市）にある町工場、府中産業だった。社長の土手潔は広島商業野球部出身で、一九二九年と三〇年に中等学校優勝野球大会で二連覇したときの選手だった。このときの監督が石本秀一で、その関係で土手はグリーンバーグを引き受けた。土手の府中産業はもとは東京・荒川にあったのだが、戦時中に軍需工場に指定されたため、空襲に備えて結城に移転していたのだ。チーム名は「結城ブレーブス」と改めた。阪急がベアーズからブレーブスに改称する数日前だったという。

三つ目は大阪の「唐崎クラウン」である。社長は唐崎専彌という。大阪で戦争中は軍に、戦後は占領軍に炭酸飲料水を納入していた唐崎産業のノンプロチームが、プロ化した。チーム名は唐崎産業の主力商品「クラウン・サイダー」から「唐崎クラウン」となった。

最後が「大塚アスレチックス」である。オーナーは大塚幸之助（一九〇六〜八七）とい

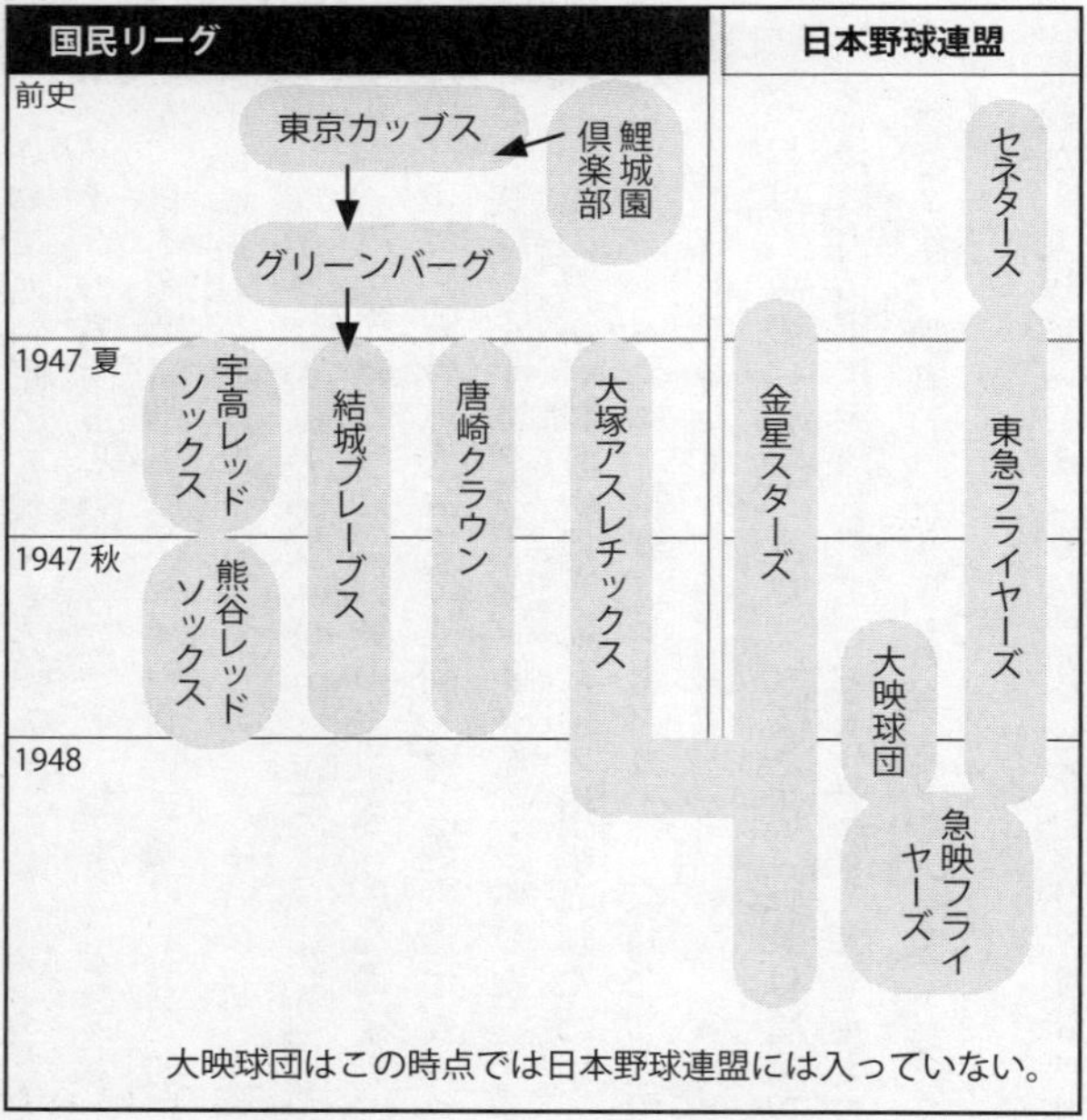
国民リーグ
日本野球連盟
前史
東京カップス
鯉城園倶楽部
グリーンバーグ
1947 夏
1947 秋
1948
宇高レッドソックス
熊谷レッドソックス
結城ブレーブス
唐崎クラウン
大塚アスレチックス
金星スターズ
セネタース
東急フライヤーズ
大映球団
急映フライヤーズ
大映球団はこの時点では日本野球連盟には入っていない。

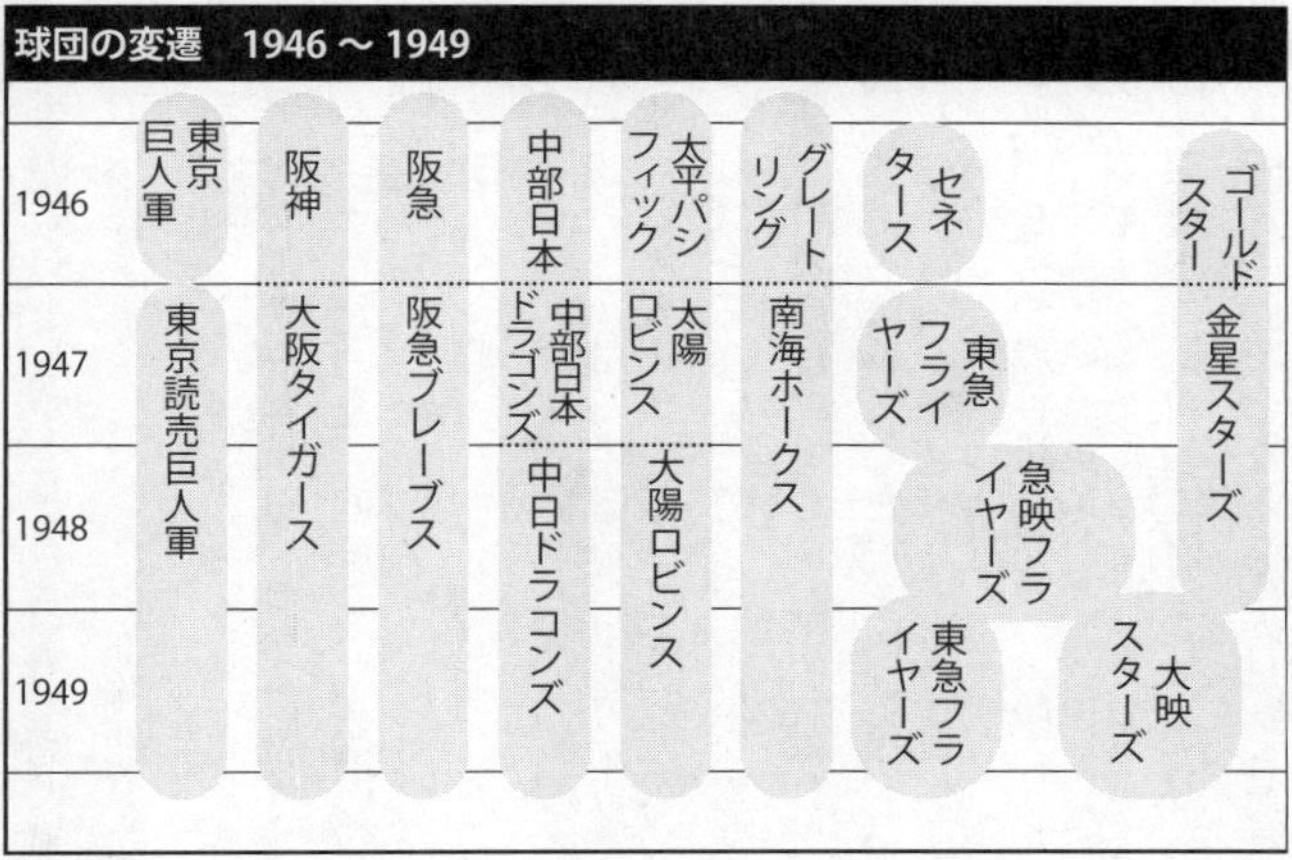

い、この後もプロ野球に関係し続ける。大塚幸之助は東京府東京市本所区（現・東京都墨田区）に、町工場の大塚製作所の社長の子として生まれ、一九二三年、一七歳の年に父が亡くなったので東京府立第三中学校（現・東京都立両国高等学校）を四年生で中退し、社長に就任した。二五年から二七年までは徴兵で陸軍第一師団に所属する。大塚製作所は三五年に軍需工場指定を受け、ばね等の自動車部品、機関銃部品を製造した。戦後は工場が罹災したので千葉県松戸市に移り、一転して洋傘と洋傘の骨を製造していた。戦中から戦後へとうまく転換できた事業家だ。

　大塚は野球好きで、大塚アンブレラというノンプロチームを作った。それを母体にして、「大塚アスレチックス」を結成し、巨人軍の監督をしたこともある三宅大輔を監督に招聘し、新リーグに参加したのである（大塚と国民リーグについては阿部牧郎著『焦土の野球連盟』に詳しいが、同書は小説なのでフィクションも混ざっている）。

日本野球連盟が新聞社や鉄道会社が主軸だったのに対し、国民野球連盟はどこも町工場がオーナーだった。四チームが揃い、七月三日から「国民野球連盟」（国民リーグ）としての夏季リーグが始まった（宇高レッドソックスと結城ブレーブスだけで春から対戦していた）。

ところが、今度は宇高産業が国税庁の査察を受け、未納の税金と追徴金が科せられた。国税当局は娯楽産業を敵視していたので懲罰的査察であり、査察したからには成果を出さなければならないので、理不尽な追徴金を科した。

それだけならば、もう少しがんばれたかもしれない。だが八百長をする選手が多く、宇高は撲滅しようとした。その結果、その筋の者との手打ちをしたのだが、その宴席で水銀を盛られて殺されかけた。これで完全に野球への熱が冷めた。宇高はチームをノンプロ球団を持つ熊谷組に売り、「熊谷レッドソックス」となった。

熊谷組は飛鳥組にいた熊谷三太郎が独立して一九三八年（昭和一三）に創業し、現在も準大手ゼネコンとして健在だ。熊谷組はプロ野球とはこの数か月しか関わりがないが、社会人野球の強豪となる（現在は休部）。

宇高はレッドソックスを手放しただけでなく、国民野球連盟も手放し、大塚幸之助に譲った。というよりも、押し付けたといったほうがいい。

国民リーグは一〇月から一二月まで秋季リーグを戦った。地方での試合はいい加減な興行主が主催したので、未払いも相次いで、リーグとしても経営が立ち行かなくなる。日本野球連盟の鈴木龍二は、この窮地につけこみ、有力選手に声をかけて巨人軍などへ移籍させようと画策した。

一方、大塚は諦めていなかった。日本野球連盟加盟チームのスター選手の引き抜き工作もしており、すでに契約までこぎつけていた。さらに大塚には援軍が現れた。大映社長、永田《ながた》雅一《まさいち》である。

赤嶺旋風

一一月一日、ドラゴンズで政変が起きた。球団代表の赤嶺昌志が辞任に追い込まれたのだ。チームはシーズン半ばに監督が交代したこともあり、前評判は高かったが、タイガースに大差をつけられての二位に終わっていた。

中部日本新聞社は球団経営に積極的になった。つまりは赤嶺に任せるのではなく、新聞社が直接経営する方針に転じた。

連盟へ加盟する時に、赤嶺が経営母体を中部日本新聞社と記したのが間違いの始まりだった。中部日本新聞社は赤嶺が邪魔になると、赤嶺のみならず、彼が面倒を見ていた選手たちへも嫌がらせをした。ついに選手たちは、これ以上こんなチームにはいられないと脱退し、赤嶺も辞めた。公式球団史「中日ドラゴンズ30年史」では、〈赤嶺の辞任は、本人の意思によるものではなく、親会社の要請によるものと伝えられている〉と曖昧に書いているが、要するに解任されたのである。

赤嶺は自分についてきた選手たちの行き先を見つけなければならない。小西得郎に相談すると、大映の永田雅一が新球団を作ろうとしているという。

第7章

映画の時代

1948 - 1949

野球と映画

プロ野球史を繙《ひもと》くと、一九五〇年代から六〇年代にかけて、松竹ロビンス、東映フライヤーズ、大映スターズ（後、毎日大映オリオンズ）と、映画会社名を冠した球団が三球団ある。これは「日本映画黄金時代」の象徴でもある。プロ球団を持てるほど映画会社は儲かっていたのだ。戦後の五大映画会社のなかでは、日活だけがプロ野球と関わらなかった（東宝は阪急グループに属しているので、持つ必要がない）。

映画の誕生は一八九三年、アメリカのトーマス・エジソンが自動映像機（映写機）キネトスコープを一般公開したことに始まるとされている。同時期、フランスのリュミエール兄弟もシネマトグラフ・リュミエールを開発し、九五年にそれで撮影した映画を公開した。まだ劇映画と呼べるものではない。野球のルールが制定されたのは一八四五年なので、野球のほうが歴史は長い。

映写機とフィルムはすぐに日本にも輸入され、一八九九年（明治三二）六月、東京の歌舞伎座で、アメリカとフランスの最新の映画と、『藝者の手踊り』を撮影した国産映画が「日本率先活動大写真」として上映された。これが映画興行の本格的な始まりだという。野球と鉄道の日本伝来は一八七二年（明治五）なので、四半世紀ほど遅れて映画がやってきたことになる。

一九〇三年（明治三六）、日本でも専門の映画館ができ、映画興行は急成長した。上映されるのは最初は外国から輸入したものだったが、国内でも製作されるようになり、製作会社、興行会社が生まれた。そのなかの、福宝堂、横田商会、吉澤商店、M・パテー社の四社が日活の前身となる。

明治最後の年で、七月三〇日に大正元年になる一九一二年の三月、以上の四社が合同して「日本活動フイルム株式會社」を創立し、改元後の九月に「日本活動寫眞株式會社」と改称したのが「日活」である。最初のプロ球団である日本運動協会の創立が一九二〇年、日本職業野球連盟の発足が一九三六年だったので、それよりも日活の歴史は長い。

映画と野球の歴史が重なるのは、一九四七年、大映の永田雅一がプロ球団を持とうと思い立った時からだ。つまり、この人物がいなければ、映画会社が球団を持つことはなく、さらにはセントラル・リーグとパシフィック・リーグが設立されることもなかったのである。

永田こそ、プロ野球の「第二の父」なのだが、そういう尊称は彼には与えられなかった。永田は大映の経営危機で球団を手放し、さらには大映も倒産させてしまうので、栄光の生涯とは言えず、正力松太郎のように崇め奉る側近もいなかったため、野球史では徒花《あだばな》扱いされている。正力が「父」なのに対し、せいぜい、「親切だけど迷惑なおじさん」程度の扱いだ。

映画史においても、永田は毀誉褒貶甚だしい人物だ。日活に入社したものの、松竹に寝返り、さらには松竹・東宝・日活を出し抜いて大映を創立したという経歴が、いかにも怪しげで胡散臭い。しかし、永田雅一がいなかったら、戦後の映画界とプロ野球界、さらに政界は別の歴史となったと言って過言ではないほどの人物である。

大映と永田雅一

一九四八年一月一九日から、日本野球連盟の代表者会議が箱根湯本で開かれ、八球団制を守り新球団の参加は認めないことを再確認した。

この会議の前、一月一〇日に連盟の事務所に大映の永田雅一が訪ねてきたのが、再確認するきっかけとなった。永田は「球団を作るから加盟させてくれ」と言った。応対した鈴木龍二は八チーム堅持の申し合わせがあるので新規加盟は難しいと断った。

これが永田雅一（一九〇六〜八五）が野球史に登場した瞬間である。

永田は一九〇六年（明治三九）一月八日に、京都中京区三条通りで染料と友禅の問屋を営む家に生まれた（「染物屋の子」説もある）。商売は繁盛していたが、永田が三歳になる頃から傾いた。工場の火事や女中と小僧が店の金を持って駆け落ちするなどの事件が相次ぎ、さらに父が友人の借金の連帯保証人となったために破産した。永田の前半生は本人が語った永田雅一著『映画道まっしぐら』や「日本経済新聞」に連載した『私の履歴書』でしか分からないが、「ラッパ」と呼ばれただけあり、話を誇張、脚色している可能性が高い。その前提でお読みいただきたい。

永田は学校の成績がよく、無試験で中学へ入れたが、「家を再興するためには金を儲けることだ。学校へ行くのではなく、働こう」と決めた（このあたりから芝居がかっている）。母の従兄弟にあたる人が東京証券交換所の常務をしていたので上京し、「小僧にしてくれ」と門を叩いた。しかし、証券所では小僧になるにも中学は出ていなければ無理だと言われ、大倉商業（現・東京経済大学）の補欠試験を受けて入学し、その親戚の家で書生の見習いのようなことをして働いた。だが、父が酒の飲みすぎで亡くなった。

永田雅一は父が生きている間に自分の力で「お家再興」するために勉強していたので、父の死で目的を失い、中退した。親戚の家も出て、文房具の卸商から小売店への配達の仕事などをしていた。

そうこうしているうちに、一九二三年（大正一二）九月一日、関東大震災で東京は壊滅した。永田は青年団の一員として働いたため、一八日に避難民を地方へ送る船に便乗するのを許され、神戸で下船すると、故郷の京都へ帰った。

震災前年の一九二二年七月に日本共産党が結党されるなど、この時期、社会主義運動が本格化していた。震災直後の東京では大杉栄（一八八五～一九二三）が惨殺され、多くの社会主義者が地下に潜った。京都へ帰った永田は、社会主義運動に加わった。社会主義のイデオロギーはともかく、英雄主義的な気分から次第に社会主義にかぶれていった。

と、自ら説明している。集会やデモに参加し、特高警察に尾行される日々だった。それもまた英雄気分を満足させた。

運動仲間のひとりが、「千本組」の元締・笹井三左衛門の三男・末三郎だった。

千本組の本業は京都の二条駅で貨物の荷役を請け負っていた運送業だが、任侠団体でもある。他の任侠団体同様に千本組も映画に関わっていた。映画界はその黎明期から任侠とのつながりが深い。ロケをする場合は、その土地の実力者に話を通さなければ邪魔をされる。話を通せば、ロケの見物人が撮影の邪魔をしないよう警備をしてくれる。その他、便宜を図ってくれるので、映画と任侠との関係は切っても切れないものとして、戦後もずっと続く。

笹井末三郎は任侠の家に生まれたが同志社中学校（現・同志社高等学校）で学び、アナキズムに染まり、左翼活動家になった青年で、大杉栄とも親交があった。永田雅一は左翼運動を通して笹井と知り合うと、千本組の舎弟となっていた。

永田は定職に就かず、デモや集会に行き、警察に尾行される日々だったので、母は嘆き怒り、ついには勘当した。家を出た永田は市電の車庫のそばにある運転手や車掌専用のアパートの一部屋を借りた。このアパートを経営していたのが、日活の撮影所長だった池永浩久で、千本組の笹井三左衛門が池永と親しかったので、頼んでもらったのだ。

アパートに転がりこみ、ブラブラしていると、ある日、池永から「いい若い者がブラブラしているとはなんというざまだ」と意見された。そこで永田は日活の撮影所を訪ねてみた。映画作りの現場を見て感動し、自分はここで働くべきだと思った。

永田はその思いを池永に告げ、撮影所で庶務係として働くことになった。一九二四年（大正一三年）の末のことだった——以上は永田の自伝『私の履歴書』などにある経歴だ。かなり脚色されているようなのだが、反証する材料もない。自伝は信頼性に問題があると書き添えておく。

日活時代の永田雅一

日活の創立が一九一二年なので、永田が入ったときは一三年目となる。当時の社長は日活の前身会社のひとつ、横田商会の横田永之助《えいのすけ》（一八七二～一九四三）だった。横田は創立時は取締役のひとりだったが、常務・副社長を経て、一九二七年（昭和二）に社長に就任した。

横田商会で監督をしていたのが、「日本映画の父」と称される牧野省三で、もとは映画館千本座を経営していたが、映画を作るようになり、歌舞伎役者・尾上松之助を映画に転じさせて大スターにした。牧野と松之助は日活の大看板となる。

日活は東京・向島の撮影所では現代劇、京都・二条城西櫓下の撮影所では時代劇を製作した。前身の四社（福宝堂、横田商会、吉澤商店、M・パテー社）が傘下にしていた映画館も引き継ぎ、外国映画の輸入もするなど、唯一の総合映画会社となり、製作から配給・興行までの垂直統合型ビジネスというモデルを日本で最初に作った。

永田が入社して二年目の一九二六年（大正一五）九月一一日、日活の大スター尾上松之助が亡くなった。その葬儀には五万人が参列し、葬列を見送った京都市民の数は二〇万人と言われる。大スターを喪った日活は客を呼べる映画が作れなくなり、経営は不安定になっていた。それでも永田雅一は順調に出世し、永田を入れてくれた池永も出世し常務になっていた。

一九三二年、日活では労働争議が勃発した。横田永之助社長は、衆議院議員で日活監査役もしていた中谷貞頼《なかたにさだより》（一八八七〜一九五四）を専務に起用し、大規模な人員整理を始めた。八月に撮影所経費の削減のため、従業員八五〇名のうち一九七名の解雇と、残った従業員の給与一割カットを断行したのだ。横田は解雇通知に先立ち、撮影所長の池永を退陣させていた。池永の左遷で永田は後ろ楯を喪った。

盆休みが終わると、撮影所の従業員は日活従業員馘首減俸《かくしゅげんぽう》絶対反対期成会を結成しストライキに入った。永田は池永もいなくなったので会社側についても仕方ないと判断し、闘争委員長を引き受け、会社側と交渉した。この闘争で、弁が立つという永田の才能が生かされた。会社は整理案を撤回し、世間並みの退職金を支払う条件で自主退職者を募ることで合意した。会社が用意した退職金は約一〇〇名分だったが、退職希望者は約二三〇名も出て、年長者から順に退職させた。

争議を解決した手腕を評価されて、永田は京都撮影所の企画部長となった（脚本部・製作部・総務部の部長だったとの説も）。大きなポストを得た永田は、松竹や新興キネマ（松竹の系列会社）から俳優や監督を次々と引き抜いていった。

永田の新たな親分となったのは専務の中谷だった。一九三四年（昭和九）、中谷は横田社長を追放し、自ら社長になることを企てた。そこで右腕となっていた永田に、横田に対し勇退を勧告するよう命じた。永田は横田を説得し、辞任させることに成功した。横田は相談役に退き、中谷が社長に就任した。さらに永田は、有楽町にできた東洋一の映画館、日本劇場（日劇）を日活の上映館にすることに成功し、五月にこの論功行賞で総合企画本部の部長に抜擢された。

ところが八月になって、永田は日活を突然退社し、新たに「第一映画社」を創立した。日活のサラリーマンである永田に映画会社を設立する資金があるはずがなく、誰かが背後にいるはずだった。背後にいたのは松竹だった。

永田が松竹や新興キネマから俳優や監督を引き抜いていったことで窮地に陥った松竹は、これ以上、永田の好き勝手にさせないためには永田本人を引き抜くしかないとの結論に達した。松竹は永田に「資金を出すから独立しろ」と囁いた。これを受け、永田は親しいスタッフ、俳優を引き連れて第一映画社を興した。新興キネマも松竹の傘下にあり、いわば「松竹第二会社」だったので、第一映画社は「松竹第三会社」だと言われていた。

松竹としては、日活から永田を排除できればいいだけなので、第一映画社に映画製作の期待をしていたわけではない。永田は奮闘したが、一九三六年（昭和一一）九月、第一映画社はわずか二年にして解散に追い込まれた。

永田は、第一映画社の俳優やスタッフを引き連れて松竹傘下の新興キネマの京都撮影所に入り、所長となった。ここでも永田は成功する。化け猫映画や狸もの、浪曲映画など、他社が手を出さない「ゲテモノ」企画が当たったのだ。

松竹の歴史

ここで松竹についても記さなければならない。今日もなお、映画・演劇において、東宝と並ぶ日本最大の興行会社である。

松竹は京都の劇場で売店を経営していた大谷家の双子、松次郎（一八七七〜一九五一）と竹次郎（一八七七〜一九六九）が創業した。

大谷家は裕福とは言えず、二人は小学校にも通わずに家業の売店の仕事を手伝っていた。一八九〇年（明治二三）、大谷家が売店を持つことになった京都の劇場・祇園館に、東京から九代目市川團十郎が客演した。一三歳の二人は團十郎を見て感動し、「いつかこういう役者を使って興行したい」と思った。これが松竹の始まりである。「役者になりたい」ではなく、「興行したい」と思うのだから「少年の志」としては変わっているが、二人のその思いは実現する。

二人は新京極の芝居興行の末端で働いていた。兄の松次郎は新京極で寿司屋を営む白井家の娘と恋に落ちた。結婚を申し込むと、「婿養子になるなら許す」と言われたので、松次郎は大谷家の長男だったが廃嫡して、白井家に婿入りした。そのため弟の竹次郎が大谷家を継ぐことになった。家は別々になったが、白井松次郎と大谷竹次郎は仲がよく、助け合いながら松竹を日本有数の興行会社へと発展させていく。

二人が興行師としてデビューするのは一八九五年（明治二八）のことだった。父が貯めていたお金で、生まれ育った京都・新京極の阪井座の興行権を得て、竹次郎が興行を打つことになった。同時期、松次郎は旅芝居の一座を連れて巡業した。これをもって、松竹はこの年を創業の年としているが、まだ会社組織ではなく「松竹」とも名乗っていない。

一九〇二年（明治三五）、「松竹《まつたけ》合名会社」を設立し、「松竹」と名乗る（一九三七年に「松竹株式会社」となり、「しょうちく」と読むようになる）。二人は次々と京都の劇場を手に入れ、一九〇六年（明治三九）には由緒ある四条南座まで手中にした。京都劇界を制圧すると、白井は大阪へ進出し、道頓堀の劇場を次々と傘下にしていった。その次はいよいよ東京だった。最初は白井が東京へ行き、一九一〇年（明治四三）に新富座を手に入れた。そこまでやって白井は関西へ戻り、大谷と交代した。以後は東京は大谷、関西は白井とテリトリーを分けた。

大谷竹次郎は一九一三年（大正二）、東京の歌舞伎座の経営権を得た。これにより歌舞伎役者の多くが松竹の傘下に入った。以後も劇場の乗っ取りや新築は続き、松竹は歌舞伎のみならず、喜劇、家庭劇、人形浄瑠璃など、演劇全般に手を広げていった。

一方、演劇を脅かすものとして映画が伸びてきた。松竹はこの新しい娯楽に対応するため、一九二〇年（大正九）、社内に映画の製作・配給部門としてキネマ部を設けた。新興産業の映画が舞台演劇にとって脅威となりつつあったので、この分野にも進出したのである。

松竹キネマ部は東京・蒲田の化学工場の跡地、三万平方メートルの敷地を得て撮影所とした。松竹は歌舞伎役者や喜劇役者を傘下に擁していたが、映画には出演させないと決め新人を募った。当時はまだ女優は珍しく、歌舞伎以外の演劇でも、女形の役者が女性を演じていたが、松竹は映画では女形は使わないと決めた。

準備期間を経て、六月二五日に改めて松竹キネマ合名社が設立され、社長に白井信太郎（一八九七〜一九六九）が就任した。信太郎は松次郎・竹次郎兄弟の歳の離れた弟で、子のいなかった松次郎の養子となっていた。

しかし松竹の撮影所は東京にあったので、創業時は大谷竹次郎が実質的には陣頭指揮を執る。松竹キネマは製作が先行し、映画館の手当は後手に回っていたが、興行会社の帝国活動写真と提携し興行にも乗り出し、またたく間に総合映画会社になっていく。

演劇・映画の大会社となると、松竹は大谷竹次郎の東京と、白井松次郎の関西と、実質的には二つの会社となっていた。

映画では、現代劇を製作する東京の撮影所（大船撮影所）は大谷竹次郎の妾腹の娘の婿養子となった城戸四郎《きどしろう》が仕切り、時代劇を製作する京都撮影所は白井信太郎が仕切っていた。

永田雅一が第一映画社を興し、新興キネマに移る一九三六年は、松竹がこの体制の時期である。永田は一応は白井信太郎の下で働くことになる。

松竹が日活を切り崩し、映画界も完全制圧したかと思われたところに、東宝が登場した。バックにいるのは阪急グループ総帥・小林一三である。

大映設立

阪急の小林一三は宝塚少女歌劇団が成功すると、東京にも常設の劇場を建てることにし、一九三四年に日比谷に東京宝塚劇場が開場した。小林は同時に日比谷一帯を劇場街にすべく、日比谷映画劇場、有楽座、日本劇場、帝国劇場などを傘下にしていった。

一九三七年、東京宝塚劇場の主導で、四つの映画会社が合併する形で東宝映画が設立された。新興の東宝は阪急の資金力を生かして、俳優・監督の引き抜きを始めた。そのなかで最も衝撃を与えたのが、松竹の看板スター・林長二郎《はやしちょうじろう》（後、長谷川一夫）の引き抜きだった。林長二郎が松竹に不満を抱いていると知り、小林一三自らが口説いて東宝に入社させた。

松竹の白井信太郎は「これを阻止してくれ」と永田雅一に依頼した。永田はマスコミを使って、林長二郎を「忘恩の徒」と批判・攻撃した。そんなとき、暴漢が長二郎を襲撃し役者の命である顔を斬りつける事件が起きた。この事件は、永田が命じて襲撃させたというのが定説だが、逮捕された実行犯は永田に指示されたとは供述せず、永田も取り調べは受けるも否認し、さらに林長二郎も真相解明を求めなかったので、永田の関与はうやむやになった。林長二郎は奇跡的に傷も恢復し、東宝で本名の「長谷川一夫」として再デビューした。この因縁があるのに、戦後、長谷川一夫は永田の大映の看板スターになる。

このようにして永田雅一は、いい意味でも悪い意味でも、何をやらかすか分からない男として、映画界に隠然たる力を持つようになっていった。

一九四一年——映画界には、劇映画を製作・興行する会社として日活・松竹・東宝・

新興キネマ・大都映画の大手五社と、東京発声・南旺・宝塚・大宝・興亜の中規模の五社、合計一〇社があり、そのほかに小さなプロダクションがいくつもあった。

太平洋戦争勃発の四か月前の八月、内閣情報局は「映画用のフィルムは軍需品なので、民間にはまわせない」と通告した。映画会社各社がフィルムを求めると、政府は「劇映画の製作は二社に限り、あわせて月に二本まで」なら許可すると言ってきた。新聞や鉄道会社と同様に、映画会社も国策によって統合されることになったのだ。

映画会社の首脳たちが協議し、松竹と東宝の二社に整理統合することで話はまとまりかけた。松竹が新興キネマ・興亜の二社を吸収合併し、東宝に、日活・大都・東京発声・南旺・宝塚・大宝を合流させるという案だった。それに待ったをかけたのが永田雅一だった。

この案では、「松竹・新興・興亜の三社で映画市場の六割を占めるので、不均衡ではないか」という声が出ていたので、永田はその反対意見を背景に、松竹・東宝以外の映画会社の間を奔走し、当局とも掛け合った。その結果、松竹には興亜のみを付け、東宝に大宝・東京発声・宝塚・南旺、残った新興キネマと大都・日活で第三の会社を設立するという案がまとまった。

日活は東宝と松竹が株の大半を持っていたので、どちらに付けるわけにもいかないのをいいことに、永田は自分の新興キネマに、日活を呑み込もうとしたのだ。松竹・東宝とも、日活が相手側につくのは好ましくないが、第三の会社になるのなら容認できた。しかし日活も抵抗し、映画館の興行部門は日活として残し、撮影所など製作部門だけを新会社に移すことでまとまった。

かくして――新興キネマ・大都映画・日活製作部門は、一九四二年一月一〇日、大日本映画製作株式会社（略称「大映」、一九四五年に「大映株式会社」）にまとまった。社長は置かず、専務取締役に永田が就いた。永田としては社長に就くと風当たりが強そうなので、一歩、身を引いたのである。

一〇月、永田は大映設立にあたり情報局の官僚へ贈賄したとして逮捕されてしまった。永田は警視庁に四五日間留置され、巣鴨刑務所に一〇日間勾留されたが無実を主張し、釈放された。出所後、「逮捕されたのは不徳の致すところである。真に大映の第一線に立つべき社長を招聘したい」と述べ、作家で文藝春秋社長の菊池寛（一八八八〜一九四八）に打診した。「菊池に断られたのでしかたがないので自分がやる」とするつもりだったらしいが、菊池は社長を引き受けた。菊池寛は名前だけの社長ではなく、自ら企画を立てて、映画製作に関与していった。永田は専務として菊池を実務面で支えることになる。

戦況は悪化していった。映画各社は情報局の検閲のもとで国策にそった戦意高揚映画を製作し、軍の要請で作る映画もあった。時代劇は忠臣ものが多かった。

それでも一九四五年八月になっても映画三社は製作を続け、一五日は休んだが、翌日から再開し、ほぼ途切れることなく戦中から戦後へと移行した。

敗戦後、占領軍の統治下に置かれた日本では、民主化、非軍国主義化政策が急ピッチで進み、映画・演劇に対しては、軍国主義・封建主義につながる内容のものは禁止された。そのため、主君への忠義や仇討ちが描かれる時代劇は禁止された。

GHQは民主化、非軍国主義化を徹底するため、戦争に対して指導的立場だった政治家、官僚のみならず民間人も「公職追放」にしていった。大映社長の菊池寛も公職追放者のリストに載り、社長辞任に追い込まれた。副社長の永田雅一が社長になり、作家の川口松太郎が専務に招聘された。永田としては菊池に代わる文化人の名が欲しかったのだ。

しかし、その永田もまた一九四八年一月に公職追放指定され、辞任に追い込まれたが、あらゆる手を使い、五月に指定解除されて社長に復帰した。菊池は三月に亡くなっていた。

東急と大映の合併

永田雅一がプロ野球参入を考えたのは、野球好きだったからではない。いくつかの偶然の重なりからだ。

一九四七年、永田は、古くからの友人でもある内務官僚から東條英機内閣で国務大臣になった大麻唯男《おおあさただお》と、元警保局長で貴族院議員だった唐沢俊樹の面倒を大映で見ていた。二人は公職追放処分になり、仕事がなかったのだ。これがGHQで問題となり、永田は呼び付けられたが、「世話になった友人の生活の面倒をみることのどこが悪い」とまくし立てたので、お咎めはなかった。そのときホイットニー少将から、「国民を明るくするためにスポーツをやってはどうか。大麻・唐沢がスポーツをやることは、問題ない」と言われた。これが永田が球団を持つきっかけとされている。

永田は大映専務となっていた作家・劇作家の川口松太郎に相談し、野球に詳しい小西得郎を紹介してもらった。このとき、小西は中部日本ドラゴンズを出た赤嶺昌志から、彼を慕う選手たちの身の振り方の相談を受けていた。小西は赤嶺を永田に紹介し、ドラゴンズを退団した主要選手を中心にして新球団を結成することが簡単に決まった。

小西得郎は永田と会う前日に、日活の堀久作社長と松竹の大谷竹次郎からも、プロ野球参入について相談を受けていた。それだけ当時のプロ野球は外から見ると輝いて見えたのだ。小西が「儲からないぞ」と言うと、堀はその場で諦め、二度とプロ野球への参入は考えなかったが、大谷は後に参入する。

一方、永田のもとには東急フライヤーズを買わないかとの話もあった。東急でフライヤーズを担当させられた猿丸元が、一年やってみたが大赤字となった。黒字にしていくには、東急沿線に野球場を作る覚悟が必要だとの結論に達した。しかし、東急はそこまでは踏み切れない。それなら球団はもう手放したほうがいいと見切りをつけたのだ。

猿丸は五島慶太にも了解を取って、永田に売ると決めたが、東急の専務で経理担当の大川博（一八九六～一九七一）が反対した。

大川は新潟県の代々続く庄屋の家に生まれた。一九一六年（大正五）に岩倉鉄道学校を卒業し、鉄道会社への就職も考えたが、経営も学ぼうと中央大学法科に入り、一九一九年に鉄道院（国土交通省、ＪＲの前身）に入った。戦中の一九四二年に、鉄道院の先輩でもある五島慶太に引き抜かれて東急に入り、五島の右腕として辣腕《らつわん》をふるっていた。鉄道省事務官時代から経理知識に長けていた、根っからの「経理マン」である。

大川は野球好きであり、こういう時代に東急全社員が結束するには、プロ球団があったほうがいいと主張した。経理担当役員がそう言うのであれば、もうしばらく持っておこうとなった。そして大川が株式会社東急ベースボール倶楽部の社長となり、フライヤーズのオーナーとなった。さらに大川は五島から、東急グループの映画会社「東横映画」の立て直しを命じられた。これが後に東映となり、大川は初代社長となる。東映は急成長すると東急から離脱し、フライヤーズも東急から東映のものになるのだが、それはもう少し先の話だ。

二つの合併球団

年が明けて一九四八年一月一〇日、永田雅一は日本野球連盟を訪ね、「大映球団」として新加盟したいと告げた。鈴木龍二は、現在の八球団だけでやっていく方針であることを告げた。

そこで永田はアスレチックスの大塚幸之助と会い、二球団で九州へ巡業しようと呼びかけた。大映の映画スターも同行させれば、観客は集まるという。完全な興行である。

国民リーグ（国民野球連盟）は実質的に解体していた。唐崎クラウンと結城ブレーブスは解散した。熊谷レッドソックスもプロ球団としては解散したが、熊谷組はノンプロ球団は持ち続ける。

国民リーグの生みの親だった宇高勲は、一九四九年には宇高産業を整理した。その後はスカウトとして阪急ブレーブズ、西日本パイレーツ、西鉄ライオンズ、国鉄スワローズなどで活躍する。

一九四八年春、大塚アスレチックスだけが残り、解散したチームの選手の何人かを引き取って、大映球団との興行に出た。

その間にもオーナーたちは謀議を繰り返していた。まず、永田が東急フライヤーズを買う話は、東急社内で意見統一ができず流れたが、東急傘下の東横映画が、配給・興行面で大映の協力を得ている関係上、何らかの妥協が必要だとなった。そこでフライヤーズに永田が抱えている元ドラゴンズの選手たちを入団させ、同球団は永田との共同経営による「急映フライヤーズ」となった。

一方、金星スターズは、オーナーの橋本三郎が資金的に追い詰められ、連盟の鈴木龍二が間に立ち、大塚幸之助のアスレチックスと合併することになった。大塚が橋本に払ったのは二五〇万円だった。新チームの名称は「金星スターズ」のままだった。

金星スターズは、もとは田村駒治郎の朝日軍で、戦争末期から敗戦直後に田村らに代わって面倒を見ていた橋本が結成したチームだ。橋本にもある程度の資産はあったが、食い潰してしまい、鈴木に「どこか買い手はないか」と泣きついてきたのである。

一九四八年二月二三日をもって国民リーグは正式に解散し、二六日に大塚アスレチックスと金星スターズは正式に合併した。

新・金星スターズの監督になったのは藤本定義だった。藤本は田村駒治郎のもとで、太陽ロビンス（太平パシフィック）を結成し監督になっていたが、一九四六年、四七年とも七位、七位と低迷したこともあり、田村と決裂したのだ。

新たな急映フライヤーズと金星スターズはともに二球団が合併したので、抱える選手は多かった。この時代、登録選手数は二五名までと決まっていたが、支配下選手の数の上限が定まっていない。二球団は二軍を作ることにした。

一方、太陽ロビンスは、オーナー田村駒治郎の思いつきで、「大陽ロビンス」となった。「野球は点を取らなければならない」ということから、「太」の「、」を取って、「大」としたのだ。ある意味ではいい加減なネーミングなのだが、田村が自分の会社・田村駒を宣伝するために球団を持っているわけではないことがよく分かる。

一九四八年、中部日本ドラゴンズは、球団名を「中日ドラゴンズ」に改めた。親会社は「中部日本新聞」のままで、「中日新聞」になるのは一九六五年のことだ。球団名が先に「中日」となったのである。

こうして数は八球団のままだが、永田雅一と大塚幸之助という二人の新オーナーを迎えて、四月四日に一九四八年の公式戦は始まり、一一月一五日に閉幕した。優勝は南海ホークスだった。

永田雅一は球界入りに動き出した一月に公職追放となり、大映社長を辞任すると同時に、追放解除の訴願事務所を設け、そのおかげで五月に追放が解除され、六月に社長に復帰していた。

ペナントレース終了後、永田は東急との提携を解消し、フライヤーズは「東急フライヤーズ」に戻った。永田としては「自分の球団」を持ちたい。東急と共有したのでは意味がないと思ったのだ。

そこで金星スターズを大塚幸之助から買うことにした。大塚が橋本三郎から買った時点では二五〇〇万円だったが、一年も経っていないのに、永田は一〇〇〇万円で買った。

インフレの時代でもあったが、プロ野球球団の価値が急騰していたのだ。

一二月二一日、金星スターズは「大映スターズ」となった。

こうして――一九四九年は八球団でペナントレースは戦われた。成績順に以下の通りだ。

読売ジャイアンツ、阪急ブレーブス、大映スターズ、南海ホークス、中日ドラゴンズ、大阪タイガース、東急フライヤーズ、大陽ロビンス。

一九四九年から五〇年にかけて、選手と監督がペナントレースを競っている最中、オーナーたちも戦っていた。読売新聞社内の正力と反正力派の暗闘を背景にして、プロ野球界は分裂、再編へと向かうのだ。

第 8 章

分裂

1949 - 1950

正力松太郎、読売追放

正力松太郎が戦犯容疑で巣鴨プリズンへ収容されたのは一九四五年一二月一二日のことだった。

読売新聞社は敗戦直後に、鈴木東民《とうみん》（一八九五〜一九七九）が中心になって、社内機構の民主化、待遇改善と並び、戦争協力者として正力松太郎以下全役員の退陣を要求した。だが会社はこれを突っぱね、鈴木を解雇した。そこで従業員組合が結成され、鈴木は最高闘争執行委員長となった。第一次読売争議の勃発である。この闘争は一二月の正力の収監で組合側の勝利となり、鈴木の解雇は撤回された。読売新聞社には従業員も参加する経営協議会が設けられ、編集が資本から分離された。

しかし、GHQ内でも行き過ぎた民主化に批判的な勢力が強くなっていた。それを背景に一九四六年五月、読売新聞社経営陣は、GHQのプレス・コード（言論統制規則）違反を理由に、編集局長となっていた鈴木東民ら組合役員五人を解雇、一六人を地方に飛ばした。さらに御用組合を結成して、従業員の分断も図った。ここに第二次読売争議が勃発し、警官隊約五〇〇人が動員され、組合幹部と執務中の社員五六人が検挙される大労働争議になった。

組合はそれでも闘争を続け、各労働団体も読売争議応援委員会を作り支援した。新聞・通信・放送各社の組合はゼネストを計画したが、朝日新聞社の組合が裏切り、それをきっかけに他の大手新聞労組も脱落していった。孤立した読売労組は組合幹部の自発的退社で四か月にわたる争議を終結させた。

巣鴨プリズンに収容されていた正力松太郎はアメリカ軍と取引し、アメリカのために働くことを条件に起訴されることなく、一九四七年九月に釈放された。しかし、公職追放の身であったので、読売新聞社内に一歩も入ることは許されず、大株主という立場しかなくなった。それは正力が巨人軍に対して影響力を持てないことを意味していた。前述したが、正力が収監中の一九四七年二月に、巨人軍の運営会社「株式会社大日本東京野球倶楽部」は、読売新聞社が株式を買収し、商号も「読売興業株式会社」へと変更された。

読売新聞とも巨人軍とも関係が断たれたことで、正力は中立的な立場を持つようになった。そこで、日本野球連盟会長の鈴木龍二が画策して、正力は一九四八年三月に社団法人日本野球連盟の顧問となり、八月には名誉会員となった。こうした下地を作った上で、一九四九年二月五日、全球団のオーナーの賛同を得て、正力は「日本野球のコミッショナー」と、社団法人日本野球連盟名誉総裁に推薦され、一九日にＧＨＱマーカット少将の立ち会いのもと、就任した。しかし、これが報じられると、ＧＨＱの別の部署から、「正力はまだ公職追放中だからコミッショナーにはなれない」と通告があった。ＧＨＱ内部の派閥争いも絡んでいたようで、鈴木がいろいろ工作するが、コミッショナー就任が認められるのは困難となり、正力も面倒になり、五月にコミッショナーと名誉総裁を辞任した。

ややこしいのだが、「日本野球連盟」には社団法人の他、興行の実務を取り仕切る「株式会社日本野球連盟」もあり、正力は株式会社の日本野球連盟の会長に就任した。

このように、正力がコミッショナーだったのは二月から五月までに過ぎない。その間の四月一五日に、アメリカ・メジャーリーグ球団の招聘、東京に新球場を建設、将来的にはアメリカのように二リーグ制にするという三つの方針を記者会見で発表した。世に言う「正力三大宣言」である。

このうち、メジャーリーグの招聘はこの年の秋に、サンフランシスコ・シールズが来日して実現するが、球場建設はなかなかうまくいかない。

新球場の候補地として挙がったのは、上野の不忍池を埋め立てる、新宿の戸山ヶ原、錦糸町の日清紡績工場跡地、本郷の三菱財閥の岩崎家の別邸などだった。このうち不忍池の計画は正力ではなく、西武の堤康次郎がスポンサーとなって計画したもので、推進運動の中心に巨人の市岡がいた。堤も市岡も早稲田大学で、それなりのつながりがあったらしい。ライバル五島慶太の東急もプロ野球に参画しており、堤としても興味があったのだろう。

だが正力は不忍池の計画を知ると、潰してしまった。自分が主導権を握れないものには興味がないのだ。このとき、正力の意を汲んで潰したのが鈴木龍二で、野球における正力側近のポジションは、市岡から鈴木に移った。鈴木は読売の外にいて第三者を装いながら、正力に尽くす。

堤がどこまで本気だったかは分からない。堤が西武鉄道を手に入れたのは一九四三年だが、前述のように、その一年前の四二年に西武は上井草球場の建物を東京市に寄付していた。後楽園球場ができてからは上井草球場でのプロ野球の試合は激減したが、それでも戦後の五〇年までは開催されていた。明治神宮球場が占領軍に接収されていた時期には、東京六大学野球も開催された。また軟式野球の大会も開催され、「軟式野球のメッカ」と呼ばれていた。四八年、西武鉄道は東京都に対し、上井草球場を共同経営したいと申し出た。球場を積極的に活用し、鉄道の集客にしたいと考えたのだ。都は「一般都民の使用に供すること」を条件にしてこれを受け入れた。

一方、東京でオリンピックを開催する計画が立ち上がると、一九五七年に上井草に洋弓場を建設する案が出た。都は地主に売却を求めたが、宅地転用したいとの意向で交渉は難航したものの、五九年には西武が所有する以外の土地は都のものになった。ところが、洋弓が五輪の競技種目から外されてしまい、この計画は白紙になる。すると、地元の杉並区やいくつもの競技団体からここにスポーツ施設を作ってくれとの要望が出たので、東京都は上井草球場を取り壊して、新しい総合運動場を建設する計画を策定し、六二年三月に共同経営の解消を西武に伝えた。西武が抵抗したので解体されたのは六四年になったが、跡地は地下に都の貯水場を作り、その上に軟式野球場四面とテニスコート、バレーボールコート、プール、児童遊園地で構成される「上井草総合運動場」となり、七九年には杉並区に移管される。

このように、堤康次郎時代の西武の野球に対する方針は一貫していない。西武グループがプロ球団を持つのは、二代目の堤義明の時代になる。

市岡は巨人軍を追われるように辞め、競輪選手を養成する日本自転車学校校長になった。そのかたわら、一九四九年に結成されていた、女子プロ野球の日本女子野球連盟の技術顧問となり、京浜急行が結成した京浜ジャイアンツの名誉監督にもなった。京浜急行は巨人軍創設時の大日本東京野球倶楽部の筆頭株主だったが、巨人軍の経営には関与していなかった。しかし女子のプロ野球には参画していたのだ。日本女子野球連盟は五〇年と五一年に公式戦を行なったが、五二年からはノンプロとなり、次々とチームが解散、七一年に終わる。市岡忠男は六四年に亡くなる。

正力三大宣言で最も波紋を呼んだのが、二リーグ制にするということだった。現行の八球団をまず一〇に増やし、さらに一二球団にしたところで、二リーグにするという構想だった。これが報じられると、既存八球団からは戸惑いと反発が出る一方、新規参入の動きが始まった。

正力は先手を打つ。大映の永田雅一と東急の大川博を呼び、一〇球団にすることの了解を求めた。二人とも新参なので既得権意識は希薄だった。すぐに了解すると、正力は永田に「毎日新聞社に参入するよう話してくれ」と頼んだ。裏工作や根回しが好きで、そういうことに長けている永田はこの密命を引き受けた。

言うまでもなく、毎日新聞は読売新聞のライバルである。毎日が球団を持てば、巨人というよりも読売新聞にとって脅威となる。しかし当時の正力は、読売新聞経営陣とは敵対関係にある。「敵の敵は味方」という古今東西の基本戦略にしたがって、正力は毎日新聞社を巻き込もうしていた。

偶然にも、その頃、毎日新聞社内でも、プロ野球に参入すべきとの声が上がっていた。

毎日新聞社

毎日新聞社は一八七六年創刊の「大阪日報」が、一八八八年に「大阪毎日新聞」となり、一九一一年に「東京日日新聞」(一八七二年創刊)を合併し、東京へ進出した。合併後も東京では「東京日日新聞」として発行されていたが、戦時体制下の新聞統制によって一九四三年一月一日から、東京・大阪とも「毎日新聞」となった。

戦後、読売新聞社で民主化運動が高まり、正力追放運動にまで拡大していったのを見て、毎日新聞社では一九四八年一二月に、社員の投票による選挙で社長を決めることになり、大阪本社代表、編集局長担当という役職にいた本田親男《ちかお》（一八九九〜一九八〇）が選ばれ、社長になった。

本田は鹿児島県生まれで、父は鹿児島新聞記者から市議会議員になったが、本田が一〇歳の年に亡くなった。しかし、遺産があったので、一九一八年に早稲田大学高等予科英文科に入学した。しかし、在学中に急激なインフレで遺産がなくなりそうになり、叔父に相談すると、神戸新聞の主筆を紹介してもらい、私設秘書となった。新聞の仕事が面白くなり、早稲田を中退し、二〇年に神戸新聞社に入社したが、二四年に大阪毎日新聞社に転じた。社会部デスク時代の一九三六年には特派員としてヨーロッパへ渡り、ベルリン・オリンピックを取材した経験もある。戦時中は華北で従軍したり、社長に随行して中国、タイ、インドなどを視察してもいる。

東京・大阪が統合されて「毎日新聞」となったときの人事で、本田は大阪本社編集局次長となっていた。敗戦直前の四五年八月上旬に編集局長が急死したため、編集局長代行となり、一一月には取締役、大阪本社代表、編集局長担当となった。そして四八年一二月に社長に就任したのである。記者、それも社会部にずっといたので、野球についてはそれほど詳しくないが、役員となっていた戦後は、社の事業である選抜中等野球大会のため、進駐軍に接収されていた甲子園球場の返還と、一九四七年三月の戦後最初の選抜大会の開催に尽力した。

毎日新聞社は、中等野球（高校野球）の選抜大会を主催していたが、東京でも「東京日日新聞」時代から都市対抗野球大会を主催していたので、野球とは深い関わりがある。だが、どちらも興行として利益が出るものではないし、毎日新聞の拡販にも直結しない。そこで、毎日の新聞販売店からプロ球団を持ってほしいとの声が上がっていた。戦時体制下では新聞販売店は一元化され、地域ごとにひとつの販売店が全ての新聞を扱っていた。だが、近々、自由化されることになっており、競争の激化が予想された。東京では読売新聞が巨人戦のチケットを拡販材料として部数を伸ばしているので、対抗して毎日も持たなければ負けると危機感を抱いていたのだ。本社が持たないのであれば、販売店の連合体で持ってもいいとの声まで上がった。それを受けて、販売担当役員は積極的となり、本田社長に進言した。

本田社長は、東京本社社会部長の黒崎貞治郎を呼び、プロ野球進出について意見を聞いた。黒崎は新大阪新聞の記者から毎日に入った記者で、「梅木三郎」の筆名で歌謡曲の作詞もしており、『長崎物語』が知られている。黒崎も野球にそれほど詳しいわけではないが、新大阪新聞時代から大阪の球団を取材していたので、多少の知識はあった。黒崎は、球団はそんなに儲かるわけではないので赤字を抱えることになることと、自社で球団を持てば運動面で野球を報じる際に、客観的・公平な立場で書けなくなるとも言った。

さらに、参加したくても、日本野球連盟は新規参入を認めず永田雅一も苦労したと説明した。そう言いながら黒崎は四月の「正力三大宣言」を思い出した。正力の真意は分からないが、あたってみる価値はあるのではないかと本田に進言した。本田は正力に会ってみることにした。

正力は本田に、「自分から頼みたいと思っていた、ぜひ参加してくれ」と激励した。ところが、その数日後の五月七日、読売新聞に「日本野球連盟に与う」との社説が載った。それは明らかに正力を批判するもので、〈彼（正力）の一半の責任においてなされた判定は、そのほとんど全部が、プロ野球の現状を無視した、非常識極まるとんでもないものだ〉とあった。読売新聞・巨人軍と正力とが一体ではないどころか、敵対していることが天下に知れわたった。

毎日の参入には、中日も反対した。同業他社の参入が面白くない。

一方、経営に苦労しているロビンスの田村駒治郎は、毎日が買ってくれないかと考えていた。それを知っていた鈴木龍二は、黒崎に田村と一度会ってみたらいいと助言した。そこで毎日の本田社長と田村が面談した。田村は「自分を会長（オーナー）にし、ロビンスというチーム名もそのままか、一億円で買うか」のどちらかだと要求した。しかし毎日は「それでは話にならない」と、その場で決裂した。毎日としては手垢のついた球団を買うよりも、まっさらな状態から始めたほうがイメージもいいと判断したのだ。しかしこれで、田村は毎日の参入に反対となった。

毎日新聞社が参入を考えていることが明らかになると、朝日新聞社でも本社ではできなくても、販売店六社が主体となりプロ球団を結成しようとの動きが出てきた。そこで大阪の朝日新聞の運動部長・芥田《あくた》武夫《たけお》は連盟を訪ねて、鈴木龍二に朝日が球団を持つことについての見解を質した。すると鈴木は「読者は球団を持つ新聞の、野球に関する記事は公正ではないと思うかもしれない。ファンは公正な野球の記事を求めている。朝日までが球団を持つことはない。公正な報道こそ、朝日の役目となる」と球団を持たないことを勧めた。

しかし、日本のプロ野球は読売新聞という新聞社が始め、最初期から中日新聞（当時は名古屋新聞と新愛知）や國民新聞が球団を持っていたし、そもそも、鈴木は國民新聞の大東京軍の球団代表となってプロ野球の世界に入った人間だ。そんなことを言える立場ではない。鈴木は、基本的に読売新聞と巨人軍の利益になることを最優先するので、その言葉には一貫性がない。鈴木の言葉だけが理由ではないだろうが、結局、朝日新聞社はプロ野球の球団を持たない。

幻の球団

正力三大宣言を知って、毎日新聞以外にも、プロ野球への参入を考えた企業が相次いだ。どこまで本気だったのかは分からないが、当時の報道で名が挙がったのは、新聞社では毎日新聞・朝日新聞・京都新聞・中国新聞（広島）・西日本新聞（福岡）、鉄道会社では日本国有鉄道・近畿日本鉄道・名古屋鉄道・西日本鉄道・西武鉄道・小田急電鉄、建設会社では熊谷組・星野組、他に、松竹・林兼《はやしかね》（大洋漁業）・リッカーミシン・日本鋼管・富士フイルム・大昭和製紙・安田生命・日本生命・松坂屋などである。

このなかで九月中に実際に日本野球連盟へ加盟申請したのは、毎日新聞社、近畿日本鉄道、西日本鉄道、西日本新聞、大洋漁業、星野組、中国新聞（広島）の七社だった。このうち、星野組以外の六社が参入する。

近畿日本鉄道

近畿日本鉄道株式会社は、戦時体制下の一九四四年六月に南海鉄道と関西急行電鉄が合併して誕生した。それに伴い、南海鉄道が持っていた球団・南海軍は同年六月から「近畿日本」となり、戦後一年目の一九四六年は「近畿グレートリング」として戦ったことはすでに述べた。そして四七年六月に旧・南海鉄道が分離して南海電気鉄道となり、球団も引き継いだ。旧・関西急行鉄道の事業は近畿日本鉄道株式会社として継続し、現在に至っている。日本で最長の路線を持つ私鉄だ。

近鉄の起源は明治の終わり、一九一〇年（明治四三）九月に、大阪―奈良間を結ぶ目的で設立された「奈良軌道株式会社」に遡る。創業メンバーは、加島銀行頭取・廣岡恵三、第七十九銀行取締役・七里《しちり》清介《せいすけ》、北浜銀行頭取・岩下清周《きよちか》らで、廣岡が初代社長になった。

廣岡恵三（一八七六～一九五三）は、一柳《ひとつやなぎ》子爵家に次男として生まれ、東京帝国大学在学中に廣岡浅子の娘と結婚、婿養子となった。浅子は朝ドラ『あさが来た』のモデルとなった実業家である。

岩下は阪急の小林一三の後見人的人物で、阪急の歴史の最初に出てくる。廣岡が一九一二年に社長を辞任すると、岩下が第二代社長となった。七里は筆頭株主で、実質的な創業者とされる。資金確保の必要から廣岡を社長にしたらしい。

奈良軌道鉄道は一〇月に「大阪電気軌道」（略称・大軌）と改称し、一九一四年（大正三）に、大阪・上本町―奈良間が開業した。大阪と奈良の間には生駒《いこま》山脈があるため、先に開業していた関西鉄道（現在のJR西日本・関西本線）は迂回するルートをとっていた。それでは時間がかかるので、大軌は生駒山脈に三三八八メートルのトンネルを掘ってつなげる計画だった。当時としては日本最長のトンネルで、難工事となり岩盤崩落事故で約一五〇名が生き埋めとなり、二〇名が亡くなった。その間の一九一三年（大正二）一月には岩下の北浜銀行が経営破綻し、そのあおりで大軌も経営危機に陥った。岩下が大軌の社長を辞任したので社長不在となり、金森又一郎《またいちろう》取締役支配人らが整理案をまとめながら難局を乗り切っていった。

一九一五年八月、大蔵省出身の大槻龍治（一八六三〜一九二七）が第三代社長に就任した。大槻は幕末に陸奥国（現・宮城県）桃生《ものう》郡に生まれ、帝国大学（現・東京大学）を卒業すると農商務省に入り、神奈川・京都などの参事官、さらに大蔵省主税官、神戸税関長、長崎税関長、熊本税務監督局長を歴任し、退官後に大阪電気軌道社長となった。鉄道については素人に近い。

大槻社長は債務の整理に取り掛かり、経営危機を脱するが、同時に積極的な拡大戦略も取った。一九二一年（大正一〇）に天理軽便鉄道を買収、二二年に生駒鋼索鉄道を合併して生駒鋼索線とし、二三年には畝傍《うねび》線（現在の橿原《かしはら》線）の西大寺—畝傍間が開業した。不動産事業も手がけ、一九二六年にはあやめ池遊園地を開園、上本町にターミナルビルも開業させた。

昭和に入り一九二七年（昭和二）に大槻が社長を辞任すると、後任社長には創業時から取締役として指揮を執っていた金森又一郎専務が就任した。金森は積極経営路線を引き継ぎ、伊勢方面への路線延伸を実現するとともに、名古屋方面への進出を推し進めた。同年に八木線（現・大阪線布施—大和八木）が開業、翌二八年には長谷鉄道を合併し長谷線とし、さらに京阪電気鉄道と半分ずつ出資した奈良電気鉄道の京都—西大寺（現・京都線京都—大和西大寺）も開通した。

大軌は別会社として一九二七年に参宮《さんぐう》急行電鉄を設立していた。失敗しても大軌本体への影響を少なくしようというリスク回避に別会社にした。参宮急行電鉄は一九三〇年に桜井―山田（現・伊勢市）間を開通させ、これで上本町から山田までが直通され、伊勢神宮への参拝客を乗せて走るようになる。参宮急行電鉄はさらに伊賀電気鉄道を合併して伊賀線とし、吉野鉄道を合併して吉野線とした。一九三〇年には信貴《しぎ》線が開通、三一年に参宮急行電鉄の山田―宇治山田間が開業と、どんどん拡張していく。

そして一九三六年、「関西急行電鉄」が設立され、三八年に桑名―名古屋（現・近鉄名古屋）間が開業した。ところが三七年に金森が社長のまま亡くなった。第五代社長となるのは、金森が見込んで専務として入社してもらった種田虎雄《おいたとらお》（一八八四～一九四八）である。

種田は第一高等学校から東京帝国大学法学科へ進学し、卒業すると内閣鉄道院に入り、自ら希望して静岡駅の駅員という現業部門から始めた。甲府運輸事務局、本省の旅客課長などを歴任し、観光事業の専門家となっていたところを、大軌の金森に見込まれ、一九二七年に専務として入社した。後の近鉄社長・佐伯勇が入社したのもこの年だった。

一九三七年に金森の後を継いで種田が社長になっても拡大路線は続いた。一九四〇年、参宮急行電鉄が関西急行電鉄を合併し、四一年には大軌が参宮急行電鉄を合併し「関西急行鉄道」となった。四三年には関西急行鉄道が現在の南大阪線などの前身となる大阪鉄道を合併し、四四年四月には南和電気鉄道と信貴山急行電鉄を合併した。これで現在の近鉄の路線とほぼ同じになる。

そして一九四四年六月、関西急行鉄道は南海鉄道と合併して近畿日本鉄道株式会社となるが、この合併は関西急行鉄道側が勢力拡大のために南海を呑み込んだのではなく、国策に従っただけだった。種田としても自ら望んだ合併ではなかったので、近畿日本鉄道の社長になるのは気が進まなかったらしいが、新会社の社長となった。しかしすでに戦争末期であり、空襲での被災の対処などに追われるだけだった。

種田は敗戦後も社長を続けたが、公職追放になりそうだったので、一九四七年三月に旧・南海鉄道を分離させることを決めると社長を辞任し、翌四八年九月に亡くなった。

種田が社長退任にあたり後任に指名したのが村上義一《ぎいち》（一八八五～一九七四）だった。村上は滋賀県生まれで旧制・第三高等学校から東京帝国大学へ進み、一九一二年に内閣鉄道院に入り、一九三〇年に南満州鉄道（満鉄）理事、三七年に鉄道省系国営企業・日本通運副社長となり四〇年から四三年まで社長を務めた。戦後は一九四六年一月に幣原《しではら》内閣で運輸大臣に就任し、六月からは貴族院勅選議員（同年、参議院議員に移行）になった。

村上は東京での議員としての職務があるので大阪に本社のある近鉄の社長は難しいと固辞したが、種田はどうしても鉄道院出身者に社長になってもらいたいと頼むので、月の半分だけ大阪に滞在する、報酬は受け取らず大阪での宿泊先のみ近鉄で確保するとの条件で引き受けた。名誉職的な社長となったので、経営実務は専務の佐伯勇と玉置良之助が担うことになった。

近鉄バファローズの『球団三十年史』によれば、〈村上義一社長は、他の大手私鉄がそれぞれにプロ野球を動かしていること、会社の精神的統一媒体としてプロ野球チームを持つ意義、などを考慮〉というのが球団設立の理由とされている。しかし、近鉄球団の歴史に村上の名が出てくるのは、このシーンだけだ。

一九四九年九月、近鉄本社内に「プロ野球団設立委員会」が設置され、専務の佐伯勇が委員長となった。近鉄バファローズのオーナーとして知られる人物である。

佐伯勇（一九〇三〜八九）は愛媛県周桑《しゅうそう》郡丹原町（現・西条市）生まれで、旧制第三高等学校を経て東京帝国大学法学部を卒業し、一九二七年に大阪電気軌道に入社した。幹部候補生としての入社ではあったが、駅員や運転士といった現業部門も経験し、その後に本社の庶務課に配属された。戦時体制下に秘書課長、総務部長となり、敗戦後、公職追放で上の世代がいなくなったため、一九四七年に四三歳にして取締役となり、すぐに専務になった。

村上社長の指名でプロ野球団設立委員会の責任者となったが、この時期、佐伯は外車ディーラー「近鉄フォード」を設立するためアメリカへ行くこともあり、球団結成時にはそれほど関わっていなかったようだ。技術局長の芝谷常吉《しばたにつねきち》が球団設立委員会副委員長となり、陣頭指揮を執った。

近鉄が日本野球連盟に加入申請したのは、四九年九月一四日だった。芝谷は事前に阪神・阪急・南海に挨拶に行き、好意的に迎えられた。阪急の小林一三が関西の私鉄だけのリーグを考えたこともあるくらいだったので、三社とも近鉄の加盟でさらに盛り上がると期待し、歓迎した。

芝谷は同じように新規参入しようとしている毎日新聞の黒崎とも接触し、共同歩調を取ることを約束した。

西日本鉄道

西日本鉄道は戦中の一九四三年に、一年間だけだったがプロ球団を持っていた。翼軍（セネタース）と名古屋金鯱軍は経営難から一九四一年に対等合併して大洋軍となったが、赤字経営のため、四三年に西日本鉄道に譲渡され西鉄軍となっている。しかし戦況が悪化したこともあり、西鉄軍は四三年のシーズン後に解散し、連盟に脱退すると届けていた。そのため戦後にプロ野球が再開したとき、西鉄軍は参加できなかった。

西鉄は戦時体制下の交通事業統合政策により、九州電気軌道・九州鉄道・博多湾鉄道汽船・福博《ふくはく》電車・筑前参宮鉄道の五社が合併してできた鉄道会社である。同じようにして近畿日本鉄道もできたが、戦後は南海と近鉄とに分かれた。阪急と京阪も元に戻り、東急と京王・小田急・京急も元に戻ったが、西鉄は元の五社に分かれることはなかった。現在の西鉄・天神大牟田線にあたる路線を運行していたのが九州鉄道である。設立したのは「佐賀財閥」総帥の伊丹弥太郎、「電力の鬼」と呼ばれた松永安左エ門（一八七五～一九七一）らだった。彼らは東邦電力の経営者であり、九州鉄道はその傘下の鉄道会社として設立された。

当時は鉄道会社が電力会社を持っていたり、電力会社が鉄道会社を傘下にしたりする例が多い。戦後は、九つの電力会社が地域独占で発電から送電・売電までを行なったが、戦中に統廃合されるまで電力会社は自由競争をしていた。そのなかで「五大電力」と称されるのが、関東を基盤とする東京電灯、関西を基盤とする宇治川電気、中部と北九州を地盤とする東邦電力の三社と、大同電力・日本電力の卸売電力会社二社だった。

東邦電力は北部九州を事業区域としていたので、九州鉄道を設立したのである。一九二四年四月に、九州鉄道は福岡―久留米間で営業を開始した。

一方、一九一一年六月に九州電気軌道は、門司《もじ》の東本町―八幡の大蔵間で営業を開始した。こちらは九州水力電気傘下の鉄道だった。東邦電力と九州水力電気は北部九州で事業区域が重複し競合していたので、九州鉄道と九州電気軌道も対立状態にあった。

ところが一九三八年の電力国家管理法で、電力事業者は鉄道事業を経営できなくなり、保有している鉄道会社株を手放さなければならず、東邦電力は九州鉄道株を九州電気軌道に譲渡した。さらに東邦電力は福博電車株式会社の株も九州電気軌道に譲渡した。九州電気軌道はさらに一九四二年に博多湾鉄道汽船、筑前参宮鉄道も吸収し、西日本鉄道(西鉄)と改称した。しかし、「西日本」と名乗りながらもこの鉄道会社の路線は福岡県内にしかない。

戦後プロ野球が再開すると、西鉄は再加盟を申し入れたが、「一度脱退しているからだめだ」と断られた。それから三年が過ぎ、毎日新聞が加盟するらしいと知って西鉄は改めて申し入れた。

西鉄で球団を担うのは当時の運輸部次長・西亦次郎《またじろう》(一九〇九~七四)だった。西は福岡県生まれで、福岡中学校(現・福岡県立福岡高等学校)を卒業し、西日本鉄道の前身会社に入社した。戦中、西鉄が球団を持ったときは東京出張所にいたので、本社と球団との連絡役となった。

西が球団を持とうと考えたのは、一九四一年に香椎《かしい》球場を造り、さらに近隣の丘陵に遊園地を造ろうとしていたからだった。西は東京と大阪の遊園地を視察し、そのついでに東京の日本野球連盟の事務所も訪ねた。その際に、社長の村上巧児から、プロ野球の興行ができないか交渉してくれと指示されていたのだ。福岡にはもうひとつ、一九二四年に当時の九州鉄道が建てた春日原《かすがばる》球場もあったので、この二球場で公式戦ができないかという話だった。かつて西鉄が球団を持っていた一九四三年は一試合も九州では開催できず、それが一年で解散に追い込まれた理由のひとつでもあった。九州は野球ファンが多いので、試合が開催できれば集客できそうだったのだ。

西は鈴木龍二に会ったが、地方での公式戦は全て共同通信社を中心にして地方有力新聞によって結成された「木曜会」に興行権を売ってしまったので、残っていないという。連盟事務所では断られたが、その夜の宴席で西は鈴木から「試合は買えないが、球団を持てば六〇試合前後を開催できる」と言われた。八球団維持の方針のはずなのに、鈴木が西鉄に参入を促すようなことを言ったのは、正力から八球団から一〇球団にしたいと言われていたからだろうか。毎日新聞だけでは九球団で、奇数だと日程が組みにくい。

この鈴木の言葉で、西はその気になった。社に帰り役員会に提案してみると、いくらかかるのか調べるよう言われた。といっても球団の収支報告書など手に入らないので、適当に二〇〇〇万円の赤字ですむという稟議書を書いた。球団単体では赤字でも、二つの球場の収入とそこへの運賃収入でどうにかなるのではという雰囲気になった。

西は常務の木村重吉と再び東京へ向かい、同じように新規参入を表明している毎日新聞社の本田社長と会い、共同歩調をとることで一致した。その次に西と木村は読売新聞社の副社長・安田庄司と会った。正力が一〇球団に増やすと言っているのだから、当然、読売新聞・巨人軍も賛成してくれるかと思ったが、安田は正力とは異なり、八球団・一リーグ制維持の考えだと告げ、冷淡だった。安田は読売新聞社内で反正力派である。ようやく正力派を抑えて副社長になったところだった。

正力が不在の間に、安田と四方田義茂、武藤三徳らによって読売新聞は一六七万部に部数を伸ばし、東京では朝日、毎日を抜いていた。安田としては、読売をここまで大きくしたのは自分だとの思いがある。

西日本新聞

福岡からは西日本新聞社も申請した。

西日本新聞社も複数の新聞社が合併して誕生した。中心となるのは、「福岡日日新聞」である。この新聞の起源は、一八七七年（明治一〇）三月に福岡で藤井孫次郎らによって創刊された「筑紫新聞」である。藤井は国産の蠟燭《ろうそく》を販売していたのだが、一八七二年（明治五）に東京に行った際、この年の二月に創刊されたばかりの「東京日日新聞」を見て新聞を知った。その魅力に取り憑かれ、藤井は福岡へ帰ると「新聞縦覧所」を作り、東京から新聞を取り寄せて閲覧を呼びかけた。そして七七年に「筑紫新聞」の発刊に参画したのである。

時代は西南戦争の真っ只中である。九州は戦地でもあったので、「筑紫新聞」はこの内戦の報道が主体で、当時の新聞が論戦の場だったのとは異なっていた。西南戦争が終わったためか、「筑紫新聞」は一年足らずで廃刊になり、翌七八年一二月に藤井は単独で「めさまし新聞」を創刊、翌一八八〇年に「福岡日日新聞」と改称した。日刊紙で印刷も自社で行なった。

一八八七年（明治二〇）、玄洋社の頭山満《とうやまみつる》を中心にして「福陵《ふくりょう》新報」が創刊された。九八年（明治三一）に「九州日報」と改称され、宮崎滔天《とうてん》、夢野久作《きゅうさく》らが記者として活躍し、主筆には新聞「日本」の記者・福本日南が就いた。

一九三一年（昭和六）、「福岡日日新聞」を幹事社として「西日本新聞同盟」が結成され、「関門毎夕新聞」「佐賀日報」「長崎民友新聞」「佐世保民友新聞」「九州日日新聞」「九州新聞」「大分日報」「日州新聞」「鹿児島毎日新聞」などが加盟した。

一方、「九州日報」は一九四〇年に読売新聞社に買収された。

各県一紙にしろという新聞統制は福岡県にも適用されたので、一九四二年八月に「福岡日日新聞」と「九州日報」は合同され、「西日本新聞」として発行されるようになり、四三年四月に会社としても福岡日日新聞社を存続会社として九州日報社を合併して西日本新聞社となった。

この経緯があるので、西日本新聞社は読売新聞社と近い。読売新聞社のテリトリーはまだ首都圏だけで、九州はもちろん大阪や名古屋への進出も果たしていない。

西鉄がプロ野球参入を決めた際、西日本新聞社が宣伝面を担当する形で二社で持とうという話になっていた。ところが、西日本新聞社が加盟申請した際に、西鉄の名を書き忘れたという。それが伏線となり、福岡から二社が参入することになったというが、裏もありそうだ。

大洋漁業

大洋漁業は一九九三年に「マルハ」と改称し、二〇〇七年に同業のニチロと合併し、現在はマルハニチロである。

大洋漁業=マルハは、播磨明石の林崎漁港（現・兵庫県明石市）で鮮魚仲買運搬業を営んでいた中部《なかべ》家が、明治になってから事業を拡大し、近代的会社組織へと発展させたものだ。その中興の祖は中部幾次郎《いくじろう》（一八六六〜一九四六）で、その長男・兼市（一八九二〜一九五三）が大洋ホエールズの生みの親となるが、五三年に亡くなったので、弟の中部謙吉（一八九六〜一九七七）が会社とホエールズ・オーナーを引き継ぐ。一般に「中部オーナー」として知られるのはこの謙吉である。

中部家は平家の落ち武者として明石付近の漁村に流れつき漁師をしていたという。幾次郎の祖父は儒学者だったが、父の代から鮮魚運搬業を始め、漁港の地名「林崎」からとって屋号を「林屋」とし、「林屋兼松」と名乗った。その次男が幾次郎である。この頃から○に「は」を社標とし、「マルハ」と呼んでいた。

一九〇四年（明治三七）、中部幾次郎は下関に本拠地を移転し、翌年から日本初の発動機付鮮魚運搬船「新生丸」を運航させた。二二年（大正一一）には土佐捕鯨を買収し捕鯨業に進出し、トロール漁業にも進出する。そして二四年、事業を法人組織にし、株式会社林兼《はやしかね》商店を設立した。「林屋兼松」を略したのである。

林兼は漁業だけでなく、水産物加工、海運、造船にまで事業を拡大し、三六年には南氷洋捕鯨のための大洋捕鯨株式会社を設立した。中部幾次郎は事業拡大とともに名士となり、下関商工会議所会頭を務めていた。

戦時下、水産業も統制令により企業統合が強いられた。林兼は一九四三年に内地水産部門と大洋捕鯨株式会社を合併し西大洋漁業統制株式会社に改称した。漁業用船舶までも徴用され打撃を受け、敗戦を迎えた。

戦況が悪化すると、林兼の船はほとんどが徴用され、敵に撃沈されてしまったので、戦後は何もないところからの出発となった。数千万円の負債を抱えていたところに、約七〇〇人の社員が復員してきた。彼らを食べさせなければならない。戦争が終わったら戻してもらう約束で冷蔵庫などの施設も統制会社に出していたので、それを戻してもらい、一九四五年一二月、大洋漁業株式会社として再出発した。

敗戦の年、長男・兼市は五三歳、次男・謙吉は四九歳になっていた。二人とも高等小学校を卒業すると家業を手伝うようになっており、経営はこの二人が担っていた。大洋漁業は三菱重工業、三井造船、川崎重工の造船所に、一気に二〇〇隻以上の手繰り船、トロール船などを発注し、それらは一年で完成した。戦後の混乱のなか、漁業をやろうという会社はなく、水産局は漁業権を実際にやるものに許可する方針だったので、大洋漁業の漁業権は拡大し、急成長していった。

大洋漁業は戦前からノンプロの野球チームを結成していた。二代目社長となった中部兼市が野球好きだったのだ。戦後すぐに軟式野球のチームが再結成され、一九四七年三月には硬式野球のチームになった。都市対抗での優勝経験こそなかったが、下関市民に親しまれていた。

一九四九年夏から秋にかけて、毎日新聞は、プロ球団結成を決めると加盟問題が解決する前からチーム編成に入り、ノンプロの各球団から選手を引き抜いていた。大洋漁業のチームも毎日の引き抜きにあい、中部兼市はこれに憤慨し、よそに取られるくらいなら、自分もプロ球団を持とうと考えるようになった。

ここから証言と記録とが食い違ってくる。連盟の記録では、大洋漁業が加盟申請したのは九月二四日となっているが、『大洋ホエールズ15年史』にある関係者の証言では、中部から球団結成、連盟加盟の指示が出たのは一一月中旬となっている。同書掲載の年表でも設立は一一月二二日となっているのだが、大洋球団の設立がこの日で、実際には九月から動いていたということだろう。

大洋漁業は一一月二二日に「株式会社まるは球団」を設立し、球団名を「㋩大洋球団」とした。本拠地は山口県下関市で、下関市営球場を本拠地球場とした。一九五〇年のシーズン開幕直後に、会社名を「株式会社大洋球団」、チーム名を「大洋ホエールズ」としたので、「まるは球団」としての記録はない。

広島

実際に動き出した順と、連盟への加盟申請の順は異なっている。九月一四日に近畿日本鉄道、一九日に西日本新聞社、二一日に毎日新聞社、二四日に大洋漁業、そして二八日に広島野球倶楽部が申請した。

現・広島東洋カープは、いわゆる親会社を持たないプロ球団である。広島の自動車メーカーであるマツダと、その創業家である松田家は「株式会社広島東洋カープ」の大株主ではあるが、マツダの組織図には、カープはない。それが「市民球団」と呼ばれる所以《ゆえん》である。

広島県は野球が盛んな県だったので、ノンプロのチームはいくつもあり、競っていた。そのひとつ鯉城園のチームについてはすでに記した（第6章「国民リーグの四球団」）。

カープの歴史は小説のように偶然の出会いから始まる。一九四九年八月、中国新聞社東京支社長・河口豪（一九〇四～九七）が東京から広島の本社へ帰る車中で、広島電鉄専務・伊藤信之、広島銀行副頭取・伊藤豊、広島県総務部長・河野義信の三人と偶然にも顔を合わせた。長い旅の間、四人はいつしか野球の話題となり、正力がプロ野球の球団を増やすと言っていたことに及ぶと、広島でもプロ球団を作ろうと盛り上がった。

そこで、中国新聞社は広島でプロ野球の興行をしたこともあるので、河口が計画を立てることになった。

一方、偶然は重なり――というよりも、正力発言や毎日新聞社の参入の動きなどから、広島出身の野球関係者は広島にも球団を結成しようとそれぞれ動き出しており、東京に戻った河口のもとに広島選出の衆議院議員だった谷川昇と、広島出身でかつて金鯱軍代表だった山口勲が訪ね、球団を結成したいと協力を求めた。

谷川昇（一八九六〜一九五五）は広島県賀茂郡西志和村（現・東広島市志和町）で一八九六年に生まれた。父・玉蔵は一九〇〇年にカナダへ渡り、アメリカのカリフォルニア州で商店を営み成功していた。昇は親戚に預けられていたようで、広島で暮らし、県立広島中学校（広島第一中学校を経て広島国泰寺高校）へ入った。卒業後は両親のいるアメリカへ渡り、イリノイ大学政治経済学科とハーバード大学大学院で自治行政（都市行政）学専攻を修了した。このときにアメリカの都市と野球についての知識も得ていたようだ。

帰国すると、谷川は関東大震災後の復興に携わるため、東京市に勤め、市民局長、戦時生活局長を経て、東京都防衛局長になった。その後は関東配電株式会社（東京電力の前身のひとつ）の理事や総務部長兼防衛部長を務めて敗戦を迎えた。四五年一〇月に関東配電を辞めて、山梨県知事になったが、四六年一月に内務省警保局長に就き、同月に発せられた公職追放令に関わった。この公職追放では戦前からの政治家の多くが追放された。一年後の四七年二月、谷川は退官し、四月の衆議院議員総選挙に日本自由党の候補として出て、広島二区で当選した。ところが同年七月に、今度は谷川が公職追放となってしまい、議員資格も失った。

一九四九年五月頃、逼塞していた谷川のもとに、広島出身で名古屋金鯱軍の球団代表（マネージャーとも）だった山口勲がやって来て、広島にプロ球団を作りたいと相談した。その山口の背後には、赤嶺昌志がいた。二人は名古屋金鯱軍の創立時、ともにマネージャーとなっていたのだ。赤嶺は一年でライバルの名古屋軍に移り、その後は「赤嶺派」を率いて、いくつもの球団を渡り歩き、四九年は永田雅一の大映スターズにいた。しかし、スターズの実権は永田が握っており、赤嶺は選手を連れてきたのに不遇だった。正力の二リーグ構想を知ると、赤嶺は旧知の山口に広島に新球団を作らないかと持ちかけ、実力者の谷川のもとへ行かせたようだ。

このように、谷川・山口・赤嶺の三人のほうが河口たちよりも先に動き出していた。だが、なかなか思うように進まない。そんなところに、広島財界の三人と広島県総務部長がプロ球団結成を考えているとの情報が入ったので、谷川と山口は河口を訪ねたのである。

ここに二つの流れが合流し、広島の主要企業の協力のもと、球団結成の動きが始まった。中国新聞社は新球団の宣伝・広報を一手に引き受けることになった。したがって、中国新聞社の球団ではないのだが、申請書は同社の河口が作成したので、中国新聞社から申請されたと受け取られた。

谷川のアイデアでチーム名は「カープ」と決まる。さらに谷川は、カープを一企業、一個人が所有するのではなく、広島県民の出資による郷土のチームにする構想を描いていた。いわゆる「市民球団」である。谷川は資本金二五〇〇万円で、広島県と広島市をはじめとする五市と県民に株を買ってもらう計画を立てた。

一二月五日、「株式会社広島野球倶楽部」の発会式が開かれ、球団は正式に動き出した。会長には広島出身で財界の大物である富士製鐵社長の永野重雄、社長には広島県議会副議長の檜山袖四郎が就任した。監督に就任した石本秀一《しゅういち》は広島商業学校（現・広島商業高校）野球部出身で、同校の監督もして、全国大会で二連覇し、その後、一九三六年に大阪タイガースの二代目監督となり、以後も、名古屋金鯱軍、西鉄軍、国民野球連盟のグリーンバーグ（後、結城ブレーブス）、大陽ロビンスの監督を歴任した。故郷・広島にプロ球団ができると知って、石本は自ら売り込んだのだ。

ホームグラウンドには広島総合球場（現・県営球場）が決まった。

一方、この時点で、谷川・山口・赤嶺は手を引いていた。赤嶺はブローカーというかフィクサー的な男で、自分の配下にある選手たちを連れて行くつもりだったが、石本秀一が監督になるとそれが不可能となったので、カープから手を引いた。山口は戦前の日本野球連盟時代、連盟との間にトラブルが起き、山口の名があると加盟できなくなると言われたため、手を引いた。

谷川はもともと公職追放の身だったので、表だった活動はできなかった。とくに政治的な活動は厳禁されているので、広島県へ行くことも避けていた。ところが、一二月下旬に日本共産党機関紙「アカハタ」（現・しんぶん赤旗）に、「谷川が政治的意図からカープ球団結成を計画している」との趣旨の記事が載った。この記事そのものに政治的意図があるわけだが、谷川はこの記事で、カープに関与しにくくなってしまったのだ。

その後、谷川は追放が解除され、一九五二年の衆院選で当選し、自由党政調副会長に就任する。だが、半年で解散になり（バカヤロー解散）、次の衆院選では落選してしまう。その次の五五年の衆院選では当選したが、開票日に当選確実の報を聞いた直後に脳出血で急逝した。

親会社を持たない「市民球団」を構想した点で、谷川は最大の功労者なのだが、カープの歴史では「前史」段階で消えてしまい、政界でもほとんど活躍できなかった。

史上最大の裏切り

正力松太郎は当面は「毎日新聞ともう一社を加えて一〇球団で一リーグ」という構想でいた。この案に賛成していたのは、阪神・阪急・南海・大映・東急の五社で、反対が巨人・中日・田村駒だった。単純に多数決であれば、賛成派の勝ちだ。この五対三の勢力図を維持できれば、オーナー会議を突破できると正力は考えた。東急の猿丸元が正力の密命で関西へ飛び、「一〇球団一リーグにすることに賛成する」との正力宛の承諾書への押印をもらってくることになった。

そこには「現在の八球団を一九五〇年春までに二球団増やして一〇球団とし、さらに機を見てもう二球団増やして一二球団となったところで、六チームずつの二リーグ制にする」とも書かれていた。この承諾書には、東急の大川博オーナーと猿丸元代表、大映の永田雅一オーナーと橋本三郎代表、阪急の小林米三（一三の三男）オーナーと村上實代表、阪神の野田誠三オーナー、南海の吉村茂オーナーと松浦竹松代表が押印した。阪神の富樫興一代表だけがつかまらず印をもらえなかった。

猿丸が東京に帰り、正力と永田にこの承諾書を見せると、永田は「君は球界の坂本龍馬だ。日本のプロ野球は開ける、維新回天の業を君はなした」と讃えた。

これを知った読売新聞社の安田副社長は賛成派の切り崩しに出て、阪神の富樫を軟禁して、「このままでは巨人・阪神戦ができなくなるがいいのか」と説得した。

九月二九日から日本野球連盟の代表者会議が開かれ、三〇日に五社から新規加盟の申請があったと報告され、問題が協議された。そのとき、巨人代表の四方田義茂が正力に対して退席を求める一幕があった。四方田は強硬だった。正力は出て行った。正力は出て行けと言われた瞬間に、正力は一〇球団一リーグ構想を捨て、二リーグ制で行くと決めた。会議は一〇月一日まで続き、二リーグ制でいくことが避けられないと確認されただけで終わった。

一〇月一二日からサンフランシスコ・シールズが来日して日本チームと対戦することになっていたので、それが終わるまで結論は持ち越されたのだ。

既存球団五社（阪神・阪急・南海・大映・東急）の承諾書の他に、毎日新聞と近鉄、西鉄の三社はどんなことがあっても行動を共にするという文書を作っていた。毎日は二リーグ制になった場合、この二社を連れて巨人とは別リーグを結成するつもりだったのだ。それには阪神・阪急・南海・大映・東急も賛同していた。

もともと阪神電鉄は読売新聞とは日米野球以来のビジネスでの関係があり、巨人軍の前身の大日本東京野球倶楽部が設立されたときには株主となっている。巨人と阪神は野球興行において運命共同体的なところがある。一方、阪神電鉄本社は毎日新聞社とは甲子園の選抜大会を通じて深い関係がある。阪神は読売新聞と毎日新聞との間で板挟みになっていたとも言える。

富樫は巨人側に寝返って、野田誠三オーナーしか承諾書に署名捺印していないのをたてに「誓約書は無効だ」として、新規参入反対派にまわった。一般論として経営トップが署名したものを、一社員（富樫は球団専務だが電鉄本社では課長クラス）が無効だとして撤回するのは、いまならば企業ガバナンスとして問題である。しかし、野田は富樫を処分することもなく、その主張を黙認・静観した。

阪神が新規加盟反対になったことで、賛成派・反対派は四対四になり、多数決での決着は不可能となった。

一一月二六日、東京會舘で日本野球連盟の顧問・代表者会議が開かれた。正力は「二球団を増やすつもりだったが、ここにいたっては、二リーグ制にするべきだ」と断言した。一瞬、静まり返ったが、巨人の四方田代表から「我々はセントラル・リーグとします」との発言があると、それを受けて阪急の村上代表が「わがほうは太平洋野球連盟とします」と応じた。

「セントラル」は我々こそが中心であるという意思の表れで、「太平洋《パシフィック》」は広く世界に開けているという意味が込められていた。

結果からみると、阪神・富樫の寝返りが、連盟分裂と二リーグ制をもたらしたことになる。

一連の事件を阪神球団史は、阪神が賛成したのは、正力の二球団を増やして一〇球団

2リーグ分裂時の勢力図

	正力構想賛成	正力構想反対
	阪急、南海、東急、大映、阪神	巨人、中日、大陽

	パシフィック・リーグ	セントラル・リーグ
既存球団	阪急、南海、東急、大映	阪神、巨人、中日、松竹（大陽）
新規球団	毎日、西鉄、近鉄	国鉄、広島、大洋、西日本新聞

一リーグ制にするという構想だけで、二リーグ制になった場合、どちらにつくかは何も約束していないとして、こう説明する。

〈一リーグ一〇球団制に賛成した阪神ではあるが、一〇球団制が失敗に終わったあとあとまで、阪急、南海、大映、東急と行動をともにする約束を取り交わしていたわけではない。情勢の変化をきたした場合、阪神という球団の立場に立って、身の振り方を考えるのは当然のことである。二リーグ分裂が必至となった時点で、読売側の誘いに応じたからといって、必ずしもそれが背徳行為になるとするのは一〇球団制と二リーグ制を混同したものの誤った結論である。当時「阪神の裏切り行為」として喧伝され、批判の対象にされているが、顧問会議（いまのオーナー会議）や代表者会議で、万一、二リーグに分かれた場合いずれのリーグにくみするかの旗幟を鮮明にさせた事実はない。終始一〇球団制の賛否を問うているだけだ。〉

だが大井廣介『タイガース史』には、大井が後に富樫に寝返りについて問いただしたところ、〈はじめから、親会社の重役会議で、一、毎日を入れる、二、巨人とは離れないという線を決定していた。したがって巨人の怨みを買っても毎日をいれようとして、毎日の怒りを買っても巨人側を選んだ〉と説明されたという。重役会議で決定した方針だったが、すべて富樫の責任にされたのだ。

富樫への批判はすさまじいものがあり、「どうせ宴会漬けにされたんだろう」と思われてしまう。そのせいもあってか、翌年夏、富樫は軽い脳溢血で倒れてしまった。すると、非情にも阪神電鉄は富樫が会社にいくらかの借金をしていた（当時は会社から借りるのはよくある話だった）のを理由に、一円も退職金を出さずに解雇してしまう。

西日本鉄道は巨人のいるセントラルに入りたがったが、毎日との約束があったので、パシフィックに入った。近鉄も同じである。これでパシフィックは阪急・南海・大映・東急・毎日・近鉄・西日本鉄道の七球団となった。セントラルは既存の巨人・中日・阪神・大陽に、広島・大洋漁業、西日本新聞が加わり七球団である。

二リーグ分裂の三日後の一一月二九日、ペナントレースは終了した。一リーグ時代最後の優勝は読売巨人軍である。

総入場者数は四五九万九〇〇〇人、連盟の総売上は四億一三九七万円で、いずれも過去最高となった。経費や税金を引いて純益は七七四七万円で、これはゲームごとに勝ったほうに七割、負けたほうに三割で配分したため、球団別では優勝した巨人が一四六五万五二四七円、大阪（阪神）が一〇八〇万五五六〇円、南海が九八三万二八五八円、大映が八九〇万八三六三円、東急が八七〇万七八五五円、中日が八六八万一三八〇円、阪急が八一一万〇三五三円、大陽が七七七万一六六八円となった。一位と八位とでは倍近い差となる。

この制度では、弱いと負ける、負けると収入が少ない、収入が少ないと補強ができない、補強できないと弱い、弱いと負ける――という悪循環になる。

最下位のロビンスのオーナー、田村駒治郎は毎日新聞への身売りに失敗すると、新たな買い手を求めていた。

松竹ロビンス

一九四九年七月、野球好きで知られる歌舞伎役者、六代目尾上菊五郎が六三歳で亡くなった。小西得郎によると、菊五郎から松竹の大谷竹次郎が球団を持ちたがっていると相談されたのが、松竹が田村駒治郎のロビンスの経営に参画するきっかけだという。だが、この話が進展するのは二リーグ制が決まってからと思われるので、菊五郎が直接、関係しているとは考えにくい。菊五郎と小西は親しくしていたので、菊五郎が元気なとき、球団の話が出て、それを小西が膨らませたのではないか。

松竹の大谷竹次郎が球団を持ちたいと思ったのは、大映の永田雅一への対抗心であろう。大谷から見れば永田はかつての使用人である。それが、戦時中の映画会社統廃合の国策に乗じてうまく立ち回り、大映を創立し、松竹と肩を並べるようになった。面白いはずがない。東宝を通じて宿敵となっている小林一三も阪急ブレーブスを持っている。さらに、東急フライヤーズのオーナーとなっている大川博の東横映画も気になる。

東急は一九三八年に沿線の映画館を経営する興行会社として「東横映画」を設立していた。戦中は映画製作は松竹・東宝・大映の三社にしかフィルムが提供されなかったが、戦後は自由化されたので、東横映画は大映と提携して、大映京都第二撮影所（旧新興キネマ京都撮影所）を賃借して製作を始めた。しかし不利な条件だったので経営は厳しい。

一方、一九四七年、練馬区大泉に戦前の松竹系の新興キネマ東京撮影所を前身とする、貸しスタジオ、太泉《おおいずみ》映画を創業し、自社での製作にも乗り出したが、経営難となっていた。

そこで一九四九年一〇月、東横映画と太泉映画が提携し、二社の映画を配給する新会社、東京映画配給株式会社が東急の資金で設立された。大川はこの東京映画配給の経営を任される。これがやがて東映となり、急成長すると東急傘下からも脱し、東急フライヤーズも東映フライヤーズとなるが、この一九四九年時点では、大川は球界に登場しているが、東映はまだ存在していない。

菊五郎の関与はないとしても、松竹は小西得郎に球団を持ちたいと相談した。小西は慶應出身で、阪急監督だった浜崎真二を監督とし、シベリア抑留から帰ったばかりの水原茂を助監督にして新球団を結成しようと考えた。小西はセントラル・リーグ事務局長になっていた鈴木龍二に相談した。鈴木は正力のもとで毎日新聞と一社を加えて一〇球団にし、一リーグ維持の方針で動いていたが、この正力構想が破綻すると、読売新聞社副社長で反正力派の安田庄司と手を結んだ。安田がセントラル・リーグの会長となると、事務局長になったのだ。

正力はかつて松竹にもプロ野球への参加を促したことがあり、鈴木もそれに加担していた。松竹からの参入申込みを無下には断れない。パ・リーグへ行った大映への対抗から、セ・リーグにも映画会社のチームがあっていい。そこで鈴木は田村駒治郎がロビンスを売りたがっていたのを思い出し、田村に「松竹へ売らないか」と打診した。

田村駒治郎は内心では助かったと思ったかもしれないが、安売りはしない。「ロビンスを売るつもりはない。スポンサーを探している」と言った。

こうして松竹がロビンスに資本参加し、オーナーは田村駒治郎、球団名を「松竹ロビンス」とすることで、話はまとまった。本拠地は京都の衣笠球場と決まる。

ロビンスは元をたどると、國民新聞の大東京軍である。それを共同印刷の大橋松雄が買い、小林商店にスポンサーとなってもらい「ライオン軍」と名乗った。最初にネーミングライツを売った球団でもある。今回も田村は、名を捨て実を取る形で、オーナーの座は守り、チーム名を松竹に渡したのである。

田村のもうひとつの条件が、古くからの友人である小西得郎を監督にするということだった。小西が構想していた浜崎監督、水原助監督という布陣は、浜崎が阪急に残り、水原が巨人へ行くことで消滅していた。前述のように、ロビンスの監督だった石本秀一は地元の広島にカープが誕生すると、その監督になった。

一方、正力が強引に参加させた西日本新聞は選手がまだ集まらない。そこで正力は宇高勲にパ・リーグへ行った球団からの引き抜きを依頼した。国民リーグを作った宇高は、税務調査が入り会社がうまくいかなくなった後、野球界の周辺にいたのだ（第6章「国民リーグの四球団」）。

宇高は大映に目をつけた。中日から移籍した赤嶺昌志とそのグループの選手ならば、条件次第で来ると踏んだ。大映へ行ったものの、赤嶺は大映でも冷遇されていたのだ。そして赤嶺が「行く」と言えばついてくる選手が九人はいた。宇高は赤嶺と会い、二〇〇〇万円で移る話をまとめた。ところが、西日本新聞がそんな大金は出せないと言ってきた。そこで宇高は田村駒治郎と会い、赤嶺派を買わないかと打診した。田村は即決した。さらに監督就任を拒んでいる小西も、宇高が説得できるという。

かくして赤嶺派は大映から松竹へ移った。赤嶺にはセントラル・リーグ総務の座が用意された。

まだ統一契約書や協約がない時代なので、選手の引き抜きは自由だったとはいえ、赤嶺は、中日から大映へ、大映から松竹へと、二度も集団離脱をしたので、批判は高まった。なかでも収まらないのが、大映の永田雅一だった。「役者を昔は河原乞食といったが、野球選手はそれにも劣る」と怒った。いまなら炎上必至であろう。

しかし、契約は契約として有効なので、大映は主力選手を失った。

セ・リーグで引き抜きにあったのは、タイガースだった。監督の若林忠志をはじめ主力選手の半数が毎日へ移籍してしまい、この老舗球団は低迷を余儀なくされる。

年が明けて、松竹ロビンスが戦力強化に成功すると、小西は監督に就任した。

国鉄

正式には年が明けてからの結成になるが、国鉄も球団を持とうと、一九四九年一二月から動き出していた。

国鉄は各鉄道管理局ごとに野球部があり、それぞれの地域では強豪だった。かつてそのひとつ、東京鉄道局（東鉄）が創設間もない巨人軍に勝った（第4章「小林一三の電報」

参照）。

新球団が相次いで結成されると、国鉄の各チームから選手が引き抜かれていった。一方、国鉄は大規模な合理化により労使関係が悪化しており、さらに下山総裁轢死事件（四九年七月五日）や三鷹事件（同年七月一五日）など不穏な事件も相次いでいた。そこで、新しい総裁となった加賀山之雄《かがやまゆきお》（一九〇二〜七〇）が野球好きだったこともあり、職員の団結と士気高揚のためにプロの野球チームを持つことになる。

国鉄の歴史はあまりにも長く複雑だ。一八七一年（明治四）に工部省鉄道寮が設置され、翌年に新橋―横浜間に鉄道が開業したので、ここが起源と言えるだろう。鉄道寮は鉄道局と改称され、一八八五年（明治一八）に工部省が廃止されると内閣直属になった。

当初、政府は鉄道事業を官設官営で行なうつもりだったが、西南戦争で財政難に陥ると、私設鉄道が認められるようになり、そのひとつ日本鉄道が一八八一年に設立される。日本鉄道は現在のJR東日本の主要路線を開業した。

一八九〇年（明治二三）に鉄道局は内閣直属から内務省外局の鉄道庁となり、九二年に逓信省外局の鉄道局、九三年に逓信省鉄道局となった。一九〇六年（明治三九）に鉄道国有法が成立し、日本鉄道をはじめとする大手私設鉄道一七社が国有化され、統合された。従来からの官設鉄道線と国有化した新しい鉄道網の総称として、「国有鉄道」となった。

所管する役所は、一九〇八年（明治四一）、鉄道局と鉄道庁が統合され、内閣鉄道院となり、二〇年には鉄道省となった。戦争中の一九四三年一一月には、官庁統廃合の一環として鉄道省は逓信省と合併し運輸通信省となり、鉄道は鉄道総局が所掌するようになる。だが、この巨大組織は敗戦直前の一九四五年五月に分離され、運輸省が鉄道を所管するようになって敗戦を迎えた。

一九四九年六月、官営国営事業として鉄道省などが経営していた国有鉄道がひとつにまとまり、独立採算制の運輸省（後、国土交通省）の外郭団体の公共企業体（公社）「日本国有鉄道」（国鉄）として再発足した。これが一九八七年に分割・民営化され、現在のJR各社になる。

国鉄誕生はマッカーサーの指令に基づくものだった。戦中の国有鉄道は利益を出していたのだが、戦後は赤字になった。営業係数（一〇〇円を稼ぐための経費）は一九四五年に一二六・九となり、四八年には一三五・八にまで増えていた。赤字は一般会計から鉄道特別会計へと繰り入れることで埋めており、その額は四八年で三〇二億円に達していた。

国有鉄道を公共企業体へ改めようとしたマッカーサー司令部の狙いは、経営合理化にあった。

国鉄の初代総裁となったのは運輸省事務次官の下山定則（一九〇一～四九）で、東京帝国大学工学部機械工学科を一九二五年に卒業し、鉄道省に入ったエンジニアである。副総裁には東京帝国大学法学部法律科卒業で、鉄道省に入り、運輸省鉄道総局長官になっていた加賀山之雄が就いた。技術系・事務系を組ませたのである。

下山・加賀山体制が最初にしたのは大量の人員整理だった。前身の国有鉄道は敗戦後、復員した人や満鉄など外地の鉄道にいた人を国策で引き受けたため、六一万人もの職員を抱え、これが赤字となる最大の原因だった。失業対策事業となっていたのだ。

国鉄として出発すると同時に行政機関職員定員法が施行され、国鉄は一〇月までに約五〇万人に減員することを義務付けられた。下山総裁は七月四日に約九万五〇〇〇人の整理を国鉄労組に通告した。猛反発となるなか、下山総裁は五日に行方不明となり、六日に常磐線北千住―綾瀬間の線路で轢死体となって発見された。世に言う「下山事件」である。

下山は五日朝、公用車で自宅から出発し、国鉄本社へ向かったが、突然、「三越に寄る」と運転手に指示し、九時三七分に公用車を降りた後、行方不明になった。そして翌日に死体となって発見された。遺書はなかったものの自殺と思われたのだが、法医学者から「死んでから轢死した」との見解も出され、他殺説も出た。読売新聞は他殺と報じ、毎日新聞は自殺と報じるなど、新聞の間でも見解が異なった。他殺説の方がセンセーショナルなので読売はよく売れ、毎日新聞は販売店から突き上げを食らう。毎日新聞がプロ野球に参入する遠因のひとつが、下山事件報道での読売への遺恨だった。九月、後任の国鉄総裁に副総裁の加賀山之雄が就任した。加賀山は、下山は鉄道人だから自殺するとしても、鉄道に迷惑になる轢死を選ぶはずがないと、他殺説を支持していた。

すでに触れたように加賀山は野球好きで、人事掛長時代に、東京鉄道局（東鉄）野球部を強化した人でもある。東鉄が藤本定義監督のもと、創設されたばかりの巨人軍に勝ったことは記したが、藤本が巨人の監督になった後、東鉄野球部監督になったのが西《にし》垣徳雄《がきとくお》（一九一〇～八九）だった。西垣は兵庫県神戸市出身で、神戸市立第一神港商業学校時代の一九二九年、選抜大会で優勝投手となり、法政大学へ進学、卒業すると国営鉄道に入り東鉄野球部で活躍し、監督になった。そのとき、西垣を採用した人事掛長が加賀山だった。西垣はプロ野球の審判に転じ、戦後もその仕事をしていた。

一九四九年一二月六日、甲子園球場でプロ野球の東西対抗野球が行なわれた。セ・パに分裂したことで、オールスターゲームが生まれるため、東西対抗戦はこの年が最後となった。この東西対抗戦が開催された日だが、「一一月六日」としている資料がいくつかある。だが、プロ野球の記録を見ると「一二月六日」となっている。この試合の審判のひとりが西垣だった。翌七日、東京へ戻る車中で、西垣は加賀山と会った。日本野球連盟が分裂する直前であり、すでにその流れは確定的だったので、西垣は加賀山に、

「国鉄もプロ野球に参加しないか」と持ちかけた。すると加賀山は「それは面白いな」と乗り気になった――これが、国鉄スワローズの始まりとされている。

一一月二六日の理事会で日本野球連盟は分裂し、セ・リーグとパ・リーグが誕生しているので、その後ということになる。一二月に加賀山は大阪へ向かう車中で記者に「プロ球団を持つかもしれない」とリークし、報じられた。国鉄は労使対決が緊張を増しており、こんなときにプロ野球の話は非現実的と捉えられた。

だが、加賀山はすでに決断しており、水面下で準備させていた。

国鉄は公共企業体で、日本国有鉄道法でがんじがらめになっていたため、プロ球団を持つのは難しい。そこで加賀山は国鉄の外郭団体である財団法人交通協力会（現・公益財団法人交通協力会・株式会社交通新聞社）理事の今泉秀雄に相談した。今泉は戦前の国有鉄道で、仙台鉄道局と新潟鉄道局の野球部部長を務めていた。その後、アメリカのニューヨーク勤務となり、メジャーリーグの試合をよく観戦していた。

交通協力会は戦中の一九四三年に、陸上輸送機関を支援する目的の「陸輸新報」を発刊するために作られた財団法人陸運協会が前身で、戦後の一九四六年一月に、軍事色を排して、財団法人交通協力会になり、機関誌は「交通新聞」と改称した。

今泉は鈴木龍二を訪ね、国鉄がプロ球団設立を考えていると相談した。セ・リーグは七球団だったので、もうひとつ増えて八球団になったほうが日程を組みやすい。鈴木は今泉に助言した。

国鉄球団の経営母体として、交通協力会の他、国鉄関連の財団法人鉄道弘済会、日本通運、日本交通公社（現・JTB、公益財団法人日本交通公社）などが出資することになり、一九五〇年一月一二日に株式会社国鉄球団が設立された。

翌日、交通協力会会長・三浦義男と理事長の今泉が読売新聞社へ行き、セ・リーグ会長の安田庄司と会い、正式に加盟を申し入れ、その場で認められた。

こうして国鉄はセ・リーグ第八の球団として誕生した。愛称は国鉄従業員から公募して、特急列車の名である燕を意味する「スワローズ」と決まる。

かくして――わずか半年にして、プロ野球チームは八から一五へと倍になったのである。ニックネームも合わせて記すと、こうなる。

セントラルに、読売ジャイアンツ（読売新聞社）、大阪タイガース（阪神電鉄）、中日ドラゴンズ（中部日本新聞社）、松竹ロビンス（松竹、田村駒治郎）、広島カープ（市民球団）、大洋ホエールズ（大洋漁業）、西日本パイレーツ（西日本新聞社）、国鉄スワローズ（鉄道弘済会他、国鉄外郭団体）。

パシフィックに、阪急ブレーブス（阪急電鉄）、南海ホークス（南海電鉄）、大映スターズ（大映）、東急フライヤーズ（東急電鉄）、毎日オリオンズ（毎日新聞社）、近鉄パールス

（近畿日本鉄道）、西鉄クリッパース（西日本鉄道）。

親会社の業種別では、鉄道会社が七、新聞社が四、映画会社が二、食品会社が一、市民球団が一となる。

第 9 章

余震

1950 - 1958

年度別順位　セントラル・リーグ　1950 ～ 1958

	1位	2位	3位	4位	5位	6位	7位	8位
1950	松竹	中日	巨人	大阪	大洋	西日本	国鉄	広島
1951	**巨人**	名古屋	大阪	松竹	国鉄	大洋	広島	
1952	**巨人**	大阪	名古屋	大洋	国鉄	広島	松竹	
1953	**巨人**	大阪	名古屋	広島	洋松	国鉄		
1954	**中日**	巨人	大阪	広島	国鉄	洋松		
1955	**巨人**	中日	大阪	広島	国鉄	大洋		
1956	巨人	大阪	中日	国鉄	広島	大洋		
1957	巨人	大阪	中日	国鉄	広島	大洋		
1958	巨人	大阪	中日	国鉄	広島	大洋		

太字は日本シリーズ優勝（以下同）

球団別年間入場者数　セントラル・リーグ　1952 ～ 1958

	巨人	阪神	中日	大洋	国鉄	広島	松竹
1952	**984,223**	252,782	458,261	231,730	378,278	349,950	246,605
1953	**1,045,027**	627,644	621,554	371,607	424,896	487,845	
1954	1,194,023	686,710	**1,097,381**	249,144	433,370	444,480	
1955	**1,125,800**	590,906	1,255,725	346,932	438,468	459,287	
1956	**1,115,974**	892,364	1,164,429	354,911	482,254	476,954	
1957	**1,380,700**	931,600	1,112,000	388,800	908,800	746,000	
1958	**1,479,900**	836,400	746,000	470,200	925,100	841,500	

太字は優勝した球団（以下同）。51 年までは球団別のデータがない。
中日は 51 年から 53 年までは「名古屋」。
大洋は 53・54 年は「大洋松竹・洋松」。

年度別順位　パシフィック・リーグ　1950 ～ 1958								
	1位	2位	3位	4位	5位	6位	7位	8位
1950	**毎日**	南海	大映	阪急	西鉄	東急	近鉄	
1951	南海	西鉄	毎日	大映	阪急	東急	近鉄	
1952	南海	毎日	西鉄	大映	阪急	東急	近鉄	
1953	南海	阪急	大映	西鉄	毎日	東急	近鉄	
1954	西鉄	南海	毎日	近鉄	阪急	高橋	東映	大映
1955	南海	西鉄	毎日	阪急	近鉄	大映	東映	トンボ
1956	**西鉄**	南海	阪急	毎日	近鉄	東映	大映	高橋
1957	**西鉄**	南海	毎日	阪急	東映	近鉄	大映	
1958	**西鉄**	南海	阪急	大毎	東映	近鉄		

太字は日本シリーズ優勝（以下同）

球団別年間入場者数　パシフィック・リーグ　1952 ～ 1958								
	阪急	南海	東急	大映	毎日	近鉄	西鉄	高橋
1952	150,390	**656,002**	248,886	294,514	438,606	95,202	400,500	
1953	618,500	**769,500**	359,450	428,000	502,250	248,500	549,500	
1954	391,800	736,500	185,780	239,450	620,500	216,000	**888,500**	212,400
1955	359,700	**749,300**	154,050	204,600	554,500	207,900	702,300	163,250
1956	387,600	713,900	207,260	197,880	628,100	165,000	**614,750**	135,850
1957	359,800	603,700	213,890	298,950	588,250	152,000	**675,110**	
1958	388,250	743,600	546,000	659,000		350,900	**897,350**	

太字は優勝した球団（以下同）。51 年までは球団別のデータがない。
東急は 54 年から「東映」。高橋は 1955 年のみ「トンボ」。
大映は、57 年に高橋を吸収合併し、58 年に毎日と合併し「大毎」。

新しい組織

二リーグになったことで、日本野球連盟は解散となり、お互いに「日本野球連盟」という名称は使用しないことを申し合わせた。「本家争い」を避けるためだ。一九四九年一二月、新しい「セントラル野球連盟」（セントラル・リーグ）の会長には巨人の安田庄司、「太平洋野球連盟」（パシフィック・リーグ）の会長には東急の大川博がそれぞれ就任した。

しかし一年後の一九五一年一月、安田は会長を辞任した。読売新聞副社長としての仕事が多忙というのが理由だった。そこで日米の野球交流が深まっているのと、GHQ対策の意味から、後任には元外交官の松島鹿夫が就任した。だが松島はお飾りに過ぎず、鈴木龍二が実権を握っていた。一九五二年一月、一年にして松島は退任し、鈴木が第三代会長に就任した。以後、一九八四年一一月まで、鈴木は会長を務め、セ・リーグのみならず、パ・リーグにも影響力を持つ、球界最高権力者となる。

一九五一年二月二四日、GHQはセ・パ両リーグに対し「コミッショナー制と日本プロ野球連盟組織の確立」を勧告した。これを受けて、二七日に「日本職業野球連盟組織」の結成が決まった。また三月には「コミッショナー」が機関として設立され、四月に初代コミッショナーに元検事総長の福井盛太が就任した。

これも鈴木龍二が中心となって設置したもので、コミッショナーには法曹関係者を据えたがお飾りであり、球界は巨人軍の意向を汲んで動く鈴木龍二が動かすことになる。

逆に言えば、鈴木の権力は巨人軍のために尽くすことによって維持される。

プロ野球界は「セントラル野球連盟」「太平洋野球連盟」「コミッショナー」の三組織で構成され、それを包括する「日本プロフェッショナル野球組織」と「日本野球機構」が設立された。現在は「機構」に「組織」が併合され一本化されている。

一九四九年から五〇年にかけての一五球団・二リーグ制確立という激震で、球界地図は大きく変わったが、新秩序が確立されるまでにはさらに八年が必要だった。以後もシーズンオフになると球団の合併、身売り、参入が続き、現在の一二球団・二リーグ制になるのは一九五八年である。

中日ドラゴンズ

中日ドラゴンズの運営会社「株式会社中部日本野球倶楽部」は中部日本新聞社の傘下にあったが、それとは別に中日球場を経営する「株式会社中日スタヂアム」があった。一九五〇年五月、球団と球場の経営を一体化する目的で、中日スタヂアムが中部日本野球倶楽部を吸収合併し、「名古屋野球株式会社」となった。近い将来にフランチャイズ制が確立されるのを見越しての合併だった。

二リーグ制になり、それぞれの球団の本拠地球場は決まったものの、完全なフランチャイズ制、つまりひとつの都道府県に一球団として、その地域での野球興行の権利は全てその球団が持つという形には、なっていない。

ドラゴンズ＝中部日本新聞社の試行錯誤は続く。一九五一年一月、名古屋野球株式会社から名古屋野球倶楽部が分離し、元に戻った。球団・球場の一体化がうまくいかなかったのだ。さらに二月六日から、名古屋鉄道が球団経営に参加することになり、球団名は「名古屋ドラゴンズ」となった。二社が共同で経営するのだが、一年交代で責任を持つという体制で、五一年は名古屋鉄道が経営を担当した。名古屋鉄道（名鉄）は愛知県・岐阜県をテリトリーとする、この地域で最大の私鉄である。この鉄道会社もいくつもの会社が合併を繰り返して肥大化していった。

最も古いのは一八九四年（明治二七）設立の「愛知馬車鉄道」で、九六年に「名古屋電気鉄道」と改称して、九八年に名古屋市内に国内二番目の電気軌道（路面電車）を開通させた。名古屋電気鉄道は愛知県西部に路線網を拡大していったが、名古屋市内の路面電車が市営化されることになり、一九二一年（大正一〇）に「名古屋鉄道株式会社」を設立し、郊外路線を新会社に移管し、翌年に市内線を名古屋市に譲渡すると名古屋電気鉄道は解散した。

名古屋鉄道は岐阜へ向かう路線を開通させるのと並行して蘇東《そとう》電気軌道、尾西《びさい》鉄道、城北電気鉄道、尾北《びほく》鉄道などを吸収・合併していき、一九三〇年（昭和五）に、美濃電気軌道との合併で「名岐《めいぎ》鉄道株式会社」に社名変更した。その後も各務原《かかみがはら》鉄道を合併し、大きくなったところで、一九三五年、愛知電気鉄道と合併し、名古屋鉄道株式会社となった。

愛知電気鉄道も歴史は古く、一九〇六年（明治三九）に免許申請した「知多《ちた》電気鉄道」に遡る。一〇年に「愛知電気鉄道株式会社」が設立され、一二年に伝馬町（名古屋市熱田区）─大野町（愛知県常滑《とこなめ》市大野町）間が開業し、一三年（大正二）に現在の常滑線にあたる神宮前─常滑間が全線開業した。他の路線を開業させるのと並行して、東海道電気鉄道、西尾鉄道を合併し大きくなっていく。

かくして愛知・岐阜は二つの鉄道会社が競う構図となっていたが、昭和恐慌（一九三〇～三二）などで不況になり、また全国各地で鉄道会社の合併が進んでいたのを背景にして、一九三五年八月、二社は名岐鉄道を存続会社にした。愛知電気鉄道が解散する形で合併し、名古屋鉄道が誕生したのである。初代社長には愛知電気鉄道設立者の藍川清《あいかわきよ》成《なり》（一八七二～一九四八）が就任した。

一九五一年は名鉄にとって戦後復興が終わり、事業拡大に入った時期にあたる。そこでプロ野球への参入も考えたのであろう。二月から翌五二年二月まで名鉄がドラゴンズの経営にあたり、三月からは中部日本新聞社に交代したが、結局、名鉄が経営したのは五一年度だけだった。そのため、五四年一月、名鉄は完全に経営から手を引いた。球団の運営会社は「株式会社中部日本野球協会」に改称され、球団名は「中日ドラゴンズ」

現在に至る。


に戻った。

以後、同球団は、中部日本新聞社（一九七一年に「中日新聞社」に改称）を親会社として現在に至る。

西鉄ライオンズ

話を一九五〇年のペナントレースに戻すと、セ・リーグは大映の主力選手を引き抜いた松竹ロビンスが優勝し、パ・リーグは阪神の主力選手を引き抜いた毎日オリオンズが優勝した。日本シリーズでは毎日が勝利した。

セ・リーグ六位の西日本パイレーツと最下位の広島カープは早くも経営危機となった。東京から遠く、旅費だけでもばかにならない。選手層も薄く、なかなか勝てず、勝てないので収入も少ない。シーズンが終わると、この二チームを合併させたほうがいいのではないかとの声が出た。

しかし広島カープは石本秀一監督が存続を訴え、広島県内の企業や団体を回り支援を依頼し、県内各地に後援会を作り、球団経営を支援することで存続を決めた。

西日本パイレーツは諦めた。もともと西鉄と一緒に球団を経営するはずだったのが、正力によって強引に単独で結成した球団だった。福岡県の人口を考えても、二球団で競り合うのは無理があった。一九五一年一月、西日本パイレーツはセ・リーグを脱退して西鉄クリッパースと合併して、三月から「西鉄ライオンズ」となった。

広島カープ、後援会結成で危機を乗り切る

広島カープは谷川昇が「市民球団」という理想を掲げたものの、その資金計画はたちまち暗礁に乗り上げていた。まず、資本金二五〇〇万円のうち、二〇〇〇万円は県と五つの市に出資してもらう計画だったのが、一九四九年度内にはそれぞれの議会の承認が得られず、五〇年度になってしまい、株式申込期限として五〇年四月には六〇〇万円しか集まらない。そのためセ・リーグへの加盟金三〇〇万円も払えず、選手の給料も五月から遅配となるありさまだった。しかも、ようやく議会を通ったものの、予定していた二〇〇〇万円の半分になってしまった。

収入の柱となるのは入場料収入だが、当時は一試合二〇万円のギャラを、勝ったチームが七割、負けたチームが三割で分配していたため、四一勝九六敗一分けと大きく負け越して最下位のカープは取り分が少ない。さらに東京や大阪の球場へ行く旅費もばかにならず、銀行からの借り入れで、どうにか運営していた。カープ広島野球倶楽部の株式会社としての登記が完了したのは一九五〇年九月という状況だった。

誰の目にもカープの経営は困難で、一年にして解散の危機にあった。「市民球団」では無理だとなって、親会社を探した。寿屋（現・サントリー）、日本専売公社（現・JT）、

アサヒビールなどと交渉したが、金額などの条件面で最後にまとまらなかった。次は、隣の山口県下関市を本拠地とする大洋ホエールズと合併する案が浮かんだものの、それが発覚すると広島市民が猛反対し、存続を求める運動が起きた。その先頭に立つのが、監督の石本秀一だった。石本は、一九五一年三月の解散を決める会議に出席すると、

「私に任せてくれないか。私が企業や町内会をまわって頼み、後援会を作ってもらう」

と発案し、存続が決まった。

石本はその言葉通り、一九五一年シーズンは試合そっちのけで県内各地をまわり、公民館や学校の講堂などで辻説法してカープへの支援を訴えた。中国新聞にも協力を呼びかける投稿をして、世論の盛り上がりに期待した。一般市民からの寄付も募り、広島総合球場の正面入り口に四斗樽が置かれ、その中にお金を寄付する「たる募金」を始めると、一回に三万～六万円、多いときで一〇万円が入ることもあった。

石本の辻説法の効果はあり、町内会や町工場単位の後援会が結成され、七月二九日の後援会発足式には、一六三の支部があり、約一万三〇〇〇人の会員が集まっていた。「たる募金」などで集めた支援金も二七一万円に達していた。

かくしてカープは解散を免れた。

これでセ・リーグ七球団、パ・リーグ七球団、合計一四球団で一九五一年のペナントレースを戦うことになった。セ・リーグは巨人、パ・リーグは南海が優勝し、日本シ

リーズは巨人が勝った。

正力松太郎のその後

一九五〇年二月、読売新聞社は増資し、有限会社から株式会社へ改組すると決まった。これは馬場社長、安田副社長らの経営陣が、増資によって正力の持株比率を下げ影響力を排除しようと考えたからだった。発表の前に一応、正力の了承をとった。馬場たちの意図を見抜いた正力は持てる人脈の全てを使って資金を集め増資に応じ、約三割の株を手に入れ、大株主としての地位を保った。

正力は公職追放の身だったので、読売新聞の経営には関与できなかったが、影響力は保持した。正力の復権で、馬場は社長を辞任し、安田も辞表を出したが慰留された。安田がセ・リーグ会長を辞任したのは、多忙が理由でそれは間違いではないだろうが、正力の復権も影響しているだろう。

安田は馬場の後任の社長にはなれず、副社長のまま一九五五年に亡くなる。一九三一年の日米野球の影の提案者である務臺光雄が社長に就任するのは、一九七〇年五月だった。読売新聞社は、正力が亡くなる一九六九年まで、社長も副社長も空席のままだったのだ。

正力は一九五一年八月に公職追放が解除されたが、読売新聞の社長には復帰せず、大株主「社主」として君臨した。自身の仕事としては新聞よりもテレビに力を注ぎ、五二年一〇月に日本テレビ放送網を設立し、社長となった。一一月、読売新聞は大阪へ進出するがこれは正力ではなく、務臺が中心に進めたものだった。以後、務臺は読売新聞を全国紙へと拡大し、その拡販に巨人戦のチケットが使われる。

日本テレビの本放送は五三年八月二八日に開始され、二九日に巨人―阪神戦を後楽園球場から中継した。しかし初のプロ野球中継はＮＨＫが二三日に放映した阪急―毎日戦だった。この時点でアメリカのメジャーリーグのように、試合の放映権をコミッショナーが一括管理していれば、プロ野球史は別の道を歩んだが、各球団が放映権を持ち、それぞれの判断でテレビ局と契約することになった。後楽園球場での試合については、球団ではなく後楽園が権利を持ち、これも弊害を生む。

一九五五年二月の総選挙で、正力は故郷の富山から保守系無所属で立候補し当選、七月に民主党に入った。一一月に自由党と民主党が合同して自由民主党が結党されると、正力は第三次鳩山一郎内閣で原子力担当国務大臣となった。この時点では本気で内閣総理大臣の座を狙っていたらしいが、それは叶わない。政治家としては原子力発電の実用化に力を入れる。

こうして正力松太郎は「プロ野球の父」「民間テレビの父」「原子力の父」となった。

大洋松竹ロビンス

松竹ロビンスは一九五〇年にセ・リーグで優勝したが、五一年は四位に落ちた。オーナー田村駒治郎の田村駒も経営が傾きだし、シーズンが終わると、主力選手を放出せざるを得なくなった。そのため戦力は低下し、五二年は七位に転落した。五二年の優勝は前年同様にセ・リーグは巨人、パ・リーグは南海で、日本シリーズは巨人が勝利した。巨人と南海の黄金時代である。

一九五二年の開幕前、セ・リーグ代表者会議は勝率三割を切った球団にはペナルティを科すことを決めた。七球団では日程が組みにくいので、一つ減らそうという含みで、そのペナルティの内容は連盟会長が提案し、理事長が決定するという曖昧な姿勢のままシーズンはスタートした。

このペナルティの対象になると思われたのは、広島カープだった。五〇年の勝率は・二九九、五一年は・三三三で両年とも最下位だったのだ。しかしカープは奮起して、三七勝八〇敗、勝率・三一六で六位と最下位を脱した。最下位は松竹ロビンスで勝率・二八八と三割を割った。

ロビンスを近鉄パールスが買収するという噂もあったが、一一月に田村駒治郎は身売りを否定した。セ・リーグとしても近鉄に身売りされると、選手をパ・リーグに取られることになるので、好ましくない。そこで一一月の理事会で、広島カープによる合併の申し出があったが、田村は拒否した。それでも田村駒が巨額の負債を抱えていたので、それを少しでも穴埋めする必要から、田村はロビンスと大洋ホエールズとの合併を受け入れ、球団から身を引いた。

一九五三年一月、松竹と大洋漁業は対等合併で合意し、一月五日、新球団の名称は「大洋松竹ロビンス」（略称「洋松ロビンス」）となった。田村が身を引くにあたり、「ロビンス」の名称だけは残して欲しいと要望したからだった。

これをもって、プロ野球二年目の一九三七年に大東京軍の株式を引き受けて球界に参入した田村駒治郎の球団は、ライオン軍、朝日軍、パシフィック、太陽ロビンス、大陽ロビンス、松竹ロビンスと名が変わりつつも続いていたが、五二年のシーズンで終わった。

田村駒治郎の本業である田村駒は、繊維不況に続いて一九五四年には金融不況で融資が引き締められたため資金繰りが圧迫し倒産の危機を迎えた。田村は金融機関によって代表取締役の地位を追われ、社長には留まったものの、繊維部門の責任者というポジションとなった。そうしたストレスから胃を病み、六一年一月、五六歳で社長在任のまま亡くなった。田村駒は二〇二四年のいまも老舗の繊維商社として存続している。

田村駒社員だった橋本三郎が朝日軍の選手を中心にして結成したゴールドスターも、金星スターズを経て、一九四八年に大映に身売りしている。新聞社でも鉄道会社でもない一企業の社長が、私財で運営していた球団の歴史はこれで終わる。

これでセ・リーグは一九五三年から六球団で競い、親会社の変更はあるものの、現在に至る。

合併球団は「洋松ロビンス」として一九五三年のペナントレースを戦うが、運営会社の統合は間に合わず、見切り発車となった。そのため、本拠地は大洋球団の下関と、松竹球団の京都と二か所になり、選手の給与も、旧ロビンスの選手は松竹側から、旧ホエールズの選手は大洋側から支払われていたという。シーズン後にようやく「大洋松竹球団」が設立された。

洋松ロビンスは、一九五三年は五位、五四年は六位と低迷した。もともと松竹は、大谷竹次郎が大映の永田雅一への対抗心から球団を持っただけで、それほど熱心だったわけではない。映画界は景気が良かったので、球団を持つことで「松竹」の名を宣伝する必要もなくなっていた。優勝するなど強ければ持ち続けたかもしれないが、最下位争いをするチームを持っていても宣伝効果は期待できない。結局、一九五四年のシーズンが終わると、松竹はロビンスから撤退した。

大洋漁業だけの経営となったので、球団名は「大洋ホエールズ」に戻った。

大洋漁業は一九五一年にインドなどへの海外事業の展開を始め、母船式北洋サケマス漁業も再開、さらに五三年からは魚肉ハム・ソーセージを発売するなど、事業を拡大していた。その一方、五三年に中部兼市社長が亡くなり、弟の中部謙吉が社長に就任し、ホエールズのオーナーになった。

一九五五年、大洋ホエールズとしてシーズンを迎えるにあたり、本拠地を川崎球場に移転した。

とりあえずのフランチャイズ制

一九五二年、プロ野球にフランチャイズ制が導入された。まだ厳密なものではなかったが、各球団は都道府県単位の保護地域を持つことになったのだ。同時に、公式戦のホームゲームの半数以上を保護地域内の専用球場ひとつで主催する義務も負った。当初は保護地域は三都道府県まで持てた。一方で、ひとつの都道府県を複数の球団が保護地域にもできた。

その結果、一九五二年時点での保護地域は以下のようになった。

読売ジャイアンツ　東京都
国鉄スワローズ（現・東京ヤクルトスワローズ）　東京都
名古屋ドラゴンズ（現・中日ドラゴンズ）　愛知県
大阪タイガース（現・阪神タイガース）　兵庫県
広島カープ（現・広島東洋カープ）　広島県

大洋ホエールズ（現・横浜DeNAベイスターズ）　山口県
松竹ロビンス　京都府
南海ホークス（現・福岡ソフトバンクホークス）　大阪府
毎日オリオンズ（現・千葉ロッテマリーンズ）　東京都
西鉄ライオンズ（現・埼玉西武ライオンズ）　福岡県
大映スターズ　東京都
阪急ブレーブス（現・オリックス・バファローズ）　兵庫県
東急フライヤーズ（現・北海道日本ハムファイターズ）　東京都
近鉄パールス　大阪府

この後の球団譲渡で、本拠地も変わっていくところが多い。

高橋ユニオンズ

一方、パ・リーグは七球団での不便さを解消するため、勝率三割五分を切ったチームは解散するという罰則のもと、一九五三年のペナントレースを戦ったが、最下位の近鉄の勝率が四割台で、適用されるチームはなかった。そこで一二月にパ・リーグ総裁となった永田雅一は拡大路線を取り、七球団を八球団にすると宣言した。

永田は戦前のイーグルスのオーナーだったこともある高橋龍太郎を口説き、半ば強引に株式会社高橋球団を設立させた（この球団については、長谷川晶一著『最弱球団　高橋ユニオンズ青春記』、野球雲編集部編『消えた球団　高橋ユニオンズ　1954～1956』に詳しい）。

高橋は一九三二年から大日本麦酒《だいにっぽんビール》の社長だったが、同社が一九四八年二月に財閥解体を目的とした過度経済力集中排除法に基づく指定会社になったため、四九年九月に解散すると、社長を辞任した。大日本麦酒の後継会社として朝日麦酒と日本麦酒の二社が発足すると、高橋はサッポロビールの取締役となっていた。また一九四六年五月に貴族院勅選議員に任じられ、新憲法が施行されると参議院議員となり、五一年七月から翌年一〇月まで、吉田内閣の通産大臣となっていた。

高橋球団のニックネームはユニオンズとなった。戦前の大日本麦酒の「ユニオンビール」からとられたものだった。頼んで結成してもらった球団なので、パ・リーグ各チームはユニオンズに選手を出したが、いい選手は出さないので戦力的には厳しいスタートとなった。監督には阪急ブレーブスの監督だった浜崎真二（一九〇一～八一）が就任した。

ユニオンズの本拠地球場は川崎球場となった。京浜工業地帯は野球チームのある工場や事業所が多く、社会人野球が盛んだった。そこで、川崎市と日本鋼管、東芝、味の素、日本コロムビア、昭和電工、いすゞ自動車などの主要企業が共同出資し「株式会社川崎スタジアム」を設立し、一九五二年に球場が開場した。当初からプロ野球の公式戦も行なわれていたが、五四年からユニオンズが本拠地とした。この後、五五年からは大洋ホエールズも川崎球場を本拠地とする。

かくして一九五四年、パ・リーグは八球団でペナントレースを戦い、西鉄ライオンズが優勝、最下位候補の高橋ユニオンズは六位と健闘した。最下位になったのは大映だった。セ・リーグは中日ドラゴンズが優勝した。

トンボ・ユニオンズ

高橋球団は経営的には楽ではなく、苦境をどう救うかがパ・リーグ全体の問題となった。なにしろ、高橋に頼んで結成してもらったのだ。見捨てるわけにはいかない。そこで二年目の一九五五年、トンボ鉛筆の支援をあおぐことになった。トンボ鉛筆から三〇〇〇万円を提供してもらい、見返りとしてチーム名を「トンボ・ユニオンズ」とした。当時はまだ「ネーミングライツ」という言葉はないが、それに該当する。古くは大東京軍が「ライオン軍」となった例もある。トンボ鉛筆が支援したのは一年だけで、五六年は再び高橋ユニオンズとなるが、一年だけでも「トンボ」の名の球団があったので、その概略を記しておく。

トンボ鉛筆は一九一三年（大正二）に浅草で開業された「小川春之助商店」が起源となる。創業者・小川春之助《はるのすけ》（一八八五～一九五七）は父が鉛筆職人から始め、鉛筆製造工場まで持った人だった。小川春之助商店は鉛筆をはじめとした文房具の卸業として始まったが、鉛筆製造にも乗り出し、洒落たデザインの鉛筆が人気を博した。一九二七年「トンボ」を初めてトレードマークとし、翌年に日本初の本格的製図用鉛筆「TOMBOW DRAWING PENCILS」を発売した。トンボを選んだのは「勝ち虫」と呼ばれ縁起のいい虫だからだ。

一九三九年、個人商店「小川春之助商店」を会社組織にして、製造部門を「株式会社トンボ鉛筆製作所」、営業部門を「トンボ鉛筆商事株式会社」とした。

春之助の妻、小川とわ（一八九五～一九六四）はトンボ鉛筆の経理を担っていたが、宣伝広告も担当し、一九三五年には日本劇場に緞帳《どんちょう》を寄納して話題になった。そういう経験もあるので、プロ野球チームの名になれば宣伝になると考えたのだ。

しかし、二年目の一九五五年は最下位となり、トンボの資金支援はこのシーズンだけで終わり、翌五六年は再び高橋ユニオンズとして戦った。

プロ野球への税制優遇措置

一九五四年八月一〇日、国税庁長官から各税務署長に対し、「職業野球団に対して支出した広告宣伝費等の取扱について」という通達が出された。

〈映画、新聞、地方鉄道等の事業を営む法人（以下「親会社」という。）が、自己の子会社である職業野球団（以下「球団」という。）に対して支出した広告宣伝費等の取扱を、左記のとおり定めたから、これにより取り扱われたい。

なお、すでに処理を了した事業年度分についても、この取扱と異なった処理をしたため、再調査の請求または審査の請求がされているものについても、この取扱により処理することとされたい。
一　親会社が、各事業年度において球団に対して支出した金銭のうち、広告宣伝費の性質を有すると認められる部分の金額は、これを支出した事業年度の損金に算入するものとすること。
二　親会社が、球団の当該事業年度において生じた欠損金（野球事業から生じた欠損金に限る。以下同じ。）を補てんするため支出した金銭は、球団の当該事業年度において生じた欠損金を限度として、当分のうち特に弊害のない限り、一の「広告宣伝費の性質を有するもの」として取り扱うものとすること。
右の「球団の当該年度において生じた欠損金」とは、球団が親会社から交付を受けた金銭の額および各事業年度の費用として支出した金額で、税務計算上損金に算入されなかった金額を益金に算入しないで計算した欠損金をいうものとすること。
三　親会社が、各事業年度において球団に対して支出した金銭を、貸付金等として経理をしている場合においても、当該支出金が二に該当することが明らかなものである場合においては、当該支出をした日を含む事業年度の損金に算入するものとすること。

四　親会社が、この通達の実施の日（昭和29年8月10日）前の各事業年度において、球団に対して支出した金銭を貸付金等として経理しているものについて、爾後の各事業年度においてその一部を償却したときは、球団の当該事業年度において生じた欠損金を限度として、当該償却金額を、その償却をした日を含む事業年度の損金に算入するものとすること。〉

この通達により、球団の赤字を親会社が補填すれば、親会社は損金として計上できることになった。当時はまだプロ・スポーツは野球くらいしかなかったが、以後も、プロ野球のみが優遇されていた。これは永田雅一の政界工作のおかげだった。ようするに、政治家たちに献金しまくっていた。永田は本業の映画でも入場税の引き下げを求めた政界工作をして実現していた。「政治道楽」と揶揄されていたが、球界・映画界に貢献していたのである。

しかしこの通達は、弊害も生んだ。これによって、球団は健全経営をしようとしなくなり、また親会社も税金で持っていかれるよりはいいと、球団が求めるままに補填していた。とくにパ・リーグの鉄道会社を親会社とする球団は慢性的な赤字となり、それを改善しようという努力もせず、結局、すべて身売りしなければならなくなる。

東映フライヤーズ

フライヤーズの運営会社が東急から東映へ代わるのは、一九五四年だった。

前述したように、一九四九年、赤字で苦しんでいた東急傘下の東横映画と太泉《おおいずみ》映画が提携し、二社の映画を配給する新会社、東京映画配給株式会社が東急の資金で設立された。

しかし東京映画配給も赤字となり、東急の総帥である五島慶太は東急専務の大川博にどうにかするよう指示した。だが、いかに大川が有能な経理マンでも、東急の片手間では、なかなか改善しない。一九五〇年の暮れには三社合わせた負債が一一億円を超えた。東急本体の資本金が四億円の時代である。負債といっても、東急からの借入金が半分以上だったが、東急の株主からすれば、なんでそんなボロ会社に資金をつぎ込むのかとなり、特別背任罪で大川を訴える株主まで出てきた。

大川は「三社をひとつに合併し、三社外から新しい経営者を見つけて、任せるしかない」と五島に報告した。五島は大川を呼び、「君にも責任の一端があるのだから、社長になってくれ」と告げた。

映画界は義理と人情と貸し借りと恫喝と懐柔が渦巻き、そこに女と酒がからむ世界だった。映画界に何の人脈もなく、過去のしがらみが何もない大川は、大鉈を振るうには適任だった。大川は最初は固辞したが、彼なりに映画会社の経営構造を調べ、東横映画と東京映画配給の財務状況も精査した上で、経理さえしっかりしていれば、映画は利益の出る産業だと判断し、引き受けた。

大川は東急専務と兼任で、一九五一年二月に東京映画配給の社長となり、三月に、同社が東横映画と太泉映画を吸収合併する形で「東映株式会社」を設立した。大川は徹底した予算管理と原価管理を遂行した。さらに資金調達源を市中の高利貸しから銀行へ徐々に切り替えることで、財務状態は好転していった。

東映は京都の撮影所では時代劇を撮っており、片岡千恵蔵、市川右太衛門という戦前からの二大スターが君臨、東京都練馬区の大泉撮影所では現代劇を撮り、ほかに戦争物も得意とし、一九五三年一月には大作『ひめゆりの塔』（監督・今井正）が大ヒットし、直営映画館も増えていった。

こうして東映の業績が上向いたところで、一九五四年一月、東急は東映にフライヤーズの球団運営を任せ、東映子会社の「東映興業株式会社」に移管されることになった。あくまで運営を移管しただけで、フライヤーズの所有は、「東急ベースボール倶楽部」のままだった。

東映に移管されたのと同時に、フライヤーズは駒澤野球場を本拠地とすることになった。それまでは後楽園球場を、巨人、大映スターズ、毎日オリオンズ、国鉄スワローズの五球団で分け合っていたが、過密日程が問題となっていた。そこで東急電鉄は東急玉川線沿線に球場を建てることにし、駒澤駅南側の旧陸軍駒澤練兵場跡地が選ばれた。

この地は、もともとは政財界のトップたちによって結成された東京ゴルフ倶楽部のゴルフ場があったが、一九三二年に埼玉県朝霞市に移転した。その跡地は一九四〇年の東京オリンピックのメイン会場となるはずだったが、中止となったので陸軍が接収し駒澤練兵場となった。戦後は都有地となったので、東急電鉄はこの土地を借りて球場を建てたのである。起工は一九五三年四月で半年で完成し、九月二一日に開場した。しかし駒澤球場を持ったため、フライヤーズは後楽園での興行権を失ってしまう。

一方――東映の経営が安定した一九五三年、大川はアメリカとヨーロッパへ視察している。アメリカではすでにテレビが普及しつつあり、映画界は危機に瀕していた。対抗措置としてスクリーンの巨大化、あるいは立体映画に取り組んでいたが、その効果は限定的だ。

大川はテレビの力を知った。このままでは映画は負けるであろう。どうすればテレビと共存できるか。映画会社首脳のなかで、大川はいち早くテレビ対策を考えていた。

正力松太郎が日本テレビ放送網株式会社を設立するのは一九五二年、同社が放送を開始するのは五三年八月だった。大川は急がなければならない。

一九五四年は、セ・リーグは中日、パ・リーグは西鉄が、ともに初優勝を飾った。

この年からフライヤーズは東映となり、これで大映スターズ、大洋松竹ロビンスと、三つの映画会社がプロ野球でも競ったが、前述のように松竹はこの年で撤退するので、映画会社三社がプロ野球に参画していたのは一九五四年だけだった。

すでにセ・リーグは六球団だが、パ・リーグはまだ八球団だった。

一九五五年のペナントレースは、セ・リーグは巨人、パ・リーグは南海が西鉄を制して優勝、日本シリーズは巨人が勝った。

広島カープの新会社

一九五五年、広島カープの運営会社「広島野球倶楽部」は累積の負債が五六三五万円に達していた。このままでは立ち行かなくなるのは必至だった。

そこで、出資者のひとり、東洋工業（現・マツダ）社長の松田恒次《つねじ》（一八九五～一九七〇）は、負債を帳消しにするため「広島野球倶楽部」を倒産させ、新会社を設立することを提案した。

現在のマツダは自動車メーカーだが、東洋工業株式会社はコルク生産から始まった。

このコルクの会社・東洋工業を自動車メーカーにしたのが、同社の二代目社長になる松田重次郎《じゅうじろう》（一八七五～一九五二）である。広島県安芸郡仁保島村向洋《にほしまむらむかいなだ》（現・広島市南区向洋）に、一二人きょうだいの末っ子として生まれた。正規の学校に通えず、一三歳で大阪へ出て、住み込みで鍛冶屋で働いた。そこで機械工業の魅力を知り、「機械工業こそ自分の本業」「より高度な技術を習得したい」と思うようになり、大阪・天満橋筋に鉄工所を開き、そこを拠点に造船技術者として呉や佐世保の造船所や砲兵工廠などさまざまな工場を渡り歩いた。この頃に長男・恒次が生まれている。

一九〇六年、三一歳のとき、松田は一〇坪ほどの牛小屋を借りて、「松田製作所」を創業した。既存の商品を研究して改良した「専売特許松田式ポンプ」を世に出して、軌道に乗せた。工場には高性能な海外製製造機械を積極的に導入し、ものづくりにこだわった。

一九一八年、松田は広島に帰り、「広島松田製作所」を設立した。すぐに広島の財界人から注目されるようになり、一九二〇年に経営不振に陥っていた「東洋コルク工業株式会社」の社長に推された。東洋コルク工業は一八九〇年創業の清谷商会が前身で、コルクの製造・販売会社である。経営が悪化したため、広島貯蓄銀行が中心となり再建策として、それまでの個人経営から会社組織に改めることになり、県の主要企業が出資して設立された。初代社長には広島貯蓄銀行頭取の海塚新八《かいづかしんぱち》が互選されて就任したが、体調不良で辞任したため、取締役になっていた松田が推されて就任したのだ。

松田の本業は機械工業だが、新分野に積極的に取り組んだ。圧搾コルク板の製造に成功し、廃材から断熱材や緩衝材として使えるコルクを製造することに成功し、海軍から大量に受注して、再建に成功した。事業拡大を目指して東京へ進出したが、一九二三年の関東大震災で売掛金が回収不能となる。かねて親交のあった日窒《にっちつ》コンツェルン（現・

チッソ）総帥の野口遵《したがう》に融資してもらい、従業員の半分を解雇して切り抜けた。だが二五年一二月に火災でコルク工場が全焼し、死者まで出してしまう。これを機に機械工業に原点回帰することにし、二七年に社名を「東洋工業株式会社」と改めた。

東洋工業が飛躍するのは三輪トラックを製造するようになってからだ。松田は安価な輸送手段が求められていると感じ、四輪自動車よりも安くできる三輪トラックを選んだのだ。松田は他の自動車メーカーがエンジンなどを海外からの輸入に頼るなか、部品も自社開発することにこだわった。一九三〇年に三輪トラックを試作し、「マツダ号」「MAZDA」と名付け量産した。同年九月には塩田で知られる広島県安芸郡府中町に新工場を建設し本社も移転した。

一九三八年、東洋工業は「軍需工業動員法」により陸海軍共同管理工場となった。陸軍から九九式短小銃の生産を請け負い、呉海軍工廠からは爆弾・水雷・信管などの製造命令を受けた。一方、軍事体制下、民生品の生産は制限され、一九四三年には三輪トラックは生産できなくなった。東洋工業は戦時金融金庫が大株主となり、経営面でも軍の意向が反映されるようになる。四四年一月、兵器増産を目的とした軍需会社法による軍需工場の指定を受け、軍の管理下に置かれた。一方で、日窒コンツェルン総帥の野口遵が亡くなり、日窒から出ていた役員が引き上げ、提携関係が終わった。コルク製造部門は、内山コルク工業と共同出資して設立した東洋コルクに分離した。四三年末時点で、東洋工業は約八五〇〇名の従業員を擁する国内最大級の軍需会社となっていた。一九四五年八月六日、広島に原爆が投下された。東洋工業の府中工場は爆心地から五キロのところにあったが、大きな損害はなく、敷地内の土地・建物を提供し、広島県庁舎やNHKが避難して業務を遂行するほどだった。しかし、松田は次男を失くし、従業員も一一九名が死亡、三三五名が負傷した。

敗戦から四か月後の一九四五年一二月、東洋工業は三輪トラックの生産を再開した。松田は軍需工場経営者だったが、資本金が三〇〇〇万円だったので、公職追放を免れた（資本金一億円以上の企業経営者のみが対象となった）。戦後は軍需品の生産を中止し、民生用トラックの製造に専念した。四九年から輸出も再開し、五〇年四月に三輪乗用車、六月に一トン積み小型四輪トラックと、次々と新型車を生産していく。四九年のカープ結成時には、もちろん東洋工業も出資した。

一九五一年、松田重次郎は会長に退き、長男・松田恒次（一八九五〜一九七〇）が社長となった。恒次が生まれたのは父がまだ大阪で鉄工所を営んでいたときだ。機械好きな子で、大阪市立工業学校に入学し野球部で活躍した。卒業すると陸軍宇治火薬製造所に就職したが、二七年に父が経営する東洋コルク工業に入社し、工務係から始めた。

カープが誕生した一九四九年、東洋工業は事業拡大期に入っていた。資金的に余裕もあり、恒次が野球好きだったので、カープへの関わりを深めていった。

そのカープは前述のように創立時から経営が厳しい。二年目には解散の危機にあったが、監督の石本秀一の奮闘で乗り切った。

一九五二年もカープは六位に終わったが、フランチャイズ制が本格的に導入され、勝敗に関係なく入場料収入の六割が主催球団に入ることになると、広島総合球場はいつも満員になるので、収入が安定化した。

だが、財政にゆとりが出ると、内輪もめが始まる。後援会の発案者で監督でもある石本秀一の発言力が強くなると反発する勢力ができ、一九五三年五月に石本は監督を辞めて総監督兼常務取締役となった。するとますます反対勢力は攻撃してきて、八月に石本は追われるようにカープから去った。

一九五四年は四位になるなど、チームも上向いてきたが、五五年になると球団の負債は五六三五万円に達していた。

そこに、東洋工業の社長になっていた松田恒次が登場した。松田は「広島野球倶楽部」を倒産させ、地元財界が出資して新会社を作り、そこが球団を運営していく案を提示した。会社再建の代表的な手法である。

かくして一九五五年一二月一七日、広島野球倶楽部は臨時株主総会を開き、「発展的解消」を決議した。一九日、「株式会社広島カープ」が発足した。資本金は五〇〇万円で、県下の東洋工業・広島電鉄・中国新聞社など一三社が出資した。初代社長には広島電鉄の伊藤信之社長が就いた。二代目社長に松田恒次が就任するのは一九六二年一一月である。

厳密には「広島野球倶楽部」が解散しているので、選手は全員自由になり、どの球団に移ってもいいとの解釈も成り立つ。さらに新会社の「株式会社広島カープ」がセ・リーグに加盟するのであれば、加盟料が必要だとの声が両リーグ理事会で上がった。しかし、鈴木龍二セ・リーグ会長は事前に相談されていたので、「会社の名称変更」として選手はカープにそのまま所属し、加盟料は不要ということで押し切った。

カープの財政は、一九五七年に市民球場が完成し、収容人数が大幅に増えたので入場料収入が増加し、改善されていく。

高橋ユニオンズ、大映スターズに吸収

セ・リーグは一九五六年も巨人が優勝したが、パ・リーグは南海と西鉄が競い、今度は西鉄が制した。日本シリーズは西鉄が制覇し、ライオンズ黄金時代が始まった。

一九五六年のオフ、高橋ユニオンズが三年の歴史を閉じた。高橋オーナーにはまだ続ける意欲があったとされるが、トンボ鉛筆も手を引いていたので、経営は厳しかった。またパ・リーグの他球団の間から、セ・リーグにならい六球団にしたいとの声も出ていた。

ユニオンズの選手たちは笠原和夫監督以下三三名が大映へ、東映に三人、近鉄に四人が移籍した。

永田雅一は自分が無理を言って、高橋龍太郎に球団を結成させたのに、三年で手放させることになったので、せめてチーム名は残そうと、大映スターズを「大映ユニオンズ」に改称し、一九五七年のペナントレースに臨む。

これでパ・リーグは七球団に戻った。

一九五七年のペナントレースは巨人と西鉄が優勝し、日本シリーズは西鉄が連覇した。シーズン中、永田はさらに一球団減らそうと考えていた。他球団に一緒になれと言うのは難しいので、大映ユニオンズをどこかと合併させるしかない。どこがいいかと考え、永田は毎日オリオンズに白羽の矢を立てた。

毎日オリオンズは初年度は優勝したが、以後は二位が一回だけと振るわない。成績が悪いので観客動員もよくなかった。毎日社内でも「オリオンズは本田親男（社長）と永田が作ったようなものだ。儲からないのならやめたほうがいい」という雰囲気になっていた。

そのオフ、大映ユニオンズと毎日オリオンズが対等合併し、「株式会社毎日大映球団」が設立された。存続会社は毎日だったが、永田雅一がオーナーとなり、球団名は「毎日大映オリオンズ」（通称は「大毎オリオンズ」）となった。

新球団は両社が三〇〇〇万円ずつ出資し、オーナーは永田雅一、役員は毎日からも何人か出すことになった。しかし、毎日は球団経営に消極的になり、実質的には永田の球団となる。

一方、一九五七年から、主催試合の収入はそれぞれの球団に全額が入るようになった。弱くても人気があれば経営は安定するようになったのである。これにより、各球団ともフランチャイズを意識するようになっていく。利益を出すには、自前の球場、それも収容人数の多い球場を建てるべきだとの結論になる。東京はプロ野球が使えるのは後楽園球場しかなかったので、一九五七年は読売ジャイアンツ、国鉄スワローズ、毎日オリオンズ、大映スターズの四球団がここを本拠地としていた。当然、全主催試合を後楽園球場でやるのは不可能で、地方球場へ遠征することもあったし、ダブルヘッダー、トリプルヘッダーも多かった。

永田は、大映と毎日が合併してひとつ減らし、国鉄が仙台に行ってくれれば、後楽園をジャイアンツとオリオンズの二球団で使えると考えた。だがこれに国鉄は反発し、この動きは事前に潰《つい》えた。

映画とテレビ

かくして――一九五八年のセントラル・リーグは、読売ジャイアンツ、大阪タイガー

球団の変遷　セントラル・リーグ　1949 ～ 1958

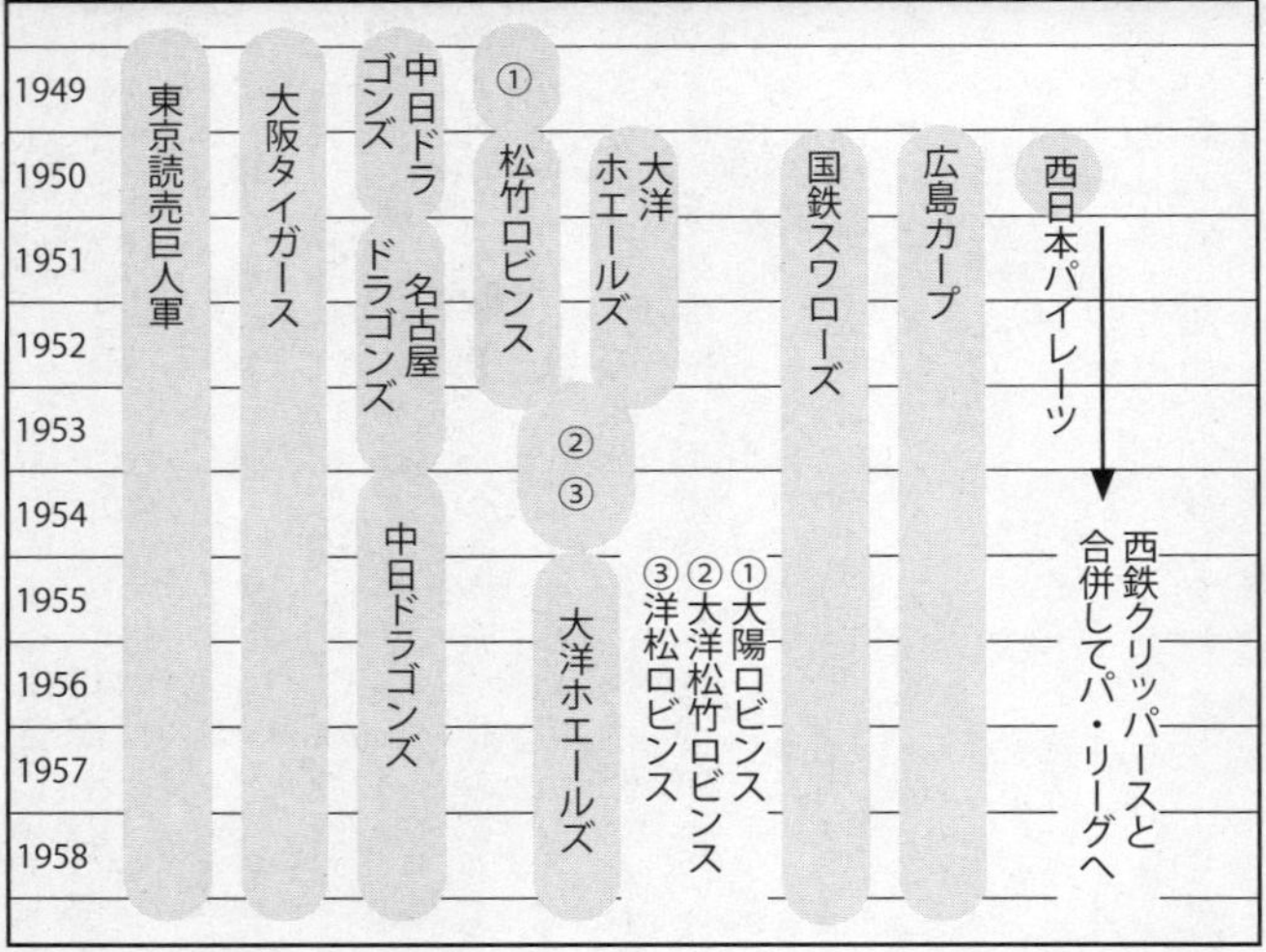

球団の変遷　パシフィック・リーグ　1949～1958

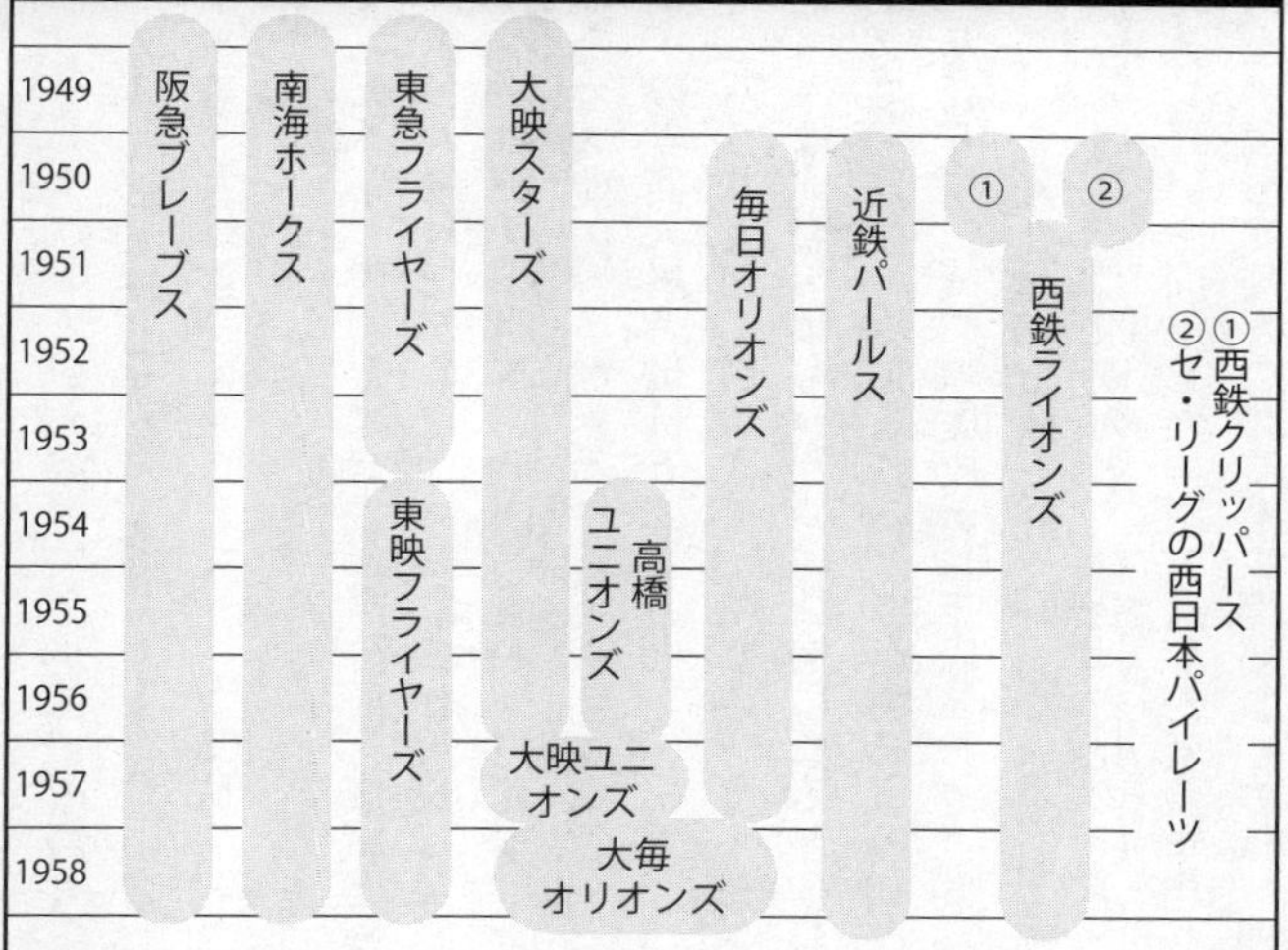

高橋ユニオンズは、1955年のみ「トンボユニオンズ」

ス、中日ドラゴンズ、大洋ホエールズ、広島カープ、国鉄スワローズ、パシフィック・リーグは阪急ブレーブス、南海ホークス、東映フライヤーズ、西鉄ライオンズ、近鉄パールス、大毎オリオンズとなり、一二球団・二リーグ制という、ほぼ現在の形に整備された。

一九五八年、映画界は過去最高の興行成績となった。「映画人口」、すなわち一年間に映画館へ入場した人の数は一一億二七四五万人で史上最高を記録した。公開された映画は日本映画が五〇四本、外国映画が一六九本、合計六七三、映画館の数は七〇六七、平均料金は六四円、総興行収入は七二三億四六〇〇万円だった。ちなみにこの年のセ・リーグの年間入場者数は五二九万九一〇〇人、パ・リーグは三五八万五一〇〇人、合わせても八八八万四二〇〇人で、映画の一パーセントにも満たない。

映画人は、翌年はもっといい数字になると信じていたが、そうはならない。この年がピークで、以後、坂道をころがり落ちるように映画人口は減っていく。

一九五五年、第二の民放テレビ局として、東京放送（TBS）もテレビ放送を始めた。そして一九五九年、東映と旺文社の出資で日本教育テレビ（NET、現・テレビ朝日）が一月に開局した。東映の大川社長は先見の明があり、映画はテレビに勝てないと踏んで、自らテレビ局を開局したのだ。財界が資金を出し合ったフジテレビも同年三月に放送を始めた。この二局がこの時期に開局したのは、四月一〇日に皇太子明仁親王と正田美智子が結婚するからだった。

その「ご婚礼パレード」を見ようとテレビを買う家庭は多かった。家電メーカー・販売店は、この慶事を販促に使いまくったのだ。皇室の経済利用の始まりだった。

そして、一九六四年には東京でオリンピックが開催されることになっており、ますますテレビは普及していく。それに伴い映画人口は激減した。一九六四年には四億三一四五万四〇〇〇人と、五八年の三八・三パーセントになってしまう。

テレビの影響は各球団にも及んだ。アメリカのメジャーリーグは放映権をコミッショナーが一括管理しているが、日本の場合は、巨人が日本テレビに放映権を売ったことで、なし崩し的にそれぞれの試合の主催チームが放映権を持つようになった。これにより日本テレビが系列局を含め、巨人戦を頻繁に放映したことで、東京以外の地域でも巨人ファンは増えていく。テレビと密接な関係を持たないチームは、この波に乗り遅れた。

一九五〇年代から六〇年代初めまで観客動員は、全体ではセ・リーグのほうが多かったが、球団ごとで見ると、大洋・中日などは南海・西鉄よりも少ない年もあった（三五四、三五五ページ参照）。圧倒的にセ・リーグの観客数が多くなるのは、ほとんどの家庭にテレビが普及していた東京オリンピックの翌年の一九六五年からだった。当初は「テレビ中継をするとわざわざ球場へ行く観客は減る」と危惧されたが、逆だった。六五年は巨人の九連覇が始まった年でもあり、巨人戦をテレビで見た人たちは球場に足を運ぶようになったのだ。しかし、中継されるのがセ・リーグの試合に偏っていたため、パ・リーグの人気は下がっていく。

第10章

共産党・陸軍人脈でのリレー

1959 - 1970

年度別順位　セントラル・リーグ　1959 ～ 1970						
	1位	2位	3位	4位	5位	6位
1959	巨人	大阪	中日	国鉄	広島	大洋
1960	**大洋**	巨人	大阪	広島	中日	国鉄
1961	**巨人**	中日	国鉄	阪神	広島	大洋
1962	阪神	大洋	中日	巨人	広島	国鉄
1963	**巨人**	中日	阪神	国鉄	大洋	広島
1964	阪神	大洋	巨人	広島	国鉄	中日
1965	**巨人**	中日	阪神	大洋	広島	サンケイ
1966	**巨人**	中日	阪神	広島	大洋	サンケイ
1967	**巨人**	中日	阪神	大洋	サンケイ	広島
1968	**巨人**	阪神	広島	サンケイ	大洋	中日
1969	**巨人**	阪神	大洋	中日	アトムズ	広島
1970	**巨人**	阪神	大洋	広島	中日	ヤクルト

1959年の大阪と中日は同率の2位。1966年の大洋とサンケイは同率の5位。

球団別年間入場者数　セントラル・リーグ　1959 ～ 1970						
	巨人	阪神	中日	大洋	国鉄	広島
1959	**1,480,900**	526,250	691,400	424,700	782,850	862,965
1960	1,543,700	634,859	927,000	**563,500**	803,800	831,300
1961	**1,603,550**	566,900	871,600	615,500	909,450	674,800
1962	1,741,200	**1,018,000**	844,750	636,009	835,550	630,500
1963	**2,153,400**	702,200	965,000	571,225	964,950	526,600
1964	2,216,000	**1,064,000**	767,000	785,850	812,470	625,500
1965	**2,304,500**	950,200	1,107,500	673,800	707,200	508,300
1966	**2,332,000**	698,700	1,022,200	693,000	840,850	622,100
1967	**2,082,000**	797,500	853,850	677,200	721,600	478,000
1968	**2,132,500**	826,500	865,400	675,900	826,600	743,000
1969	**2,266,000**	1,031,800	966,500	744,500	869,500	700,100
1970	**2,507,000**	1,055,500	872,400	728,000	761,650	618,200

国鉄は65年から「サンケイ」、69年は「アトムズ」、70年から「ヤクルト」。

年度別順位　パシフィック・リーグ　1959～1970						
	1位	2位	3位	4位	5位	6位
1959	**南海**	大毎	東映	西鉄	阪急	近鉄
1960	大毎	南海	西鉄	阪急	東映	近鉄
1961	南海	東映	西鉄	大毎	阪急	近鉄
1962	**東映**	南海	西鉄	大毎	阪急	近鉄
1963	西鉄	南海	東映	近鉄	大毎	阪急
1964	**南海**	阪急	東映	東京	西鉄	近鉄
1965	南海	東映	西鉄	阪急	東京	近鉄
1966	南海	西鉄	東映	東京	阪急	近鉄
1967	阪急	西鉄	東映	南海	東京	近鉄
1968	阪急	南海	東京	近鉄	西鉄	東映
1969	阪急	近鉄	ロッテ	東映	西鉄	南海
1970	ロッテ	南海	近鉄	阪急	東映	西鉄

1962年の大毎と阪急は同率の4位。

球団別年間入場者数　パシフィック・リーグ　1959～1970						
	阪急	南海	東映	大毎	近鉄	西鉄
1959	193,839	**858,869**	644,550	717,209	503,880	811,569
1960	268,515	701,417	353,055	**587,340**	321,110	568,865
1961	194,400	**897,090**	707,250	610,250	320,800	747,000
1962	285,800	628,877	**1,366,500**	736,300	417,000	459,800
1963	245,200	727,468	1,168,650	483,950	628,550	**594,100**
1964	621,100	**646,235**	944,000	465,500	321,075	421,025
1965	256,600	**556,811**	653,600	436,800	214,850	382,700
1966	266,300	**572,371**	810,100	295,000	224,300	541,500
1967	**570,200**	532,493	693,000	285,800	296,500	366,600
1968	**471,000**	632,450	578,000	360,500	474,400	331,000
1969	**635,500**	474,072	629,100	415,300	537,600	326,900
1970	340,700	453,980	757,500	**509,500**	396,850	580,000

大毎は64年から「東京」、69年から「ロッテ」。

束の間の安定

一九五九年から六二年までの四年は球団名の変更はあったが、球団の譲渡などのない安定した時期だった。

一九五九年一月、近鉄パールスは「近鉄バファロー」に改称した。一年目の一九五〇年から四年連続最下位で、以後も四位が最高だった。そこでパール（真珠）は品がいいが強そうではないので、「猛牛」のバファローにし、六二年からは複数形の「バファローズ」にした。それでも五九年から六二年まで四年連続最下位と低迷していた。その後も六三年は四位となったが六四年から六七年まで四年連続の最下位だった。これだけ弱くても近畿日本鉄道が私鉄で最長の路線を持つ大企業だったので、球団は維持されていた。

一九五九年は巨人と南海が優勝、日本シリーズは南海が制し、初の日本一となった。前年まで三連覇した西鉄ライオンズは四位に終わり、監督の三原脩《みはらおさむ》（一九一一〜八四）は辞任し、大洋ホエールズの監督になった。

一九六〇年、三原脩を監督に迎えた大洋ホエールズが初優勝した。パ・リーグでは大毎オリオンズが優勝、オーナー永田雅一にとって初優勝だった。日本シリーズはホエールズが制し、三原個人としては日本シリーズ四連覇となった。

一九六一年は巨人と南海が優勝し、日本シリーズは巨人が勝った。大阪タイガースは

「阪神タイガース」と改称した。

「阪神」としたのがよかったのか、一九六二年、セ・リーグでは阪神タイガースが優勝した。これでセ・リーグで優勝していないのは国鉄スワローズと広島カープだけとなった。パ・リーグも東映フライヤーズが初優勝し、優勝していないのは阪急ブレーブスと近鉄バファローズだけとなる。日本シリーズは東映が制した。

一九六二年は荒川区南千住に、初のプロ野球専用球場となる「東京スタジアム」（東京球場とも）が開場した年でもあった。大映の永田雅一が建てたものだった。

東京スタジアムはいまで言うボールパークを目指して建てられたものだった。「下町の庶民が下駄履きで気軽に通える球場」というのがコンセプトだ。永田が自分で土地を探し、南千住の大和毛織工場跡地に決めて一〇億円で購入し、一九六一年七月に総工費二〇億円で着工、翌六二年五月に、三万五〇〇〇人収容の野球専門の球場として開場した。オリオンズのフランチャイズ球場となったが、他の在京球団が使うこともあった。

一方、フライヤーズの東急時代最後の一九五三年に開場した駒澤球場は、一九六一年でその役割を終えた。球場のある土地は都有地で、一九六四年の東京オリンピックの会場にするため、用地返還を命じられたのだ。この本拠地で東映フライヤーズは一度も優勝できなかった。本拠地を失った東映フライヤーズのため、東京都が明治神宮球場と交渉し、これまでプロ野球には門戸を閉ざしていた同球場を本拠地として使えることになった。しかしあくまで学生野球が優先なので、全主催試合を神宮ではできず、後楽園や東京スタジアムも使用した。東映フライヤーズの初優勝は、神宮を使えるようになった六二年だった。しかし日本シリーズは学生野球と日程が重なったため、東映主催の三試合のうち第五戦は後楽園で開催された。

国鉄スワローズの危機

一二球団となってから最初に親会社が替わるのは国鉄スワローズだった。大投手・金田正一《まさいち》（一九三三〜二〇一九）が毎シーズン二〇勝以上の成績をあげながらも、一九六一年に三位になったのが最高で、あとはBクラスに沈んでいた。

球団を維持する経費も増大していた。野球人気が高まり、選手の年俸や契約金が高騰していったからだ。発足当初は交通協力会が経営の主体で、鉄道弘済会がそれに代わったものの、球団に投じられる資金が少ないため補強もできず、弱いままだった。自前の球場を持たないことも収益に響いていた。

直接の親会社ではないが、国鉄も収益構造が悪化し、一九六一年には一四・六二パーセントの運賃値上げに踏み切っていた。国鉄の運賃は法律によって定められるので、国鉄幹部が国会の公聴会に呼ばれ、その場では「国鉄が赤字なのにスワローズに援助している」ことが問題となった。そのため国鉄からスワローズの後援会へ出していた七〇〇万円が打ち切られることになる。

一九六一年のスワローズ球団の収支は、収入が二億〇四四一万円に対し、支出が二億〇九八八万円で、五四六万円の赤字となり、累積赤字は二三二四万円に達していた。球団代表となっていた鉄道弘済会理事・北原広男は四八〇〇万円（四一七〇万円としている資料も）の資本金を増資して補強費に当てることを提案したが、賛同を得られない。

年が明けて一九六二年四月、産経新聞社から「スワローズの経営権を移譲しないか」と持ちかけられたが、このときは断った。そこに、五月三日、東京都荒川区の常磐線三河島駅構内で死者一六〇名・負傷者二九六名の列車脱線多重衝突事故が発生し、国鉄への批判が高まった。国鉄首脳はスワローズを持ち続けることがさらなる批判になると考え、産経新聞社からの話を真剣に考えることにした。

国鉄総裁のポストには、スワローズを誕生させた加賀山之雄が、一九五一年四月の桜木町事故（死者一〇六名、負傷者九二名）の責任を取って八月に辞任した後、戦中最後の運輸通信省次官だった長崎惣之助《そうのすけ》（一八九六～一九六二）が就いた。しかし、長崎も五四年九月の洞爺《とうや》丸《まる》事故に続き、五五年五月に紫雲丸事故が発生すると、国会で野党から責任を追及され、罷免決議案が提出される情勢となり、提出前に辞任した。その後を継いだのが十河信二《そごうしんじ》（一八八四～一九八一）だった。加賀山の妻の父にあたり、年齢からすると、若返りの逆をいく人事だった。

十河は鉄道院の官僚から南満州鉄道株式会社（満鉄）の理事になり、一九五五年五月、七一歳で国鉄総裁になった。東海道新幹線を推進したので「新幹線の父」とも称される。その十河も六二年五月の三河島の事故の責任を追及され、このときは総裁の座に留まるが、六三年五月の任期満了で退任、新幹線の開業まで見届けることはできなかった。

スワローズが完全に産経新聞社に譲渡されるのはまだ先だが、十河総裁のときに大枠で話は決まっていた。十河には、娘婿の加賀山のように野球への愛着はなかった。そこでスワローズを創設したときの国鉄総裁である加賀山が、旧制第一高等学校の先輩である、産経新聞社社長の水野《みずの》成夫《しげお》に持ちかけると、乗ってきた。

では、産経新聞社はなぜスワローズを欲しがったのだろうか。それは読売・日本テレビ・巨人への対抗心からだった。当時の産経新聞社社長水野成夫は、元日本共産党員にしてフランス文学者、財界四天王の一人と称される人物である。

水野は産経新聞の創業者でもなければ同社の記者出身でもない。この新聞社とは何の関係もなかったが、財界の要請で経営を引き受けた。その点は正力松太郎が読売新聞を引き受けたのと同じだった。

スワローズは産経新聞社の傘下に移るが、それも長くは続かず、ヤクルト本社に移る。国鉄→産経新聞→ヤクルトという、まるで異なる業種の三社は、しかし、ひとつの人脈上にあった。

産経新聞社

まず、産経新聞の歴史をみていこう。

産経新聞の創業者は大阪出身の前田久吉《ひさきち》（一八九三〜一九八六）という。生家は大阪府西成郡今宮村天下茶屋（現・大阪市西成区）で農業を営んでいたが、父の代に零落し、進学はできず、漬物桶製造店や呉服問屋に丁稚に出された。その後、二〇歳になる一九一三年（大正二）から母方の祖父母が経営する新聞販売店を手伝うようになった。これが新聞との出会いである。向いていたのか、数年で取り扱い部数を一〇倍にした。

一九二二年（大正一一）七月九日、前田久吉は旬刊の「南大阪新聞」を創刊し、二三年六月に日刊の「夕刊大阪新聞」とした。二四年に大阪市内に進出して、直営販売店を設けると一〇万部に達した。三三年（昭和八）に、製鉄や機械など工業関係の専門紙が必要だと考え、六月に「日本工業新聞」を創刊した。

戦時下の新聞統合では、「夕刊大阪新聞」が他紙を吸収して、一九四二年に「大阪新聞」となり、「日本工業新聞」は愛知県より西の産業経済関係の新聞を統合し「産業経済新聞」として、生き残りに成功した。

一方、福沢諭吉によって一八八二年（明治一五）に創刊された「時事新報」は、大正から昭和初期にかけて東京では五大新聞のひとつとなっていた。一九三四年（昭和九）

に当時の社長、武藤山治《さんじ》（一八六七〜一九三四）が発案した政財界の不正を暴くシリーズ「番町会を暴く」が反響を呼び、部数を伸ばした。「番町会」とは郷誠之助《ごうせいのすけ》を中心とした、当時の若手財界人、正力松太郎・小林中《あたる》・河合良成・長崎英造・永野護らのことで、郷の邸宅が千代田区番町にあり、そこに集まっていたため、そう呼ばれた。彼らと親密な政治家が鳩山一郎・中島久万吉《くまきち》・三土忠造《みつちちゅうぞう》らである。

だが、この記事を潰そうとする勢力があり、武藤は暴漢に射殺された。これでシリーズも終わり、「時事新報」も売れなくなり経営が傾いた。そこで時事新報社は東京日日新聞社（毎日新聞社の前身のひとつ）の高石眞五郎《しんごろう》に支援を依頼するが、高石は自分の代わりに日本工業新聞の前田久吉を推した。三五年一一月、前田は時事新報社専務となり、経営再建に乗り出した。「番町会」シリーズを復活させると業績は回復したが、前田と社内の慶應義塾大学閥とが対立し、業績は再び悪化した。前田の泥臭い大阪商人的手法とスマートな慶應閥との相性が悪かったせいだったとも言われる。高石は三六年一二月、東京日日新聞社が時事新報社の営業権を買う形で事態を収拾させた。この資金で時事新報社は負債を返済した。

敗戦後、「時事新報」復刊を目指していた同紙元主筆で慶應義塾大学名誉教授・板倉卓造に請われ、前田は上京して一九四六年一月に同紙を復刊させた。ところが、前田の戦時中の論陣が問題となり、公職追放となってしまい、一九五〇年一〇月に追放解除となるまで、身動きがとれなくなった。

　追放解除後、前田は大阪新聞社と産業経済新聞の社長に復帰し、時事新報社の経営も板倉から引き継いだ。これを機に産業経済新聞の東京進出も実現した。

　一九五五年二月、産業経済新聞社東京支社を株式会社産業経済新聞東京本社とし、東京本社版は「産経時事」、大阪本社版は「産業経済新聞」と異なる題号で発行されるようになった。

　一九五八年二月、東京・大阪の二本社体制を再合同して、「株式会社産業経済新聞社」を設立し、異なる題号だったのを「産経新聞」に統一した。この合同は東京本社が巨額の赤字を抱えるようになっていたためだった。

　前田は住友銀行頭取・堀田庄三に支援を要請した。堀田は財界首脳と相談し、政府寄り・財界寄りの論陣の新聞とすることを条件に、産経新聞を支援することになった。前田は経営から手を引き、代わりに財界から送り込まれ社長に就任したのが、水野成夫《しげお》だったのである。

　この頃の前田が手掛けていた事業に東京タワーもあり、この年の一二月に開業した。しかし、正力松太郎の日本テレビは東京タワーを使用するのを拒み、独自のタワーから電波を発していた。前田は一九五三年の参議院議員選挙で当選し、五九年に再選すると自民党に入った。その後も、大阪電気通信大学創立、マザー牧場開園、ＦＭ大阪開局など、幅広い事業を手掛け、一方で禅にも傾注し、八六年に九三歳で亡くなる。

水野成夫と南喜一

水野成夫（一八九九～一九七二）は静岡県小笠郡佐倉村（現・御前崎市）に生まれ、一九二四年に東京帝国大学法学部法律学科・仏法科を卒業した。この東大時代に共産主義と出会い、日本共産党に入党した。

共産党は一九二二年に結党されたが、二四年に解散に追い込まれ、二六年に再建されるので、水野の入党は再建後であろうか。水野は入党すると野坂参三《のさかさんぞう》（一八九二～一九九三）が主宰していた「産業労働調査所」に入った。ここは「産業労働時報」という雑誌を出しており、普通選挙法が施行されたので、水野の発案で『無産者政治必携』というガイドブックを作ると、よく売れた。これで赤字だったのが黒字に転じ、所員の給与は倍になった。

この能力が買われ、水野は共産党でも事務局長となり経理を担当した。運動家の大半がこういう実務能力に欠けるので、水野は異色だった。二七年、水野は日本共産党代表としてコミンテルン極東政治局に派遣され、中国の武漢国民政府の樹立に参画した。帰国して、二八年二月一日に機関紙「赤旗」（現・しんぶん赤旗）を創刊し、初代編集長となったが、三・一五事件で検挙された。

三・一五事件では約一六〇〇名が検挙されたが、水野はそのなかでいち早く転向した。出所すると、日本共産党労働者派を結成し、コミンテルンからの離脱と天皇制の下での共産主義運動を唱え、党とは対立した。しかしこの運動は長続きせず、水野は政治活動から足を洗い、語学と文学の才能を活かして、翻訳家・フランス文学者となる。アナトール・フランスの『舞姫タイス』『神々は渇く』、アンドレ・モーロアの『英国史』などが翻訳者としての仕事だ。

同じように三・一五事件で検挙されて転向したなかに、水野の相棒となる南喜一《きいち》（一八九三～一九七〇）がいた。南は石川県石川郡三馬村（現・石川県金沢市）に生まれ、人力車夫・演歌師・薬剤師などをしながら早稲田大学理工科で学び、中退してグリセリン工場を経営していた。科学が好きな運動家だった。その一方で南は「ガマ」のニックネームで呼ばれるようになり、本人もそう称して、『ガマの聖談～南喜一の風流夜話』などの本も書き、「性豪」としても知られるユニークな人物である。

南の工場は繁盛していたが、一九二三年の関東大震災直後、社会主義運動家らが警察に殺された亀戸事件で弟が犠牲となったことで、翌年、南は三一歳にして、社会主義運動・労働運動家として生きることを決意した。工場を整理し従業員には退職金を払い、妻にも当面は食べていけるカネを渡し、南は運動に身を投じた。一九二五年から南は各地の労働争議で活躍する。彼が指導した争議には、共同印刷・小樽港湾・星製薬・浜松日本楽器などのストライキがある。何度も検挙され、通算で三年くらい獄中にいたという。

一九二七年、南は日本共産党に入党し関東地方委員長になった。二八年の第一回普通選挙に労農党から立候補するも落選、三・一五事件で検挙され、獄中で再生紙の研究をしていた。この研究が刑務所所長の知るところになり、医務室にある薬剤などを自由に使えるようになり、研究は一応の成果を上げた。南は水野が書いた転向宣言の文書を読んで共感し、転向した。

一九三〇年、南が出獄すると刑務所の前に陸軍少佐が待っていて、「軍は君の再生紙の研究には期待している。一日も早く工業化してくれ」と頼まれた。しかし南は再生紙のことは脇へ置き、東武線玉ノ井（現・東向島）駅の近くに事務所を構え、小規模工場の労働者の組織化に取り組み始めた。知り合った娼婦の悲惨な境遇を知ると、「玉ノ井の私娼解放闘争」を始め、女性が娼婦として売られる元を断たなければと、東北地方の農村救援と身売り防止運動も展開した。

一九三七年、中国大陸での戦争が激化してくると軍需産業の景気がよくなったため、ストライキも減り、南の労働運動支援の仕事もなくなった。これから何をしようと考え、再生紙のことを思い出した南は、一九三九年、獄中で研究した「古紙からインキを抜いてパルプに再生する方法」で特許を取った。するとある製紙会社が特許を買いたいと言ってきた。その総務部長が指三本を立てるので三千円かと思い断ると、実は三万円だったのだが、いまさら、三万なら売るとも言えず、話はまとまらなかった。

その数日後、陸軍から再生紙の実験をしてみせてくれと呼ばれる。秩父宮列席のもと、実験してみせた。実験は成功した。そこにいた陸軍少佐から、「軍が全面協力するから、早急に企業化してくれ」と言われた。それは、出獄した日に刑務所の前で出迎えた少佐だった。軍は南を監視下に置いていたのだ。

南の再生紙に興味を持っていたのは、その少佐の上司にあたる、陸軍軍事課長・岩畔《いわくろ》豪雄《ひでお》だった。

岩畔豪雄（一八九七～一九七〇）は日本のスパイ養成機関「陸軍中野学校」の設立者として知られる軍人だ。広島県安芸郡倉橋島（現・呉市）出身で、名古屋陸軍地方幼年学校・陸軍中央幼年学校本科を経て、一九二六年に陸軍士官学校を卒業した。三〇年に結成された超国家主義的秘密結社「桜会」のメンバーでもあった。一九三二年に満州へ初出向し、関東軍参謀・対満事務局事務官となった。この頃から諜報・謀略に興味を持っており、徹底的に学んだ。三四年、東京に戻ると諜報活動に従事し、外国大使館の盗聴や郵便検閲、偽札製造の研究などをしていた。

一九三七年、岩畔豪雄は秘密戦業務推進を命ぜられ、一一月に防諜・謀略活動を目的とした参謀本部第八課へ異動となり、地下機関「秘匿名警務連絡班」を創設した。そして一九三八年、岩畔は大映の市川雷蔵主演の映画で知られる「陸軍中野学校」を設立し、スパイの養成を始めたのである。

岩畔の経歴を見ていくと、七三一部隊の石井四郎（一八九二〜一九五九）の人体実験や偽札作り、阿片の取引など、日本陸軍の暗部と深く関わっていることが分かる。

岩畔は合理的思考をする人物で、戦争継続のためには紙は不可欠だが、原料のパルプを輸入に頼っている現状を危惧し、国内で古紙から再生できないかをずっと考えていた。岩畔はあらゆるところに情報網を構築していたので、南喜一の獄中研究も知り注目していたのだ。刑務所所長が南の実験に便宜を図ったのも岩畔の指示だろう。周囲は「南は元共産党員であるから近づかないほうがいい」と注意したが、岩畔は気にしなかった。むしろ、転向者ほど使えると理解していたようだ。

南も、元共産党員でありながら、軍に協力することにためらいはない。そこで再生紙を企業化するならば経営実務能力のある者と組まなければと考え、水野成夫を思い出した。共産党系の調査機関で利益を上げ、党の経理も担当していたので、経営もできるだろうと踏んだのだ。南は水野と共に岩畔に会い、会社を作ることで合意した——と、南は自伝『ガマの闘争』に書いているが、南と水野のほうから陸軍に売り込んできたとしている資料もある（松浦行真編『人間・水野成夫』、桜田武・鹿内信隆共著『いま明かす戦後秘史』など）。

しかし、水野が一九三八年に「浅原事件」に連座して憲兵隊に逮捕されたため、この話はいったん止まる。ここで浅原健三（一八九七～一九六七）という、社会主義運動家から転向して石原莞爾《いしわらかんじ》側近になった男が登場する（浅原の評伝としては桐山桂一著『反逆の獅子』がある）。

浅原は福岡県の炭鉱主の家に生まれたが、その炭鉱が倒産し、クズ石炭・クズ鉄拾いなどをして生活を送った。一九一九年、二三歳の年に日本労友会を設立し、八幡製鉄所の大労働争議を指導し、治安警察法違反で逮捕された。出獄後、上京して印刷工をしながら日本大学専門部法科の夜学に通った。この時期に大杉栄や堺利彦らと知り合っている。

一九二五年、浅原は九州民憲党を結成し、二八年に衆議院議員選挙に立候補して当選した。三〇年の選挙でも当選したが、三二年は「満州からの即時撤兵」を訴えて、落選した。このときに、政友会幹事長の森恪《もりかく》から、「日中問題を解決したければ軍に近づく必要がある」と説かれ、石原莞爾と会い、その政策秘書的な仕事をするようになった。

だが石原は失脚し、舞鶴《まいづる》要塞の司令官に追いやられた。石原を警戒した東條英機派は、石原一派を一掃しようと、一九三八年に満州国協和会東京事務所嘱託だった浅原を治安維持法違反で逮捕し、協和会会員だった水野も連座したのである。東條は浅原が労働争議を指導していたことから軍を赤化しようとしていると断じ、起訴しようとした。しかし、石原の背後には陸軍大臣・板垣征四郎がいるため、東條としてもそこまで踏み込めない。

そこに登場するのが岩畔豪雄で、浅原のみを国外追放にして、他は全員釈放することになり、水野も釈放された。大日本再生製紙が創立されるのはその後だ。

国外追放となった浅原は上海へ渡り、そこで巨万の富を得た。一九四四年の東條英機暗殺未遂事件へも関与が疑われ、憲兵隊に逮捕されたが釈放された。その後は那須で隠遁生活を送り、敗戦を迎える。以後、歴史の表舞台には出てこないが、鳩山一郎内閣成立の影の立役者とも伝えられる。

戦後の水野と南

大日本再生製紙設立にあたり陸軍側で岩畔の下で担当していた事務官が、後のフジサンケイグループ総帥・鹿内信隆《しかないのぶたか》（一九一一〜一九九〇）だった。ここで水野と鹿内との関係が生まれた。また親会社の国策パルプ工業の社長は日清紡績社長の宮島清次郎で、水野・南はその門下生となった。とくに水野は宮島を通じて財界へ入り、その中枢へ向かう。

水野の戦中のもうひとつの仕事として、一九四一年に太平洋戦争開戦後の、岩畔が計画したインド独立工作がある。水野はこれにも関与していた。

敗戦直前の一九四五年四月、大日本再生製紙は国策パルプ工業を吸収合併し、南は取締役、水野は常務取締役に就任した。国策パルプはこの後も製紙会社の合併を繰り返し、一九九三年に「日本製紙」となる。

戦後、南は国策パルプの工場従業員の食糧難打開のため、「食糧対策委員会」を結成すると、自分の会社だけの問題ではないと、食生活改善運動を始めた。以後、国策パルプ工業で常務になる一方で、いくつもの会社の役員も兼任していった。

水野は一九四六年、宮島清次郎の手引で経済同友会幹事となった。民主化で労働者の権利が確立されたため、各社で労働争議が勃発していた。手を焼いた財界首脳が、元共産党員である水野ならば労働組合のことを理解しているから弾圧もできると見込んで、労働対策を担当させたのだ。

水野は多くの争議を解決し、財界で注目されていく。国策パルプでも四八年に専務、四九年に副社長、五一年に社長、六〇年に会長と出世していった。南も水野に遅れながら、五九年に副社長、六〇年に副会長、六二年に会長となる。

その一方で一九五六年、水野は文化放送の社長にも就任したのである。

文化放送とニッポン放送

文化放送は一九五一年にカトリックの聖パウロ修道会が布教目的で設立した「財団法

人日本文化放送協会」が前身だった。しかし開局にあたりＮＨＫをレッドパージされた職員を大量に採用したため労働争議が勃発し、放送内容も娯楽番組が少なく左翼的な内容の報道も多かった。これに危機感を抱いた財界が、一九五六年に東急電鉄・旺文社・大日本印刷・小学館・講談社・東映・家の光協会等の出資で「株式会社文化放送」を設立し、日本文化放送協会の無線免許を引き継がせた。このとき、水野が社長として送り込まれたのだ。

こうして水野はマスコミにも足場を持ち、次は産経新聞へ乗り込んだ。

水野は産経新聞社再建にあたり、普通の企業の経営手法を植え付けた。新聞社では編集局が一番威張っており、その下に販売、一番下に広告がある。それを、広告主を見つけることを最優先課題とし、広告が取れるように部数を伸ばし、部数が伸びるような記事を作れと命じた。労働組合とは「平和維持協定」を締結して、役員、職制、職場代表による再建推進協議会を設置、労使一体体制を構築した。このため、産経新聞労組は新聞労連から脱退した。

「産経残酷物語」「水野天皇制」とまで称されるドラスチックな改革は、多くの解雇や配置転換を伴うものだったが、就任一年で黒字に転換したので、水野は財界からは高く評価された。

文化放送と並行して一九五四年七月一五日、財界が主導して大企業二〇〇社の出資を得て設立されたニッポン放送が放送を開始した。ニッポン放送株式会社の会長は日本貿易会会長の稲垣平太郎、社長は経済団体連合会（経団連）副会長の植村甲午郎《こうごろう》、専務取締役は日本経営者団体連盟（日経連）専務理事の鹿内信隆、取締役は日経連会長で日清紡績社長の櫻田武が務めた。稲垣や植村は名誉職的なもので、実権を握ったのは鹿内信隆だった。陸軍時代に岩畔豪雄の下にいた軍事官僚である。

水野と鹿内はともに岩畔門下なので、文化放送とニッポン放送は一種の兄弟会社だった。

そして一九五七年、文化放送・ニッポン放送が中心になり、東宝・松竹・大映が参加して設立されるのが、フジテレビだった。同局の放送開始は一九五九年三月である。その初代社長には水野が就任した。

こうして水野は文化放送、産経新聞、フジテレビというラジオ・新聞・テレビ三社の社長を兼ねることになった。フジテレビ社長は水野が一九六三年一一月まで務めると、鹿内信隆が後を継いだ。一九六七年、産経新聞、文化放送、ニッポン放送、フジテレビは正式に「フジサンケイグループ」と称するようになり、六八年に水野が病に倒れると、鹿内が実権を握り一大帝国を築く。

さて——国鉄スワローズの経営に産経新聞が参画するのは一九六二年で、フジサンケイグループはすでに形成されてはいるが、まだそう命名されてはいない。

産経新聞社は広告部門は順調に伸びていたが、部数はそれほど伸びない。読売新聞がジャイアンツの試合のチケットを使って部数を伸ばしているので、水野は産経も球団を持とうと考えた。

産経新聞社が赤字球団を引き受けたのは、水野自身が野球好きだったのが大きい。一九五三年に日本生産性本部の欧米使節団に加わったとき、水野はアメリカでは一行から外れて、ナショナル・リーグの試合を観戦するくらい好きだった。この野球への思いと、新聞・ラジオ・テレビのトップとして、読売新聞・日本テレビへの対抗心から、フジサンケイグループもプロ野球チームを持たなければならないと考えるようになったのである。

ここで隠遁していた浅原健三が登場する。浅原と水野の関係は戦後も続いており、水野がスワローズを手に入れたいと相談すると、浅原が国鉄の十河信二総裁に話をつなげた。十河は満鉄理事だったので石原莞爾を通じて浅原とも親しかったのである。それとは別に、旧制一高の後輩で国鉄元総裁の加賀山から、スワローズを引き受ける気はないかと打診されたとの説もある。

国鉄スワローズからサンケイスワローズへ

一九六四年のペナントレースは阪神タイガースと、南海ホークスという関西の二球団が優勝し、御堂筋シリーズと称された日本シリーズは南海が勝った。

国鉄スワローズは一九六二年八月に、産経新聞を筆頭とするフジサンケイグループとの業務提携を発表した。フジサンケイグループは国鉄球団の資本金四八〇〇万円のうち、一二〇〇万円を取得し、さらに毎年六〇〇〇万円を援助費として投入する。また報道については、フジサンケイグループが全面的に協力するというものだった。この提携により、フジテレビはスワローズ主催の試合を中継できるかと思ったが、当時は後楽園球場での試合は日本テレビが独占していた。フジサンケイグループとしては、本拠地を後楽園から移すことを考えなければならない。

そこで浮上したのが明治神宮球場だった。長くアマチュア野球の殿堂としてプロ野球には使用を認めなかったが、前述のように一九六二年から、東映フライヤーズへ東京都の仲介で門戸を開いていた。いったん開くと、神宮球場側もプロ野球を収入源として考えるようになり、六二年一一月、国鉄スワローズに対し「第二球場を三万五〇〇〇人収容に改修するから、フランチャイズ球場にしないか」と打診した。条件は五億円と見込まれる建設費を球団が負担し、代償として場内広告と売店収入を一〇年間、球団の収入にしてよいというものだった。

国鉄にはそんな資金はないので、球団は産経の水野に相談した。水野は乗り気になった。協議が進み、一九六三年五月、神宮第二球場をスワローズの本拠地とすると発表された。完成予定は一九六四年で、工費はいつの間にか二〇億円に膨らんでいた。しかしこの計画が発表されると、日本学生野球協会が反発した。政治問題となり国会の文教委員会でも問題となった。学生野球側は、自分たちが第二球場へ追いやられると危惧した。右翼団体までが騒いだ。「神宮」という聖地を興行に使用するなということだった。

結局一二月に、第二球場は拡張工事を打ち切り学生野球専用とし、翌一九六四年から第一球場を夜間に限りスワローズが使用することになった。これでフジテレビはスワローズ戦をテレビ中継できるようになった。

だが、一九六四年は水野が強引に林義一《はやしぎいち》を監督にしたため、チーム内で反感を買ったこともあり、五位に下がった。国鉄側は林を更迭《こうてつ》しようとし、エース金田正一も「林続投なら、移籍する」と宣言した。産経側が林を留任させたので、金田は宣言どおり、一〇年選手の特権を行使して退団、巨人軍へ入団した。

国鉄は林更迭の主張が通らなかったこともさることながら、金田を失ったため、球団保持の意欲を失くした。財政的理由もあった。一九六四年は東京オリンピックの年で、国鉄はそれに間に合わせるために東海道新幹線を開業させたが、この年初めて赤字転落もしていた。もはや球団を持つ余裕はなかったのだ。産経新聞社はこの二年半にすでに五億円をスワローズに投じていたが、国鉄本社は一円も支援できなかった。

一九六五年二月一九日、水野成夫が球団取締役に就任した。そして、シーズン開幕の前日にあたる四月九日、元国鉄総裁の加賀山と、今泉球団社長らが水野を訪ねて、正式に球団経営の譲渡を申し出た。

四月二三日、スワローズは記者会見を開き、「産経新聞による経営の一元化」のみを発表した。すると、林義一監督が辞任した。産経に切られたのである。二軍監督の砂押《すなおし》邦信《くにのぶ》が監督になった。

五月一〇日に正式に経営権が譲渡され、国鉄スワローズは「サンケイスワローズ」となった。水野がオーナーとなり、「三年以内に優勝する」と宣言した。

毎日新聞の撤退

前年の一九六四年一月には「大毎オリオンズ」が「東京オリオンズ」と改称していた。経営母体は毎日新聞と大映のままだったが、永田が勝手に改名したのだ。東京を本拠地とするチームは巨人・国鉄・大毎・東映とあるが、いずれもチーム名に「東京」と冠していないことに気づき、永田は、東京スタジアムを本拠地とするオリオンズこそ、東京を代表するチームだという意味を込めて、改名した。永田が野球チームで「大映」の宣伝をしようなどと考えていないことがよく分かる。

だが、この改名を永田が毎日新聞社に相談せずに決めたため両者の関係が悪化し、六五年一月に毎日はオリオンズから資本を引き上げる。これでオリオンズは永田雅一が単独で経営することになった。リーグは異なるが、新聞社では産経と入れ替わるように毎日が球界を去ったのだ。

しかし、永田の大映に昔日の栄光はない。映画会社大手五社のなかで最も業績が悪化していた。はたして永田雅一はいつまで球団を持ち続けられるのか。

一方、東映は一九六四年九月に東急から分離独立した。五島慶太が一九五九年に亡くなった後、後を継いだ長男の五島昇と大川博との間に生じた確執が背景にあった。

しかし、東映フライヤーズについては、従来どおり、球団保有は「東急ベースボール倶楽部」で、球団運営は「東映興業」という体制のままだった。また東急電鉄が東映の大株主であることも続く。

一九六五年の勢力分布

一九六四年の産経の参入で、セ・リーグの三球団が新聞社を親会社とすることになった。一方、パ・リーグの盟主となることを期待されて参入した毎日新聞社は撤退した。

整理すると、新聞社が読売新聞（巨人）、中日新聞（ドラゴンズ）、産経新聞（スワローズ）の三社で、鉄道会社が阪神（タイガース）、阪急（ブレーブス）、南海（ホークス）、近鉄（バファローズ）、西鉄（ライオンズ）の五社、映画会社が大映（オリオンズ）、東映（フライヤーズ）の二社、食品会社が大洋漁業（ホエールズ）、市民球団が広島（カープ）という勢力分布となる。

一九六五年のペナントレースは巨人と南海が優勝し、日本シリーズは巨人が勝った。世にいう「九連覇」の始まりで、七三年まで続く。

国鉄から産経新聞にスワローズが移ったように、以後、球団の経営母体（親会社）の変更は、主として親会社側の経営問題として起きるようになるが、チームとしての成績が低迷していることも共通する。優勝した球団は身売りされないのである。

また一九六五年からドラフト制度が導入された。巨人が九連覇できたのは豊富な資金でいい選手を取りまくったからだ。資金のあるチームは強く、人気もあるのでいい選手を獲得できる。その結果、ますます強くなる。資金のないチームは弱く、戦力の補強も難しくますます弱くなる。この悪循環を打ち破るには、ドラフト制度という劇薬が必要だった。

ドラフト制度を日本に導入しようと動いたのは、西鉄ライオンズのオーナー、球団社長の西亦次郎《またじろう》だった。一九六四年七月のオーナー会議で提案すると、セ・リーグは大洋ホエールズ以外はみな反対、パ・リーグは全球団が賛成と分かれた。セ・リーグ側は全球団の四分の三、つまり九球団が賛成なら導入するとの条件を出した。西は中日ドラゴンズ、国鉄スワローズを説得し賛成に転じさせることに成功した。これで、パ・リーグの六球団と大洋、中日、国鉄が賛成となり、反対は巨人、阪神、広島だけで、プロ野球全体としてドラフト制度を導入することになった。

ドラフト制度による戦力均衡化のおかげで、一〇年かかったが、セ・リーグでは七五年に広島東洋カープ、七八年にヤクルトスワローズがそれぞれ初優勝できた。

サンケイアトムズ

産経新聞に譲渡されたスワローズは、一九六五年は「サンケイスワローズ」だったが、六六年から「サンケイアトムズ」となった。六五年一二月に新しいニックネームの公募が発表され、六六年一月に「アトムズ」が選ばれた。とはいえ、これは出来レースに近く、最初から「アトムズ」にするつもりだった。

「アトム」は、一九六三年一月からフジテレビ系列で放映されていた手塚治虫原作、虫プロダクション制作のアニメ『鉄腕アトム』にちなむ。爆発的な人気を呼んでいたので、それにあやかって、「アトムズ」としたのだ。手塚治虫はアトムズ後援会の副会長になった。

名前は変わったが、六五年のアトムズは最下位だった。六五年のセ・リーグの優勝は巨人、パ・リーグは南海、日本シリーズは巨人が勝った。

一九六六年のシーズン終了後、サンケイアトムズの球団社長だった友田信が文化放送の社長業に専念することになり、水野がオーナー兼球団社長になった。これで水野の発言力は増していく。

しかしこの頃、水野と産経新聞は大きな問題を抱えていた。水野の肝いりで始めたリゾート開発、サンケイバレイ（現・びわ湖バレイ）が行き詰まっていた。サンケイバレイは滋賀県大津市木戸にあるスキー場で、琵琶湖を望めるところにある。当時、世界唯一とされた全長約二キロのカーレーター（ベルトコンベアー式の登山鉄道）が約二〇分で山麓と山頂を結んでいた。しかしこの売り物のカーレーターが事故を起こすなど、誤算続きで負債が膨らむばかりだった。このサンケイバレイの失敗で、水野のフジサンケイグループ内での立場も弱くなり、相対的にフジテレビと鹿内信隆がグループ内の権力を握る。

一九六七年もセ・リーグは巨人が優勝したが、パ・リーグは阪急ブレーブスが球団創立以来、初優勝した。一九三六年のプロ野球が始まった年から参加していながら、それまで優勝できなかったのである。小林一三は一九五七年に亡くなっている。日本シリーズは巨人が勝った。

広島東洋カープ

広島カープは東洋工業の松田恒次の発案で、一九五五年に新会社を設立して経営危機を乗り切ると、五七年には広島市民球場が完成して観客動員数が大幅に増えたこともあり、財政的にも余裕ができ、戦力の補強も可能になった。六二年、松田は広島カープの球団社長を引き受けると、ますます野球にのめりこんでいった。

一九六七年、カープは六三年以来の最下位に転落した。それもあってシーズンオフの一〇月に全役員が松田社長に辞表を提出し、以後は東洋工業のみで球団を運営することが決まった。松田恒次が筆頭株主となり、球団会社は松田家と東洋工業が出資する体制へと移行したのである。現在もマツダはカープの大株主ではあるが、松田家の持ち分のほうが多い。

東洋工業はチーム名に社名を入れる意思はなかったのだが、球団へ資金を回す際に税制上の経費として認めてもらうには、社名を入れるよう税務当局から指導された。つまりカープが東洋工業の宣伝媒体になっていると認められなければ、税制上の優遇措置が得られないのである。そこでやむなく、一二月一七日に球団名を「広島東洋カープ」とした。

社名は「東洋工業」だが、同社の自動車はブランドの「マツダ」として通用しており、宣伝効果を狙うなら、「広島マツダカープ」とすべきだ。しかしそれだとマツダ（自動車）の球団というイメージとなり、これまで市民球団として親しまれ、県内各企業からの支援も得ていたこととの整合性がとれなくなる。そこで一般名詞でもある「東洋」を冠した「広島東洋カープ」としたのである。同時に球団の運営会社名も六八年シーズンから「広島東洋カープ」となる。松田恒次が球団オーナーとなり、その長男で東洋工業副社長の松田耕平（一九二二～二〇〇二）がオーナー代理に就任した。

一九六八年は東洋工業にとって、前年に発売されたロータリーエンジン搭載車が脚光を浴び、生産台数でトヨタ、日産についで国内第三位となった飛躍の年だった。しかし、アメリカ・フォードとの提携交渉のさなかの七〇年に松田恒次が亡くなり、ドル・ショックで提携は白紙となった。松田耕平は拡大路線を取り、新工場を建設、開発にも投資した。だが七三年の石油ショックでロータリーエンジンは燃費が悪いとされ、販売台数が落ち込み、一気に経営危機となり、七四年には一七三億円の赤字となった。

そして一九七五年、東洋工業が苦境にあるなか、広島東洋カープは初優勝した。

一方、東洋工業は住友銀行の管理下に置かれるようになり、松田耕平は一九七七年に社長を退任し、代表権のない取締役会長に退いた。これにより、東洋工業は松田家の同族経営が終わる。経営改革のなかで広島東洋カープをどうするかも協議され、資本関係は維持して株主ではあり続けるが、球団経営には関与しないこととなり、広島東洋カープは松田家による独立採算制となった。

東洋工業の経営危機のとき、カープが最下位争いを続ける弱小球団だったら身売りされていたかもしれない。

東洋工業は一九八四年に「株式会社マツダ」と社名変更した。八〇年代半ばから広告会社主導の「CI（コーポレート・アイデンティティ）」という企業イメージ戦略が流行し、多くの大企業が社名変更していたが、東洋工業も時流に乗って、ブランド名として世界的にも定着していた「マツダ」を社名にしたのである。だが、球団名は「広島東洋カープ」のまま、現在に至っている。

水野と南の友情

一九六八年も巨人と阪急が優勝し、日本シリーズは巨人が勝つという、前年と同じ結果となった。そのオフ、サンケイアトムズとヤクルト本社、東京オリオンズとロッテが、それぞれ業務提携を決めた。偶然ではあるが、食品メーカー二社が同時期にプロ野球の世界に参入したのである。

シーズン開幕から間もない四月一三日、サンケイの水野オーナーは神宮球場での試合を観戦する予定だったが、脳溢血で倒れ、姿を見せなかった。これがヤクルトへの経営権譲渡の始まりだった。

水野はこの年、六九歳になる。六月に小康を得て退院し、軽井沢で静養していた。そこに盟友・南喜一が見舞いに来て、事業から離れ、療養するよう勧めた。新聞社や放送局は、水野がいなくても動いていく。だが、アトムズはフジサンケイグループ内でお荷物になりつつあった。産経新聞が新聞拡販のためにチケットを大量に買い、フジテレビが放映権を払うことで、やりくりしている。フジテレビ社長の鹿内信隆は、公然と「不採算事業を切り捨てるのなら産経新聞の社長を引き受ける」と言っており、それがアトムズのことなのは明らかだった。それもあって、水野は退くわけにはいかない。

南喜一は全てを知っていたので、アトムズは自分が会長をしているヤクルトで引き受けると言った。そう――南喜一はヤクルトの会長になっていたのである。

ヤクルト本社と永松昇

一般に知られているヤクルトは、「株式会社ヤクルト本社」という。わざわざ「本社」と名乗っているのだから、当然、本社以外にも「ヤクルト」の会社はある。

ヤクルト本社のホームページの「会社概要」には、創業・昭和一〇年（一九三五）、設立・昭和三〇年（一九五五）となっている。創業と設立が異なるのはよくあることだが、二〇年もずれている。「沿革」を見ていくと、まず一九三〇年に〈代田稔《しろたみのる》が人の健康に役立つ乳酸菌の強化・培養に成功（乳酸菌 シロタ株）〉、三五年に〈「ヤクルト」の製造・販売を開始〉で、これが創業のことらしい。四〇年に販売専門の「代田保護菌普及会」が各地に誕生、そして一九五五年に東京都中央区に株式会社ヤクルト本社を設立し、京都に研究所を設立、六三年にヤクルト独自の婦人販売員システムを導入、六四年に初の海外事業所として台湾ヤクルトが営業を開始、六七年に東京都国立市に研究所を設立

（のちの中央研究所）、六八年にサンケイアトムズ（現・ヤクルト球団）の経営を継承——と続く。

これだけを読めば、乳酸菌の強化・培養に成功した代田稔が、ヤクルトの製造・販売も担い、やがて本社を設立したかのようだ。だが、違うのである。代田以外の人名がないのも、奇妙な沿革である。

一九七〇年代から八〇年代にプロ野球ファンだった人ならば、問題発言の多い「ヤクルトの松園オーナー」の記憶があるだろう。だが、いまのヤクルト本社のホームページには「松園」の名はない。歴代社長・会長といったページもなく、誰がヤクルトを大きくしてきたのかが分かりにくい。これは——かつて骨肉の争いがあり、松園が創業社長を追い落として乗っ取ったことを隠したいからであろう。とはいえ、この情報社会で隠すことなどできない。ヤクルト本社の創業者は永松昇（一九一〇〜七五）という。そして乳酸菌飲料を「ヤクルト」と命名したのも永松だ。

永松昇は明治の終わりに福岡県遠賀《おんが》郡若松町（現・北九州市若松区）の商家・安田家の次男として生まれた。だが母の実家・永松家に跡継ぎがいないため、八歳の年に伯父夫婦の養子となった。一九二八年に旧制宇佐中学を卒業し、第三高等学校を受験したが失敗し、翌年も受験したが落ちたので進学は諦めた。そして京都で「エリー」というヨーグルトを製造販売している、正垣角太《まさがきかくた》郎《ろう》（一八七四〜一九三七）のもとで働くようになった。

ヨーグルトや乳酸菌飲料が身体にいいと言われるようになったのは二〇世紀になってからで、ロシアの微生物学者エリー（イリア）・メチニコフ（一八四五～一九一六）が唱えた。そのエリーに因んで命名されたのが、正垣が作っていたヨーグルト「エリー」だった。

正垣は医師だったが、父が亡くなり家業の精錬所を継いでいた。メチニコフの論文を読んで乳酸菌に興味を持ち、京都帝国大学の医学部や農学部の研究者たちを集め乳酸菌研究所を作り、研究・開発を始めた。一九二五年（大正一四）に、四種類の乳酸菌の共棲培養に成功し、乳酸菌強化飲料「エリー」を発売した。

この正垣の研究所に出入りしていたのが、京都帝国大学医学部の微生物学教室助手だった代田稔（一八九九～一九八二）である。ヤクルト本社の沿革にあるように、一九三〇年に乳酸菌の強化培養に成功し、それを「ラクトバチルス　カゼイシロタ株」と名付けた。

代田稔は長野県飯田市竜丘《たつおか》に生まれた。飯田中学（現・長野県飯田高校）、第二高等学校（現・東北大学）、京都帝国大学医学部と進学した。当時は栄養状態も衛生状態も劣悪だったので、感染症で命を落とす人が多い。代田は微生物の研究をしているうちに、「人の健康に役立つ微生物もある」と知り、その研究に進む。そして、胃液や胆汁《たんじゅう》に負けずに生きて腸まで届く乳酸菌の強化培養に成功したのだ。

正垣のもとで、永松昇がしていたのは研究ではなく、ヨーグルトの販売だった。やがて正垣に見込まれて「後を継いでくれ」と頼まれたが、それを断り独立することにした。

永松は故郷へ帰り、一九三五年四月、福岡市に乳酸菌飲料製造所として「ヤクルト研究所」を立ち上げた。「ヤクルト」はエスペラント語で「ヨーグルト」という意味だった。このときに種菌《たねきん》を提供したのが、正垣の研究所で知り合った代田稔だった。代田は自分の研究成果を惜しげもなく提供した。自分の持論である乳酸菌を使っての予防医学を実践できると踏んだのである。ここから永松と代田の盟友関係が始まる。

代田から種菌の提供を受けたので、永松は社名を匿名組合「代田保護菌研究所」と改め、ヤクルトの製造・販売を始めた。類似商品が出回りだしたので、一九三八年四月には「エル・ヤクルト」を商標登録した。

日本人の食生活に牛乳は定着していたが、ヨーグルトを飲むことがまだ珍しい時期で、敬遠されていたので、永松はいかに健康にいいかを宣伝するところから始めた。一種の布教活動だった。

永松のヤクルト事業は成功し拡大していく。一九四一年に下関市に新工場を建て、匿名組合「代田保護菌研究所」を「代田研究所」と改称した。これに伴い販売部門を強化し、「株式会社代田保護菌普及会」を資本金六万円で設立した。宇部市の薬種問屋の経営者たちも出資した。これにより研究所が製造して、普及会が販売する体制となる。

永松が採用したのはフランチャイズ制の一種だった。ヤクルトを販売したい者は、「ヤクルト配給所」を設立し、代田保護菌研究所に、「販売権利金」「既存得意先譲り受け対価」「取引保証金」「契約保証金」などを払い、営業権を得る。そして提供される濃縮原液を希釈処理して、小瓶に詰めて販売する。これは宗教団体的な組織でもあった。単なる商売ではなく、健康促進のためのヤクルトを布教する集団となったのだ。

戦争が始まると永松はヤクルトの軍への売り込みにも成功した。物品税未納で摘発されたが、軍に頼み、課税を免れたことからも、いかに軍部に食い込んでいたかが分かる。別府で航空機部品製造の軍需工場も営んでいたので、それも軍を味方にできた理由だった。しかし、戦況悪化とともに牛乳や砂糖などの原料の入手が困難となり、事業は縮小され、ヤクルトは開店休業状態となる。

一九四五年八月六日、永松は仕事で宇佐（大分県）から広島へ向かっていた。原爆投下に遭遇したものの、無事だった。しかし被爆していたので原爆症となる。

ヤクルトの再興は一九五一年まで待たねばならない。それまでの間、永松は別府の竹製品工業連盟に頼まれて一九四六年の衆議院選挙に立候補したが落選、選挙後は別府で輸出用のビーズを製造する日本ビーズを立ち上げ、ヤクルト再興の資金を作っていた。この日本ビーズも成功し、一時は数千人を雇用していたが、一九五〇年に火事で焼失し、永松は蓄えていた資金で従業員に退職金を払った上で、倒産させた。

ヤクルトの類似品が出回っていることで、ヤクルト配給所の権利者たちが、永松に対し、早く再興してくれと言ってくる。機は熟したと判断し、永松は一九五一年に大牟田工場を立ち上げ、販売会社としての「株式会社ヤクルト本社」を一九五五年四月に設立し、代田稔が会長、永松が社長となった。

松園尚己

後にヤクルト本社の社長となる松園尚己《まつぞのひさみ》が永松の前に現れたのは本社設立の前年、一九五四年で、いきなり現れ、ヤクルトの工場をやらせてほしいと強引に頼み込んだ。松園が持ってきたのが二〇万円ほどだったので、「そんな金額では工場は無理だ」と断ったが、松園があまりに熱心なので、永松は八王子の営業権を譲った。

松園尚己（一九二一〜九四）は長崎県南松浦郡三井楽町（現・五島市）、つまり九州最西端の島に生まれた。双子で兄の松園直已《なおみ》もヤクルトの役員になる。父は教員で校長まで務めたが、尚己たちが幼少の頃に亡くなった。一九三九年に上京し、法政大学工業学校に入り、法政大学専門部（夜間学部）に進んだ。召集されたので五島に帰ったが体格検査で不合格となると、軍が発掘している鉱石を船積みする仕事に就いて、敗戦を迎えた。

松園は長崎市へ出て、闇市で海産物や進駐軍の横流し品を売っていた。長崎のビワを京都へ運んで売るなど、いろいろな「商売」をして、それなりに成功したらしい。そして東京へ出て一旗揚げようと考える。そこで出会ったのがヤクルトだった。福岡に住む母方のいとこがヤクルト配給所を経営していたのである。一九五三年から松園は長崎でヤクルトを販売するようになった。

長崎で実績を積み、一九五四年になって、ヤクルト本社が設立されると聞いて、思い切って上京し、永松に直訴した。

営業の才能があった松園は、八王子でヤクルトの製造・販売を始めると、二年後の一九五六年には「関東ヤクルト製造株式会社」を設立し代表取締役社長となり、北海道にもヤクルト製造株式会社を設立した。そして、五七年、ヤクルト本社の取締役にもなり、六三年に専務取締役になる。

一方、永松はヨーグルトの次の健康食品としてクロレラに夢中になっていた。一九五八年にヤクルト研究所では、代田がクロレラ内にある微生物発育促進物質の抽出に成功し、六〇年からヤクルトをクロレラで培養する。

そして、この一九六〇年、ヤクルト本社は、一億円を出資して東京都北多摩郡国立町（現・国立市）に財団法人日本クロレラ研究所を設立した。その所長に招聘されたのが、産経新聞の水野成夫の盟友で、性豪として知られる南喜一だったのである。

南喜一とクロレラ

再生紙を作っていた南喜一がなぜクロレラの研究所に招かれたのか。永松は南を研究者として招聘したわけではない。前述したが、南は戦中・戦後、国策パルプ工業の工場従業員の食糧難打開のため、「食糧対策委員会」を結成したのがきっかけで、食生活改善運動を始めていた。一九五五年に財団法人「日本食生活協会」を設立し、その副会長になっていた。南は未来の栄養源としてクロレラに注目し、五七年に食生活協会付属の日本クロレラ研究所を設立し所長となった。ヤクルトが同名の研究所を設立する三年前だ。このクロレラのつながりで、南と永松は出会ったのである。

南は、一九六一年には故郷である石川県の石川ヤクルトの取締役となり、ヤクルトとの関係を深めた。永松と南は、一九六三年に日本クロレラ研究所は役割を終えた、つまり研究段階は終わったとして、日本クロレラ株式会社を設立し、南が会長になった。ヤクルト本社は日本クロレラからクロレラを購入して、各製造工場でクロレラヤクルトを生産することになった。同時に、永松はヤクルト本社の社長を辞任した。永松がクロレラに傾注していることに不満を抱いていた者も多かったので、松園がその反永松派を結成して追放しようとしたのを察し、先手を打って辞めたという説もあれば、松園の手腕を認めて禅譲《ぜんじょう》したとの説もある。

一九六三年三月、永松はヤクルト本社の社長を退任し非常勤の取締役会長となり、新社長には代田が就任、松園は専務取締役となった。さらに半年後の九月、永松は会長も辞任し、ヤクルト本社からは完全に離れた。そしてその後任の会長に、南喜一が就任した。

産経新聞の水野成夫社長が倒れ、南喜一が見舞った一九六八年七月時点でのヤクルト本社は、南が会長、代田が社長、松園が専務という布陣だ。南は名誉職的な会長で、代田は研究部門の責任者だったので、実質的な経営トップは松園である。だが、松園としても南には逆らえない。

アトムズのオーナーは病床の水野から福田英雄に交代しており、一〇日に「昨日（九日）、ヤクルトから申し入れのあった球団の業務提携について、資本、役員構成とも、五〇対五〇を条件に同意した」と発表された。

一二月一六日、産経新聞本社での球団の緊急役員会にヤクルト側も松園以下四名が参加し、球団の代表取締役社長に松園を満場一致で選出し、会社名はどちらのものでもないということから「株式会社アトムズ球団」とした。チーム名も「アトムズ」で地名も企業名も付かない球団名は二リーグ制になってからは初めてだ。しかしこの名は短期間で終わる。

国鉄と産経の業務提携時は、三年にわたり両者が共同で運営していたが、産経とヤクルトのときは松園が球団社長になった時点で、ヤクルト側に権限は移譲された。セ・

リーグへは、福田オーナー・松園社長として届けられたが、年が明けて一九六九年二月に福田が退任し、松園がオーナー兼球団社長に就任した。それでも産経新聞は株を持ち続け、完全撤退は一九七〇年になる。フジサンケイグループがスワローズ・アトムズに投入したのは六年間で一三億七〇〇〇万円、そのうち産経新聞社は七億四〇〇〇万円を負担した。それに見合う部数増は得られなかった。

一九六九年も巨人と阪急が優勝した。巨人は五連覇、阪急も三連覇、日本シリーズはこの年も巨人が制した。新生アトムズは五位に終わった。

一月に東京オリオンズとロッテの業務提携が発表された。これは次の章に記す。

一九七〇年一月七日、「株式会社アトムズ球団」は「株式会社ヤクルトアトムズ」と名称変更、同時に産経新聞は資本も役員も引き上げた。だがフジサンケイグループとして球団を支援することが条件となっていたので、フジテレビが約二〇パーセントの株式を持つことになった。いまもフジテレビがスワローズの試合のテレビ中継権を持つのはこのためだ。

これを見届けるかのように、一月三〇日に南喜一が亡くなった。会長が空席になると、代田が会長に、松園が社長になり、名実ともに松園体制が確立された。永松昇はヤクルト本社を相手に、「ヤクルト」の商標をめぐり裁判を起こし泥沼化する。

水野成夫が亡くなるのは一九七二年五月四日だった。

いまのヤクルトスワローズには、満鉄も日本共産党も陸軍も再生紙工場も関係がないが、この球団の歴史は日本の左右の暗部とつながっている。

観客数の比較　1950 ～ 1980				
年	セ・リーグ	パ・リーグ	セに対するパの割合	
1950	2,462,000	1,744,200	0.71	
1951	2,248,000	1,414,600	0.63	
1952	2,901,829	2,284,100	0.79	
1953	3,578,573	3,475,700	0.97	南海優勝。
1954	4,105,108	3,490,930	0.85	
1955	4,217,118	3,095,600	0.73	
1956	4,486,886	3,050,340	0.68	
1957	5,467,900	2,891,700	0.53	パ､8 球団から 7 球団へ。
1958	5,299,100	3,585,100	0.68	
1959	4,769,065	3,729,916	0.78	
1960	5,304,159	2,800,302	0.53	
1961	5,241,800	3,476,790	0.66	
1962	5,706,009	3,894,277	0.68	
1963	5,883,375	3,847,918	0.65	
1964	6,270,820	3,418,935	0.55	
1965	6,251,500	2,501,361	0.40	巨人の V9 始まる。
1966	6,108,850	2,709,571	0.44	
1967	5,610,150	2,744,593	0.49	
1968	6,069,900	2,847,350	0.47	
1969	6,578,400	3,018,472	0.46	
1970	6,542,750	3,038,530	0.46	
1971	6,021,200	2,595,900	0.43	
1972	6,195,500	2,539,800	0.41	東映、西鉄撤退。
1973	7,650,800	4,060,200	0.53	パ、2 期制に。
1974	7,595,200	3,501,300	0.46	
1975	9,479,500	3,201,900	0.34	
1976	9,070,000	3,344,600	0.37	
1977	9,114,000	4,114,000	0.45	
1978	9,988,000	4,114,500	0.41	
1979	10,752,000	5,220,000	0.49	西武、参入。
1980	10,322,000	5,797,500	0.56	

第11章

ラッパと妖怪

1968 - 1979

年度別順位　セントラル・リーグ　1971 ～ 1982

	1位	2位	3位	4位	5位	6位
1971	**巨人**	中日	大洋	広島	阪神	ヤクルト
1972	**巨人**	阪神	中日	ヤクルト	大洋	広島
1973	**巨人**	阪神	中日	ヤクルト	大洋	広島
1974	中日	巨人	ヤクルト	阪神	大洋	広島
1975	広島	中日	阪神	ヤクルト	大洋	巨人
1976	巨人	阪神	広島	中日	ヤクルト	大洋
1977	巨人	ヤクルト	中日	阪神	広島	大洋
1978	**ヤクルト**	巨人	広島	大洋	中日	阪神
1979	**広島**	大洋	中日	阪神	巨人	ヤクルト
1980	**広島**	ヤクルト	巨人	大洋	阪神	中日
1981	**巨人**	広島	阪神	ヤクルト	中日	大洋
1982	中日	巨人	阪神	広島	大洋	ヤクルト

球団別年間入場者数　セントラル・リーグ　1971 ～ 1982

	巨人	阪神	中日	大洋	ヤクルト	広島
1971	**2,360,500**	715,500	818,900	644,250	897,750	584,300
1972	**2,305,500**	806,500	924,400	706,500	927,300	525,300
1973	**2,765,000**	1,060,500	1,241,000	823,700	1,007,700	752,900
1974	2,585,500	1,084,000	**1,360,000**	849,500	1,066,700	649,500
1975	2,833,500	1,393,000	1,674,000	926,000	1,453,000	**1,200,000**
1976	**2,943,000**	1,361,000	1,509,000	980,000	1,284,000	993,000
1977	**2,946,000**	1,393,000	1,456,000	825,000	1,610,000	884,000
1978	2,814,000	1,392,000	1,475,000	1,437,000	**1,810,000**	1,060,000
1979	2,796,000	1,658,000	1,705,000	1,456,000	1,683,000	**1,454,000**
1980	2,801,000	1,695,000	1,397,000	1,390,000	1,725,000	**1,314,000**
1981	**2,904,000**	1,641,000	1,580,000	1,296,000	1,642,000	1,047,000
1982	2,965,000	1,928,000	**1,812,000**	1,474,000	1,712,000	1,037,500

75 年の広島と 78 年のヤクルトは初優勝。優勝した年は観客数も多い。大洋は 78 年から横浜に移転し、観客数は飛躍的に増えた。球団名は「横浜大洋」となっているが、略称は「大洋」のまま。

年度別順位　パシフィック・リーグ　1971～1982

	1位	2位	3位	4位	5位	6位
1971	阪急	ロッテ	近鉄	南海	東映	西鉄
1972	阪急	近鉄	南海	東映	ロッテ	西鉄
1973	★南海	☆阪急	ロッテ	太平洋	日拓	近鉄
1974	☆**ロッテ**	★阪急	南海	太平洋	近鉄	日本ハム
1975	★**阪急**	☆近鉄	太平洋	ロッテ	南海	日本ハム
1976	★☆**阪急**	南海	ロッテ	近鉄	日本ハム	太平洋
1977	★**阪急**	南海	☆ロッテ	近鉄	日本ハム	クラウン
1978	★☆阪急	近鉄	日本ハム	ロッテ	クラウン	南海
1979	★近鉄	☆阪急	日本ハム	ロッテ	南海	西武
1980	☆近鉄	★ロッテ	日本ハム	西武	阪急	南海
1981	☆日本ハム	阪急	★ロッテ	西武	南海	近鉄
1982	★**西武**	☆日本ハム	近鉄	阪急	ロッテ	南海

1973～82年は2期制。★は前期優勝、☆は後期優勝。順位は通算の勝率。

球団別年間入場者数　パシフィック・リーグ　1971～1982

	阪急	南海	東映	ロッテ	近鉄	西鉄
1971	**484,500**	425,400	563,200	476,800	256,400	362,600
1972	**383,500**	475,200	746,500	310,000	304,600	320,000
			日拓／日本ハム			太平洋／クラウン
1973	**443,500**	**657,700**	738,100	946,500	397,700	876,700
1974	**417,000**	564,100	550,000	**872,000**	310,100	788,100
1975	**447,000**	427,900	520,500	603,300	**442,300**	760,900
1976	**441,500**	554,000	881,000	634,300	400,400	433,400
1977	**592,500**	641,000	1,006,000	**752,000**	487,500	635,000
1978	**793,500**	444,000	1,067,000	496,500	547,500	766,000
						西武
1979	**800,800**	466,000	1,325,000	467,200	**796,000**	1,365,000
1980	644,000	603,500	1,518,000	**773,500**	**734,500**	1,524,000
1981	618,500	546,500	**1,374,500**	**854,300**	571,500	1,581,000
1982	613,000	439,000	**1,071,000**	652,200	578,000	**1,464,000**

79年、クラウンは「西武」となり、所沢に移転し観客数は倍増。

大映の危機

一九六八年オフに東京オリオンズの経営にロッテが参画することになり、一九六九年一月に発表され、「東京オリオンズ」は「ロッテオリオンズ」となった。

永田雅一がロッテに支援を求めた背景には、映画界の絶望的な不況があった。映画人口の推移を追うと、一九六四年は四億三一四五万人、六五年は三億七二六八万人、六六年は三億四五八一万人、六七年は三億三五〇七万人、六八年は三億一三四〇万人と、右肩下がりが続いていた。

大手五社のなかでも大映は厳しく、六六年上半期決算で累積赤字二〇億円、借入金五〇億円となっていた。永田は役員の若返りをはかり、八月に一四名の役員全員に辞表を書かせ、五人を入れ替え、役員全体の平均年齢は六〇歳から五一歳になった。しかし、そんなことでは状況は改善しない。勝新太郎と市川雷蔵の二枚看板はあるものの、「座頭市」「眠狂四郎」などのシリーズものが大半で、マンネリ化していた。累積赤字を解消するために大都市にある直営館を売却したが、負債は少なくなっても、集客が見込める大都市の映画館がなくなったので観客動員が見込めなくなり、悪循環に陥った。

大手五社のうち、東宝は大都市の直営映画館での外国映画のロードショーで利益を出し、松竹と東映はボウリング場経営などの多角化がこの時点では成功していた。日活と大映だけが危機的状況にあった。その大言壮語ぶりから「ラッパ」と称された、稀代の興行師永田雅一といえども打つ手がなくなっていた。

永田雅一の苦境を知った正力松太郎が手を貸そうと言ってきた。二リーグ制にできたのは永田の力によるところが大きいので、正力としては永田に恩を感じていた。しかし、永田は断った。読売新聞はすでに巨人と日本テレビを持っているので、オリオンズまで正力の手に委ねると、プロ野球の全てを支配されてしまうではないか。正力に悪意はないとしても、その助けは借りたくなかった。永田なりの矜持であった。

永田はペプシコーラの「ペプシコ」にオリオンズを売ろうと考えた。ペプシコが日本市場に進出したときに、永田は一役買っていたのだ。ペプシコーラは進駐軍用に一九四七年から日本でも製造・販売されていたが、一般市場への進出は五六年からだった。このとき、永田と大日本製糖の藤山勝彦、朝日麦酒の山本爲三郎などが個人出資し、大日本製糖が大株主となって「日本飲料」が設立され、ペプシコの所有する駐留軍用瓶詰め工場を引き継ぎ、営業を開始した。

しかし、ペプシはコカ・コーラに負けて、日本市場では苦戦していた。永田は、オリオンズを買えば毎日、テレビや新聞で「ペプシコーラ」の名が報じられ宣伝になるからと、一五億円で売ろうとした。しかし、ペプシコはすでに事業拡張のために資金を投入しており、一五億円はとても用意できず、この話は流れた。

その永田を助けようと手を差し伸べたのが、元内閣総理大臣の岸信介《のぶすけ》だった。戦時中は革新官僚と呼ばれ、満州に理想の国家を作ろうとし、戦後はA級戦犯容疑で逮捕されながらも起訴されず復権して、内閣総理大臣にまで上り詰めた政治家である。一九六〇年に新安保条約成立と引き換えに退陣したが、以後も政財界に隠然たる影響力を保持し「昭和の妖怪」と称された。いまもその血脈は政界に残っている。

永田は本業の映画の他、プロ野球にも手を出し、また競走馬のオーナーでもあった。だが、彼自身の最大の娯楽が「政治」だった。河野一郎を総理にしようと、映画で得たカネを河野に献金し、さらに自民党の多くの政治家にも献金していた。そのひとりが岸信介だった。政界への献金は、映画の入場税を引き下げることにつながるなど、それなりに本業の映画の役にも立ったが、大映として収支が合ったとは思えない。永田の夢であった河野一郎総理大臣誕生は、河野が一九六五年に急死したことで潰えた。

河野が亡くなった後も永田は政界への影響力を保持していた。南海電鉄が一九六七年から六八年にかけて、立て続けに三つの大事故を起こしたとき、中曽根康弘運輸大臣は、事故の原因のひとつがATS（自動列車停止装置）が完備されていないことにあったので、「ATSも設備できないような会社にプロ球団を持つ資格はない」と南海に告げた。赤字のホークスに回す資金があるのならATSへ回せというわけだ。運輸大臣が公の場でこう発言すれば、南海はホークスを手放さなければならなくなる。それを知った永田は中曽根に「南海をこれ以上追い詰めるな」と頼んだ。中曽根は河野派だったので、永田にとっても子分のようなものだった。これで南海はホークスを手放さずにすんだ。

永田は元首相の岸信介にも献金しており、岸がオリオンズの救世主として紹介したのが、ロッテの重光武雄《しげみつたけお》だった。

重光武雄とロッテ

重光武雄（一九二一〜二〇二〇）は日本統治下の朝鮮慶尚南道蔚山郡《きょんさんなむどうるさん》（現・蔚山広域市）で農家の長男として生まれた。韓国名は辛格浩（シン・キョクホ、またはシン・キョッコ）という。戸籍上は二二年一〇月生まれだが、実際にはその前年に生まれたとの説もある。幼児死亡率が高かったので、すぐには届け出なかったのだ。重光は長男で四人の弟と五人の妹がいる。父が教育熱心だったため、彦陽《おにゃん》小学校から蔚山農業専門学校へ進学したが家計を考え、上の学校へは行かず、一九三九年に道立種畜場に就職し、その年のうちに結婚した。女の子が生まれたが、重光はもっと勉強したいと、一八歳になる一九四一年のある日、日本へ向かった。

東京に着いた重光は、小学校時代の友人が暮らす杉並区高円寺の下宿に同居させてもらい、牛乳配達をしながら、早稲田実業学校の夜間部で学んだ。作家を志していたという。だが、一九四三年に卒業した頃には、文系の学生は徴兵されると言われていたので、理系に進み技術者になろうと、早稲田高等工学校応用化学科へ入学した。一九二八年に創設された夜間制の学校で、施設や教員は早稲田大学理工学部と同じだったので、この学校は早大理工学部の夜間部と言えなくもないが、厳密には異なる。

この早稲田高等工学校時代、重光は質屋兼古物商でアルバイトをしていた。その主人・花光八太郎は重光がよく働き、また頭の回転も速いのを見込み、自分が資金を出すので旋盤切削用の油を作る工場を作らないかと誘った。収益の三分の二を自分が、三分の一を重光が取るという条件だという。重光はこの話を受けた。花光から五万円を出してもらい、大田区大森で、ひまし油を原料にして旋盤の冷却用油の生産を始めた。順調だったが、一九四五年四月一五日に空襲で工場は焼けた。そこで八王子に工場を再建したが、そこも八月一日に焼けてしまう。

そして敗戦を迎えた。朝鮮人の多くは日本から解放された祖国へ帰ったが、重光は残った。八王子の農家の納屋を借りて、ひまし油を原料にして、鍋で石鹸を作り始めたのだ。物不足で何でも売れた時代だったので、重光の石鹸も売れに売れた。靴墨も作り、子供たちに靴磨きをさせて、これも儲かった。

短期間でそれなりの富を得た重光は、一九四六年五月、杉並区荻窪に「ひかり特殊化学研究所」の看板を掲げ、石鹸やポマードなどの量産を始めた。さらに化粧品にも手を伸ばし、これも成功した。一年でかなりの資金が貯まり、重光は花光に出資してもらった五万円に利子をつけて返すことができた。もっともインフレの時代だったので、実質的には目減りしていた。

一九四六年から四七年にかけてのある時期、重光は初めて「ロッテ」と名付けた化粧品を売り出し、これも売れた。だが四七年になると、石鹼や化粧品の他のメーカーも生産体制を整えてきたので、重光は新たなビジネスを模索する。思いついたのがチューインガムだった。

ロッテのホームページにある「ロッテの歩み」には、〈一九四八年六月、株式会社ロッテ創業、チューインガムの製造販売を開始〉とあり、これがロッテの出発点ということになっている。「ロッテ」という社名にしてブランドは、重光の愛読書だったゲーテの『若きウェルテルの悩み』のヒロイン、「シャルロッテ」から取られた。「ひとりでも多くの人に愛される会社にしたい、愛されるものを作りたい」という思いが込められているという。資本金は一〇〇万円で設立当初の社員は一〇名だった。

チューインガムもヒットし、一九五〇年三月には新宿に工場を建てた。スペアミントガム、グリーンガム、クールミントガムといった新製品も次々とヒットした。テレビ時代の到来を見越し、「皇太子御成婚」の一年前の一九五八年五月からＴＢＳの「ロッテ歌のアルバム」のスポンサーとなり、この番組は一九七七年まで続く。さらに事業を拡大して一九六四年にチョコレート、七〇年にキャンディも発売した。

重光武雄が故郷へ帰ったのは一九六二年四月のことだった。二一年ぶりである。在日韓国人商工会連合会（現・在日韓国商工会議所）の顧問としての帰国だった。当時はまだ日韓には国交がない。当時の大韓民国は復興を目指しているという状況だった。重光が帰国した一年前の一九六一年五月一六日、韓国では陸軍少将・朴正熙《パクチョンヒ》（一九一七～七九）によるクーデターが勃発し、軍事政権が誕生していた。重光は朴政権中枢に喰い込むことができた。政権としても「開発独裁」政策を進めていく上で、日本で成功している韓国人を外貨をもたらしてくれる人として重視していた。

一九六五年、日韓基本条約が結ばれ、国交が正常化した。この時の日本は佐藤栄作政権だが、佐藤の実兄・岸信介元首相がこの条約に深く関与していることは、全国民が知っていることだった。

岸―朴―重光

ここで改めて、岸信介（一八九六～一九八七）について記しておく。岸は山口県吉敷郡山口町八軒家（現・山口市）に生まれた。父は佐藤家の婿養子だったが、山口県庁の官吏をしていた。実弟が総理大臣になる佐藤栄作だ。やがて父は官吏を辞めて造り酒屋を営むようになった。信介は岡山にいる叔父に面倒を見てもらい岡山中学に進学したが、その叔父が急逝したため、三年の途中で山口に戻り、同時期に父の実家・岸家を継いでいた伯父の養子になった。山口中学を卒業した後、上京して第一高等学校、東京帝国大学へと進む。岸は一九二〇年（大正九）に東京帝国大学法学部を卒業すると、農商務省に入り、二五年に同省が分割されると商工省に配属された。大臣官房文書課長、工務局長を経て、三六年一〇月に満州国国務院実業部次長に就任し、産業部次長、総務庁次長になり、満州国に計画経済・統制経済を大胆に取り入れた。この時期に、関東軍参謀長・東條英機、日産コンツェルン総帥・鮎川義介らと知り合う。三九年に帰国して商工省に復帰すると次官になり、「革新官僚」として知られた。このとき商工大臣だったのが阪急の小林一三で、二人は対立し、岸は辞任した。だが四一年に東條内閣の商工大臣となり、開戦の詔書に署名した。その後、東條とも対立したことが戦後の復権の一因となる。

戦後、岸はA級戦犯被疑者として逮捕され、東京の巣鴨プリズンに拘置された。正力松太郎もこの時期、巣鴨にいたのは前述した（第8章「正力松太郎、読売追放」）。しかしこの二人は起訴されず、釈放された。

岸は釈放されると政界に復帰し、弟の佐藤栄作が属していた吉田茂の自由党に入るが、吉田と対立して除名され、鳩山一郎と日本民主党の結党に加わった。そして両党が一九五五年に合併し（保守合同）、自由民主党が結党されると幹事長となった。五六年一二月の自民党総裁選では石橋湛山《たんざん》に負けたが、石橋が二か月後に病に倒れたため、後継指名されて、五七年二月に内閣総理大臣に就任した。六〇年に日米安保条約を改正しようとしたが大反対運動が展開され、条約を成立させると退陣した。しかし、退陣後も政財界に影響力を持ち、「昭和の妖怪」と称された。

朴正熙は一九六一年のクーデターで国家再建最高会議議長に就任すると、一一月に訪日して池田勇人《はやと》首相と会談した。このときに岸とも会い、外務省とは別の日韓裏ルートが確立された。朴正熙は満州国軍将校として満州国と関わりを持ったことがあり、当時の岸とは面識こそないが、人脈ではつながっていた。

ロッテの重光は在日韓国人の出世頭となっていたので、朴とも交流が始まり、その延長で岸とも親交ができた。

そして一九六八年のシーズンオフ、岸は永田と重光を引き合わせたのである。

ガムの輸入自由化

永田はこのとき、球団売却までは考えていない。オリオンズの累積赤字が一二億円あるので、球団名を「ロッテオリオンズ」とするから、六億円を出資し、さらに五年間、毎年一億円を宣伝費として出してくれないか、と重光に頼んだ（金額は異説もある）。いまでいうネーミングライツである。前例としては戦前のライオン軍やトンボ・ユニオンズがある。

重光は野球に興味もないし知識もないので、断った。だが永田は懇願した。そして

「リグレーの例もあるから、球団を持つのはロッテにもメリットがあるはずだ」と言った。リグレーはアメリカのチューインガム・メーカーで、メジャーリーグのシカゴ・カブスのオーナー企業でもあった。アメリカは球団名に企業名は入れられないが、カブスの本拠地球場は「リグレー・フィールド」と命名されていた。この球場での試合が報じられるたびに、「リグレー」の名が全米に伝えられるのである。リグレーは球団を持つことで、全米にその名を宣伝できた。

重光はそのことは知っていた。というよりも、当時の重光にとって「リグレー」は常に頭の中にある最大の脅威だった。岸内閣は日本市場の開放策を取り、一九六〇年に「貿易・為替自由化計画大綱」を閣議決定し、以後の内閣も開放政策を取っていた。アメリカからの圧力もあり、さまざまな分野で自由化が進み、六八年には重光が恐れていたチューインガムの自由化も検討されるようになっていた。アメリカのガムメーカーで日本市場を狙っていたのがリグレーだったのだ。

ロッテに限らず菓子メーカーにとってリグレーの日本上陸は、なんとしても阻止しなければならない。少なくとも数年は先にしてもらいたい。それには政界工作が必要だった。永田がリグレーの名を岸のいる前で出したのは、ここで自分の頼みを聞けば、リグレー問題でロッテのために岸が動いてくれるという示唆だった。重光は、おそらく、阿《あ》吽《うん》の呼吸でそれを理解した。

岸が重光に「オリオンズの面倒をみてくれ」と頭を下げると、「持ち帰って検討させてください」と引き取った。

ロッテ社内では、球団を持つことに反対の声が多かった。ロッテの菓子を買ってくれる子供たちのなかには、巨人ファンも多い。そういう人たちを敵にまわすことになる――そんな意見があった。これはロッテに限らず、一般コンシューマー向けの製品を作っているメーカーにとって、プロ球団を持つか否かを検討する際に共通するデメリットである。

しかし、重光はオリオンズを引き受けようと決断した。岸と永田の双方に恩を売ることができるというのも理由ではあったが、経営者としての計算もした。球団を持ち「ロッテ」の名を冠すれば、宣伝になることは間違いない。さらに大映の映画館でロッテ製品を販売してもらえば、実利にもなる。ロッテが当時、テレビの三〇分番組のスポンサーとして払っていたのは、年間で五億円から六億円だったので、永田の言う「年に一億円」はロッテとしては高くはなかった。

重光はオリオンズに対し、一二億円の赤字の半分の六億円を出資し、向こう五年間、毎年一億円を広告費として出すという、当面の危機を乗り越えるための救済策を示した。

永田もこの案を受け入れ、一九六九年一月一八日、東京オリオンズはロッテと業務提携し、「ロッテオリオンズ」となることが発表された。記者会見では、永田と重光の間に岸が立ち、三人が握手をした。この時点で、この提携に元内閣総理大臣岸信介が関係していることが示された。

岸の意図は何だったのか。岸は総理在任中の一九五七年三月三〇日に、巨人−国鉄戦の始球式で投げているくらい、野球好きではある。六〇年に安保反対運動のデモ隊が国会を取り囲んだときも、「私は声なき声に耳を傾けねばならないと思う。（デモの）参加者は限られている。野球場や映画館は満員で、銀座通りもいつもと変わりがない」と言った逸話もある。野球好きとしての義侠心からの行動なのか、友人・永田の苦境を救おうという友情か、それとも正力に代わり球界支配をしようとしていたのか——深い意図はなかったのかもしれないが、これをきっかけに「昭和の妖怪」は球界にそれなりの影響力を持つことになる。

重光がオリオンズを引き受けると、岸は秘書の中村長芳《ながよし》に命じて、大蔵省（現・財務省）や農林水産省に働きかけ、リグレーの日本上陸は二年、延期された。ロッテとしては、オリオンズへの業務提携で出した資金は十分に回収できたであろう。

ここに登場した岸信介の秘書、中村長芳はロッテオリオンズ球団の副社長になる。

大映倒産

産経新聞社とヤクルト本社との業務提携が発表されたのは一九六八年一二月一〇日、

大映とロッテとの業務提携が発表されたのは六九年一月一八日と、ほぼ同時期に食品メーカー二社が球界に登場した。これで大洋漁業と合わせて三社となる。

ロッテに球団経営で提携してもらったが、一九六九年の大映の配給収入は二九億八六〇〇万円で、二枚看板のひとり、市川雷蔵が亡くなったこともあり、前年から五億六六〇〇万円も減らした。七月決算では二億九〇〇〇万円の赤字で、累積赤字は二六億円となっていた。映画人口はついに三億人を割って、二億八三九八万人になっていた。

一九六九年、ペナントレース終盤の一〇月八日に報知新聞と読売新聞が、西鉄の選手が八百長をしていると報じた。事件は他球団にも拡大していくが、西鉄は大きく傷ついた。

その翌日には正力松太郎が亡くなり、巨人がセ・リーグ五連覇を決めた。この年、パ・リーグは阪急が優勝し、日本シリーズは巨人が制した。

一九七〇年一月、永田雅一は年初の記者会見で「五〇億や六〇億の借金があっても、大映は捨て値でも一一〇億か一二〇億になる」と自慢にもならない自慢をした。問題は年間六億円にもなる金利だった。そのため遊休資産や土地を売却すると明らかにした。そこにオリオンズも含まれるのかどうかには言及しなかった。

一九七〇年は、セ・リーグは巨人が六連覇、パ・リーグはロッテオリオンズが優勝した。球団名はロッテになっていたが、オーナーはまだ永田だったので、永田にとって三度目の優勝だった。選手たちも永田が球団のために悪戦苦闘しているのをよく知っていたので、このオーナーを胴上げした。球場に詰めかけたファンも「永田さん、おめでとう」と合唱した。永田は号泣して宙を舞った。こんなにも愛されたオーナーは他にいない。報知新聞は「最高殊勲選手は永田オーナー」という見出しで報じた。

永田にはこれが自分にとって最後の優勝だと分かっていたのだろう。

一九七〇年の映画人口は二億五四八〇万人で、前年の八九・七パーセントとなった。大映の当期の経常損失は二九億六九〇〇万円、負債総額は五〇億八七〇〇万円となった。過去一〇年間に不動産、有価証券など六一億円を処分したが、それでもなお五〇億円の負債が残っていたのだ。あと売れるものは東西の撮影所と本社ビルくらいだった。撮影所の売却は、映画製作の停止を意味するので、それはできない。

一九七〇年の日本シリーズは巨人が勝ち、オリオンズの日本一は達成できなかった。しかし、もはやこれまでだ。永田はオリオンズを完全に手放すことにした。

年が明けて一九七一年一月二二日、永田はオリオンズの経営権をロッテに移譲した。

これを受けてオリオンズのオーナーは重光武雄に交代した。重光は、永田がオーナーだった六九年と七〇年はオリオンズには「カネは出すが口は出さない」でいた。最初にオリオンズの経営に協力してくれと頼まれたとき、野球に興味がないと言ったのは本当で、ルールもよく知らなかったらしい。勝ち負けにもまったくこだわっていなかった。

永田が離れると、球団社長には副社長（オーナー代理）になっていた中村長芳が昇格した。重光は野球に関しては、中村に一任した。

オリオンズを手放し、永田雅一は大映の経営に専念するはずだった。しかし、資金ショートを起こし、もはや継続は困難だった。永田が入院し雲隠れした後、大映は一一月二九日に副社長の永田秀雅（永田雅一の長男）が全従業員に解雇通告をし、業務の全面停止を発表した。その上で、一二月二一日、一八八六万円の不渡手形を出し、同日、東京地方裁判所に対し、自己破産を申請した。負債総額五五億六九〇〇万円、資産三三億円とされた。二日後に異例とも言える速さで、東京地裁は破産宣告をした。

倒産にあたり、永田が公の場に出ることはなかった。永田ラッパはもう、鳴らない。

一九七一年の映画人口は二億一六七五万人だったが、これでも底ではなく、翌年には二億人を割ってしまう。球団を持つもうひとつの映画会社、東映も経営は厳しかった。

その厳しい経営をしていた大川博東映社長は、肝硬変で倒れ、病室にまで帳簿を持ち込んでいたが、一九七一年八月一七日に亡くなった。七四歳だった。東映の社長には岡田茂が就任し、大胆なリストラをしていく。岡田はフライヤーズのオーナーには就かず、大川の息子、大川毅がフライヤーズを継いだ。毅は就任にあたり「父の遺志を継いで、フライヤーズは身売りしません」と宣言した。逆に言えば、東映も経営危機だったのでフライヤーズを売るのではないかと取り沙汰されていたのだ。

それは噂ではなく、実際に岡田茂はフライヤーズに見切りをつけており、譲渡先を探していた。東急の五島昇に相談すると、五島も賛成した。東映は東急から独立していたが、依然として東急は東映の大株主だった。

中村長芳

ロッテオリオンズのオーナーとなった、岸信介の秘書、中村長芳（一九二四〜二〇〇七）は、山口県山口市に生まれた。旧制山口中学では安倍晋太郎と同級生だった。安倍晋太郎は東京大学法学部を卒業すると毎日新聞社に入り、一九五一年に岸信介の娘と結婚し、五八年の衆議院選挙に立候補し、当選して政界に入った。

中村は山口中学では野球部に入り甲子園を目指していたが、叶わなかった。中央大学法学部を卒業すると、すぐに岸信介のもとへ馳せ参じ、一九五三年の岸の戦後最初の衆議院選挙でトラック隊を編成して選挙運動をした。この働きが認められ、岸の秘書となった。岸は総理大臣を辞めた後も国会議員は七九年まで続けたので、中村は議員秘書ということになる。この当時、岸の何人もいる秘書のなかで筆頭秘書というポジションにあった。

大映の永田を救う、ネーミングライツ方式でのロッテとの業務提携も、岸に命じられて中村が考えたものだったという。

中村はロッテオリオンズのオーナー代行になったが、岸の秘書としての仕事も続けていた。そして一九七一年からは中村がオリオンズのオーナーとなった。

一九七一年のペナントレースは、またも巨人と阪急の優勝で、日本シリーズは巨人が制した。これで七連覇だ。

パ・リーグの危機

一九七一年の観客動員数は、セ・リーグ全体で六〇二万一二〇〇人に対し、パ・リーグは二五九万五九〇〇人と半分以下だった。巨人だけで二三六万〇五〇〇人で、パ・リーグ全体とほぼ同じ数の観客を集めていた。パ・リーグの最多は東映で五六万三二〇〇人だが、これはセ・リーグで最少の広島の五八万四三〇〇人より少ない。西鉄は三六万二六〇〇人で五位、最下位は近鉄の二五万六四〇〇人だった。近鉄は巨人の一割ほどしか動員できていない。セ・リーグ各球団には、巨人戦のテレビ放映権からの莫大な収入もあったが、パ・リーグにはそれもない。

二リーグ制になった最初の一九五〇年はセ・リーグの二四六万二〇〇〇人に対し、パ・リーグは一七四万四二〇〇人で、パはセの七割ほどだったが、その差が開いたのも、セ・リーグの試合ばかりがテレビ放映されていたのが大きい。テレビは、映画を衰退させただけでなく、パ・リーグも衰退させたのである。

その象徴が大映と東映のプロ野球からの撤退だった。

すでに大映は撤退しているが、東映も危なかった。だが東映の前に西鉄ライオンズが音を上げた。本社専務で球団オーナーの木本元敬《きもとげんけい》（一九二〇～二〇一四）が「今シーズン（一九七二年）で撤退したい」との意向を明らかにしたのだ。「黒い霧」事件で最も傷ついたのが西鉄で、そのせいもあってチームは七〇・七一年と二年連続最下位だった。観客動員数も「ライオンズ黄金時代」のピークの一九五八年には八九万七三五〇人もあったが、三分の一近くに低迷していた。

観客動員数の低迷もライオンズを手放したい理由だったが、鉄道事業とも絡んでいた。西日本鉄道の福岡市と小倉市の市内電車が赤字となっており、廃止しようと考えていたからだった。しかし、廃線にあたっては陸運局の許可が必要で、そのためには社内の赤字部門の清算をする必要があり、ライオンズがその対象となっていた。赤字のライオンズを残したまま、市内電車を赤字だからと廃止するのは難しいと判断されたのだ。

木本オーナーの発言を受けて、一九七二年四月に開かれたセ・リーグを含めたオーナー会議でヤクルトアトムズの松園オーナーが、球団を八に減らして一リーグ制にしてはどうかと提案した。

松園の提案に賛成したのは、ロッテの中村オーナーと東映の大川オーナーの二人だった。東映がヤクルトに経営権移譲の話をしていたことが明らかになり、ロッテと大洋の合併が取り沙汰され、八球団にするためには近鉄と南海も合併すればいいなど、さまざまなウワサが飛び交い、落ち着かない状況で、一九七二年のシーズンは開幕した。

幻のペプシコーラ球団

一リーグ制についての話は進まず、パ・リーグ全体でライオンズを引き受けてくれる企業を探すことになった。とはいえ、オーナーたちは他人のチームのためにわざわざ動こうとはしない。とくに、阪急・南海・近鉄の私鉄三社のオーナーたちは何もしなかった。ロッテの中村オーナーだけが奔走した。

オールスター前の七月に開かれたパ・リーグのオーナー懇談会の時期になっても、ライオンズの引受先は決まらなかった。懇談会でこの問題が協議され、パ・リーグ会長はこの一件を正式に中村に委ねた。

そうなれば、改めてライオンズの引受先を探すしかない。中村はなぜか他球団の譲渡先を探すことになった。普通のビジネスマンではこんな仕事はしない。これは、誰かと誰かをつなげることで双方に貸しを作り、いつか返してもらうという政治家の発想だった。

中村が岸信介に仕えていたのは政治家志望だったからで、こういう仕事は向いていた。直接、自分の利益にならなくても、大きな仕事をまとめれば実績となり、いつかはそれが役に立つ――そういう政治家的発想がなければできない。

中村は提携先としてペプシコーラのペプシコと交渉した。ペプシコのケンドール会長とは日米経済人会議で会っていたので、話は早い。中村が打診すると、ペプシコは乗り気だった。かつて大映の永田雅一も、オリオンズの提携先としてペプシコと交渉し、いいところまで行ったが頓挫した。しかし今回は違ったようで、契約書まで作られ、あとは調印するだけとなった。

中村はペプシコに対し、「あなた方がパ・リーグを救う」と説明し、持ち上げていた。だが、いよいよ契約というタイミングの七月二〇日、「東京中日スポーツ」が、東映フライヤーズに身売り説があると報じ、その相手として音響メーカーのパイオニアという具体名まで出した。すると中村のもとにペプシコから「ライオンズの買収は白紙に戻す」と言ってきた。ペプシコとしては、パ・リーグ全体に不安と不審を感じたのであろう。

一方、新聞記事を受けて、同日に東映フライヤーズの大川毅オーナーは記者会見をして、音響メーカーのパイオニアと交渉していることを明かした。これにも中村が絡んでいるという説もある一方で、中村はライオンズの譲渡先としてパイオニアと交渉したとの説もあり、あるいは東映の大株主である東急の五島昇が動いたとも言われる。

だがパイオニアは、プロ野球への参入はしないと発表した。東映の大川オーナーは一リーグ制にするのなら球団を継続、二リーグならば持てないとの意向をもらした。

西鉄、東映の二社が球団を手放し、後継の経営母体が見つからない場合、パ・リーグは四球団となるのでリーグとして成り立たない。改めて、一リーグ制に移行するのではないかとの憶測が乱れ飛んだ。実際、阪急など在阪の私鉄系三球団のオーナーはそれを望んでいるとの見方もあった。「日刊スポーツ」は「阪急・近鉄・南海」と「東映・西鉄・ロッテ」の二球団にしてセ・リーグと合流するという案を報じた。

しかし、二三日に開かれたオーナー懇談会では、パ・リーグの維持が確認され、三一日までに各球団は来年も経営する意思があるかを確認する、その上でたとえ四球団になってもパ・リーグとして続けると決めた。

なぜか、オリオンズのオーナーである中村がライオンズの譲渡先の責任を負うことになっていたわけだが、ペプシとの契約が二〇日に白紙となった以上、三一日までに次の引き受け手を探すのは困難だった。そこで中村は「福岡野球株式会社」を設立し、自分がライオンズを買うことにした。しかし、一人が二球団のオーナーであることは許されない。中村はロッテオリオンズを辞め、球団の渉外部長をしていた坂井保之を連れて、福岡野球株式会社を立ち上げた（この球団については、坂井保之著『波瀾興亡の球譜 失われたライオンズ史を求めて』、長谷川晶一著『極貧球団 波瀾の福岡ライオンズ』に詳しい）。

オーナーが辞めて他球団のオーナーになるという前代未聞の事態となった。ロッテオリオンズの球団社長には、ロッテ専務の松井静郎が就任した。松井は大蔵省の官僚で東京国税局の調査部長、金沢国税局長などを務め、一九六五年に岸信介の派閥後継者である福田赳夫の推薦で、ロッテに入った。この後、副社長になる。ロッテ社長の重光武雄と岸信介との関係の深さが分かる人事だった。

福岡野球株式会社

中村長芳の弟分的な坂井保之（一九三三～）も、岸・中村と同じ山口県出身である。早稲田大学第二文学部に入ったが中退し、外資系のPR会社に勤務した。そのかたわら、同郷の岸信介の事務所にも出入りし、岸が外遊する際には随行するようになっていた。当然、中村とも親しい。中村がロッテオリオンズのフロントに入ることになると、坂井はPR会社を辞めて、球団の渉外部長となった。この後、坂井は西武ライオンズとダイエーホークスの球団代表を務める。

すぐに決めなければならないのは譲渡金額だ。西鉄ライオンズのオーナー、西日本鉄道専務取締役の木本元敬は、「三〇〇〇万円、いや、引き受けてくれるならタダでもいい」とまで言っていたが、中村が岸に相談すると、「栄光のある球団が、そんなに安いのは哀れだ、少なくとも一億円は考えてやれ」と言ったので、一億円となった。だが、それだけではすまない。

坂井が西鉄から決算書を取り寄せると、過去五年の累積赤字が八億円、当年だけでも一億五〇〇〇万円の赤字だった。もっとも、ロッテが業務提携した際のオリオンズの累積赤字は一二億円だったので、それと比べれば安い。低迷していたおかげで選手の年俸が低かったからだった。

しかし、勝つためには戦力の補強が必要で、それを考えれば、単年度の赤字も一億五〇〇〇万円ではすまないだろう。ライオンズを買う一億円は、中村が別荘などを処分して作ることにしていたが、それだけでは足りない。

中村はすでにその手当をしてあった。球団運営会社は「福岡野球株式会社」だが、それは球団名にはしない。いまでいうネーミングライツを売ることにしたのだ。中村は、岸と自分も関係している「株式会社太平洋クラブ」から、球団名に「太平洋クラブ」と入れることで、最初の一年は三億円、以後は毎年二億円を三年間、スポンサー料としてもらうことを交渉し、決めていた。

西鉄での赤字が年に一億五〇〇〇万円ならば、それで賄える計算だった。

ところが坂井がよく調べると、ライオンズの決算には球場使用料や照明代・警備費用・広告宣伝費などが記載されていなかった。これらは西日本鉄道の事業部が負担していたので、球団の決算書には載っていなかったのだ。試合を主催するための諸経費としてさらに約一億二〇〇〇万円かかることが、後になって分かった。今後、西鉄事業部は負担してくれないので、これも経費としてのしかかる。しかし、テレビ局に放映権を売るなどすればどうにかなると、中村は楽観的だった。

坂井が「念のため、太平洋クラブとの契約書を見せてください」と言うと、中村は「そんなもの（契約書）あるか。おれと小宮山英蔵との男と男の約束だ。紙切れなんかいらない」と言った。これが後の苦難の始まりとなる。

太平洋クラブと平和相互銀行

一九七三年からライオンズは「太平洋クラブライオンズ」となるため、「西鉄がライオンズを太平洋クラブに譲渡した」と思っている人も多かったが、そうではない。ライオンズはあくまで、中村長芳が設立した「福岡野球」が運営する球団で、太平洋クラブはオーナーや親会社ではなく、スポンサーという立場だった。

太平洋クラブは、一九七一年に平和相互銀行創業者・小宮山英蔵（一九一二～七九）が「環太平洋100コース構想」のもとに創立したゴルフ場会社で、岸信介が代表、中村も専務理事だった。本社は東京で、福岡とも九州とも縁はない。会員権は一口五〇〇万円と、当時としては高価だった。七二年に賞金総額三〇万ドルの第一回「太平洋クラブマスターズ」を開催し、有名になった。

平和相互銀行は後に、乱脈経営と政官界を巻き込むスキャンダルで解体し、住友銀行

（現・三井住友銀行）に吸収されるが、要するに、政治家との関係が深い銀行だった。岸信介とその女婿の安倍晋太郎、岸の後継者の福田赳夫という清和会の政治家だけでなく、田中角栄、中曽根康弘、さらには社会党にも人脈を持っていた。三宅坂の社会党本部の建設費の一部は小宮山が用立てていた。

小宮山一族の歴史は、英蔵の父、小宮山常吉《つねきち》（一八八二〜一九七四）から始まる。常吉は山梨県西山梨郡甲府若松町（現・甲府市若松町）で生まれ、甲府市立小学校高等科を卒業すると、市内の河内屋という古着店に勤めた。一九〇二年（明治三五）に東京に出て、家具販売業を創業したのが事業家としての始まりとなる。その後は鉄鋼原料商、機械製造販売業を営み、いくつもの企業の役員も務めた。戦争中は朝鮮、満州にまで事業を拡大していた。

小宮山常吉の長男・英蔵は小学校を卒業すると、東京市役所の第一助役室給仕となり、夜は日本大学夜間部に通っていた。一九二八年（昭和三）、東京・木挽町《こびきちょう》（現・中央区銀座）でクズ鉄屋・小宮山商店を開業すると、全国に支店を持つまでになった。戦後は「GHQ嘱託」と称して、日本清掃作業組合を設立し、各地の軍需工場を壊してスクラップ鉄を回収し、これで巨万の富を得た。それを元手にして、小宮山は一九四九年、日本殖産株式会社を設立し、五〇年に大日殖産株式会社を買収して、社名を平和貯蓄殖産無尽株式会社とした後、五一年に平和相互銀行となった。「相互銀行」の原型の「無《む》尽講《じんこう》」は、「頼母子講《たのもしこう》」とも呼ばれるが、鎌倉時代からある相互扶助の金融システムで、それが近代化されたものだ。たとえば、相互銀行では営業マンが中小企業や町工場をまわり、月掛け預金を勧誘する。たとえば毎月五万だと、一〇か月で五〇万円貯まる。すると、貸し手はその三倍の一五〇万円を金利を引いて貸し付ける。借り手はその後も毎月五万円ずつ払い込むという仕組みだ。

貸付金利は一般の銀行よりは高いが、高度成長期には借り手はいくらでもいたので、平和相互銀行も成長した。

平和相互銀行は、銀行の営業時間が午後三時までだった時代に、午後九時（後に七時）まで営業することで水商売の人たちの顧客を増やすなど、独特の手法で業績を拡大していった。さらに小宮山はコンピュータに着目するのも早く、銀行のなかでは大手都市銀行に先駆けて、店舗間のオンライン化を実現した。先見の明のある経営者ではあった。小宮山はさらに事業を拡大し、ゴルフ場経営や観光開発など一〇〇以上の企業を傘下に持つコンツェルンに発展させた。

その間の一九四七年に、父・常吉は第一回参議院議員選挙に山梨県地方区から無所属で立候補し、当選している。この選挙のとき、内務省は各県で最もカネを持っていそうな人物に声をかけて立候補させるか、候補者のスポンサーにさせていたという。内務省の息のかかった議員を生むためだ。山梨県で最もカネがありそうだったのが、小宮山だった。小宮山は父のために一〇〇〇万円ほどを出した。いまの数十億、あるいは百億円近いかもしれない。それだけのカネをばら撒いて当選したのだ。父を国会議員にしたことで、小宮山は政界に人脈ができた。

この政界人脈のおかげで小宮山は事業を展開・拡大できたが、同時に政治家が献金を求めて寄ってくるようにもなる。

一九七二年一〇月二七日、正式にライオンズは西日本鉄道から福岡野球へ譲渡され、同時に「太平洋クラブライオンズ」と名乗ることになった。

福岡野球は平和台球場の使用料をめぐり、福岡市との交渉が難航するなど苦難が早くも始まっていた。西鉄時代は一試合一〇万円だったのに、いきなり六〇万円に値上げすると通告してきたのだ。さらに、球場内にあったライオンズ球団の事務所もこれまでは無償だったが家賃を払えと言い、それだけではなく、球場の修繕費もライオンズに負担しろと言う。後に福岡市は球団誘致に積極的になるが、この時点ではライオンズに冷淡だった。

日拓ホームフライヤーズ

一方、同時期に東映フライヤーズの身売りも決まった。引き受けたのは、日拓ホーム株式会社だった。一般的な知名度は低いが、一九六五年に創業された不動産開発会社

「日拓観光」を中心にした、日拓グループの一社だ。

創業者は西村昭孝《あきよし》（一九三二〜）という。出生時の名は傳昭孝で、台湾の台北《たいぺい》市で生まれた。といって中国人ではない。新潟出身の祖父が憲兵として台湾に渡って以来、傳家は台北にいた。昭孝は日本で事業をするようになってから、中国人だと誤解されることが多かったので「西村」に改姓したという。以後、「西村昭孝」として記す。

西村は一九五〇年に台北州立台北商業を卒業した。一家で日本へ引き揚げると、西村は、五二年に警察学校に入り、五四年に卒業して東京の府中署に勤務した。中国語が堪能なので、本庁の外事課に異動となったが、その頃には警察を辞めようと考えていた。府中署で交番勤務をしていたとき、定年になる巡査がいて、その退職金が七〇万円と知り、あまりの安さに愕然としたのだ。公務員の大卒初任給が一万円になるかならないかの時代だ。

父が日本で不動産会社「大一商事」を経営していたので、昭孝は一九五七年に警察を辞めて父の会社に入り、不動産セールスの仕事に就いた。六一年には弟の敏三《としかず》が勤めていた「栄家興業」に転じて、不動産仲介と建売りの営業マンとして働いた。この頃から「西村」と名乗るようになっていた。営業マンとしてはかなり優秀で、歩合給だったので高収入を得た。すぐに営業課長になったが、別荘を販売していた「大京観光」へ転職した。

西村は大京も半年で辞めて、弟の敏三と栄家興業時代に知り合った河村三郎と三人で「三共開発」を設立した。河村は六九年に女優・有馬稲子と結婚したことで知られる。

サラリーマン、歩合制営業マン、共同経営者と一段ずつ上っていた西村昭孝は、三共開発が軌道に乗ると、河村を会長に、敏三を社長にして、自分は新会社を設立した。それが、一九六五年設立の「日拓観光」――日本を拓くという壮大なビジョンを込めた社名の不動産会社だった。土地を買って造成して別荘地として、建物を建て、それを販売する会社で、まずは栃木県の那須に目をつけた。一坪数百円で買った土地を造成して一五〇〇円前後で販売するというビジネスだった。土地ブームで、すぐに坪三万円になった。事業は拡大、日拓観光は急成長した。

別荘販売が成功すると、西村は「日拓商事」「中央興産」「日拓不動産」「日拓建設」など関連会社を次々と設立した。事業内容は、観光地・別荘地・宅地・住宅団地の造成と分譲を主軸としつつ、土地測量から建設・施工、ビルの管理など不動産、宅地建物取引全般に及んだ。さらにレジャー産業にも進出して、ゴルフ場、ホテル、ドライブインの経営、レジャー施設、スポーツセンター、ボウリング場、卓球場、サウナ風呂、ゲームセンター、レストラン、喫茶店、立ち食いそば屋、バー、キャバレー、旅行斡旋と多角化した。

一九七二年には資本金二億円、年商一二〇億円、従業員数は約一二〇〇名になっていた。この七二年は七月に長かった佐藤栄作政権が終わり、田中角栄が首相になった年だ。田中が書いた『日本列島改造論』がベストセラーとなり、空前の土地ブームで地価は高騰した。すべてがうまくいっていた。別荘販売において詐欺まがいの営業をしていると訴えられ、マスコミに報じられたが、すぐに対応して沈静化した。

一方で、日拓は一九六九年に社会人野球チームも結成していた。プロ志望の選手を集め、強豪チームを作り上げていた。

次は、プロ野球だった。

五島昇と岡田茂

ライオンズの問題が、福岡野球が引き取って、平和相互銀行グループがスポンサーとなり、球団名を太平洋クラブライオンズとすることで決着した後、残るは東映フライヤーズだった。

東映は一九七二年秋のドラフト会議にも参加し、球団経営継続の意思を示しており、指名した新人選手の入団発表には東映の岡田茂社長も列席し、身売り説を否定していた。だが、岡田と東急の五島昇はとっくに身売りの決断をしていたようだ。

東急総帥・五島慶太は一九五九年に亡くなり、その長男・昇（一九一六〜八九）が後を継いでいた。昇は東京帝国大学経済学部に入り、学生時代は野球部で捕手だったが、中途で退部していた。一九四〇年に卒業し、東京芝浦電気に勤務したが九か月で徴兵され、幹部候補生として陸軍経理学校へ入った。陸軍大尉として航空本部勤務となって、敗戦を迎えた。復員すると東芝は人員整理のさなかで、昇は真っ先に対象となったので、不本意ながら父が経営する東京急行電鉄に入社した。東急の社長に就任するのは一九五四年だった。

五島慶太は自分が死んだ後、大川博に東急全体を乗っ取られるのを警戒して、大川に任せていた東映を東急グループから分離させていた。それは大川の東急グループからの追放を意味していた。昇にとって大川は、父の有能な部下であり、自分を脅かす者だった。そのため、大川と昇との関係はよくない。五島昇の東映フライヤーズへの冷淡さの根源は、大川への不信感にあった。

一方、分離したとはいえ、東急は東映の大株主なので無関係ではない。五島昇は東映社員のなかで岡田茂に目をかけていた。それは岡田が有能で、大川とは仲が良くないと知っていたからだ。大川は自分の息子の毅に東映を継がせようと考えていたので、有能な岡田が邪魔だった。といって、岡田を切ると東映で映画を製作できる者がいなくなる。五島慶太と大川博の関係が、そのまま大川博と岡田茂の関係になっていた。

こうした東急と東映の、つまりは五島と大川父子との間に緊張関係が生じているなかで、一九七一年八月、大川は現役社長のまま、つまりは後継社長に息子・毅を就かせないままに急死した。後任の東映社長には、企画製作本部長兼京都撮影所長の岡田茂が就任した。専務だった大川毅も「あなたしかいない」と岡田の社長就任を望んだ。毅が進めたボウリング場、タクシー、ホテルといった多角化は失敗しており、自信を失くしていたのだ。大川毅は東映の社長にはならなかったが、フライヤーズのオーナーの座は継いだ。だが岡田がオーナー代行となり実権を握ったので、何の権限もなかった。

岡田が東映の社長に就任すると、五島昇はパーティーを開き、自分が後ろ楯であることをアピールし、岡田がやりやすいようにバックアップした。

岡田は本業の映画以外の事業のリストラに取り掛かり、フライヤーズの売却も決めた。これには五島の了解も得ていた。岡田の自伝『波乱万丈の映画人生』によると、フライヤーズは年間三億円の赤字だったという。五島と岡田は、東映から大川色を払拭するためにも、フライヤーズを手放すことで一致していたのだ。

まず一九七二年一二月二七日に「日刊スポーツ」が、東急が東映フライヤーズを吸収すると報じた。新球団名は仮称ではあるが「東急・東映フライヤーズ」となるとまで書かれていた。

記事によると、一一月二〇日の段階で、東急の五島昇と東映の岡田茂の間で、東急が引き取ることが決まったという。もともとフライヤーズは東急の球団で、東急が売ろうとしたのを大川博が止めて東映傘下にしたものだ。それが代替わりを機に元に戻るという話だった。
しかし、それは表向きのことで、裏では別の話が進んでいた。

若手経営者たちの野望

「亀清会」という若手経営者たちのグループがあった。雑誌「経済界」主幹・佐藤正忠《ちゅうせい》（一九二八〜二〇一三）と東急エージェンシー社長の前野徹が主宰していた会で、岡田、五島も参加していた。その会合が一二月四日にあり、岡田や五島の他、日拓の西村、日本熱学工業の牛田正郎《うしだまさお》（一九二三〜二〇一四）、丸井の青井忠雄（一九三三〜）らが参加していた。

会合は銀座のクラブへ場を移した。その場で岡田がフライヤーズを売却したがっていることが話題となり、牛田が「我々で輪番制で交代で持つのはどうだ」と提案した。牛田も社会人野球のチームを持っていたし、青井も持っていたことがあるので、彼らは野球への思いがある。

牛田は西村に、「金はあるけど名声のない君が、まず持ってはどうだ」と声をかけた。青井は具体的に「西村さんはノンプロのチームを持っているが、それには年間七〇〇〇万円か八〇〇〇万円はかかるだろう。プロ球団は二億円くらいだから、差額は一億二〇〇〇万円だ」と言って勧めた。

西村は「持ってみましょうか」と応じ、この瞬間に東映フライヤーズの身売りが決まった。亀清会には、他に角栄建設、三共開発の経営者も参加していたので、日拓のあとは日本熱学工業、丸井、角栄建設、三共開発が数年ごとに引き受けることが、酒の席での話ではあったが、決まった。

あとは東映と日拓との具体的な条件交渉となる。

ヤクルトやロッテは頼まれて球団を引き受けた。その時点で二社とも知名度はあったので、球団を持つことで巨人ファンの顧客が離れることを危惧したくらいだ。しかし、太平洋クラブも日拓も一般的な知名度はなく、プロ球団を持てば社名の知名度アップになると踏んで、球団を引き受けている。球団を持つ目的が変質していた。

もっとも、球団にかかる費用を宣伝費や事業費として経費に繰り入れることで、本業の利益を減らす税金対策として球団を持ち続けている関西の私鉄大手も、球団を持つ理由としては、健全とは言えない。

永田雅一や亡くなった大川博のようなオーナーこそが、純粋に野球を愛していたと言えるのだが、どちらも持ちこたえられなかった。

自社の知名度アップを目的として球界に参入した日拓の西村や太平洋クラブの小宮山は、新しいタイプのオーナーであり、スポンサーだった。しかも、その事業は二社とも製品を作るわけでもないし、鉄道を走らせるわけでもなく、新聞を作るわけでもない。

観光・レジャー・不動産という、新しいタイプの事業だった。

一九七三年が明けると、岡田と西村の間の協議は最終段階に入り、一月一五日に合意した。フライヤーズは東急の「東急ベースボール倶楽部」が保有し、東映の子会社の東映興行が運営していたが、まず東急が東映に「東急ベースボール倶楽部」を譲渡した。日拓観光は新事業としてプレハブ住宅を売り出すことにしていたので、「日拓ホーム株式会社」へ社名変更し、さらに「日拓ホーム野球株式会社」を設立した。そして同社が「東急ベースボール倶楽部」を買い取り、「日拓ホームフライヤーズ」が誕生した。

正式発表は一月一六日で、記者会見には日拓の西村社長、東急の五島社長、東映の岡田社長、そしてフライヤーズの大川毅オーナーの四人が出席した。大川はこの買収劇に蚊帳の外だった。岡田茂によれば、譲渡額は三億円で、一億五〇〇〇万円は東急に返し、東映には一億五〇〇〇万円しか残らなかったという。

かくして――一九四五年の敗戦直後に戦前の東京セネタースの再興を目指した横澤三郎によって結成されたセネタースに始まる球団は、東急・東映のもとでフライヤーズとなり（四八年だけ大映と共同経営）、二七シーズンを闘った後、新興企業日拓のものとなった。この間に優勝は六二年の一回だけだった。

日拓社長の西村昭孝は一九三二年生まれで、この本のこれまでの登場人物のなかで最も若く、球団を引き受けた一九七二年で四〇歳だ。中村長芳も一九二四年生まれで四八歳、ヤクルト本社の松園尚己も一九二二年生まれなので五〇歳、ロッテの重光武雄も二一年生まれで五一歳と大企業経営者としては若いほうで、戦後に社会人となった世代がオーナーとなる時代になっていた。

一年だけの虹色球団

一九七三年のパ・リーグは二つの新球団を迎えて始まった。その話題性もあって観客動員は大幅にアップし、四〇六万〇二〇〇人と、四〇〇万人を突破した。なかでもライオンズは七二年が三二万人だったのが八七万人と三倍弱になった。しかしフライヤーズは七四万だったのが七三万と僅かだが減ってしまった。

パ・リーグはこの年から前期・後期制となり、前期は南海、後期は阪急が優勝し、プレーオフで南海が勝ち、日本シリーズに挑んだ。セ・リーグは阪神タイガースが残り二試合に一勝すれば優勝というところまでいったが、連敗して巨人が九連覇を果たし、日本シリーズも制した。

日拓ホームフライヤーズは、後期は日替わりで色を替えるユニフォームとして七色を用意したので、「虹色球団」と呼ばれた。このように西村オーナーは創意工夫を凝らし、観客を喜ばせようとし、また補強もしたが、前期は五位、後期は同率三位で、通算では五位と振るわなかった（日拓時代については長谷川晶一著『虹色球団　日拓ホームフライヤーズの10カ月』に詳しい)。

一方、ロッテオリオンズが使用していた東京球場は永田が大映の子会社として設立した「株式会社東京スタジアム」が持っていたが、同社の株は設立時に広く一般の人に買ってもらう方式を取った。オリオンズが低迷してくると株価は下落し、額面割れの二〇円前後になっていた。永田は大映が厳しくなっていたが、東京スタジアムの経営安定化のため株を買い占めていた。これが政商・小佐野《おさの》賢治《けんじ》の眼に止まった。小佐野は一〇〇円から一五〇円の高値で株を買い占め始め、一九七二年に永田が気づいたときは、買い占めが終わっていた。

小佐野には野球への愛も義理もない。金勘定が全てだった。一九七二年シーズン、オリオンズは東京スタジアムに使用料を払っていたが、小佐野は「貸し球場として所有していたのでは採算が取れない」と、ロッテに買い取りを求めた。だが金額などで折り合いがつかず一一月に交渉決裂となると、小佐野は球場を解体して更地にして転売した。永田雅一の夢のひとつが、あっさりと、跡形もなく消えた。

このとき、フライヤーズを得た西村も東京スタジアムを狙ったが、条件が合わず断念に追い込まれた。

かくしてロッテは本拠地をなくし、とりあえず仙台の宮城球場がナイター設備を設けたので、一九七三年から準フランチャイズとすることになった。

セ・リーグにも事件が起きた。無敵のはずの鉄腕アトムの虫プロダクションが、一一月一日、二回目の不渡り手形を出し、倒産した。これを受けて、一一月二六日、ヤクルトアトムズは、倒産した虫プロを支援するどころか、非情にも、アトムは倒産した虫プロの象徴で縁起が悪いと、球団名を「ヤクルトスワローズ」へ変更した。しかし、この四年後、手塚キャラクターは別の球団で復活する。

セ・リーグはこの後、二〇〇一年まで六球団の親会社がそのままという安泰の時代を迎える。もっとも、一九五〇年からも親会社の交代があったのはスワローズだけで、他の五球団はずっと安泰だったのである。巨人戦というカードを持っていたので主催試合のうち、少なくとも巨人との一三試合（当時）は満員となり、高額のテレビ放映権料も入ったからだ。この構造は以後も続く。

一リーグ制論再燃

日拓ホームの西村昭孝の情熱は、成績は低迷し観客動員も振るわないので、一年目にして冷めてしまったかのように見えた。

シーズン終盤の九月一三日、日本熱学工業の牛田正郎社長が、「フライヤーズの経営は輪番制で、次は自分だ」と言っていると報じられた。しかし西村はこの時点では「輪番制と決めたことはないし、フライヤーズを手放すつもりはない」と否定した。

日本熱学工業は一九五七年に設立された空調設備の製造と工事全般を手掛ける企業で、一九六〇年代後半からの空調設備ブームで急成長した。空調以外にも換気・給湯・給排水事業にも進出していた。まだ家庭用クーラーが高価で買えない家庭も多かったので、月賦販売ではなくリースし、使用時だけ一〇〇円硬貨を入れるコインクーラー「エアロマスター」がヒットしていた。年間宣伝費は五億円を超え、そのなかには特撮もののテレビ映画『スーパーロボットレッドバロン』のスポンサー料もあった（子会社の日本空気販売がスポンサー）。また子会社のエアロマスターはノンプロ球団を持っていたので、野球にも関心がある。牛田としてはプロ球団を持ち、さらなる知名度アップを狙って、プロ野球への参入を考えたのだ。

報道を受けて西村は不快感を隠さず、牛田と会うつもりはないと絶縁を宣言した。

翌一九七四年五月、日本熱学工業は一気に業績が悪化し、会社更生法を申請して倒産してしまう。もし西村が牛田にフライヤーズを売っていたら、大混乱に陥るところだった。この倒産は、牛田の実弟の副社長が自殺し、さらに牛田が特別背任容疑で逮捕されるなど、闇が深い事件となる。

日本熱学工業への身売りは否定したものの、西村は一リーグ制にするしかないとの思いが強くなっている。球団数を減らしてセ・リーグと一緒になるという、前年も出た一リーグ制への移行である。

パ・リーグ球団はどこも赤字経営だが、セ・リーグ球団はうまくいっていた。その違いは人気のある巨人とのカードがあるかないかだった。セ・リーグの残り五球団は巨人戦の入場料と放映権で経営が成り立っていたが、パ・リーグはそれがないので成り立たない。逆に言えば、セ・リーグの五球団も巨人戦がなければ経営は厳しい。パ・リーグ球団としては巨人とのカードが欲しいが、セ・リーグに入ることはできない。そこで一リーグ制という案が何度も浮上するのである。

西村はそのために、七三年一〇月一七日のパ・リーグのオーナー懇談会で、「フライヤーズをどこかと合併させて五球団とし、さらに四球団にして、セ・リーグと協議して一リーグ制にすべき」と提案した。合併先としてはロッテオリオンズを希望するとも言った。

ライオンズ・オーナーの中村長芳が仲介して西村と重光が会い、「対等合併で、一リーグ制になるなら」という条件で重光も合併に基本的に合意した。しかし、一リーグ制に他球団が乗ってこない。近鉄バファローズの佐伯勇オーナーと南海ホークスの川勝《かわかつ》傳《でん》オーナーは、若い西村の言動が気に入らないようで黙殺した。阪急もそれに従う。関西私鉄三社が動かないので、重光も動揺して合併話から引いた。

西村は重光に裏切られたと感じた。プロ野球界の旧態依然な体質が嫌になったのかもしれない。フライヤーズを手放してもいいという気持ちになっていく。

そこに現れるのが三原脩《みはらおさむ》だった。

三原脩

三原脩（一九一一～八四）は、香川県出身で中学（いまの高校）時代から名選手として知られ、スカウトされて早稲田大学へ進んだ。一九三六年の東京野球倶楽部の契約選手第一号としても知られる。同郷の水原茂との因縁の対決など逸話は多い。監督としても「魔術師」「知将」と呼ばれた、セ・リーグとパ・リーグの両方で優勝した最初の監督である。

戦後、三原は巨人の監督だったが、水原が復員すると監督の座を奪われ、五〇年に総監督にさせられた。総監督といっても名ばかりで何もすることがないので退団し、五一年から西鉄ライオンズの監督になった。ライオンズでは、五六年から五八年まで日本シリーズで巨人を三年連続で倒し、黄金時代を築いた。その業績を引っさげて一九六〇年に大洋ホエールズの監督になると、最初の年に初優勝させ、「魔術師」とまで称された。ホエールズでは六七年まで指揮を執り、六八年から七〇年は近鉄バファローズ、七一年からヤクルトアトムズの監督となっていた。そのヤクルトの監督を、七三年一〇月二五日をもって勇退したばかりだった。

三原が日本ハム社長の大社義規《おおこそよしのり》と会ったのは、ヤクルトアトムズの監督退任から二日後の二七日、巨人対南海の日本シリーズの第一戦が行なわれた大阪球場の貴賓室だった。二人はこれが初対面で、こそこそ会うよりも堂々と会おうと、球界の最大のイベントである日本シリーズの場を選んだのだ。仲介したのは、三原の女婿《じょせい》にあたり、ライオンズの選手・監督でもあった中西太（一九三三～二〇二三）だった。

中西も三原も大社も香川県出身である。大社はこの年、藍綬褒章《らんじゅほうしょう》を受章し、その祝賀会が七月に東京と大阪で開かれ、その大阪のパーティーに中西が招かれていた。その二次会で、大社は中西に前年の西鉄ライオンズの身売りについて、その経緯というか裏話を知らないかと訊ねた。大社もプロ野球への参入を考えていたのである。

だが中西は一九六九年にライオンズの監督を辞任し、七一年から義父・三原脩の下でアトムズのヘッドコーチをしていたので、身売りについては何も知らなかった。そう告げると、大社が残念そうだったので、「自分は知らないがオヤジ（三原）なら知っているかもしれない」と言い、三原を紹介することになった。しかし、シーズン中は三原も時間が作れず、ようやくアトムズの監督を辞任した後のこの時期となったのだ。

大社義規

大社義規（一九一五～二〇〇五）は、香川県大川郡津田町津田（現・さぬき市）の大地主の子として生まれた。しかし大社の少年時代には家は傾いており、旧制高松高等商業学校（現・香川大学経済学部）で学んでいたが、一九三四年（昭和九）に中退し、叔父が経営する養豚組合で働くことになった。一九歳になっていた。

叔父の経営している組合は、正確には「保証責任香川県養豚購買販売組合」といい、全国でも数少ないハムの生産工場を高松市内に持っていた。四国では最初のハム工場だった。まだ日本にはハムを食べる習慣は根付いていない。というよりも関西では豚肉の消費も少ない。肉といえば牛肉のことだった。そのため豚肉を卸す問屋は、関西では中華料理店の多い、神戸の南京町や大阪市西区の川口町くらいにしかなかった。

叔父が養豚を始めたのは、自分が組合長をしていた養蚕《ようさん》組合の桑園で自給養肥料に豚の糞尿を活用するためだった。その後、豚を県外へ移出するようになったが、なかなかうまくいかず、地元で食肉として売ることにし、さらにハムやソーセージへ加工して売るようになっていた。

ハム工場の製品は「香川ハム」の商標で、大阪・神戸・広島・岡山・四国一円で販売していた。大社は大阪営業所で九か月働くと、次は京都へ行けと命じられ、香川ハムの出張所を構えた。当時のハム業界では「鎌倉ハム」がトップで関西でも強かった。そこに香川ハムが進出したわけだが、金沢の竹岸ハム商会（後のプリマハム）も京都に進出してきた。大社はよく働き、顧客は増えていった。

しかし一九三六年（昭和一一）、大社は徴兵で京都・伏見の第九連隊に入隊し、三八年には中国大陸へ行き、砲兵歩兵として戦った。徴集解除で帰国したのは一九三九年秋で、京都の出張所はさらに大きくなっていた。大社は高松へ帰り、営業主事となった。

一九四一年、英米との戦争が始まり、経済統制で食肉も配給制となる。組合の肉は統制機関へ納めなければならなくなり、自由主義経済を信奉していた叔父は嫌気が差して、組合長を辞めてしまった。大社はそれを機に独立することにし、隣の徳島県にハム工場がないことから、一九四二年三月に、「徳島食肉加工場」を設立した。しかし、原料の豚が入手できなくなり、開店休業となったところに召集され、京都・伏見の三十七部隊に一年ほどいた。前線へ行くことはなく、一年で除隊、しかし四五年六月にまたも召集され、鹿児島県鹿屋《かのや》の海軍航空基地へ配属された。ここは特攻隊の基地だが、大社は海岸防衛の任務となり、タコツボや防空壕を掘ってばかりいたという。八月一五日の玉音放送も、穴を掘っていたので聞いていない。

徳島へ帰ると空襲で工場は跡形もなかった。呆然としていたが、叔父が組合長だった高松の工場は無事だという。ところが高松は、工場は無事でも原料の肉が手に入らない。一方、徳島の農家は健在だった。そこで徳島の肉を高松に運び、加工して京阪神で売ることを考えた。大社の提案に、徳島の農家も高松の工場も賛成してくれた。

こうして大社は再起した。この方法は成功し、一九四八年八月には徳島の工場も再建できた。この時期、伊藤ハム創業者の伊藤傳三《でんぞう》も神戸に新工場を建設し、竹岸ハムも高岡工場を増設し、京阪神地区のハム・ソーセージの販売競争は激化していた。その競争に勝ち抜いた大社は、一九五一年に工場を会社組織とし、「徳島ハム株式会社」を設立した。資本金一五〇万円、月商は七〇〇万円から八〇〇万円の規模の企業になっていた。

販路が拡大すると鮮度の維持が難しくなってきたので、徳島ハムは大阪に工場を建てることにし、ハム・ソーセージ工場としては業界初の鉄筋コンクリート造りの工場を建てた。工場ができる前の一九五四年一月期は二億二〇〇〇万円の売上だったが、増産体制が整った五八年には七億一〇〇〇万円に達した。その間の五七年に大社はアメリカを視察し、消費地で屠畜して加工するのではなく、産地で屠畜・加工していることを知った。さらにスーパーマーケットが発達し、精肉の小売店がなくなっていることも知った。日本では、北海道や九州で牛や豚を飼育して、東京や大阪へ貨車で運んで屠畜・加工していたが、いずれアメリカ式になると予感した。大社は帰国すると、日本でも産地で屠畜・加工しようと、広島、旭川、長崎県諫早《いさはや》に産地工場を建てた。

日本ハム

一九六二年、アメリカの食肉メーカー、スイフト社が貿易自由化を見越して日本進出を企てていた。しかし、直接進出するのではなく、日本のメーカーと提携して市場開拓しようという計画で、大社の徳島ハムがその提携先に選ばれた。スイフト社の提示した条件は、徳島ハムの株式を無償提供してくれれば、生産技術とノウハウ、市場・流通の最新情報を提供するという内容だった。大社は株の無償提供はありえないと断った。その後も何年にもわたり協議が続き、一九六九年に、大社の強気な姿勢が評価されたのか、株式の無償提供は撤回され、技術供与と指導、さらにスイフトブランドの供与も認めるとなったので業務提携した。

その間の一九六三年、徳島ハムは、和歌山県に本拠を置く鳥清《とりせい》ハムと対等合併し、資本金七億〇三二〇万円の「日本ハム株式会社」となった。会長には鳥清ハムの社長・辻本信千代が就いて、大社は社長になった。

この合併で、日本ハムの売上高は八二億円となり、竹岸畜産工業（プリマハム）の六二億円を抜いて業界トップとなった。三位は伊藤ハムの五四億円だ。

その合併から一〇年が過ぎていた。業績は伸びていたが、最大の課題が東日本の市場が弱いということだった。「日本ハム」を名乗っていたが、実質的には「西日本ハム」だったのだ。大社はなんとかして全国区の、真の日本ハムにしたい。それには会社（ブランド）の知名度を上げるしかない。大社は社内にプロジェクトチームを作り、知名度アップ策を考えさせた。

こうして出てきた案の中には、東京オリンピックで一躍ブームになった女子バレーボールのチームを持つというものがあった。大社自身が中学時代はバレーボールをやっていたので、その気になり、東京オリンピックの女子バレーボールの監督だった大松博文《だいまつひろふみ》が同郷だったので相談してみると、「優勝を狙えるまでには一〇年かかる」と言われたので断念した。

その他の案の中で、大社がこれだと思ったのが、プロ野球チームを持つことだった。しかし、球界に何の伝手《つて》もない。一二球団しかなく新規参入は難しいことくらいは分かっていたが、ここ数年、大映や東映が身売りしていることも知っていた。他にも売りたいと思っているオーナー企業はあるのではないか。しかし、そういうことは内部にいないと分からない。

そんなとき、大社が藍綬褒章を受章し、その祝賀会で中西太と話す機会を得たのである。そして中西の紹介で、三原脩と会えることになった。

日本ハムファイターズ誕生

大社からプロ球団を買いたいと相談された三原は、「日拓なら可能性がある」と答えた。その場で大社は三原に全権を委任した。条件はただひとつ、本拠地が後楽園球場であることだった。東京でなければ意味がない。

二人が会ったのは一九七三年一〇月二七日で、三原は二日後の二九日にパ・リーグ会長の岡野祐《たすく》（一九〇九～八八）に電話をして、「フライヤーズを買いたい人がいる」と告げた。岡野は阪急ブレーブスの球団社長を務め、一九六八年からパ・リーグ会長になっていた。その翌日、三原は岡野と都内で会い、「買いたがっているのは日本ハム」と告げた。動きは早い。岡野は一一月一日に日拓の西村昭孝と会い、売る気があることを確認したうえで、「日本ハムが買いたがっている」と告げた。西村に異存はなく、その場で日拓から日本ハムへの譲渡が決まった。岡野は三原に西村が承諾したと伝え、三原は大社に知らせる。大社はさっそく日拓との下交渉に入るよう指示した。

かくして一一月七日、岡野・三原・大社・西村の四人が一堂に会し、フライヤーズの日本ハムへの身売りが確認された。日本ハムと日拓の間では条件面で基本合意もなされており、最終確認ができた。翌八日に正式調印し、日拓ホームフライヤーズは一〇か月でその歴史を閉じた。

一一日に新聞が報じ、一六日に記者会見が開かれた。新球団の名称は公募することになっており、会社は「日本ハム球団株式会社」、オーナーは大社義規、球団社長は三原脩、監督は中西太が就任した。これぞ三原マジックだった。半月ほどで、一気に球団の売買を成立させ、自ら新球団の社長に就いたのだ。

選手出身者が球団社長になる例は、セネタースを結成した横澤三郎など前例がないわけではない。だが、五球団で監督となり、セ・パ両リーグで優勝した名将の社長就任は異例だった。

本拠地は後楽園球場を確保できた。公募の結果、一二月一七日に新球団のニックネームは「ファイターズ」となった。
「日本ハムファイターズ」の誕生である。

ドラフト効果

日本ハムの参入で、一九七四年からプロ野球の親会社は、大洋漁業・ヤクルト・ロッテと合わせて食品会社が四社という構成になった。新聞社が読売・中日の二社、鉄道会社が阪神・阪急・近鉄・南海の四社、そして市民球団の広島と、個人オーナーの福岡野球（ライオンズ）である。

一九七四年のセ・リーグは、中日ドラゴンズが二〇年ぶりに優勝した。巨人の連覇は前年の「九」で終わった。パ・リーグは、前期は阪急、後期はロッテが優勝し、プレーオフではロッテが勝ち、日本シリーズでも中日に勝った。

一九七五年、パ・リーグはセ・リーグとの差別化のため、指名打者制を導入した。セ・リーグではようやくドラフト制度の効果が出て、広島東洋カープが球団創立以来初優勝した。一方、巨人は球団創設以来初めて最下位に沈んだ。

パ・リーグも、前期は阪急が優勝したが、後期は近鉄が優勝した。後期だけではあったが、近鉄にとって初優勝だった。しかしプレーオフでは阪急が勝ち、日本シリーズも阪急が制した。

一九七六年は、パ・リーグは前後期とも阪急が優勝、セ・リーグは巨人が奪還したが、日本シリーズでは阪急が勝った。

阪急は黄金時代である。しかし西宮球場には空席が目立ち、一九六四年を最後に優勝していない阪神の甲子園は満員という状況が生じていた。

福岡球団の苦闘

中村長芳の福岡野球は、一九七三年から「太平洋クラブ」をスポンサーにしていたが、この関係は七六年までの四シーズンで終わる。

一九七三年のペナントレース開幕前の段階で、福岡野球は、太平洋クラブからのスポンサー料が入ってこないという事態に陥った。中村長芳と平和相互銀行の小宮山英蔵会長との「男と男の約束」はあっさりと反故にされたのだ。坂井保之が契約書のないことで危惧していたことが現実となった。小宮山側にも事情があった。農地規制法が改正され、農地のゴルフ場への転用が困難となり、太平洋クラブの経営戦略が揺らいでいた。

太平洋クラブは一九七三年一月に、ゴルフ会員権の募集を始めた。最初が「縁故会員」と呼ばれるもので四三〇万円、次が一次会員で四八〇万円、二次会員は六五〇万円と、だんだんと高くなっていき、三次は一〇〇〇万円と言われていたが、二次の段階で募集は中止となった。それでも約一万九〇〇〇人から約一〇〇〇億円を集めた。

中止の理由は、自然破壊、生態系破壊の危惧が叫ばれるようになり、自治体の規制等で予定していたゴルフ場が開発できなくなったことにある。さらに国会でも議員立法によるゴルフ場規制の法案が成立されようとしていた。小宮山英蔵は政界人脈の全てを使ってこの法案を潰しにかかった。そのためには莫大なカネがかかったとされる。

法案は潰せたが、さらなる危機がやってきた。石油ショックによる景気の冷え込みである。これにより会員権の募集どころではなくなったのだ。小宮山の計画では会員は一〇万人、払い込み金額は一兆円になるはずだったが頓挫した。

太平洋クラブがライオンズのスポンサーになると決めたときは、この一兆円計画が生きていたときだったので、小宮山にとっては二億や三億など安いもので気軽に応じたのだろうが、いざ払う段になると、先行きが見えなくなっていたのだ。

このように当初からスポンサー料が予定どおり払われなくなり、そのうえ、福岡市が平和台球場の使用料を西鉄が借りていたときの六倍に値上げするなど非協力的な態度をとり、球団経営は困難を極めた。それでも、前述のように七三年はその前年の三倍近い八七万六七〇〇人の観客動員となり、成績も前期四位、後期五位、通算四位と、それまでの三年連続最下位より上がった。

しかしスポンサー料が滞りがちで、そのたびに銀行などから借りていたので、一年で借入金は三億円に達していた。

一九七四年のライオンズは前期が三位、後期が四位で、通算でも四位と前年よりもやや上がったが、財政難は一向に改善されない。試合のあるシーズン中は入場料が入ってくるが、シーズンオフは収入がゼロに等しい。しかし固定費は出ていく。オフに借りたカネを翌シーズン中に入る日銭から返していくという自転車操業が続いた。

一九七五年は前期が二位、後期が四位で、通算で三位となった。しかしこれがピークだった。七六年は前後期とも最下位に沈み、観客動員も四三万三四〇〇人と、七三年の半分以下になってしまった。

太平洋クラブとのスポンサー契約は四年だったので、一九七六年が最後だった。年間二億円の約束は、滞りながらも果たされていたようで、球団は「太平洋クラブ」を名乗り続けていた。しかし、更新される可能性はなく、中村は東京で新たなスポンサー探しに奔走し、坂井もまた福岡で探していたが、難航していた。有力候補としてオフィス機器メーカーのリコーがあり、いい感触だったが、実現しなかった。

坂井としては、年に一億や二億円では財政難の解決にならない、もらうなら五億円くらいだとの思いがあった。一企業にスポンサーになってもらうのではなく、「九州ライオンズ」「福岡ライオンズ」として、地元の若手有力経営者を社長にし、福岡の新聞社やテレビ局に資本参加してもらう構想を描いていた。市民球団を標榜していた時代のカープのような形だ。しかし、思うだけで中村にこの構想を提案することはなかった。

九月下旬、中村は新しいスポンサーを見つけた。「クラウンガスライター」だった。

クラウンライター

日拓や太平洋クラブも知名度の低い企業だったが、クラウンライターはもっと知られていない企業だった。太平洋クラブはいまも企業として存続しているが、クラウンライターという名の会社はいまはない。

社名の通り、ライターのメーカーで、戦後初期に「市川産業株式会社」として設立されたが、印刷会社の廣済堂《こうさいどう》グループの傘下に入り、「株式会社クラウンガスライター」となった。このクラウンガスライターの会長には平和相互銀行の小宮山英蔵が就いていた。

クラウンガスライターを傘下にした廣済堂はいまも印刷会社・出版社として健在である。創業者は桜井義晃（一九二二〜二〇〇四、本名・桜井文雄）という。京都で生まれ、戦後に上京して一九四九年に「櫻井謄写堂」を創業した。タイプライターやコンピュータ組版をいち早くとりいれ、成長していった。一九七二年に社名を「廣済堂印刷」に変更している。

桜井は小宮山と親しく、クラウンガスライターを傘下にしたところで、ライオンズのスポンサーになった。スポンサー料は年に一億円で、二年契約、最初に保証金として一億円を出す。

廣済堂は印刷会社なので、一般コンシューマーを対象に宣伝する必要はない。新たに傘下にしたクラウンガスライターは、一〇〇円ライターなど一般コンシューマー向きの商品を作っているので、これを球団名にすることにし、しかし長くなるのでガスを省いて「クラウンライター」となった。

かくして、ライオンズは一九七七年から「クラウンライターライオンズ」というプロ野球史上最も長く、すべてがカタカナという球団名になった。

しかし、一九七七年のライオンズは、前期最下位、後期五位と復活の兆しを見せない。パ・リーグの前期は阪急、後期はロッテが優勝、プレーオフは阪急が制し、日本シリーズでもセ・リーグで優勝した巨人を倒した。

横浜スタジアムと国土計画

パ・リーグと異なり、セ・リーグは巨人戦のテレビ放映権収入があるので、経営は安泰のはずだったが、大洋ホエールズは赤字に苦しんでいた。それでも親会社の大洋漁業が景気のいいときは、宣伝費としていくらでも補塡できたが、そうもいかなくなってきた。

一九七〇年代になると反捕鯨運動が高まっていた。かつては安価なタンパク質として人気があった鯨肉も、牛肉が安価になり、また鮮魚も値下がりしていくと、売れなくなっていた。捕鯨産業そのものが斜陽化し、排他的経済水域問題により遠洋漁業も衰退していくなか、大洋漁業の経営も傾きだしていた。

大洋漁業の業績以上に、ホエールズは低迷していた。一九六〇年に初優勝してからは一度も優勝せず、年間観客動員でも巨人が三〇〇万人に迫ろうとしているなか、一〇〇万人にも満たない。

そこでオーナーの中部謙吉は本拠地の川崎球場に見切りをつけて、横浜への移転を考えたのである。後に社会党委員長になる当時の横浜市長・飛鳥田《あすかた》一雄《いちお》も同意し、新球場を建てることになった。

ここに、西武鉄道の名前がプロ野球界に再登場する。

西武と堤家

西武鉄道は一九三六年のプロ野球創立時、有馬頼寧《よりやす》をオーナーにしたセネタースの親会社だったが、一九四一年に名古屋金鯱軍と合併した時点で、縁は切れていた。

当時の西武鉄道は現在の西武新宿線を運行する会社で、一九四三年に堤康次郎が社長となった。堤は四五年に自分が持っていた武蔵野鉄道（西武池袋線）と合併させ、「西武農業鉄道」と改称し、四六年に「西武鉄道」とさらに改めた。

堤康次郎は西武鉄道グループの総帥である一方で、衆議院議員として一九五三年五月には議長にまで上り詰めた政治家でもあった。そのビジネスは政治と密接に絡みついており、昭和の暗部のひとつでもある。自民党の領袖《りょうしゅう》のなかでは池田勇人と親しく、宏池会に属す。

堤康次郎が野球に関係したのは、戦後、上野の不忍池に球場を作ろうという計画が持ち上がったときくらいだった。しかし、この計画は地元の反対で実現しなかった。このとき、巨人軍代表だった市岡忠男が、この計画に正力松太郎に無断で関わったため、それが発覚すると失脚している。

堤康次郎が亡くなった一九六四年、後継指名されていた三男の堤義明は、まだ三〇歳だった。堤義明は、康次郎の内縁の妻・石塚恒子を母として生まれた。麻布中学校・高等学校を経て、早稲田大学第一商学部に入学し、早稲田大学観光学会というサークルを立ち上げた。父の後を継ぐためにリゾート地の研究をしていたのである。その学生時代に康次郎から「冬の軽井沢に人を呼ぶ方法を考えろ」との課題を出され、軽井沢スケートセンターを開設し、海水浴客の多くが海に入っていないことに気づいて、「海の近くにプールを作ればいい」と発想し、大磯ロングビーチを作った。どこまでが義明の実績なのか不詳だが、これらは伝説となっている。

大学を卒業すると義明は、父・康次郎のそばに常にいて帝王学を学んだということになっている。そして一九六四年に康次郎が亡くなると、兄・堤清二を押しのけて後継者となったのである。清二のほうから混乱を避けるために譲ったとの説もあるが、真偽は分からない。

堤義明は父から「一〇年は何も新しいことをするな」と厳命されていた。またプロ野球への参入は、「オーナーになると道楽の要素が出てきて不採算事業となるから手を出すな」とも言われていた。永田雅一や大川博の道楽ぶりを見ていたから、そう言ったのであろう。

堤康次郎の死から七年が過ぎた一九七一年に、義明は異母兄・清二と「相互不可侵」を決め、西武百貨店やスーパーの西友は西武流通グループとして分離独立した。八六年まで堤清二は西武鉄道の取締役のひとりだったが、それも退任すると、「西武」を名乗らず、「セゾングループ」とする。

「何もするな」と言われた一〇年も過ぎ、義明は事業の拡大を始めていた。そして、「手を出すな」と言われていたプロ野球にも手を伸ばすのである。

一九七六年、横浜市は横浜公園平和球場を解体して、そこに新球場を建てる計画を立てたが、市の財政難から計画は進まない。大洋漁業にも巨額の建設資金を負担する余裕はなかった。そこで横浜市は球場建設に関わっていた西武建設を通じて、西武鉄道グループに協力を要請した。総帥の堤義明は承諾し、大洋ホエールズのオーナー、大洋漁業の中部謙吉社長と会うことになった。中部が言うには「大洋漁業が大赤字となっており、メインバンクの日本興業銀行（現・みずほ銀行）から、ホエールズをどうにかしろと言われている。球団の累積赤字は三億円で、大洋漁業が宣伝費として補塡している」。

堤が見て、ホエールズの赤字の原因ははっきりしていた。川崎球場である。首都圏にありながらも設備が老朽化し、またすぐそばに歓楽街があることから女性ファンや家族連れが行きにくい。そのため、一九七五年のホエールズの年間入場者数はセ・リーグで唯一、一〇〇万人に満たない。堤は「自前の球場を、たとえば横浜に持てば赤字は解消するでしょう」と言った。中部は八〇歳、堤はまだ四二歳と親子以上に離れているが、中部のほうが堤に教えを乞う形となった。

堤は横浜の飛鳥田市長から打診されていたこともあり、すでに球場の建設費を約四〇億円と見積もっていた。その半分にあたる二〇億円の株を一般から公募する。その株は額面五〇〇〇円で五〇〇〇株、つまり二五〇〇万円を一口とし、株主はオーナーズシートを得る。その権利を四五年間とすると、一年あたり五万五〇〇〇円、主催試合六五試合で割ると、一試合一〇〇〇円にもならない。即金で二五〇〇万円払えるファンにとっては安い。株だから上がる可能性もある。二〇億円のためには八〇〇口売れればよく、収容人数三万人のうちの八〇〇席をオーナーズシートとしても、興行への影響は微々たるものだ。

——これが堤の「一円もかけないで球場を建てる方法」だった。

堤のアイデアに中部はそんな手があるのかと驚いた。しかし、残りの二〇億円はどうするのか。堤は「二〇億円の株が売れたとなれば、残りもすぐに売れる、むしろ奪い合いになる」と言う。

この堤案を横浜市は、西武(国土計画)が三億円を球場運営会社に融資する条件で了解し、第三セクターとして「株式会社横浜スタジアム」が設立された。堤の言うように、たちまち株は売れた。横浜市も大洋漁業も一円もかけずに球場を得た。西武は三億円融資したが、建設するのは西武建設である。西武には建設業の売上四〇億円が入るので、大儲けだった。

この方式は、たしかに元手がかからない点では大洋球団にとってメリットがあったが、球場の広告代、飲食物の売上など全収入が横浜スタジアムに入り、大洋球団には一円も入らない。さらに、オーナーズシートの分は一般に売れないなど、いくら球団が営業努力をして球場を満員にしても、利益が出ない構造を生むことには気付かなかった。

この交渉過程で、堤は中部家の人間関係の複雑さを知った(といっても、堤家ほどではないのだが)。謙吉は創業者の次男で、兄・兼市が亡くなったので社長になった。大洋漁業には、兄・兼市の子が女婿を含めて四人いる。一方、謙吉の息子も四人おり(長男は夭逝と思われる)、三男・藤次郎に大洋漁業を継がせようと考えていた。だが、それが簡単にいくかどうかは分からない。中部はすでに八〇歳で、いつ何があるか分からない。

中部は、藤次郎に大洋漁業は継がせても、ホエールズを継がせる気はなかった。球団は赤字続きなので、自分一代でいいと考えていた。堤に「譲りたい」とまで言ったのだ。そこで堤は「大洋球団の赤字補塡として、三億円分の株式を売ってください」と申し出た。それは株式の四五パーセントにあたった。そして、「大洋漁業も四五パーセント、残り一〇パーセントは中部さん個人が持ち、球団を手放す気になったら、私に売ってください」と提案した。中部は合意した。かくして大洋球団の株式四五パーセントが西武のものとなった。ただし、中部個人が持つ一〇パーセントを堤に譲る件は書面での約束はしていなかった。堤もそこまでは求めなかったのだ。

中部謙吉はその約束を果たさないまま、翌一九七七年一月に亡くなった。大洋漁業は三男の中部藤次郎が社長に就任し、大洋球団のオーナーには兼市の三男・新次郎が就任する。堤との約束は反故にされてしまった。しかし堤は焦らなかった。

中部謙吉は新球場の完成を見ずに亡くなったが、横浜スタジアムは同年四月に建設が始まり、突貫工事で七八年三月三一日に完成し、四月に開場した。

一九七七年のホエールズは最下位で、観客動員もセ・リーグで最下位の八二万五〇〇〇人だった。落ちるところまで落ちていた。しかし七八年に横浜に移転すると、観客数は一四三万七〇〇〇人と倍近くに急増し、成績も四位になった。

一方、西武鉄道グループは、埼玉県所沢市にあった、アマチュア野球用の西武園球場をプロも使用できる本格的な球場に改築する計画を立て、プロ野球の公式戦を開催しようと考えていた。さらに系列のプリンスホテルに社会人野球チームも結成させることも決めていた。堤はプロ野球の公式戦を新球場に誘致できると簡単に考えていたようだ。だが、かなり難しいことを知った。このままでは一年の大半を遊ばせておくことになってしまう。

そこに、福岡野球の中村長芳からライオンズを買わないかとの話が持ち込まれ、堤は乗り気になった。

西武ライオンズ

一九七七年のドラフト会議で、福岡野球は法政大学の江川卓《すぐる》の交渉権を得た。しかし江川は巨人志望だったため、「九州は遠い」と断り、さらに遠いアメリカへ留学した。

一九七八年五月二六日、東京・芝にあった廣済堂グループ本社が火災で全焼し、三〇億円の損害が出た。同年六月に、廣済堂印刷は、クラウンガスライター・関東クラウン工業を合併して、「廣済堂クラウン株式会社」とした。取締役会長に平和相互銀行の小宮山英蔵が就任し、社長には桜井義晃が就いた。廣済堂クラウンの本社は銀座のビルへ移転していたが、そこのオーナーも小宮山だった。結局、福岡野球のスポンサーは、冠となる企業は「太平洋クラブ」「クラウンライター」と異なるが、実質は小宮山が資金を出していたとも言える。

ライオンズの累積債務は一〇億円を超えており、中村長芳としても従来の方法ではどうしようもないことが分かっていた。クラウンライターのスポンサー契約はこの年までだが、更新もできる。その後のことを桜井社長がどう考えているかは分からない。だが、中村としては年間数億円のスポンサー料では負債が増えていくだけと分かっていた。球団を債務ごと引き取ってくれるところを探すしかない。その意向は岸信介にも相談され、岸は派閥を継いだ福田赳夫も巻き込んだ。

中村は政界ルートで西武の堤義明がプロ野球に参入したがっているとの情報を得た。中村は岸へ連絡し、岸は当時の首相である福田赳夫を通して、堤に「ライオンズを買わないか」と打診した。ついにプロ野球球団の譲渡劇に現職の総理大臣が登場する。堤はライオンズ買収を決めた。

夏には中村と西武サイドで基本的合意ができており、坂井が中村から「西武への譲渡が正式に決まった」と知らされたのは、九月になってからだった。債務は全て西武が引き受けるという。条件はただひとつ、本拠地を福岡から埼玉県所沢に移すということだけだった。

坂井は極秘裏に準備を進めた。譲渡もフランチャイズの移転も、最終的にはプロ野球実行委員会の承認が必要だ。パの他球団、会長、コミッショナー、セ・リーグの会長にも事前の根回しが必要となる。福岡のファンがどういう反応を示すかも気になった。それにはマスコミ対策も重要だ。

しかしその前に、坂井は本当に西武が引き受けるのかも気になった。かつて太平洋クラブのときは、中村と先方の小宮山との「男の約束」で契約書がなく、スポンサー料をもらうのに苦労した。中村も同じ思いだったのか、正式な契約前に、堤のもとへ行き、名刺に「球団の件、違いありません」と一筆書いてもらった。はたしてこれが法的な契約書として通用するのかどうかは疑問だが、中村は最後まで永田町のやり方を通したのである。

一九七八年のペナントレースは、パ・リーグは阪急が前・後期とも優勝し、セ・リーグはヤクルトスワローズが球団創設以来初の優勝となった。これでようやくセ・リーグ六球団は全て、優勝を経験した。

西武（実際に球団を買うのはグループ中核企業の国土計画）がライオンズを買うにあたって問題となったのは、西武がホエールズの株を四五パーセント持っていることだった。野球協約で、球団は他球団の株式を持つことは禁じられていたので、西武が球団を持つからにはホエールズ株を手放さなければならない。堤はフジテレビの鹿内信隆に話し、国土計画が持つ四五パーセントを譲渡したいと申し出た。鹿内は、息子の鹿内春雄を堤のもとに行かせ、「二〇億円で買う」と応じた。三億円で手にした株が三年で二〇億円になったのだ。フジテレビとしては巨人戦の放映権が手に入るのだから安い買い物だった。

ところが、これを知った大洋漁業の中部藤次郎が、「フジテレビに四五パーセントを売られると、影響力が強くなり、どうされるか分からないので、二社に分けて売ってくれ」と泣きついてきた。そこで堤はTBS（東京放送）と交渉し、四五パーセントのうち、フジサンケイグループのニッポン放送に三〇パーセント、TBSに一五パーセントを譲渡することを提案した。鹿内は「金額は当初の四五パーセントなら二〇億円だが、三〇パーセントなら八億円だ」と言ってきた。それだと、TBSも一株あたり同額になるので一五パーセントで四億円となるから、合計一二億円にしかならない。それでも元は三億円だったので、堤はこの条件で二社に売った。ニッポン放送はフジサンケイグループなので、ひとつの球団の株式を系列の異なるマスコミ二社が持つ形になった。

残る問題は二つあった。ひとつは、前年のドラフトでライオンズが獲得した江川卓の交渉権が西武に引き継がれるかどうかだった。球界のドンとなったセ・リーグの鈴木龍二会長は、権利はクラウンライターライオンズが所有しているので、西武に譲渡された時点で消滅すると主張した。中村は、それはおかしいと抵抗したが、鈴木が「江川の交渉権は西武へは引き継がれないと認めるのが、球団譲渡の条件だ」とまで言い張るので、中村が折れた。ライオンズはパ・リーグなのでセ・リーグ会長の鈴木の出る幕ではないが、いまや鈴木の了解なしには何も動かないことを、中村は知っていた。

すでにこの時点で鈴木は、巨人が江川と「空白の一日」を利用して契約することを知っていた。西武がその資金力と政界人脈を使って江川と契約するのを警戒し、中村を半ば脅したのであろう。

もうひとつの問題が、クラウンライターとのスポンサー契約だった。契約期間は二年で、満了の一か月前までに双方で協議して続けるかどうかを決めることになっている。ここまで、クラウンライターからは打ち切るとの連絡はない。

中村はクラウンライターの桜井に会い、西武へ身売りすることになったと伝えた。桜井は残念がったと言うが、快く了承し、契約したときに保証金として預けた一億円の返還を求めた。この一億円も西武が弁済する福岡野球の債務の一部となるので、問題はなかった。

一〇月一二日、プロ野球の緊急実行委員会が開かれ、福岡野球の西武への身売り、埼玉県へのフランチャイズ移転が議題となった。大洋ホエールズの代表が、自社の株を西武が持っている、戻してもらえるのかと質問しただけで、承認された。

その日のうちに、中村と堤は球団譲渡の契約書に調印した。

これで六年にわたる「福岡野球」の歴史は終わった。いや、それだけではない。一九五〇年のクリッパーズから続く「福岡のライオンズ」の歴史も幕を閉じた。

空白の一日

ライオンズを手に入れると、西武球団は江川との交渉を始めた。一一月二二日がドラフト会議で、ライオンズの交渉権は二〇日まで有効だ。西武はあらゆる手段で江川にアプローチした。鈴木龍二としては苦々しいが、江川とは交渉しないと約束した中村はもういない。鈴木は堤と約束すべきだったのだ。

堤にも誤算があった。江川の後ろにいるのが自民党副総裁で江川の母校・作新学院の理事長でもある船田中《ふなだなか》（一八九五～一九七九）なので、最後には自民党総裁・内閣総理大臣の福田赳夫に頼み、ライオンズに入るよう説得してもらうつもりだった。しかし、船田は八三歳と高齢で、秘書の蓮実進《はすみすすむ》がこの件では実権を握っており、船田には何の力もなかったのだ。

江川は西武とは交渉にも応じず、ドラフト会議前日の二一日、ライオンズの交渉権は野球協約により前日で切れているという「空白の一日」を根拠にして、読売巨人軍と契約した。世に言う「江川事件」である。読売新聞・日本テレビ系を除く全てのマスコミが江川と巨人を批判し、大騒動となった。

巨人は二二日のドラフト会議を欠席し、阪神が江川の交渉権を獲得した。これでさらに混迷し、一か月が過ぎた一二月二一日、金子《かねこ》鋭《とし》コミッショナーは「江川と巨人による入団契約は認めない」「阪神の江川に対する交渉権獲得を認める」と裁定した。これで多くの人は溜飲を下げたが、その翌日、金子はプロ野球実行委員会の場で、「江川には一度阪神と入団契約を交わしてもらい、その後すぐに巨人へトレードすることでの解決を望む」と発言した。今度は巨人に屈服した金子への批判が沸騰した。

その間に新生・西武ライオンズは選手たちへの説明、阪神との大型トレード、所沢への移転などを着々と進めていた。

オーナーとなった堤は「ライオンズ」という球団名も場合によっては変えるつもりでいた。「ライオンズ」の名称存続の条件が、手塚治虫の『ジャングル大帝』のレオを球団キャラクターとして使用できるかだった。一九七三年に虫プロが倒産すると、手塚治虫はすでに社長を退いていたにもかかわらず、債務の大半を個人保証していたので、四億とも五億ともいわれる債務を負っていた。西武からのレオを球団のキャラクターにしたいとのオファーに手塚はその場で快諾し、一説には三〇〇〇万円で契約したといわれる。かくして「ライオンズ」の名は残った。国土計画が出資した新会社は「株式会社西武ライオンズ」となる。

福岡では所沢移転が発表されると反対運動が起き、球団事務所には抗議の声も届いたが、もうどうにもならない。

西武は所沢の新球場を「西武ライオンズ球場」と命名した。球団名が球場名になるのは初めてだ。ファンクラブを結成し、小学生にはライオンズのブルーの帽子を無料で配り、たちまち西武線沿線の子供たちは西武ライオンズファンになった。西武は「儲からなくていい」と、他のパ・リーグのチームがファンサービスを何もしていないなか、積極的に出て、「儲かる球団」にさせていくとの方針を示した。それにはチームが強くなければならず、そのための補強費用も惜しまなかった。

福岡時代最後の一九七八年のライオンズの観客数は七六万六〇〇〇人だったが、移転後の七九年は一三六万五〇〇〇人に急増した。パ・リーグ全体は、七八年の四一一万四五〇〇人が五二二万人になった。要するに西武のおかげで増えたのだ。

西武ライオンズは、最初の三年は優勝には程遠かったが、広岡達朗が監督に就任すると一年目の八二年に前期優勝、プレーオフも日本ハムを制し、セ・リーグ優勝の中日ドラゴンズとの日本シリーズも勝った。八三年もパ・リーグを制し、日本シリーズでは読売ジャイアンツを倒した。西武黄金時代の始まりだった。パ・リーグ各球団は打倒西武に燃えて、リーグ全体が活性化していく。

セ・リーグは一九八五年に阪神タイガースが二一年ぶりに優勝すると日本中が興奮し、バブル経済をも誘引した。パ・リーグは一九七〇年代に大映（オリオンズ）、東映、西鉄の三社が球団を手放す冬の時代となったが、ライオンズが紆余曲折の後、西武のものとなり所沢に定着すると安定期に入る。

国鉄、西鉄、産経新聞、大映、東映は球団の赤字もさることながら、親会社の経営が悪化して、球団を持ちこたえられなくなり、譲渡先を探した。ヤクルトとロッテは球団を必要としていなかったが、頼まれて買い取った。だが、日拓ホーム、日本ハム、西武になると、積極的に買って出る。

日拓ホーム、日本ハム、そしてオーナーではなかったが、太平洋クラブ、クラウンライターは、球団を持つと新聞・テレビが毎日、社名を報じるので宣伝効果があると踏んで、買い取った。球団を持つ意味が変質していた。

プロ野球を持つ企業は、東映・大映という映画会社が姿を消し（大映は倒産した）、ヤクルト・日本ハム・ロッテが加わり、大洋漁業を含め食品会社が四社となった。

一九七九年六月二六日、ライオンズのスポンサー、太平洋クラブの会長でもあった平和相互銀行会長の小宮山英蔵が六六歳で急死した。小宮山の死後、平和相互銀行と太平洋クラブでは後継者争い、派閥抗争が激化していく。その結果、ときの大蔵大臣・竹下登を巻き込む戦後最大の金融スキャンダルとも呼ばれる「平和相互銀行事件」へと発展する。

もともと小宮山がライオンズのスポンサーとなったのは、岸信介人脈にいたからだった。平和相互銀行の闇の資金の大半は、自民党はもちろん社会党も含む政界へ流れたものだった。球界へ流れたのはほんの僅かにすぎないし、そこに不正はない。それにしても、もし太平洋クラブがライオンズのスポンサーを続けていたら、球界もこのスキャンダルに巻き込まれるところだった。

その意味では、堤義明に感謝しなければならないが、その堤の西武鉄道グループも、後に大きな醜聞を起こすのである。

「昭和の妖怪」こと岸信介が球界に介入したことでの「功」と「罪」は、どちらも大きい。

大映は一九七一年一二月の倒産と同時に労働争議が勃発したが、一九七四年に労働組合は徳間《とくま》康快《やすよし》（一九二一〜二〇〇〇）率いる徳間書店と経営再建で合意し、新会社として「大映映画株式会社」が設立されて再建した。以後、徳間グループの映画製作会社となった。二〇〇〇年に徳間が亡くなると、角川歴彦《かどかわつぐひこ》（一九四三〜）率いる角川書店グループの傘下に入り、現在に至っている。

永田雅一は「永田プロダクション」を設立し映画製作を始めたが、四作を製作しただけで、一九八五年に七九歳で亡くなった。

岸信介は一九八七年に九〇歳で亡くなった。

球団の変遷　セントラル・リーグ　1959 ～ 1986
1959
1960
1961
1962
1963
1964
1965
1966
1967
1968
1969
1970
1971
1972
1973
1974
1975
1976
1977
1978
1979
1980
1981
1982
1983
1984
1985
1986
東京読売巨人軍
大阪タイガース
阪神タイガース
中日ドラゴンズ
大洋ホエールズ
横浜大洋ホエールズ
国鉄スワローズ
①サンケイアトムズ
②ヤクルトアトムズ
ヤクルトスワローズ
広島カープ
広島東洋カープ
①一九六五年は、サンケイスワローズ
②一九六九年は、アトムズ

球団の変遷　パシフィック・リーグ　1959～1986

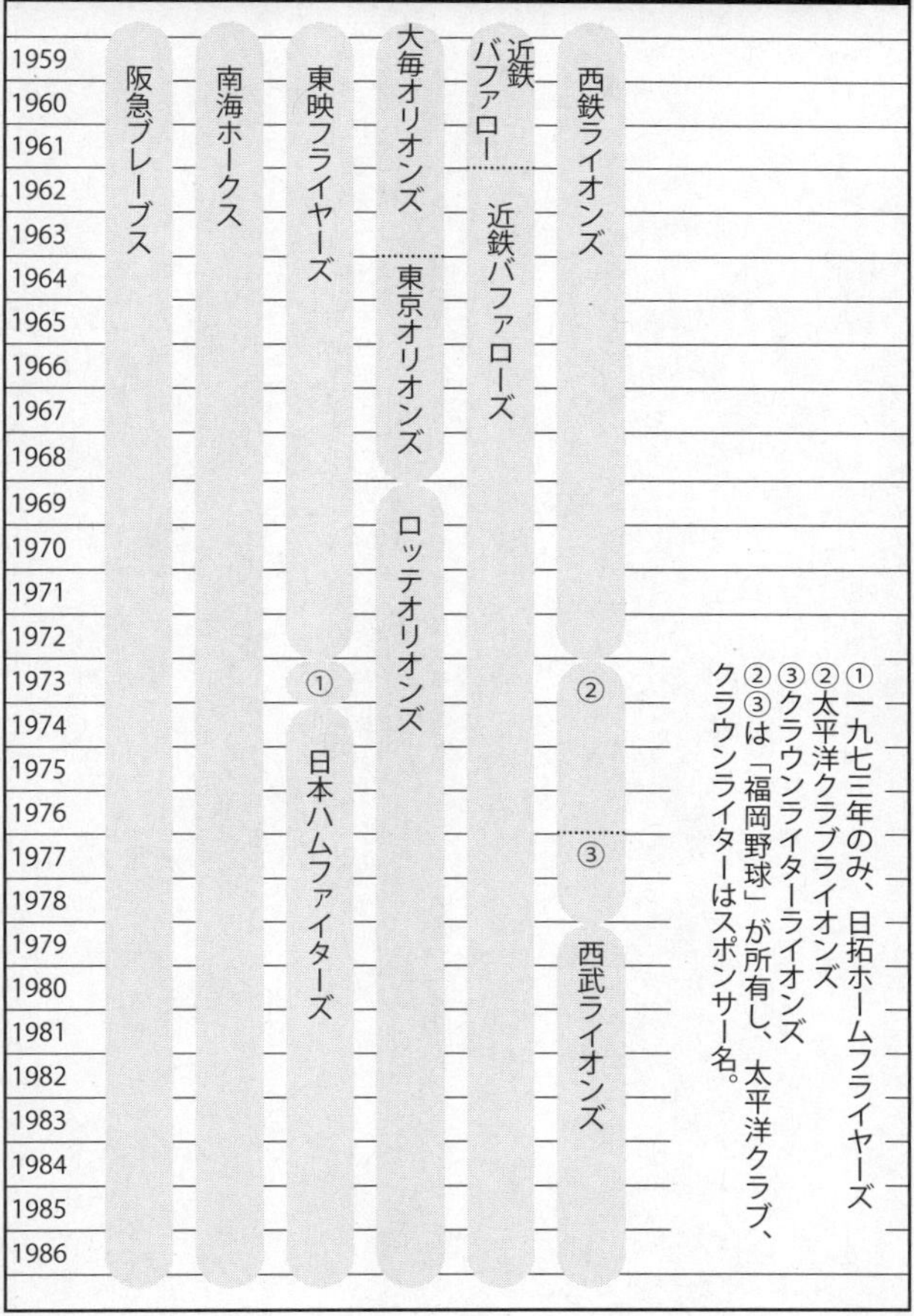
1959
1960
1961
1962
1963
1964
1965
1966
1967
1968
1969
1970
1971
1972
1973
1974
1975
1976
1977
1978
1979
1980
1981
1982
1983
1984
1985
1986
阪急ブレーブス
南海ホークス
東映フライヤーズ
①
日本ハムファイターズ
大毎オリオンズ
東京オリオンズ
ロッテオリオンズ
近鉄バファロー
近鉄バファローズ
西鉄ライオンズ
②
③
西武ライオンズ
①一九七三年のみ、日拓ホームフライヤーズ
②太平洋クラブライオンズ
③クラウンライターライオンズ
②③は「福岡野球」が所有し、太平洋クラブ、クラウンライターはスポンサー名。

第12章

広告塔になった球団

1979 - 1988

年度別順位　セントラル・リーグ　1983 〜 1994

	1位	2位	3位	4位	5位	6位
1983	巨人	広島	大洋	阪神	中日	ヤクルト
1984	**広島**	中日	巨人	阪神	ヤクルト	大洋
1985	**阪神**	広島	巨人	大洋	中日	ヤクルト
1986	広島	巨人	阪神	大洋	中日	ヤクルト
1987	巨人	中日	広島	ヤクルト	大洋	阪神
1988	中日	巨人	広島	大洋	ヤクルト	阪神
1989	**巨人**	広島	中日	ヤクルト	阪神	大洋
1990	巨人	広島	大洋	中日	ヤクルト	阪神
1991	広島	中日	ヤクルト	巨人	大洋	阪神
1992	ヤクルト	巨人	阪神	広島	大洋	中日
1993	**ヤクルト**	中日	巨人	阪神	横浜	広島
1994	**巨人**	中日	広島	ヤクルト	阪神	横浜

1992 年の巨人と阪神は同率の 2 位。1994 年のヤクルトと阪神は同率の 4 位。

球団別年間入場者数　セントラル・リーグ　1983 〜 1994

	巨人	阪神	中日	大洋	ヤクルト	広島
1983	**2,944,000**	1,799,000	1,720,000	1,328,000	1,770,000	916,000
1984	2,974,000	1,934,000	1,908,000	1,354,000	1,737,000	**1,103,000**
1985	2,802,000	**2,602,000**	1,802,000	1,354,500	1,797,000	1,056,000
1986	2,956,000	2,360,000	1,760,000	1,428,000	1,787,000	**1,076,000**
1987	**3,043,000**	2,129,000	2,013,000	1,537,000	2,215,000	1,124,500
1988	3,391,000	2,069,000	**2,050,000**	1,540,000	2,166,000	1,023,000
1989	**3,395,500**	1,849,000	2,009,000	1,522,000	2,179,000	1,094,000
1990	**3,386,000**	1,894,000	2,112,000	1,555,000	2,114,000	959,000
1991	3,378,000	1,820,000	2,090,000	1,572,000	2,311,000	**1,220,000**
1992	3,500,000	2,853,000	2,081,000	1,678,000	**2,477,000**	1,252,000
				横浜		
1993	3,537,000	2,768,000	2,090,000	1,520,000	**2,409,000**	1,116,000
1994	**3,540,000**	2,704,000	2,063,000	1,530,000	2,153,000	1,150,000

阪神は 85 年は 21 年ぶりの優勝、92 年は最後まで優勝争いをしたため観客数が増えた。以後、暗黒時代に突入するが、観客数は維持していた。

年度別順位　パシフィック・リーグ　1983 ～ 1994

	1位	2位	3位	4位	5位	6位
1983	**西武**	阪急	日本ハム	近鉄	南海	ロッテ
1984	阪急	ロッテ	西武	近鉄	南海	日本ハム
1985	西武	ロッテ	近鉄	阪急	日本ハム	南海
1986	**西武**	近鉄	阪急	ロッテ	日本ハム	南海
1987	**西武**	阪急	日本ハム	南海	ロッテ	近鉄
1988	**西武**	近鉄	日本ハム	阪急	南海	ロッテ
1989	近鉄	オリックス	西武	ダイエー	日本ハム	ロッテ
1990	**西武**	オリックス	近鉄	日本ハム	ロッテ	ダイエー
1991	**西武**	近鉄	オリックス	日本ハム	ダイエー	ロッテ
1992	**西武**	近鉄	オリックス	ダイエー	日本ハム	ロッテ
1993	西武	日本ハム	オリックス	近鉄	ロッテ	ダイエー
1994	西武	オリックス	近鉄	ダイエー	ロッテ	日本ハム

1994 年のオリックスと近鉄は同率の 2 位。

球団別年間入場者数　パシフィック・リーグ　1983 ～ 1994

	阪急	南海	日本ハム	ロッテ	近鉄	西武
1983	703,000	650,000	1,003,000	634,000	578,000	**1,423,000**
1984	**946,000**	610,000	964,000	685,300	646,000	1,311,000
1985	648,000	553,000	914,000	638,500	565,000	**1,409,000**
1986	1,145,000	603,000	1,193,000	692,700	1,028,000	**1,662,000**
1987	1,230,000	883,000	1,242,000	778,000	1,006,000	**1,808,000**
1988	1,100,000	918,000	2,458,500	816,000	1,087,000	**1,892,000**
	オリックス	ダイエー				
1989	1,040,000	1,251,000	2,385,000	841,000	**1,306,000**	1,945,000
1990	1,052,000	1,346,000	2,274,000	786,000	1,238,000	**1,913,000**
1991	1,230,000	1,573,000	2,250,000	1,021,000	1,419,000	**1,981,000**
1992	1,241,000	1,677,000	2,112,000	1,305,000	1,280,000	**1,907,000**
1993	1,186,000	2,462,000	2,021,000	930,000	1,068,000	**1,624,000**
1994	1,407,000	2,525,000	1,721,000	1,086,000	1,133,000	**1,688,000**

オリックスは 88 年まで「阪急」だった。ダイエーは 88 年まで「南海」。ダイエーは 89 年から福岡へ移転し、観客数を増やした。
ロッテは 92 年から千葉市へ移転し、この年は観客数は増えた。

一九七八年にライオンズが福岡野球から西武（国土計画）へ譲渡されてからは、セ・リーグ、パ・リーグとも球団の身売りやチーム名の変更がないまま一〇年が過ぎた。そして昭和も終わろうとしていた一九八八年、またも球界は揺れ動く。

中内㓛とダイエー

中内㓛《いさお》は一九二二年（大正一一）に大阪府西成郡伝法（現・大阪市此花《このはな》区）で生まれ、四歳で神戸に移った。父は小さな薬屋を営んでいたが、家は貧しかった。それでも神戸高等商業学校（兵庫県立大学の前身）へ進学している。戦時体制で学校の修業年限を短縮する非常措置がとられたため、四二年三月に卒業予定だった中内は四一年一二月に繰上げ卒業した。大学受験に失敗し、四二年四月に日本綿花（ニチメンを経て双日）に就職したが、一二月に召集令状が来て、徴兵検査に合格した。

中内は一九四三年一月に応召し、ソ満国境へ行かされた。零下四〇度という極寒の地である。翌四四年七月、今度はフィリピンへ転戦し、四〇度の酷暑のなかを戦う。人間が耐えられる最低気温と最高気温を経験した。それだけではない。ルソン島のリンガエン湾の守備に就くと、飢餓も経験する。食べられるものは何でも食べ、死んだ兵士の靴を食べたこともあった。うかうかしていると味方に殺され、人肉を食べられる状況だったと、中内は後に語っている。六月に夜襲を受けて手榴弾で全身を負傷し、死の寸前までいくが、八月に投降してマニラの日本人俘虜収容所に入れられた。

この本に登場する球団オーナーのなかで、中内は最も悲惨な戦争体験をした人物だ。

復員したのは一九四五年一一月で、父の「サカエ薬局」を手伝いながら神戸経済大学（現・神戸大学）の夜間部に通ったが、中退する。サカエ薬局は繁盛していた。いわゆる闇屋商売で儲けていたのだ。そこで中内も神戸の闇市で、本人が言うには、「女と麻薬以外のものは全て」売りながら、資金を貯めていく。

一九四八年、薬事法改正により薬品の路上販売が禁止され、店舗販売しか認められなくなった。これを機に中内は神戸元町の高架下に「友愛薬局」を開業する。この店でも儲かるのは業者相手の闇商売である。五一年に父と弟の博が医薬品現金問屋「サカエ薬品」を始めると、中内も参加した。

一九五六年二月、東京では西武百貨店の子会社として西武ストアーが設立された。これが六三年に「西友ストアー」となった。最初は西武線沿線に店舗展開していたが、やがて全国に展開し、中内のダイエーのライバルとなる。しかし、中内はまだスーパーそのものを知らない。

同じ一九五六年三月、福岡県小倉市（現・北九州市小倉北区）に丸和フードセンターが開店した。日本初のセルフサービスのスーパーマーケットとされている。自分で商品を棚から取ってカゴに入れ、レジで支払うという、いまでは当たり前のことが、日本ではこの年に始まったのだ。丸和はこのシステムを独占せず、「主婦の店運動」と銘打って全国の小売店にレジを導入してセルフサービスの店にするよう呼びかけた。

一九五七年四月、中内は弟・力と一緒にサカエ薬品から独立し、神戸市長田区に「大栄薬品工業株式会社」を設立した。しかし、この製薬事業からはすぐに撤退した。そんなとき、丸和の吉田日出男社長から「小倉に開く店で薬品を売りたいから手伝ってくれ」と頼まれ、弟の力が小倉へ向かった。サカエ薬品が丸和に薬を卸していたので互いに知っていたのだ。中内兄弟は吉田の提唱する「主婦の店」の名称を加盟費抜きで得ると、同年九月に大阪市旭区の京阪本線千林《せんばやし》駅前（千林商店街内）に、「主婦の店ダイエー薬局」を開店した。食品と薬品を薄利多売で売る店で、これがダイエーの始まりである。

ダイエーは最初は薬品が目玉商品だったが、やがて牛肉の薄利多売という前例のないことで大成功する。店舗は増え、メーカーが決めた価格を無視した「価格破壊」で売上を伸ばし、同時に価格維持を求めるメーカーとの「戦争」にまで発展していく。中内は「流通革命」の旗手となった。

ダイエーの年商は開業して四年目の一九六一年には五〇億円を突破し、六六年には二九店舗を擁し、売上高四〇〇億円となった。業界トップである。この年、西友は二二店舗で二三〇億円だった。一九七〇年になると、ダイエーは五八店舗・従業員九六〇〇人・売上高一四三〇億円になり、七二年には三〇〇〇億円を突破して小売業日本一となる。七五年は、一二九店舗・一万九〇〇〇人・七六〇〇億円になっていた。八〇年には、ついに売上高が一兆円を突破する。

ダイエーの拡大・成長に最初の陰りが見えたのは一九八三年で、六五億円の赤字決算となった。いくつものM&Aをしていたが、その失敗が重なっていた。八四年も一一九億円の赤字、八五年も八八億円の赤字だった。だが、翌八六年二月決算では黒字に回復した。

そして日本はバブル経済を迎えた。株価の値上がりもすさまじい勢いだったが、地価が高騰した。中内・ダイエーの手法は、安い土地を買い、そこに店舗を建てる。その地価が高くなったところで、それを担保に借り入れて次の土地を買う。また値上がりすると、それを担保に借り入れするというもので、地価が上がり続けるということを前提としていた。「地価は下がらない」という神話を信じていたのは中内だけはない。銀行も大蔵省（現・財務省）も、みなそれを信じていた。

そのため、ダイエーは売上高も伸びるが、有利子負債も増え続けていく。いったん拡大をやめれば、その瞬間に倒産する、自転車操業が最大化していくのだった。

ダイエー対西武

ダイエーが首都圏に進出し、一九六九年に西友赤羽店のすぐ近くに出店すると、両店は採算度外視の価格競争を展開した。流通業界史上に残る「赤羽戦争」である。その次の西友とダイエーの激突が「所沢戦争」だ。

一九八一年一一月にダイエーが西武線沿線の埼玉県所沢市に開店したときは、西武流通グループがそれを阻止するために、予定地の一角を買い占めるなどの手に出た。それでもダイエー所沢店は開業したが、開店にあたり、西武鉄道に中吊り広告を出そうとしたが断られ、駅貼りのポスターも拒否された。西武鉄道グループと流通グループは分離していたが、ここでは共闘したのである。

やむなくダイエーは、シンボルカラーのオレンジ色のマークと文字がプリントされているユニフォームを着た女性たちを、西武線の電車に乗り込ませるという宣伝手段をとった。客として切符を買って乗るので、西武としても乗車拒否はできない。開店セレモニーで中内は「野球は西武、買い物はダイエー」と言った。このセレモニーには、堤清二は出ていないが、義明は出席し、店舗でライオンズのキャラクターグッズを売ることも許可している。

球団の優勝記念セールが定着するのは、一九八二年に西武ライオンズが優勝してからだ。その前も阪急ブレーブスや近鉄バファローズが優勝すると、阪急百貨店や近鉄百貨店がセールをしていたが、店舗が関西中心だったため、全国的ではなかった。しかし西武は、西武百貨店のみならず、西友やパルコも全国展開していた。一九八二年に日本シリーズで優勝すると、西武流通グループは大々的な優勝記念セールを行なった。

ライバルのダイエーも所沢店だけは盛大なライオンズの優勝記念セールを行ない、これも話題になった。ライオンズは一九八三年も優勝し、日本シリーズでも勝ち、阪神が優勝した八五年もパ・リーグで優勝した。八五年は阪神タイガースの二一年ぶりの優勝で関西圏が盛り上がり、日本一を逃した西武もリーグ優勝の記念セールと、日本シリーズの「ご声援感謝セール」で盛り上がった。

中内はプロ野球球団が小売ビジネスに直結することを実感し、セ・リーグ、首都圏にこだわらず、どこでもいいから球団を買収しようと決めた。

福岡とロッテ

失ってから、その大きさ・尊さに気づくことは、よくある。福岡の人々にとってのライオンズがそれだった。ライオンズが所沢へ移り、見事に常勝球団として蘇ると、なおさら失ったものの大きさを知った。

福岡市民の間で、球団誘致運動が起こった。中心になったのは青年会議所（JC）のメンバーだった。きっかけは一九八六年一月のJCの新年会に、かつての西鉄ライオンズのエースで監督もした稲尾和久（一九三七～二〇〇七）を呼んだことにあった。

稲尾はライオンズが所沢へ移った後の一九八一年から、個人で球団誘致運動を始め、福岡の政財界人に働きかけていた。セ・リーグ会長の鈴木龍二に相談すると、「一球団ではだめで、九州に二球団作れば、可能性はある」と言われた。一球団でも苦労している稲尾が、一度に二つの球団を作れるはずがない。万が一、稲尾が一球団を結成した場合に「ひとつではだめだと言ったはずだ」とセ・リーグ加盟を断るための伏線だろう。

一九八三年のシーズンオフ、最下位に終わったロッテは、稲尾にオリオンズの監督就任を打診した。稲尾は「本拠地を福岡へ移転させるという条件なら」と言ったが、それは明文化された条件としないことで妥協し、監督を引き受けた。

ロッテは、ホエールズが出た後の川崎球場を本拠地としていたが、チームが低迷していたこともあって、観客が入らない状態だった。八三年は西武と日本ハムの年間観客数は一〇〇万人を超えていたが、ロッテは六三万四〇〇〇人しか入っていない。もっとも、近鉄は五七万八〇〇〇人ともっと少ない。当時の入場者数発表は実数ではなく概数で、適当に発表していたので、実際はもっと少ない。ロッテ球団としても川崎から出たいと考えていた。だが、こういう話はすぐには進まない。

JCの新年会に稲尾が出たのは、ロッテの監督となって三年目にあたる。暗黙の了解事項であった福岡移転の話が進捗しないので、稲尾としては忸怩《じくじ》たる思いがあったのだろう。若い経営者たちに「広島東洋カープのように、市民の組織的応援、草の根の盛り上がりが必要だ」と言って、市民の声によって、市や県の行政、そして九州財界を動かさなければ球団誘致はできないと説明した。これでＪＣの幹部たちは奮い立ち、球団誘致運動を始めて、ロッテ球団にアプローチした。

稲尾は一九八六年のシーズン終了後、ロッテ監督を退任した。最初の八四年が二位、八五年が二位、八六年は四位という成績で、留任するのではないかとマスコミも報じていたが、重光オーナーにシーズン終了の挨拶に行くと、契約は延長しないと告げられ、退任が決まった。

稲尾は去ったが、ロッテと福岡ＪＣを中心とした誘致運動との交渉は具体化していった。一九八七年五月に、ロッテ球団社長・松井静郎は、ロッテと地元が五割ずつ出資して新会社を作り、球団名を変更する余地はあるが、年間一〇〇万人を動員したいので、年間指定席四〇〇〇席を保証してくれなどの条件を提示した。これが「市民球団構想」である。

誘致運動側は財界や市などとも交渉し、ロッテが満足できるだけの条件を整え、八七年一〇月に、ロッテ本社へ行き、松井球団社長に回答し、資料を手渡した。松井は「少し時間をください」と言ったが、前向きな様子だった。

ところが、しばらくして、「回答を延期したい」と松井は福岡側へ連絡した。ロッテは一九八八年のソウルオリンピックに備えて、テーマパーク「ロッテワールド」を建設中で、完成の目処がつくまで大きなことは決定できないという。誘致運動は引き続き、ロッテを誘致することを基本方針とし一年継続することが決まった。

ダイエーとロッテ

ロッテの韓国進出は、一九五八年にチューインガムや菓子などの製造工場を建てたことから始まっていたが、本格化するのは日韓基本条約が結ばれてからで、一九六七年に韓国でのロッテ製菓株式会社を設立した。しかし重光は韓国では菓子メーカーだけで終わるつもりはなく、製鉄業など重厚長大産業に進出するつもりだった。すでに朴正煕大統領とは親密な関係が築かれている。朴としても日本の資本を導入したいが、日本人は信用できないので、日本で成功した韓国人である重光に頼るという構造だった。

朴は重光に、「我が国には一流のホテルがないので、あなたにやってほしい」と持ちかけた。ソウルにある「半島ホテル」を払い下げるという。このホテルは、日本の占領時代に旭化成創業者の野口遵《したがう》が建てたもので、戦後は国有となっていたが、赤字続きでうまくいっていなかった。重光はホテル経営の経験がなかったので即答はできず、ホテルを経営するという視点で欧米を視察してから引き受け、「ロッテホテル　ソウル」とした。

ホテルには免税店を置き、これが百貨店事業へと発展した。こうして韓国にも基盤ができたところで、重光は石油化学工業や建設事業にも進出し、ロッテは大財閥になっていく。

ロッテワールドは一九八五年に着工し、八九年七月にオープン予定の室内遊園地を中心に、ホテルとショッピングセンター、レストラン、プールなどがある複合型施設だった。東京・葛西に建てる計画だったが、ディズニーランドの近くでは集客が難しいと判断されて、ソウルに建てられた。

このロッテワールド内に建てるスーパーの業務指導をしてくれないかと、重光が中内に依頼したことで、二人の関係が始まる。中内は球団を持ちたいと重光に相談した。重光はダイエーに売ることを検討するよう球団に指示した。

この時期のロッテは経営危機ではないが、オリオンズが年間一〇億円の赤字となっているのは、よいことではない。川崎にいたのでは集客ができず、収支が改善される見込みもない。そこで福岡への移転が考えられていたところに、今度は重光からダイエーへの譲渡案が下された。ロッテ球団は、福岡移転とダイエーへの売却という二つの交渉事を抱えてしまった。

一方、ダイエーは福岡市に球団を持った場合、平和台球場を使えるかを内密に打診していた。

そんなとき、中内は取引先の銀行を通して、「南海電鉄がホークスを売りたがっているが買わないか」と打診された。

南海と再開発

南海電鉄がプロ野球に参入したのは戦前の一九三八年である。日本職業野球連盟が発足して三年目のことで、九番目の球団だった。当時は「南海軍」で、戦後の四七年から「南海ホークス」となった。親会社が合併して近畿日本鉄道になった時期もあるが、南海電鉄の球団として一九八八年に創立五〇年となった。

ホークスは一九五〇年代から七〇年代は強く、観客数も多かったが、八〇年代になると、日本ハムや西武が年間一〇〇万人以上を集めていたのに対し、六〇万人前後と低迷していた。

南海グループ全体からみれば、ホークスの赤字を埋めることはできる。「宣伝費として考えれば高くない」「税金でもっていかれるよりはいい」という考え方が、一応は成り立っていた。だが、いくら「南海」の名が全国で毎日、テレビや新聞で報じられても、関西圏以外の人にとっては、関係のない話だった。

オーナーの川勝傳《かわかつでん》は日頃から「おれの目の黒いうちはホークスは売らん」と公言していた。だが、オーナーのそういう発言そのものが、ホークスはいずれ売らなければならないことを示唆していた。その川勝オーナーが一九八八年四月二三日に八六歳で亡くなった。これで南海電鉄経営陣にとって、ホークスを売る最大の障害がなくなったと、よく言われるが、そうではなかった。

川勝傳（一九〇一～八八）は南海の球団創立には関わっていない。京都府船井郡富本村（八木町を経て、現・南丹市）に生まれ、一九二八年（昭和三）に立命館大学経済学科を卒業して、当時は通信社だった電通に入り、経済記者となった。通信社も企業統合が始まり、一九三五年七月に社団法人・同盟通信社の設立が認可された。しかし電通は同盟には不参加だった。川勝も同盟への合流には強く反対していた。だが同盟が三六年一月に業務を開始すると、六月についに電通も加わることになる。川勝も同盟へ移ったが、三七年五月に辞めてしまった。そこへ東洋紡績（現・東洋紡）の庄司音吉社長から「転職先が決まっていないのなら、紡績連合会へ来ないか」と誘われた。こうして川勝は記者から紡績業界へ転じた。その後、大日本紡績連合会理事・東京出張所長、寺田合名理事、日本スピンドル製造の社長に就任し、関西財界の重鎮となっていた。

一九六七年四月から六八年一月までに、南海電鉄は三つの大きな鉄道事故を起こし、社長が相次いで辞任していた。このとき永田雅一が暗躍したことはすでに記した。その再建に、川勝は請われて南海電鉄の社長に就任した。南海はその後に信用を回復し、川勝は「中興の祖」と讃えられた。

関西に第二の国際空港を建てる計画が進み、一九八七年に現在の関西国際空港が着工されるが、それに伴い南海の難波駅から新空港へ直通電車を走らせることになり、周辺地区の再開発計画が立てられた。それには難波駅に隣接する大阪球場を壊すことも含まれていた。そうなるとホークスは本拠地を失う。ならば、ホークスもなくていいのではないかと川勝も考えていた。そこで南海電鉄社内では川勝もホークス売却に傾いていた。

一方、千葉県千葉市は一九八八年一月、幕張に新球場を着工し、四月には公募で「千葉マリンスタジアム」と命名されていた。完成予定は九〇年三月だった。この時点ではどこかの球団の本拠地になるとは決まっていない。しかし、川崎からの移転を考えていたロッテは、千葉マリンスタジアムを本拠地にできるのなら、福岡移転もダイエーへの売却も不要だと考えるようになっていた。

一九八八年夏、ロッテはダイエーへの売却も福岡移転も断り、球団を保持したまま、千葉への移転に全力を挙げることを決めた。

この時点でロッテとダイエーの交渉は、いつの間にか自然消滅に近い形で消えていた。ダイエーもこの夏までには南海買収、福岡移転で動いていたのだ。

阪急ブレーブスの小林公平オーナー

阪急電鉄創業者の小林一三は存命中、「どんなことがあっても、宝塚歌劇とブレーブスは手放すな」と言っていたとされる。明文化されていたわけではないが、これが社訓のひとつとなっていた。一九七〇年代、宝塚歌劇は低迷していたが、『ベルサイユのばら』の大ヒットで蘇った。だがブレーブスは何度優勝しても西宮球場の観客席は埋まらなかった。優勝から遠ざかっている阪神の甲子園球場が満員なのと正反対だった。

一九八八年当時のブレーブスのオーナー・小林公平《こうへい》（一九二八～二〇一〇）は、小林一三の三男で阪急電鉄社長をしていた米三の入婿にあたる。米三には子がなく、兄の松岡辰郎の長女（姪に当たる）喜美を養女としており、公平は喜美と結婚し、小林米三家の養子となったのである。公平は慶應義塾大学経済学部卒業後、三菱銀行（現・三菱UFJ銀行）を経て阪急電鉄へ入社し、社長、会長となっていた。一九八八年時点に小林一族の公平がオーナーだったからこそ、阪急はブレーブスを売却できたとも言える。

小林は阪急電鉄の都市開発部都市開発課の古寺水治郎に「宝塚歌劇とブレーブスという阪急のシンボルは、ともに赤字だ。プロ野球は一二球団あるが、歌劇は希少価値がある。お荷物を二つも抱える必要はない」と言っていた。どちらかから撤退するなら野球だと示唆したのだ。

古寺は、三和銀行頭取・山本信孝が主宰する「三縁会」という若手経営幹部の勉強会のメンバーのひとりだった。三縁会は異業種交流会のひとつで、メンバー企業のひとつが宮古島にゴルフ場を開発する計画があると言うので、会として八八年八月に視察に行くことになった。バブルの最盛期だったので、リゾート開発計画が無数にあったのだ。

その視察旅行に、古寺の他に、オリエント・リース（現・オリックス）の近畿営業本部営業副部長の西名《にしな》弘明《ひろあき》と、三和銀行の事業開発部プロジェクト開発室長・清水美溥《よしひろ》らが参加していた。

宮古島での夕食では、雑談としてそれぞれが抱えている案件を語っていたが、オリエント・リースの西名が「来年から社名変更することになり、短期間に周知させるには広告費がかなりかかる。いっそ、プロ野球の球団を買おうかという話が社内で出ている」と言った。その場では笑い話となったが、阪急の古寺と三和銀行の清水は聞き逃さなかった。しかし、二人ともその場では何も口にしなかった。

ここから阪急のオリエント・リース、後のオリックスへの譲渡が動き出す。

オリエント・リース

オリエント・リース株式会社は一九六四年四月に、日本で最初期のリース会社として設立された。出資したのは、三和銀行（現・三菱UFJ銀行）と東洋信託銀行（現・三菱UFJ信託銀行）、日本勧業銀行（現・みずほ銀行）、神戸銀行（現・三井住友銀行）、日本興業銀行（現・みずほ銀行）の五銀行と、日綿實業、日商、岩井産業（三社とも現・双日）の三商社で、資本金は一億円だった。設立時の社員一三名のひとりが、宮内義彦《みやうちよしひこ》（一九三五〜）だった。

宮内は一九三五年（昭和一〇）に神戸市で生まれた。父は木材輸入商社に勤務していた。

戦争中は山口県玖珂《くが》郡大畠町（現・柳井市）に疎開したが、戦後に戻り、関西学院中学部・高等部を経て、一九五八年に関西学院大学商学部を卒業した。その後、ワシントン大学へ留学し、大学院経営学部修士課程を修了してMBAを得ている。六〇年に日綿實業に入社し、調査部へ配属となった。

日綿實業は一八九二年（明治二五）に綿花の輸入を目的に、大阪で設立された日本綿花株式会社が始まりで、紡績業が発展するにしたがって取引範囲も世界各国に拡大し、扱うものも綿花だけでなく食品や雑貨にまで拡大していた。宮内は調査部で総合商社化や経営計画の研究をしていたが、六三年暮れ、急成長しているリース業を調査するためにアメリカへ派遣された。帰国すると、新会社オリエント・リースの設立メンバーに抜擢されたのである。二九歳で、創業メンバー一三人のなかの最年少だった。

オリエント・リースの初代社長は日綿實業社長の福井慶三（一九〇〇～八七）が兼任していたが、六七年から三和銀行出身で副社長だった乾恒雄（一九一〇～九八）が社長となり、宮内の主張する自主独立路線へと転換した。それまでは親会社の商社や銀行から顧客を紹介されていたが、それを断り、自分たちで開拓することにしたのだ。あわせて、親会社からの出向もゼロにした。宮内は顧客の独自開発を担う開発課初代課長に就任した。

一九七〇年に宮内は取締役となった。順調に業績は伸びていたが、石油ショック、ドル・ショックが日本経済を襲い、設備投資が減少したため、リース業界も危機に瀕した。しかし、オリエント・リースは、国内では商品やサービスを多角化して切り抜け、事務機のリースだけでなく、貸付金やコンピュータのオペレーティングリース、船舶リース、航空機リースにも進出した。七〇年四月に大阪証券取引所第二部、七三年二月には東証、大証、名証市場第一部に株式を上場した。インテリア、自動車、電子計測器などの専門リース会社も設立し、七九年には個人向けの信販会社「ファミリー信販（現・オリックス・クレジット）」も設立、海外展開も進めた。

一九八〇年、宮内は四五歳で社長に就任すると、グループ経営の強化を掲げ、部門間、グループ会社間の情報伝達と協力体制を強固にしていった。事業もベンチャーキャピタル、独身寮賃貸事業にまで進出した。またM&Aも積極的に推進して、証券会社や不動産会社を傘下にしていった。

一九八八年、オリエント・リースは国際的・多角的な金融サービス業を展開するようになっていたので、グループ各社の結びつきをより一層強めるため、グループCIを導入することにした。CIはバブル経済期に流行したもので、広告代理店などが主導して、大企業に社名変更させ、ロゴやシンボルカラー、シンボルマークを作らせるものだ。社名変更すればそれを告知・周知させるために大宣伝をしなければならず、その広告も扱うので、広告代理店は大儲けしていた。

オリエント・リースの新社名は「オリックス」で、一九八九年四月から新社名になることが決まっていた。それをどう周知させるかを協議したときに、プロ野球の球団を持てば、年間数十億かかるが、シーズン中は毎日、テレビや新聞が社名を報じてくれるので、抜群の宣伝効果があるという話になったのだ。実際、クラウンライターはスポンサーになっただけだが、社名の周知に成功していた。だが球団は一二しかなく、新規参入は困難だ。そのため、CI担当者の間の冗談で終わりかけていた。

阪急―三和銀行―オリエント・リース

球団を持つ目的が、野球を愛しているからとか、青少年の健全な育成のためになるとか、沿線住民に娯楽を提供したいなどの建て前を必要としなくなっていた。プロ野球球団を持てば、社名のいい宣伝になるという身も蓋もない理由で、オリエント・リースは球団を買収したいと公言する。

それを聞いた三和銀行事業開発部プロジェクト開発室長の清水美溥は、親交のある阪急電鉄首脳からブレーブスを売却したいと考えていると明かされていたことを思い出す。ただし、歴史ある名門球団を売るとなると、反対運動も起きるかもしれないし、目立つのは困る。そこで、阪急としては、どこか他球団が売却を決めたら、その同じ年に売りたい。さらに言えば、南海が難波再開発を機にホークスを売る可能性があるので、同年に売れれば最善だという意向を聞かされていた。

宮古島から帰ると、古寺は小林オーナーに、オリエント・リースの西名が球団を買いたいと言っていたと報告した。小林から「可能性があるのなら、詰めるように」と指示されると、古寺は三和銀行の清水を訪ねた。清水がオリエント・リースの西名に確認すると、本気だと言う。そこで清水は「条件次第で阪急が売ってもいいと考えている」「その条件は南海が売ったときだ」と伝えた。

西名からの報告を受け、オリエント・リース社内では阪急ブレーブス買収へ向けての調査や検討が始まった。これが一九八八年八月終わりのことである。

一方、八月二八日には複数のスポーツ新聞が「ダイエー、南海を買収、福岡移転」と報じた。だが、当事者のダイエー、南海、福岡市はみな否定した。報道はいったんは沈静化した。四月に川勝傳が亡くなると、南海ホークスのオーナーには、南海電鉄社長の吉村茂夫（一九一八〜二〇〇九）が就任していた。

九月七日、オリエント・リースは翌年四月から「オリックス」へ社名変更すると発表した。

南海、阪急、そして一〇・一九

九月一三日、南海球団の吉村茂夫オーナーが自宅に記者を招き入れ、売却の意向を明らかにし、条件はホークスの名を残すことと杉浦忠《ただし》監督の留任、安易な首切りはしないの三点だと言った。

二一日になって吉村と中内がトップ会談をし、球団譲渡が正式に決まった。それまでに実務者レベルで全ての条件が詰められていた。会談後の記者会見で中内は「市民球団として福岡に本拠地を置き、球団名は福岡ダイエーホークスとしたい、さらに将来はドーム球場を建てたい」と発表した。譲渡額はこの場で明らかにされなかったが、三〇億円だった。

一〇月一日にオーナー会議が開催され、福岡ダイエーホークス誕生が了承された。南海・ダイエーがまとまったので、阪急がブレーブスを譲渡する条件が整った。オリエント・リースとの協議が急ピッチで進む。プロ野球の球団譲渡は一〇月三一日までにオーナー会議で了承されなければ、一年先になってしまう。

オーナーたちはみな大企業トップなので、スケジュール調整が難しい。だが日本シリーズの開幕日は、オーナーたちも観戦に来るのが恒例なので、その日なら集まりやすい。阪急はコミッショナー事務局にオーナー会議開催を要請し、一〇月二一日と決まった。

発表はその前にしたい。いつにするかを双方で協議し、オーナー会議二日前の一九日と決めた。譲渡金額は三〇億円、「ブレーブス」のチーム名をそのまま使う、上田利治《としはる》監督を留任させる、西宮球場を本拠地として使うというのが阪急側の条件で、オリエント・リースもそれを呑んだ。だが、後に全て反故にされる。

パ・リーグは西武と近鉄が首位争いをし、一〇月一六日に西武は首位のまま全日程を終えた。しかし近鉄はまだ残り四試合あり、三勝すれば勝率で西武を抜いて優勝できる。しかし一七日、近鉄は阪急に負けた。残っているロッテとの三試合を全勝するしかない。一八日、川崎球場でのロッテ戦に勝ち、一九日はダブルヘッダーだった。第一試合は九回に逆転という劇的な勝利で、第二試合に勝てば近鉄の優勝だった。普段は空席だらけの川崎球場は超満員となった。

その第二試合が始まる前の夕刻、阪急とオリエント・リースは球団譲渡を発表した。このタイミングを狙ったのではなく、偶然、そうなってしまったのだ。第二試合は午後六時四四分に始まり、四対四で時間切れ引き分けとなり、一〇時五六分に終わった。一〇回表に点を入れられなかった時点で近鉄の優勝はなくなったが、選手たちは一〇回裏も守らなければならなかった。

世にいう「伝説の一〇・一九」「パ・リーグの一番長い日」である。

夜一〇時からのテレビ朝日系の報道番組『ニューステーション』はこの試合を生中継し、関東地区で三〇・九パーセント、関西地区では四六・四パーセントという記録的な高視聴率となった。パ・リーグの試合がこんなにも注目されたのは、初めてだった。

そのおかげで、ブレーブスの身売りという衝撃的ニュースは影が薄くなった。目立ちたくなかった阪急にとってはよかったが、華々しく発表したかったオリエント・リースにとっては残念だった。

川崎球場は盛り上がっていたが、この時期、日本は奇妙な落ち着かない状況にあった。昭和天皇が九月一九日に大量吐血をして倒れると、長い「自粛」に入っていたのだ。セ・リーグで優勝した中日ドラゴンズは、祝賀会でのビールかけを自粛した。

この実質的な昭和最後の年となる一九八八年、阪急ブレーブスと南海ホークスという伝統ある球団が消滅した。関西の私鉄で球団を持つのは阪神と近鉄だけとなった。

観客数の比較　1981 ～ 2004				
年	セ・リーグ	パ・リーグ	セに対するパの割合	
1981	10,110,000	5,546,300	0.55	
1982	10,928,500	4,817,200	0.44	
1983	10,477,000	4,991,000	0.48	
1984	11,010,000	5,162,300	0.47	
1985	11,413,500	4,727,500	0.41	
1986	11,367,000	6,323,700	0.56	
1987	12,061,500	6,947,000	0.58	
1988	12,239,000	8,271,500	0.68	阪急、南海撤退。
1989	12,048,500	8,768,000	0.73	
1990	12,020,000	8,609,000	0.72	
1991	12,391,000	9,474,000	0.76	
1992	13,841,000	9,522,000	0.69	
1993	13,440,000	9,291,000	0.69	
1994	13,140,000	9,560,000	0.73	
1995	12,345,000	9,646,000	0.78	阪神・淡路大震災。
1996	12,223,000	8,877,000	0.73	
1997	13,483,500	10,012,500	0.74	
1998	13,004,000	8,660,500	0.67	
1999	13,339,500	9,071,000	0.68	
2000	12,873,500	9,567,500	0.74	
2001	12,799,500	10,124,000	0.79	
2002	13,243,500	9,709,000	0.73	
2003	13,520,500	10,144,000	0.75	
2004	13,770,000	10,684,000	0.78	再編問題。

第13章

ＩＴ長者たち

1989 - 2004

年度別順位　セントラル・リーグ　1995 ～ 2004

	1位	2位	3位	4位	5位	6位
1995	**ヤクルト**	広島	巨人	横浜	中日	阪神
1996	巨人	中日	広島	ヤクルト	横浜	阪神
1997	**ヤクルト**	横浜	広島	巨人	阪神	中日
1998	**横浜**	中日	巨人	ヤクルト	広島	阪神
1999	中日	巨人	横浜	ヤクルト	広島	阪神
2000	**巨人**	中日	横浜	ヤクルト	広島	阪神
2001	**ヤクルト**	巨人	横浜	広島	中日	阪神
2002	**巨人**	ヤクルト	中日	阪神	広島	横浜
2003	阪神	中日	巨人	ヤクルト	広島	横浜
2004	中日	ヤクルト	巨人	阪神	広島	横浜

2003 年の巨人とヤクルトは同率の 3 位。

球団別年間入場者数　セントラル・リーグ　1995 ～ 2004

	巨人	阪神	中日	横浜	ヤクルト	広島
1995	3,555,000	2,073,000	1,787,000	1,502,000	**2,183,000**	1,245,000
1996	**3,494,000**	1,860,000	2,079,000	1,533,000	1,963,000	1,294,000
1997	3,645,000	2,268,000	2,607,500	1,683,000	**2,117,000**	1,163,000
1998	3,634,000	1,980,000	2,537,000	**1,857,000**	1,856,000	1,140,000
1999	3,645,000	2,601,000	**2,541,000**	1,770,000	1,716,000	1,066,500
2000	**3,604,000**	2,413,000	2,479,500	1,673,000	1,595,000	1,109,000
2001	3,761,500	2,077,000	2,421,000	1,680,000	**1,860,000**	1,000,000
2002	**3,783,500**	2,678,000	2,404,000	1,535,000	1,797,000	1,046,000
2003	3,763,000	**3,300,000**	2,336,500	1,434,000	1,741,000	946,000
2004	3,744,500	3,523,000	**2,330,500**	1,500,000	1,686,000	986,000

阪神の暗黒時代は続き、98 年に観客数が 200 万を割ると、オーナーは危機感を抱き、監督に野村克也を招聘し、99 年の観客数は激増するも最下位だった。03 年に 18 年ぶりに優勝し、300 万人を突破した。

年度別順位　パシフィック・リーグ　1995 ～ 2004

	1位	2位	3位	4位	5位	6位
1995	オリックス	ロッテ	西武	日本ハム	ダイエー	近鉄
1996	**オリックス**	日本ハム	西武	近鉄	ロッテ	ダイエー
1997	西武	オリックス	近鉄	日本ハム	ダイエー	ロッテ
1998	西武	日本ハム	オリックス	ダイエー	近鉄	ロッテ
1999	**ダイエー**	西武	オリックス	ロッテ	日本ハム	近鉄
2000	ダイエー	西武	日本ハム	オリックス	ロッテ	近鉄
2001	近鉄	ダイエー	西武	オリックス	ロッテ	日本ハム
2002	西武	近鉄	ダイエー	ロッテ	日本ハム	オリックス
2003	**ダイエー**	西武	近鉄	ロッテ	日本ハム	オリックス
2004	**西武**	ダイエー	日本ハム	ロッテ	近鉄	オリックス

1997 年の日本ハムとダイエーは同率の 4 位。
1998 年のオリックスとダイエーは同率の 3 位。
2002 年の近鉄とダイエーは同率の 2 位。
2004 年は勝率ではダイエーが 1 位だが、プレーオフで西武が優勝。

球団別年間入場者数　パシフィック・リーグ　1995 ～ 2004

	オリックス	ダイエー	日本ハム	ロッテ	近鉄	西武
1995	**1,658,000**	2,493,000	1,597,000	1,270,000	967,000	1,661,000
1996	**1,796,000**	2,207,000	1,600,000	1,064,000	915,000	1,295,000
1997	1,712,000	2,307,000	1,678,000	1,002,000	1,866,000	**1,447,500**
1998	1,345,000	2,163,000	1,572,000	946,000	1,250,000	**1,384,500**
1999	1,206,000	**2,390,000**	1,416,000	1,070,000	1,155,000	1,834,000
2000	1,223,000	**2,786,000**	1,475,000	1,192,000	1,148,000	1,743,500
2001	1,073,000	3,087,000	1,376,000	1,301,000	**1,593,000**	1,694,000
2002	1,099,000	3,108,000	1,260,000	1,210,000	1,350,000	**1,682,000**
2003	1,275,000	**3,228,000**	1,319,000	1,225,000	1,433,000	1,664,000
2004	1,415,000	3,070,000	1,616,000	1,596,000	1,338,000	**1,649,000**

近鉄は 97 年に本拠地を大阪ドームに移し、観客数が倍増した。しかし、その効果も薄れていき、2004 年をもってオリックスに吸収合併される。

地域密着

一九九〇年のオフ、オリックスは球団名を「オリックス・ブルーウェーブ」と改称した。「ブレーブス」の名を守るという阪急との譲渡時の約束はわずか二年で反故にされた。西宮球場を本拠地とする約束も破られ、九一年からはグリーンスタジアム神戸（現・ほっともっとフィールド神戸）を本拠地とした。

一九九一年（平成三）九月、ロッテオリオンズが翌年からフランチャイズ（保護地域）を神奈川県から千葉県に移し、専用球場を千葉マリンスタジアムにすることがオーナー会議で承認された。この機会に球団名も改めることになり、一般公募から一一月二一日、「千葉ロッテマリーンズ」と発表され、九二年からこの名で戦う。これで毎日オリオンズ以来の伝統あるチーム名が消えた。

さらに一九九二年のシーズンが終わると、一一月に横浜大洋ホエールズが「横浜ベイスターズ」へと球団名を変えた。翌一九九三年に大洋漁業がＣＩで「マルハ」と改称するため、球団名も新しくしようとなったのだ。地域密着をアピールするため、当初から企業名は外す方針だったので「横浜マルハホエールズ」ではなく、「横浜ホエールズ」に決まりかけた。しかし、中部慶次郎オーナーから、「鯨に頼る時代は終わったから、別の名を考えるように」との指示が出て、最終的に「横浜ベイスターズ」となった。

一九九九年には、近鉄バファローズが「大阪近鉄バファローズ」に改称した。

二〇〇四年から、日本ハムファイターズは北海道札幌市にフランチャイズを移し、球団名も「北海道日本ハムファイターズ」と改めた。この移転・改称は、二〇〇三年八月に、北海道の有力企業にも出資を求め、「株式会社北海道日本ハムファイターズ」を設立し、従来の「日本ハム球団株式会社」は解散し、その球団運営権を新会社へ譲渡する形で行なわれた。

西武ライオンズも二〇〇八年から「埼玉西武ライオンズ」と改称する。

パ・リーグ各球団は地域に密着してファンを増やし、球場への動員数を増やす戦略を取っていく。

セ・リーグでも、二〇〇六年にヤクルトスワローズは「東京ヤクルトスワローズ」に改称した。しかし、略称は「ヤクルト」で、このチームを「東京」と呼ぶ人はいない。巨人軍も一九四七年から正式には「東京読売巨人軍」でユニフォームには「TOKYO」とあるが、「東京」とも「東京読売」とも呼ばれない。

二〇二四年の一二球団は、「阪神」「中日」も広い意味での地名とすれば、オリックス・バファローズ以外の一一球団の球団名に地名が含まれている。

TBS

二一世紀になると、ＩＴ業界が新しい花形産業となっていた。

一方で、戦後の日本人の食生活の一部を支えていたマルハが経営危機に陥っていた。もはや球団経営が維持できなくなり、二〇〇一年一一月一六日、横浜ベイスターズ球団の株を第二位の株主であるニッポン放送へ譲渡すると発表された。フジサンケイグループとしては、かつて産経新聞社がスワローズを持っていたとき以来となる球団オーナー会社となるはずだった。

ところが、読売ジャイアンツの渡邉恒雄オーナーが「ニッポン放送の持分法適用関連会社であるフジテレビがヤクルトスワローズの球団株を所有しており、横浜球団のニッポン放送への売却は野球協約に抵触する」と異議を申し立てた。そのため、マルハは第三位株主のTBS（東京放送）に株式を譲渡することになった。

TBSこと東京放送は、一九五一年（昭和二六）五月一〇日に設立された「株式会社ラジオ東京」が始まりだ。その前年、電波監理委員会は東京のラジオ民間放送は二局に認可を与えると決定した。これを受けて、朝日新聞社、毎日新聞社、読売新聞社、日本電報通信社（現・電通）の四社は、それぞれ個別に開局の計画を立てていたが、これを一本化して、ラジオ東京を資本金一億五〇〇〇万円で設立した。

一九五一年一二月二五日、ラジオ東京は全国で六番目、東日本では最初の民間放送局として開局、五五年にはテレビも開局し、六〇年に「東京放送」、略称TBSとなった。東京の民間放送局では、ラジオとテレビを持つ唯一の局となる。日本テレビは読売新聞社主であった正力松太郎によって設立され、フジテレビは産経新聞・ニッポン放送・文化放送とグループを構成しているが、ＴＢＳは毎日新聞と業務上の関係はあるが資本関係はなく、独立している。

ベイスターズとしてはマルハからＴＢＳへ株式が譲渡されただけで、新球団ができたわけではないとして、新規加盟料三〇億円は不要とされた。ＴＢＳは球団名などほとんどをそのまま継承させ、もともと「横浜ベイスターズ」という球団名に企業名が入っていないことから、表面上は身売りされたようには見えなかった。

ベイスターズの筆頭株主となったのは、正確には「株式会社ＴＢＳホールディングス」であり、他に衛星放送の株式会社ＢＳ‐ＴＢＳも株を持った。オーナーにはＴＢＳホールディングス社長の砂原幸雄（一九三七～二〇二〇）が就任した。砂原は慶應義塾大学文学部を卒業し、一九六一年にＴＢＳに入社しテレビドラマのディレクターとなり、その後はスポーツ局長、テレビ編成局長、ラジオ編成制作局長などを経て、九三年に取締役、九六年に社長になった。いわゆるサラリーマン社長である。

ＴＢＳがベイスターズ買収に費やした費用は合計して一四〇億円だったという。一九七六年に堤義明が大洋球団株式の四五パーセントを買ったときは三億円で、七八年にそれをフジテレビとＴＢＳに売ったときは一二億円になった。一四〇億円の内訳、詳細は分からないが、プロ球団の株価はかなり高くなっている。

テレビ局が筆頭株主として球団を持つのは初めてだった。産経新聞がスワローズを持っていた時代、グループのフジテレビも株を有していたが、前面には出ていない。ベイスターズの試合は二〇〇五年まではフジテレビも放映していたが、以後はＴＢＳが独占的に放映することになる。だが巨人戦がほとんどで、他のカードも放映してベイスターズ人気を高めようという戦略は取らなかった。地上波でのプロ野球中継の視聴率が低下していく時期とも重なり、この投資は経営的にはプラスにならない。

こうしてセ・リーグの在京三球団は、巨人は日本テレビ、ヤクルトはフジテレビ、横浜はＴＢＳと系列化された。

マルハは二〇〇七年に同業のニチロと経営統合し「マルハニチロ」となって存続しているが、プロ野球とは関係がなくなっている。

プロ野球再編問題

プロ野球は一九五八年に一二球団・二リーグ制が確立したが、球団数を減らして一リーグ制へという動きが浮かんでは消えてきた。パ・リーグの複数の球団が経営危機に陥り、身売りを考えるとき、決まって一リーグ制移行の話が持ち上がる。

一九八八年の阪急、南海の譲渡を乗り切ると球界はしばらくは平穏だったが、二〇〇四年、大激震に見舞われた。誰かが書いたシナリオに沿って動くのではなく、誰もが予想もしない展開をしていったのが、二〇〇四年のいわゆる「プロ野球再編問題」である。結果として、近鉄バファローズがなくなり、楽天イーグルスが誕生し、福岡ダイエーホークスが福岡ソフトバンクホークスとなり、その間にライブドアの登場と選手会のストライキもあった。それだけでは終わらず、有望な選手を自由獲得枠で獲得しようと金銭を不正に授受していた事件で巨人・阪神・横浜の三球団のオーナーが辞任し、西武鉄道グループの不正経理問題で堤義明オーナーも辞任、ダイエーのソフトバンクへの身売りと近鉄バファローズの消滅で、一二球団の半分にあたる六球団のオーナーが交替する異常事態となった。

近鉄、オリックスに合併

一九八〇年代後半からのバブル経済時代、近畿日本鉄道も次々と新事業に投資していた。なかでも九四年に、三重県志摩郡磯部町（現・志摩市）に開業したテーマパーク・志摩スペイン村は、スペイン村だけで三〇〇億円、ホテルに二〇〇億円、志摩線の複線化に三五〇億円、駅の新設や改良等に七〇億円、新型特急「伊勢志摩ライナー」の新造に六〇億円など、総額約一二八〇億円を投資した。しかし、見込みより客が来ず、その他の不動産事業も多くの不良資産を抱えたため、近鉄は九〇年にグループ連結で五七〇億円の利益があったのが、九九年には四五億円の赤字に転落した。

以後も業績は回復できず、近鉄は二〇〇三年三月決算で有利子負債が一兆三〇〇〇億円に達していた。再建計画が立てられ、都ホテルや近鉄百貨店の不採算店の閉鎖、子会社の売却などのリストラに入った。社風として相互依存体質だった子会社に対しても、赤字事業、赤字会社の撤退を求め、大阪近鉄バファローズも例外ではなくなった。

大阪近鉄バファローズに対しては、近鉄本社から広告宣伝費の名目で毎年一〇億円を補塡していたが、それでも年間四〇億円の赤字となっていた。主要銀行からもバファローズの売却を求められた。経費節減を厳しく言われ従業員は日常的にボールペン一本までも節約を求められていたのに、バファローズの主力選手たちが何億円もの年俸をもらっていることに、社内からも疑問と批判の声が上がっていた。

かつて近鉄が球団を持つと決めたのは、「会社の精神的統一媒体」になると期待したからだった。たしかに近鉄グループの社員にとってバファローズは誇りであり、「愛すべき自分たちの球団」だった。しかし優勝していた頃はよかったが、チームも低迷していたので、社員たちにとってもお荷物となっていた。

球団経営を圧迫していたのは、大阪ドームの使用料だった。近鉄の本拠地は最初は藤井寺球場だった。戦前の一九二八年に開場し、近鉄がプロ野球に参入した五〇年に本拠地とした。天王寺（近鉄阿倍野駅）から急行で一五分で住宅地のど真ん中にあった。そのため、住民がナイター化に反対するなど思うように使えない。そこで近鉄は大阪城のそばに日本生命が建てた日生球場も五八年から併用していた。こちらは交通の便もよかったが、もともとノンプロの専用球場だったので、収容人数が二万五〇〇〇人と少ないという欠点があった。そのため南海の大阪球場も使っていた。

一九九〇年前後のバブル期、大阪市は東京ドームや福岡ドームに対抗して、大阪にもドーム球場を作ろうと、第三セクター方式で七〇〇億円をかけて、大阪ドームを建設した。近鉄も出資し、一九九七年からバファローズの本拠地としたが、近鉄沿線ではない所に建ったため本業の鉄道事業に何ら利益をもたらさなかった。この大阪ドームの年間使用料が一〇億円と高く、球団経営を圧迫していた。ところが、それだけ近鉄が払っているのに、第三セクター「大阪ドームシティ」は経営危機に陥り、再建策として、近鉄球団が二〇年にわたり毎年一二億円の使用料を支払うことになってしまった。

二〇〇四年一月三一日、キャンプ直前に大阪近鉄バファローズの永井充《みつる》球団社長は「球団名を三六億円で売却する」と発表した。これで四〇億円の赤字を埋める計画だったが、ネーミングライツの買い手が決まっているわけではなかった。他球団への根回しもしていなかったせいか、ジャイアンツの渡邉恒雄オーナーは「協約違反だ」と認めず、ライオンズの堤義明オーナーも「パ・リーグのイメージダウンにならないようにしてほしい」と苦言を呈したので、二月五日に撤回せざるをえなくなった。

それにしても、かつて一九七〇年代にライオンズが太平洋クラブからネーミングライツとして受け取ったスポンサー料は二億円だったので、商談が成立したら、三〇年の間に一八倍になったことになる。

近鉄はネーミングライツで乗り切ることを断念し、球団そのものの売却へと動いた。そこに手を差し伸べたのが、オリックス・ブルーウェーブのオーナー宮内義彦だった。同リーグにオリックスが二球団を持つことはできないので、要するにバファローズを吸収合併するという提案だった。この動きを六月一三日に、スポーツ新聞ではなく「日本経済新聞」がスクープすると、近鉄本社と近鉄球団はオリックスと交渉中だと認めた。

球団の他社への譲渡はいくつも例があったが、合併は一九五八年の大映ユニオンズと毎日オリオンズにまで遡る。このときは二球団の対等合併だったが、今回は大阪近鉄バファローズが消滅する形での合併だ。球団数が減るのも一九五八年以来だった。このときはパ・リーグが八球団から七球団になっていたので、偶数にしようとさらにひとつ減らして六つにした。だが、今回はこのままだとパ・リーグは五球団になってしまう。報道を受け、選手の労働組合である日本プロ野球選手会は反発した。ファンの間でも反対運動が起きる。

ライブドア・堀江貴文

そこに登場するのが、ライブドアの堀江《ほりえ》貴文《たかふみ》（一九七二〜）だった。急成長を遂げているＩＴ企業が「近鉄バファローズを買収する」と、六月二九日に名乗りを上げたのだ。

堀江貴文はこの年、三二歳になる。福岡県八女《やめ》市に生まれ、久留米大学附設中学校に進学し、合格祝いに日立のＭＳＸパソコン「Ｈ２」を買ってもらうと、中学生にしてかなり複雑なプログラムまで組めるようになっていた。

堀江は久留米大学附設高等学校へ進んだ。そして、東京の大学へ行きたい、しかし家計を考えると国立大学にしかいけない、東京の都心部にある国立大学は東京大学しかないという理由で受験勉強を始め、現役で合格した――東大に入った人の多くが単純な動機で受けて合格したと語るが、堀江もそのひとりだ。大学在学中の一九九五年は「Windows95」が発売になった年で、インターネットも一気に広がった。堀江はプログラミングのアルバイトをしていて、インターネットと出会った。

一九九六年四月、東大在学中に、堀江は付き合っていた有馬あきこ（晶子）とプログラミングができる東大の先輩の三人で、「有限会社オン・ザ・エッジ」を設立した。有馬の父から六〇〇万円を出資してもらっての起業だった。このとき二三歳である。ホームページの制作・管理運営をする会社で、初年度の売上は三五〇〇万円、経常利益は六万円だった。翌九七年、資本金一〇〇〇万円の株式会社に改組し、売上は一億円、経常利益は一二〇〇万円に成長した。

一九九八年、インターネット広告事業として「サイバークリック」を開始、クリック保証型電子メール広告サービス「クリックインカム」を開始し、売上高は二億五〇〇〇万円を超えた。

二〇〇〇年になると、売上高は一一億六三四〇万円になっており、東証マザーズに上場した。この年四月、それまでのウェブ制作の請負だけでなく、データセンター事業「データホテル」も始め、五月にはEC事業強化のために株式会社エッヂコマースを設立した。また投資事業子会社「株式会社キャピタリスタ」も設立した。

拡大はさらに続く。二〇〇一年には売上高は連結で三六億円を突破、経常利益三億円となった。一二月に株式交換で株式会社パイナップルサーバーサービスを完全子会社化して、二〇〇三年四月に合併する。

二〇〇二年二月には電子メールソフト「Eudora」の日本語版を開発・販売、六月にはアスキーイーシーの営業権を譲り受け、八月に株式取得によりビットキャッシュ株式会社を完全子会社化し、九月には株式取得でプロジーグループ株式会社を子会社化した。一一月に当時日本最大の無料プロバイダーを運営していた株式会社ライブドアの営業権を譲り受けた。

この間に、スペイン、中国、ドイツにも現地法人を設立している。

二〇〇三年三月、エッジテレコム株式会社と株式会社イーエックスマーケティングを設立、四月にオン・ザ・エッジ株式会社をエッジ株式会社に社名変更し、ビットキャッシュ株式会社と合併させた。五月には株式会社バガボンドを子会社化し、一二月にネットアンドセキュリティ総研株式会社へ社名変更した。

エッジ株式会社を株式会社ライブドアに社名変更したのは二〇〇四年二月である。すでに堀江貴文とライブドアは時代の寵児となっていた。

ライブドアへ社名変更する前の二〇〇三年一〇月、堀江は福岡で開催されたベンチャービジネスを育てるためのインキュベーション・パーティーで講演し、その場で知り合った福岡ダイエーホークスの球団職員から「球団を買う気はありませんか」と声をかけられた。野球をインターネットビジネスに取り入れたいと考えていたところだったので、「あります」と答え、その後も電子メールで連絡を取り合い、その過程で、売却額二〇〇億円と一方的に提示された。しかし、すぐには乗らず、ホークス球団の経営状況の査定に入った。

また、二〇〇四年になり、近鉄がネーミングライツを三六億円で売ると発表したときは、東京三菱証券から打診があった。堀江はネーミングライツなどではなく球団そのものを買ってもいいと答え、一〇億円から三〇億円と提示した。ネーミングライツを買えば三六億円だけですむが、球団を買う場合、買収費用とは別に球団運営費も負わなければならない。堀江の計算では一〇億円から三〇億円が妥当だった。

ダイエーとの話も切れてはいないが、なかなか進まない。そうこうしているうちに二〇〇四年のシーズンが始まった。

堀江たちIT業界の二〇代・三〇代の経営者たちは、電子メールで連絡し合い、即断即決していくので商談は早い。しかし、プロ野球の世界は遅い。実務者レベルが何度も会って、すり合わせて、それぞれの社内で協議し、本社とも相談し、トップ同士が会うのは最後のセレモニー的な場面だけだ。あるいは、最初にトップ同士がパーティーなどで会い、大まかな合意をして、後は実務者レベルに任せる。

近鉄からは「シーズンオフまで時間をかけて話を詰めよう」と言われたまま、連絡も途絶える。そうこうしているうちに、六月一三日、近鉄がオリックスと合併すると報じられ、近鉄の球団社長が「必死になって買収先を探したが、見つからなかった」と取材に応じて語った。堀江は信じられなかった。ライブドアからの提案は近鉄社長の耳に届いていなかったのか。

ここから迷走が始まる。

ナベツネ発言による一リーグ制論議

「日本経済新聞」がスクープした翌日の六月一四日に、オリックスと近鉄は合併交渉で合意した。パ・リーグは一七日に緊急理事会を開き、両球団からの説明を受けて、基本的に賛成した。一球団減ると日程が組みにくくなるが、パ・リーグの球団からは反対の意見が出ない。反対したのはセ・リーグの阪神タイガースだけだった。合併新球団が大阪と兵庫を本拠地にすることは容認できないと表明した。

一八日、労働組合・日本プロ野球選手会は「議論が十分尽くされていないにもかかわらず、球団数の減少は止むなしとのムードが作られている。本当に近鉄の買い手はいなかったのか」という意見を表明した。

一九日、巨人の渡邉恒雄オーナーが一リーグ制になるだろうという趣旨の発言をし、根来泰周《ねごろやすちか》コミッショナーは来シーズンからの一リーグ制には否定的な見解を表明した。

読売巨人軍オーナーは、正力松太郎が亡くなった後は、その長男・亨《とおる》（一九一八～二〇一一）が引き継いでいたが、一九九六年一二月からは、渡邉恒雄（一九二六～）がその座にあった。「ナベツネ」として知られる名物オーナーである。

渡邉は東京府豊多摩郡（現・東京都杉並区）に生まれた。父は不動貯金銀行（協和銀行を経て現・りそな銀行）に勤めていたが、恒雄が八歳の年に急死した。開成中学校に入学し、哲学の本ばかり読んでいた。軍国主義の風潮にも抵抗があったという。一九四三年に旧制東京高等学校（東京大学教養学部等の前身）に入り、敗戦の年、一九四五年四月に東京帝国大学文学部哲学科に入学したが徴兵され、近衛師団に配属された。軍隊生活では上官に殴られるのが日常茶飯事だったので、軍を憎んでいた。バリバリの保守だが反戦の闘士でもある。

渡邉は敗戦を迎えると東大に戻った。四五年一二月に日本共産党に入り活動したが、四七年一二月に離党し、即時に除名された。四九年に東京大学文学部哲学科を卒業し、大学院へ進んだが中退して、五〇年秋に読売新聞社に入った。

読売新聞社に入った渡邉は最初は「読売ウイークリー」に配属され、後に政治部へ移った。正力松太郎に気に入られ、自民党の大野伴睦《ばんぼく》の番記者となり、政権中枢に食い込んでいった。一九五七年の自民党総裁選で中曽根康弘と親しくなり、さらには児玉誉《よ》士夫《しお》とも通じる。この人脈で後に政界のフィクサーとも称されるほど、政治への影響力を持つようになっていく。政治家の演説や本のゴーストライターも多くした。六八年にワシントン支局長となり、日本へ戻ってからは、編集局参与、解説部長、政治部長兼局次長、編集局総務（局長待遇）、取締役論説委員長、副社長と出世し、九一年に読売新聞社社長となった。

渡邉は野球にも巨人軍にも興味はなかったが、読売新聞社副社長時代の一九八九年に巨人軍最高経営会議のメンバーになった。この会議のメンバーは、読売新聞社名誉会長の務臺光雄《むたいみつお》、社長の小林與三次（正力松太郎の女婿）、オーナーの正力亨と渡邉の四名だった。務臺は正力松太郎の存命中は目立たぬようにしていたが、社長になり実権を握ると、独裁体制を敷いた。その間、渡邉はおとなしくしていた。正力時代の務臺と同じだった。務臺が九一年に亡くなると、渡邉は小林に代わって巨人軍の社長となり、影響力を強めた。務臺は長嶋茂雄を嫌っていたので、存命中は長嶋の監督復帰はありえなかったが、務臺が亡くなったので、九二年のオフに復帰できた。そして九六年、渡邉は正力を名誉オーナーに棚上げし、自らがオーナーとなったのだ。

堤義明の発言

六月二一日の実行委員会で近鉄とオリックスの合併は了承された。しかし最終的にはオーナー会議での了承が必要だった。

三〇日、ライブドアの堀江は「近鉄球団を買収したい」と表明した。このとき、五〇〇億円の現預金があり、資金面での心配はないと言ったので、一部で反感を買ったが、バファローズが消滅することを嘆いていた人々からは歓迎された。しかし、当の近鉄が売る気はないと、交渉にも応じようとしない。買収先がなかったのでオリックスと合併すると言っていたことと矛盾していた。

七月一日のパ・リーグ代表会議において、合併は「新設合併」とされた。新会社の出資比率はオリックス本社八〇パーセント、近鉄本社二〇パーセントで、フランチャイズは兵庫県（オリックス）と大阪府（近鉄）を併用、新球団が優先的に確保（プロテクト指定）できる選手は両球団合わせて二八人との案が明らかにされた。しかし翌日の一二球団代表者会議では、セ・リーグ側の同意が得られなかった。とくにフランチャイズが重なる阪神は、新球団が二つのフランチャイズを持つことに改めて反対した。五日に一二球団代表者会議が開かれ、「両球団の新球団への保有選手は二五人」、「新球団による大阪府と兵庫県のダブル本拠地制を、暫定的に二〇〇五年から〇七年までの三年間認める。阪神も同様に三年間、両府県のダブル本拠地制を認める」とした「骨子」をまとめた。七日のオーナー会議で「骨子」は大筋で了承されたが、正式承認は九月に開くオーナー会議に持ち越された。

このオーナー会議には二六年ぶりに、西武ライオンズの堤義明オーナーも出席した。会議後の会見で堤は「パ・リーグでもうひとつの合併話が進んでいる」と言った。そうなるとパ・リーグは四球団になる。巨人の渡邉オーナーは堤発言を受けて「パ・リーグが五球団なら二リーグだが、四球団になったら一リーグしかない」と述べた。さらに二三日には「仮にパ・リーグが四チームになった場合は、巨人のパ・リーグへの移籍も視野に入れる」と発言し、混乱を巻き起こした。

これに巨人以外のセ・リーグ五球団は反発した。阪神の球団社長・野崎勝義はヤクルト、中日、広島、横浜の球団幹部と会い、五球団の総意として、二リーグ制維持を確認した。もし一リーグ制になれば日本シリーズもなくなり、プロ野球機構として一〇億円の収入減となり、そのマイナスは各球団に降りかかる。

ところが阪神の久万俊二郎オーナーは渡邉に追随していた。かつて二リーグ制に分裂するときも、阪神は電鉄本社社長はパ・リーグ側につくという連判状に署名捺印していたのに、球団代表が捺印せず土壇場でセ・リーグに寝返ったが、今回も似たような行動をとったのだ。

野崎は久万オーナーを説得し、二リーグ制維持で「阪神の意思」をまとめ、七月二六日の実行委員会にかけた。渡邉恒雄オーナーの発言で一リーグ制への流れができかかっていたが、この会議では結論が出なかった。それだけでも阪神の勝利だった。巨人はこの会議で一リーグ制にした場合のことを議論するつもりだったのが、一リーグ制への賛否で紛糾し、何も話が進まなかったのだ。

ストライキ

近鉄買収の意向を表明した堀江は、七月四日に大阪ドームでの近鉄―オリックス戦を観戦した。メディアは話題にしたが、近鉄もオリックスも無視し、堀江は交渉すらできなかった。堀江は八月五日に、「近鉄が買収に応じず、オリックスと合併した場合は、新球団を作って参入する」と宣言した。

一方、巻き込まれる形の選手側は、日本プロ野球選手会会長の古田敦也（ヤクルトスワローズ）が経営者側との会談を求めていたが、七月八日に、この件を問われた読売巨人軍オーナー渡邉恒雄は「無礼なこと言うな。分をわきまえなきゃいかんよ。たかが選手が」と発言した。このひとことで、世論は一気に選手会側へと傾いた。七月一一日、オリックス選手会が合併反対の署名活動をすることを決議し、八月五日には全球団の選手が署名活動を始めた。

八月六日、堤オーナーの言う「もうひとつの合併」だった、ロッテとダイエーが破談となった。ダイエーが断ったのである。

一〇日、オリックスと近鉄は正式に合併に関する基本合意に調印した。これに対して選手会は一二日、スト権確立を宣言した。要求は合併の一年間の凍結、延期である。

ところが一三日、まったく別の激震が球界を襲った。この年のドラフト会議の目玉となるはずだった明治大学の選手に、自由枠での獲得を目指していた巨人が金銭を渡していたことが発覚し、渡邉恒雄オーナーが責任をとって辞任したのだ。このときは発覚しなかったが、阪神と横浜も渡していたことが後にわかり、この二球団もオーナーが辞任する。

阪神の久万俊二郎オーナーは問題発言の多いオーナーだった。一九八四年に就任し、翌年日本一になったのはいいが、以後の暗黒時代を作り出した元凶とも言える。星野仙一を監督にして二〇〇三年に優勝したのでまだ続けそうだったが、その一年後に唐突にその時代は終わったのである。横浜の砂原幸雄オーナーは二〇〇二年にオーナーになったばかりで、三シーズンでの退任となった。

もともと渡邉恒雄はその尊大な態度、横柄な口調で知られる「悪役」だったので、ますますその悪のイメージは増幅された。

八月一九日、ライブドアは新球団を設立して参入すると発表した。フランチャイズ（保護地域）を大阪府、本拠地は大阪ドームとして、バファローズの名前を取得したいという。

二七日、選手会は東京地裁に合併差し止めの仮処分を申請したが、九月三日に棄却された。これで残された手はストライキしかなくなった。

六日、選手会は九月の毎週土曜・日曜の試合をストライキする、つまり出場しないと決議した。

九月八日の臨時オーナー会議で、オリックスと近鉄との合併は正式に承認された。ただし、合併の形式は当初の新球団を作る方式ではなく、近鉄球団がオリックス球団に営業権を譲渡する形になった。近鉄球団は会社としても解散する。そして近鉄本社はオリックス球団に対して、第三者割当増資として二〇パーセント出資し、増資後のオリックス球団の持株比率はオリックス本社八〇パーセント、近鉄本社二〇パーセントとすることになった。また合併後の球団名は「オリックス・バファローズ」に内定していることも明らかになった。これでは近鉄バファローズがオリックス・バファローズになったと思われてしまうが、オリックス球団の前身は阪急ブレーブスである。球団を買収するときには、「ブレーブス」の名を残すはずだったのに、オリックスは約束を破ったので、球団史が混乱する。オーナー会議では、来季はセ・リーグ六球団、パ・リーグ五球団で行なうことも決定された。これで一リーグ制移行はなくなったが、球団数は減ることになった。

これに対し、選手会は「一二球団・二リーグ制」の維持を求め、そのために翌年からの新規球団の参入を認めるよう、スト権確立を背景に日本野球機構と交渉に臨んだ。九日、一〇日と交渉が進んだことから、一一日・一二日に予定されていたストライキは回避された。

一五日には、新たにインターネットでショッピングモールを運営する楽天が新規参入の意思があると発表した。これを受けてライブドアは、一六日にフランチャイズを宮城県、本拠地を仙台市とする新しい参入構想を発表し、加盟申請した。チーム名はインターネットによる公募で「仙台ライブドアフェニックス」に決まった。

一七日の労使交渉では、新規参入を今年から認めるよう求める選手会と、来季は五球団でいくと決めたと主張する経営側とで交渉は決裂し、一八日・一九日のストライキ決行が決まった。

ストはファンから支持された。選手たちは球場に出向いてサイン会を行ない、ファンは激励した。これが大きく報じられ、経営側は危機感を抱いた。

二二日、楽天も本拠地を仙台にすると発表した。

その翌日の二三日の労使交渉では、経営側（日本野球機構）が来季からの新規球団参入を認めて選手会と合意、選手会はストライキを中止した。

二四日に楽天が正式に加盟申請したことにより、ライブドアか楽天のどちらかの加盟が認められれば、パ・リーグも六球団になることが決定的となった。どちらかを決めるオーナー会議は一一月二日に開かれることになった。

オリックスは球団名を「オリックス・バファローズ」、メインの本拠地を大阪ドーム（現・京セラドーム大阪）にし、神戸総合運動公園野球場（現・ほっともっとフィールド神戸）にもホームゲームの半数を割り当てると、正式に発表した。「近鉄」はなくなるが、「バファローズ」は残ったのである。

こうして激動の九月が終わった。だが一〇月、さらなる激震が球界を襲う。

ソフトバンク、ダイエーを買収

ダイエーの経営危機が表面化したのは一九九七年で、二月期決算で売上高、営業利益とも前年比九〇パーセントの落ち込みとなった。それでも拡大は続いていた。九九年に中内㓛は社長から会長になり、二〇〇〇年には取締役最高顧問にと、少しずつ第一線から身を引いていた。二〇〇一年は「ダイエーファウンダー」という役職になったが、この時点で売上高二兆九一四一億円に対し、借入金は二兆五六四〇億円になっていた。〇二年に中内は全ての役職を退任した。その後は銀行主導の経営再建が進み、一〇〇店舗以上の不採算店の閉鎖、コンビニエンスストア・ローソンの三菱商事への譲渡、リクルート株の売却など子会社の整理も進んだ。

中内案件である「福岡三事業」、すなわち福岡ダイエーホークスと、福岡ドーム、シーホークホテルもリストラの対象となり、二〇〇三年一二月にドームとホテルはアメリカの企業再生専門投資会社コロニーキャピタルへの売却が決定した。ホークスも売却する方針だったが、プロ野球協約に、外国法人の参加禁止条項があったため、ダイエー本社が引き続き保有することになった。

こうして迎えた二〇〇四年、二月期決算でダイエーは売上高一兆九一三六億円に対し、借入金は一兆六三八三億円となっていた。

オリックスと近鉄との合併が進んでいた八月一〇日、ダイエーの主力銀行であるUFJ銀行・三井住友銀行・みずほコーポレート銀行は、産業再生機構を活用する方針だと通告した。これに対し、リクルートの前社長から二〇〇一年にダイエーの社長になっていた高木邦夫は自主再建を主張し、銀行側と物別れに終わった。

九月三日にダイエー本社は、証券会社二社（ゴールドマン・サックス、ドイツ証券）と企業再生ファンド二社（サーベラス、リップルウッド）が自主再建のスポンサーを申し出ていると、銀行側に告げた。しかし、これら外国企業がダイエーの大株主になると、野球協約が定義する外国法人になってしまい、福岡ダイエーホークスはプロ野球機構から除名される可能性もあった。

ダイエー本体とホークスをめぐり、ダイエーと銀行との駆け引きが続き、銀行側は「産業再生機構入りしない限り、資金援助を打ち切る」と最後通牒《つうちょう》を突きつけてきた。

一〇月一三日、ダイエーは銀行の説得に応じ、機構入りを決定した。ホークスも機構入りするのかと問われた機構は、「国営ホークスになることはない」と表明していたので、売却が濃厚となった。ダイエーとロッテの合併案もあったが、それはダイエー側から断っていた。

一〇月一八日、ソフトバンクがホークス買収の意向を表明した。これで一気に話は進んでいく。

一方、ライブドアと楽天のどちらの新規参入を認めるかのオーナー会議は一一月二日に開催され、楽天の加盟が決まった。

楽天

楽天創業者・三木谷浩史《みきたにひろし》（一九六五～）は兵庫県神戸市で経済学者・三木谷良一の次男として生まれた。三木谷良一は日本金融学会会長も務めた経済学会の重鎮で、この毛並みの良さが堀江よりも球界の高齢のオーナーたちには気に入られた。

七歳の年に父がアメリカ・イェール大学研究員となったため、三木谷はアメリカで二年過ごした。兵庫県立明石高等学校を卒業し、一年浪人して一橋大学商学部に入り、一九八八年に卒業した。日本興業銀行（現・みずほ銀行）に入り、名古屋支店を経て、本店外国為替部に配属された。九三年に興銀の行員として留学してハーバード大学経営大学院を修了し、ＭＢＡを取得した。このアメリカでの生活で、起業家になろうと考えるようになった。帰国後は企業金融開発部で国際的なＭ＆Ａを担当し、孫正義も顧客のひとりだった。

一九九五年一月の阪神・淡路大震災で三木谷は叔父叔母を亡くし、故郷が瓦礫の山となったことに衝撃を受け、起業を決意した。同年一一月に日本興業銀行を退職し、コンサルティング会社のクリムゾングループを設立した。

一九九七年二月、クリムゾングループで蓄えた六〇〇〇万円を元手に、三木谷はＥＣモール運営会社・株式会社エム・ディー・エムを設立した。このとき、モールを「楽天」と名付け、九九年六月に会社も「楽天株式会社」とした。織田信長の楽市楽座のような自由市場をネット空間に作りたいという思いのネーミングで、「楽天主義」ともかかっている。

ライブドア同様、楽天も事業拡大し、企業買収を重ねて大きくなっていく。一九九九年九月にインターネットオークション事業「楽天フリマ」を開設、二〇〇〇年一二月にポータルサイト運営会社の株式会社インフォシークを買収して完全子会社化、〇一年八月に楽天広場（現・楽天ブログ）サービス提供を開始、同月に中古品販売・買取サービス「Easy Seek」を運営する株式会社ビズシークを買収、子会社化といった具合である。

オーナー会議を前に、楽天球団は一〇月一三日に初代監督として田尾安志《たおやすし》が就任すると発表し、二二日にはチーム名を「東北楽天ゴールデンイーグルス」と決定した。「ゴールデンイーグルス」は猛禽類・イヌワシに因むもので、東北地方の世界遺産・白神山地に棲息することから選ばれた。ライブドアも監督として元阪神タイガースのトーマス・オマリーを招聘していた。

一一月二日のオーナー会議では楽天が選ばれた。一九五四年の高橋ユニオンズ以来、五〇年ぶりの新球団設立だった。

一方、一〇月一八日、ソフトバンクの孫正義は福岡へ飛び、県庁で麻生渡知事と会うと、福岡ダイエーホークスを買収したいと考えていると伝え、ホテルで記者会見を開いて発表した。

ソフトバンク

ソフトバンク創業者・孫正義《そんまさよし》（一九五七～）は佐賀県鳥栖市に、在日韓国人実業家の二男として生まれた。朝鮮人集落で幼少期を過ごしたが、父が密造酒製造販売と消費者金融・パチンコ業で成功した時期は豊かだった。一九七三年に久留米大学附設高等学校に入学し、夏休みにアメリカ・カリフォルニア州に語学研修で四週間の短期留学をした。七四年に高校を中退し、渡米して英語学校に入学した。その後もアメリカにいて、七七年にカリフォルニア大学バークレー校経済学部に編入学し、八〇年に卒業する。カリフォルニア大学時代から、孫はさまざまな発明やビジネスに没頭し、自動翻訳機をシャープに売り込み一億円を得て、一九七九年にそれを元手にアメリカでソフトウェア開発会社「Unison World」を設立し、日本で流行っていたインベーダーゲーム機をアメリカで販売した。

一九八〇年にカリフォルニア大学を卒業し、帰国すると、孫は福岡市博多区でコンピュータ卸売事業の「ユニソン・ワールド」を興した。アメリカで科学雑誌に掲載されていたマイクロチップの写真を見て、これからはパソコンの時代だと確信しての起業だった。翌八一年、ユニソン・ワールドと経営総合研究所の共同出資で福岡県大野城市に「株式会社日本ソフトバンク」を設立し、代表取締役社長に就任した。ソフトバンクの誕生である。社名は「ソフトウェアの銀行」を意味する。いまは携帯電話会社として知られているが、最初はパソコンソフトの流通会社だった。

一九八二年、日本ソフトバンクはパソコン雑誌「Oh! PC」「Oh! MZ」を創刊した。メーカー別にパソコンやソフトウェアを紹介するもので、パソコンマニアから注目された。

八三年に孫は慢性肝炎で入院し社長を退任したが、八六年に復帰し、九〇年に日本ソフトバンクを「ソフトバンク」に社名変更した。この時期のソフトバンクは「タイムマシン経営」を標榜し、アメリカで誕生した事業を日本に持ち込んでいた。つまり、アメリカという未来の国から、そこでヒットしているものを日本に持ち込み、いち早く実践したのだ。

一九九四年、ソフトバンクは店頭公開して上場、これにより二〇〇億円を調達し、大型買収に打って出る。「Ziff Communication Company」の展示会部門を買収、世界最大のコンピュータ見本市「コムデックス」の運営会社「The Interface Group」の展示会部門への資本参加、雑誌「PC WEEK」の版元「Ziff-Publishing Company」の買収を相次いで行ない、アメリカでのコンピュータの情報をリアルタイムに入手できるようにした。このおかげで、創業したばかりのYahoo!を知り、九六年にアメリカ・ヤフー社と合弁でヤフー（Yahoo! JAPAN、現・LINEヤフー）を設立し、インターネット事業に進出した。以後、インターネット事業を次々と展開していく。

二〇〇一年にはヤフーと共同でＡＤＳＬ接続サービスのYahoo! BBの提供を開始し、通信業を事業の柱とした。〇四年には日本テレコム株式会社の株式を取得して子会社化して固定電話事業にも参入、総合通信事業者へと変貌していった。これまでは限られた層を顧客としていたが、これからは一般大衆を顧客とすることになったので、知名度アップが必要だった。そのためには球団を持つのが手っ取り早いことは、オリックスが証明していた。そのオリックスが球団経営で苦戦していたのは自前の球場を持たないからだった。孫は初期投資は莫大な金額になるが、福岡ドームも持たなければならないと判断した。

孫正義は一〇月一八日に記者会見でホークス買収の意思を発表すると、翌日には産業再生機構の斎藤社長と会い、球団の買い手候補として理解してほしいと伝えた。一〇月下旬には、すでに巨人のオーナーではなかったが隠然たる影響力を持つ渡邉恒雄とも会談し、理解を求めた。

一一月三〇日、ソフトバンクはホークス買収の基本合意を発表した。ダイエー保有のホークス球団株の九八パーセントを五〇億円で買い、福岡ドームを含むホークスタウンを所有しているコロニーキャピタルからは、グッズやチケットの販売権を含む興行権を一五〇億円、総額二〇〇億円という巨額の買収劇となった。さらに、ソフトバンクは福岡ドームの使用権を年間四八億円、三〇年契約で得た。これによってホークスの試合のないときは、ソフトバンクが他のスポーツイベントやコンサートに貸して収益を上げることができる。同日、ソフトバンクはプロ野球機構に加盟申請した。

球団名については、ソフトバンクそのもののCIともからみ、二転三転したが、「福岡ソフトバンクホークス」に落ち着き、ソフトバンクの社名変更もなくなった。

一二月二四日、臨時のオーナー会議が開かれ、ホークスのオーナーがダイエーからソフトバンクになることが了承された。孫正義はホークスの王貞治監督と握手して喜んだ。王は監督を退任した後、ソフトバンク球団取締役最高顧問を経て、二〇〇九年からは球団取締役会長となる。

二〇〇四年の球界再編劇はこうして収束したが、余波があった。

近鉄バファローズの本拠地だった大阪ドームの運営会社、株式会社大阪シティードーム社の経営状況は改善されず、二〇〇四年一一月に特定調停を申請するも不調に終わり、二〇〇五年一〇月に会社更生法適用を申請するに至った。しかし管財人による施設と営業権の売却も行き詰まった。

結局、二〇〇六年四月にオリックスがドームの施設を「不動産」として買収し、シティドーム社の経営もオリックスが主体となって引き継ぐことになった。同年七月、施設命名権（ネーミングライツ）が京セラの子会社京セラドキュメントソリューションズ（元・三田工業）に売却され、球場は「京セラドーム大阪」という名称となった。球団と球場が同一資本によって運営されている場合、球場のネーミングライツは大きな収入源となっていく。

オリックス・バファローズは二〇〇五年からは神戸総合運動公園野球場（スカイマークスタジアム、現・ほっともっとフィールド神戸）と大阪ドームを本拠地球場としていたが、二〇〇八年から京セラドーム大阪に本拠地を一本化した。また、近鉄は二〇〇八年三月にオリックス球団から資本を引き揚げ、完全にプロ野球から撤退した。

球団の変遷　パシフィック・リーグ　1987～2024

1987
1988
1989
1990
1991
1992
1993
1994
1995
1996
1997
1998
1999
2000
2001
2002
2003
2004
2005
2006
2007
2008
2009
2010
2011
2012
2013
2014～24
①
②
オリックス・ブルーウェーブ
オリックス・バファローズ
③
福岡ダイエーホークス
福岡ソフトバンクホークス
日本ハムファイターズ
北海道日本ハムファイターズ
ロッテオリオンズ
千葉ロッテマリーンズ
近鉄バファローズ
大阪近鉄バファローズ
西武ライオンズ
埼玉西武ライオンズ
東北楽天ゴールデンイーグルス
①阪急ブレーブス
②オリックス・ブレーブス
③南海ホークス

観客数の比較　2005 ～ 2024				
年	セ・リーグ	パ・リーグ	セに対するパの割合	
2005	11,672,571	8,252,042	0.71	この年から実数を発表。
2006	11,877,677	8,529,281	0.72	
2007	12,140,359	9,046,670	0.75	
2008	12,083,181	9,555,016	0.79	
2009	12,692,228	9,707,451	0.76	
2010	12,308,022	9,832,981	0.80	
2011	11,792,344	9,777,852	0.83	東日本大震災。
2012	11,790,536	9,579,690	0.81	
2013	12,202,009	9,845,482	0.81	
2014	12,616,873	10,242,478	0.81	
2015	13,510,900	10,726,020	0.79	
2016	13,848,988	11,132,526	0.80	
2017	14,024,019	11,115,444	0.79	
2018	14,235,573	11,315,146	0.79	
2019	14,867,071	11,669,891	0.78	
2020	2,754,626	2,068,952	0.75	コロナ禍。
2021	4,533,258	3,307,515	0.73	コロナ禍。
2022	12,107,163	8,964,017	0.74	
2023	14,119,723	10,950,446	0.78	
2024	14,617,824	12,063,891	0.83	

第14章

マネーゲーム

2005 - 2024

年度別順位　セントラル・リーグ　2005 ～ 2014						
	1位	2位	3位	4位	5位	6位
2005	阪神	中日	横浜	ヤクルト	巨人	広島
2006	中日	阪神	ヤクルト	巨人	広島	横浜
2007	巨人	**中日**	阪神	横浜	広島	ヤクルト
2008	巨人	阪神	中日	広島	ヤクルト	横浜
2009	**巨人**	中日	ヤクルト	阪神	広島	横浜
2010	中日	阪神	巨人	ヤクルト	広島	横浜
2011	中日	ヤクルト	巨人	阪神	広島	横浜
2012	**巨人**	中日	ヤクルト	広島	阪神	DeNA
2013	巨人	阪神	広島	中日	DeNA	ヤクルト
2014	巨人	阪神	広島	中日	DeNA	ヤクルト

球団別年間入場者数　セントラル・リーグ　2005 ～ 2014						
	巨人	阪神	中日	横浜	ヤクルト	広島
2005	2,922,093	**3,132,224**	2,284,400	976,004	1,307,731	1,050,119
2006	2,892,695	3,154,903	**2,398,698**	1,106,511	1,315,389	1,009,481
2007	**2,911,358**	3,144,180	2,390,532	1,231,997	1,333,231	1,129,061
2008	**2,876,274**	2,976,754	2,427,805	1,129,954	1,281,714	1,390,680
2009	**2,934,370**	3,007,074	2,298,405	1,246,967	1,332,366	1,873,046
2010	2,966,626	3,005,633	**2,193,124**	1,209,618	1,332,928	1,600,093
2011	2,716,974	2,898,432	**2,143,963**	1,102,192	1,348,259	1,582,524
				DeNA		
2012	**2,903,947**	2,727,790	2,080,530	1,165,933	1,322,678	1,589,658
2013	**3,008,197**	2,771,603	1,998,188	1,425,728	1,432,695	1,565,598
2014	**3,018,284**	2,689,593	2,000,912	1,564,528	1,438,775	1,904,781

2009 年にマツダスタジアムが開場し、広島の観客数は増えた。
2012 年から横浜は「DeNA」となった。

年度別順位　パシフィック・リーグ　2005 ～ 2014

	1位	2位	3位	4位	5位	6位
2005	**ロッテ**	ソフトＢ	西武	オリックス	日本ハム	楽天
2006	**日本ハム**	西武	ソフトＢ	ロッテ	オリックス	楽天
2007	日本ハム	ロッテ	ソフトＢ	楽天	西武	オリックス
2008	**西武**	オリックス	日本ハム	ロッテ	楽天	ソフトＢ
2009	日本ハム	楽天	ソフトＢ	西武	ロッテ	オリックス
2010	ソフトＢ	西武	**ロッテ**	日本ハム	オリックス	楽天
2011	**ソフトＢ**	日本ハム	西武	オリックス	楽天	ロッテ
2012	日本ハム	西武	ソフトＢ	楽天	ロッテ	オリックス
2013	**楽天**	西武	ロッテ	ソフトＢ	オリックス	日本ハム
2014	**ソフトＢ**	オリックス	日本ハム	ロッテ	西武	楽天

2005 年は勝率ではソフトバンクが 1 位だが、プレーオフでロッテが優勝。

球団別年間入場者数　パシフィック・リーグ　2005 ～ 2014

	オリックス	ソフトバンク	日本ハム	ロッテ	西武	楽天
2005	1,356,156	2,115,977	1,365,643	**1,334,014**	1,103,148	977,104
2006	1,390,231	2,037,556	**1,603,541**	1,349,656	1,196,574	951,723
2007	1,137,186	2,307,160	**1,833,054**	1,558,430	1,093,471	1,117,369
2008	1,266,765	2,250,044	1,873,931	1,601,632	**1,413,583**	1,149,061
2009	1,285,907	2,245,969	**1,992,172**	1,465,189	1,515,045	1,203,169
2010	1,443,559	**2,164,430**	1,945,944	1,546,105	1,591,303	1,141,640
2011	1,400,961	**2,293,899**	1,990,338	1,332,815	1,591,651	1,168,188
2012	1,330,676	2,447,501	**1,858,524**	1,239,168	1,526,028	1,177,793
2013	1,438,467	2,408,993	1,855,655	1,260,439	1,600,841	**1,281,087**
2014	1,703,734	**2,468,422**	1,897,789	1,223,915	1,498,365	1,450,233

2005 年からダイエーが「ソフトバンク」になり、近鉄がオリックスに吸収合併され、新たに「楽天」が参入した。

年度別順位　セントラル・リーグ　2015 ～ 2024

	1位	2位	3位	4位	5位	6位
2015	ヤクルト	巨人	阪神	広島	中日	DeNA
2016	広島	巨人	DeNA	阪神	ヤクルト	中日
2017	広島	阪神	DeNA	巨人	中日	ヤクルト
2018	広島	ヤクルト	巨人	DeNA	中日	阪神
2019	巨人	DeNA	阪神	広島	中日	ヤクルト
2020	巨人	阪神	中日	DeNA	広島	ヤクルト
2021	**ヤクルト**	阪神	巨人	広島	中日	DeNA
2022	ヤクルト	DeNA	阪神	巨人	広島	中日
2023	**阪神**	広島	DeNA	巨人	ヤクルト	中日
2024	巨人	阪神	**DeNA**	広島	ヤクルト	中日

球団別年間入場者数　セントラル・リーグ　2015 ～ 2024

	巨人	阪神	中日	DeNA	ヤクルト	広島
2015	3,001,187	2,878,352	2,049,784	1,813,800	**1,657,511**	2,110,266
2016	3,004,108	2,910,562	2,058,381	1,939,146	1,779,460	**2,157,331**
2017	2,958,890	3,034,626	2,010,772	1,979,446	1,862,731	**2,177,554**
2018	3,002,347	2,898,976	2,146,406	2,027,922	1,927,822	**2,232,100**
2019	**3,027,682**	3,091,335	2,285,333	2,283,524	1,955,578	2,223,619
2020	**492,526**	517,944	378,006	467,700	360,593	537,857
2021	812,612	749,433	593,791	725,858	**675,258**	976,306
2022	2,318,302	2,618,626	1,807,619	1,778,980	**1,614,645**	1,968,991
2023	2,708,315	**2,915,528**	2,183,950	2,280,927	1,976,151	2,054,852
2024	**2,825,761**	3,009,693	2,339,541	2,358,312	1,998,846	2,085,671

2020・2021 年はコロナ禍で激減した。

年度別順位　パシフィック・リーグ　2015～2024

	1位	2位	3位	4位	5位	6位
2015	**ソフトB**	日本ハム	ロッテ	西武	オリックス	楽天
2016	**日本ハム**	ソフトB	ロッテ	西武	楽天	オリックス
2017	**ソフトB**	西武	楽天	オリックス	日本ハム	ロッテ
2018	西武	**ソフトB**	日本ハム	オリックス	ロッテ	楽天
2019	西武	**ソフトB**	楽天	ロッテ	日本ハム	オリックス
2020	**ソフトB**	ロッテ	西武	楽天	日本ハム	オリックス
2021	オリックス	ロッテ	楽天	ソフトB	日本ハム	西武
2022	**オリックス**	ソフトB	西武	楽天	ロッテ	日本ハム
2023	オリックス	ロッテ	ソフトB	楽天	西武	日本ハム
2024	ソフトB	日本ハム	ロッテ	楽天	オリックス	西武

球団別年間入場者数　パシフィック・リーグ　2015～2024

	オリックス	ソフトバンク	日本ハム	ロッテ	西武	楽天
2015	1,767,220	**2,535,877**	1,959,943	1,322,004	1,616,827	1,524,149
2016	1,794,475	2,492,983	**2,078,981**	1,526,932	1,618,194	1,620,961
2017	1,608,751	**2,526,792**	2,086,410	1,450,164	1,673,219	1,770,108
2018	1,625,365	2,566,554	1,968,916	1,665,133	**1,763,174**	1,726,004
2019	1,733,998	2,656,182	1,970,516	1,665,891	**1,821,519**	1,821,785
2020	333,559	**532,723**	276,471	389,995	300,120	236,084
2021	**431,601**	462,060	544,818	633,453	620,346	615,237
2022	**1,412,638**	2,247,898	1,291,495	1,468,622	1,212,233	1,331,131
2023	**1,947,453**	2,535,061	1,882,573	1,803,994	1,422,853	1,358,512
2024	2,149,202	2,726,058	2,075,734	1,915,246	1,555,280	1,642,371

2020・2021年はコロナ禍で激減した。

日本ハムは2023年から本拠地をエスコンフィールドHOKKAIDOへ移し、観客を増やした。

西武王国の崩壊

再編問題で球界が揺れていた二〇〇四年、西武鉄道グループは野球とは無関係な別の事件で激震に見舞われていた。

まず四月八日に総会屋に利益供与をしていたことが発覚し、堤義明は西武鉄道の会長職を辞任した。しかしグループの中核会社であるコクドの会長とライオンズのオーナーには留まっていた。そのオーナーの立場での発言が球界を混乱させる一因ともなっていたことはすでに記した。

一方、西武の激震はまだ続く、一〇月一三日、堤義明は突然、全ての役職を辞任すると発表した。理由は、有価証券報告書への虚偽記載があったことが発覚し、その責任を取るという。

この事件で、堤は翌二〇〇五年三月三日に、西武鉄道株式に関する証券取引法違反(有価証券報告書の虚偽記載、インサイダー取引)の疑いで東京地検特捜部に逮捕された。退任していたとはいえ、プロ野球球団のオーナー経験者の逮捕は前代未聞だった。

事件の前から西武グループの資本関係は問題視されていた。西武鉄道は上場会社だったが、その株式の多くを非上場のコクドが所有し、そのコクドの株は大半が堤義明のものだった。この構造により、堤は総従業員三万人と言われた西武鉄道グループを独裁できたのだ。ところが、そのコクド株の持ち主について不明瞭な部分があった。

堤は起訴され、同年一〇月二七日に東京地方裁判所にて懲役二年六月、罰金五〇〇万円、執行猶予四年の判決を言い渡され、堤も検察も控訴しなかったので有罪判決が確定した。

このときすでに西武鉄道グループはメインバンクのみずほコーポレート銀行（合併により現在はみずほ銀行）が経営権を掌握し、グループの複雑な資本関係の解明、整理に入っていた。

これに対し、オリックスの宮内義彦は堤を救済するため、村上ファンドの村上世彰《むらかみよしあき》を紹介した。みずほコーポレート主導の再建を快く思っていない堤は村上と会った。村上の提案は西武鉄道の総発行済株式四億三〇〇〇万株を一株一〇〇〇円でTOB（株式公開買付）し、それにかかる四三〇〇億円のうち三〇〇〇億円をクレディ・スイスに出資させるというものだった。

堤もこの案に乗り気になった。だが、そこに外資が登場する。ゴールドマン・サックスが一兆四〇〇〇億円、モルガン・スタンレーが一兆六〇〇〇億円、リーマン・ブラザーズが一兆三〇〇〇億円をそれぞれ提示してきたのだ。西武鉄道グループが持つ都心部の一等地にあるプリンスホテルなどの価値を評価しての金額だった。

村上ファンドの提案とは桁違いだった。これを知ると、村上は西武から手を引いた。これが二〇〇五年一月頃のことである。その後、村上は次のターゲットを関西の私鉄と決めた。

銀行主導による西武グループ全体の経営再建の過程で、コクドはライオンズ球団を売却する方針を固め、二〇〇四年に球界再編を試みたライブドアを始め数社に打診した。しかし、売却額と所沢の西武ドームを引き続き本拠地にするという西武側の条件が受け入れられず、二〇〇五年度内の売却は見送られた。その後の西武グループ経営改革委員会で、委員長の諸井《もろい》虔《けん》が売却に反対したため、二〇〇六年以降もライオンズを所有することとなった。

詳細は省くが、二〇〇六年に持株会社として「株式会社西武ホールディングス」が設立され、その下にプリンスホテルや西武鉄道が置かれる形となった。ライオンズは西武鉄道の下に置かれる。

村上ファンド

西武再建に登場した村上ファンドは、投資と投資信託、企業の買収・合併に関わるコンサルティングをするグループの通称で、株式会社M&Aコンサルティングや株式会社MACアセットマネジメントが中核にある。その代表が村上世彰《よしあき》（一九五九〜）だった。

村上世彰の父は日本統治下の台湾で生まれ、日本人として扱われた。中学から日本に留学していたが、大学は台湾へ帰った。戦争が勃発すると、日本兵として徴兵され、インドネシアやマレーシアに送られ、終戦後はシンガポールで捕虜として過ごした。日本人として戦ったにもかかわらず、日本へ帰ると日本国籍を剝奪されて台湾へ帰された。一九五〇年代になってから日本に渡り、日本人女性と結婚して日本国籍を得て、大阪で貿易商を営んでいた。そこで世彰は生まれた。

一九八〇年代になると、父は貿易会社の経営に見切りをつけて投資家となった。世彰にも株を教え、小学校三年になると、一〇〇〇万円の現金を見せ、「いつも小遣いをくれと言うので、いま、一〇〇〇万円をあげてもいい。だが、それは大学卒業までの分の小遣いだ」と言った。世彰は計算し、「卒業までだと一四年もあるので一〇〇〇万では少ない、大学入学までの一〇年分の小遣いにしてくれ」と言った。

こうして得た一〇〇〇万円で、小学生の世彰は株の投資を始めた。五〇〇万円でサッポロビール株を買うと、二年で一〇〇万円の利益が出た。村上世彰は小学生にして投資家としての人生を歩み始めたのだ。

村上は東京大学法学部を卒業すると、一九八三年に通商産業省（現・経済産業省）に入省し、一六年間勤めた。その過程で、日本経済に必要なのはコーポレート・ガバナンスだと実感し、「物言う株主」となることで、企業を変えていこうと決意した。

一九九八年、村上は人材派遣会社ザ・アールの奥谷禮子《おくたにれいこ》社長から、オリックスの宮内義彦社長を紹介してもらい、日本でのコーポレート・ガバナンスの必要性を力説した。

宮内は「オリックスの社内にファンドを作り、一緒にやろう」と提案したが、村上は役所に一六年もいたので、組織のなかでの仕事をすることに抵抗があった。その思いを伝えると、共同出資で会社を作ることになった。

村上は翌一九九九年に通産省を辞めて、オリックスとの共同出資で、株式会社M&Aコンサルティングを設立した。村上が四九パーセント、オリックスが四五パーセントという株主構成で、残りは賛同してくれた知人が出した。会社は村上の自宅が事務所で、副社長二人、秘書、経理の五人でのスタートだった。まずはコンサルティングの仕事を始め、東急ホテルなどで成功した。並行して、ファンドの資金調達にも奔走し、三八億円を集めた。この資金で、村上は「もの言う株主」として動き出す。

村上の手法は、投資対象とした会社の株を購入したうえで、利益の上がる事業に専念させ、株主価値の向上を目指すものだった。

村上ファンドを有名にさせたのは、二〇〇二年の東京スタイル事件だった。アパレルメーカーの東京スタイルは、売上高六二五億円をあげ、現金や有価証券などで一二八〇億円の内部留保資金を保有し、この資産でファッションビルを建設すると発表していた。村上ファンドは東京スタイル株を買い占め、発行済株式の九・三パーセントを得ると、筆頭株主になった。そして株主提案権行使請求書でファッションビル建設の中止と内部留保を使って自社株買いをすることを提案した。株主総会の議決権確定日までに、村上ファンドは一二パーセントまで買い増したが、期待していた個人投資家が会社側を支持し、また外国人投資家の委任状が不達となり、このプロキシーファイト（議決権争奪戦）は村上ファンドの敗北で終わった。

しかし、これで一躍、村上ファンドは有名になったのである。

次に目を付けたのがフジサンケイグループだった。このグループの資本関係がいびつであることは有名だった。最も大きいフジテレビの株は、ニッポン放送が三割以上保有していた。そのフジテレビは産経新聞社の株の四割を保有している。この構造で、フジテレビ株を公開することになり、公開にあたっては親会社が上場していなければならない決まりがあったので、ニッポン放送は一九九六年に上場した。村上からすればあまりにも無防備だった。安価なニッポン放送株を買い占めれば、フジテレビが手に入るからだ。それに気づかない経営陣が理解できない。そこで、このコーポレート・ガバナンスの不在を正そうというのが、二〇〇三年から〇四年にかけてニッポン放送株を買い占めた動機だと、村上は自著『生涯投資家』で説明している。もちろん、ファンドとして利益を上げることも目的ではある。

二〇〇五年になると、ライブドアの堀江貴文がフジテレビを手に入れようと、ニッポン放送株を買い占め出した。前年のプロ野球への参入が失敗に終わったので、堀江は次のターゲットをメディアにしたのだ。これは村上が声をかけたからだった。

結果として、堀江のフジテレビ乗っ取りは失敗したが、村上は持っていたニッポン放送株をうまく売り抜けた。はたして堀江は村上に利用されたのか。そのあたりは諸説ある。

フジサンケイグループの次に、村上が向かったのが阪神電鉄だった。

村上タイガース

阪神電気鉄道の株価は、三〇〇円から三五〇円の間を推移していた。それまでの最高はバブル期の一九八九年で一四九〇円まで上がったが、以後は二〇〇三年に阪神タイガースが一八年ぶりに優勝したときも、四五〇円前後だったのだ。一般に鉄道会社の株は、大事故が起これば下がるくらいで、普段は変動が少ない。

村上ファンドは阪神電鉄の資産内容に着目していた。甲子園球場や梅田など沿線の保有不動産の評価額が実勢価格ではなく、取得時の簿価となっており、乖離があった。村上ファンド側の試算では五〇〇億円近い含み益を持っていたのだ。さらに阪神タイガースという優良コンテンツもあるし、建設中の阪神なんば線が開通すれば、利便性が増す。

二〇〇五年一月から村上ファンドは阪神電鉄株を買い始め、株価はじわじわと上がっていた。しかし経営陣はタイガースが優勝しそうなので買われているのだろうと考え、何も警戒せず、手も打たなかった。

九月に村上ファンドは大量株式保有報告書で、阪神電鉄の二六・六七パーセント、阪神百貨店の一八・一九パーセントを保有していると明らかにした。その時点で電鉄株は一二〇〇円にまで上がっていた。こうなるまで気づかない経営陣のうかつさは、たしかに責められていい。

一〇月三日、村上ファンドが取得した阪神電鉄株は三八・一三パーセントに達していた。翌日、村上ファンド側と阪神電鉄経営陣との面談が実現し、「阪神電鉄の企業価値・株主価値の向上を目指す経営施策について」話し合われ、そのなかで阪神タイガース球団の上場も提案された。しかし五日、阪神球団の牧田《まきた》俊洋《としひろ》社長は上場する考えがないと明言した。すべての球団が株式会社によって経営・運営されているが、親会社の子会社か複数の大企業が株を持っており、上場しているところはない。

一〇月一一日、村上ファンドの取得は三九・七七パーセントに達し、村上世彰と阪神電鉄・西川恭爾《にしかわきょうじ》社長が面談した。村上は阪神電鉄の業績向上に資すると思われる企業のリストを提供する、阪神電鉄の各事業価値の向上策を提案した。

村上の提案のひとつが、京阪電気鉄道との統合だった。これが実現すれば、神戸・大阪・京都が結ばれ、阪急と対抗できる。

だが何よりも話題になったのが、阪神タイガースの上場だった。上場すれば株主になれると喜ぶファンもいたのかもしれないが、反感を抱くほうが多く、「阪神タイガースが村上タイガースになるなんて嫌だ」との声が圧倒的だった。球界からも不快感が示された。村上とて「村上タイガース」にしようとは思っていなかったが、その名称はひとり歩きした。

村上ファンドに対抗するため、阪神電鉄は密かに阪急ホールディングスに救済を打診した。これが二〇〇六年三月頃だった。阪急も合意し、四月に基本合意が得られ、阪急ホールディングスが阪神電気鉄道株式のTOBを行なうと発表した。

その直後、まるでシナリオがあるかのように、東京地検特捜部は、ニッポン放送株式のインサイダー取引について取り調べたいと村上を呼び出した。ライブドアがニッポン放送株を買おうとしていることを事前に知っていたのではという疑惑だった。村上は疑惑を否定していたが、六月五日に記者会見を開き、ライブドアの当時の取締役などから重要な情報を「聞いちゃった」と告白し、インサイダー取引の容疑を認めた。そして同日、逮捕された。

これによって、村上ファンドは不本意ながら阪急のTOBに応じることとなった。

かくして、六月二九日、阪急ホールディングス、阪神電気鉄道それぞれの株主総会で、二〇〇六年一〇月一日付けで、両社の株式交換を行なうことが承認された。

一〇月一日、阪急ホールディングスは阪神電気鉄道を完全子会社化して、経営統合する。同時に阪急HDは商号変更して、「阪急阪神ホールディングス」となった。

この件がプロ野球オーナー会議に報告されると、「経営母体が変わるのだから新規参入であり、保証料、変更諸経費として三〇億円を拠出すべき」との声が上がった。

阪神と阪急の両社間では阪神ファンの熱狂ぶりから「阪急タイガース」になると大騒ぎになるので、「今後一〇年間は阪神タイガースの名称を維持する」ことを決めていた。そういう事情を説明して理解を求めた結果、三〇億円の保証料の支払いは不要となり、調査費として一億円だけを払うことで乗り切った。

そして一〇年が過ぎても、「阪急タイガース」にはならず、「阪神タイガース」のままである。経営統合と言っても、実質的には阪急による阪神の吸収合併だが、阪急はタイガースについては阪神にすべてを任せていた。

しかしタイガースは二〇〇五年を最後に優勝できず、二二年はシーズン開幕直前に矢野燿大《あきひろ》監督が今季限りで辞めると発表していた。次期監督についてさまざまな新聞辞令が出ていたが、この混迷を見て、阪急阪神ホールディングス会長の角和夫《かずお》（一九四九〜）は監督人事への介入を決断し、早稲田大学の同窓で懇意にしていた岡田彰布《あきのぶ》の招聘を指示した。阪神側は他の人物を監督候補にしていたので抵抗したが、角は「今回限りの特例」として押し切った。

岡田が二年契約で監督に就任すると、同年一二月、阪急出身の杉山健博（一九五八〜）が岡田体制を支えるために阪神タイガースのオーナー（取締役会長）となった。阪急出身者がタイガースのオーナーになるのは初めてだった。岡田監督一年目の二〇二三年、タイガースはセ・リーグで優勝し、日本シリーズにも勝って、三八年ぶりの日本一となった。阪神百貨店や提携していた東京の京王百貨店が優勝記念セールをしたが、阪急百貨店は参加しなかった。

二〇二四年のタイガースは二位に終わり、阪神側は岡田に留任を求めず、日本一監督は退任した。

TBSのベイスターズ売却

二〇〇四年から〇五年のパ・リーグの大激震――近鉄バファローズのオリックスへの吸収合併、ホークスのダイエーからソフトバンクへの譲渡、楽天の新規参入、西武王国の崩壊、村上ファンドによる阪神乗っ取り未遂の後、球界はしばらく安定期が続いていた。

セ・リーグは球団譲渡が少ないが、一度身売りされると、繰り返される傾向がある。スワローズが国鉄、産経、ヤクルトと替わったように、ベイスターズもマルハからTBSに筆頭株主が替わった後、二〇一一年のシーズンオフに身売り騒動が起きた。

インターネットの発展によって、放送業界は広告収入が激減していた。TBSもその例外ではなく、二〇一〇年三月期連結決算で二三億円の純欠損に陥り、リストラが急務となった。そこで目を付けられたのが、年間二〇億円近い赤字となっていた横浜ベイスターズで、住宅設備大手の住生活グループ（現・LIXILグループ）に譲渡すべく交渉を始めていた。

一〇月にベイスターズが譲渡されるらしいと報じられると、TBS、住生活グループ双方が交渉していると認め、一〇月中に正式決定するとのコメントも出されたが、結局この話は破談となった。

破談の理由は金額の問題ではなく、住生活グループが横浜から出て、新潟、静岡、京都などを本拠地としたいと主張したからだった。

そのため、二〇一一年もTBSは親会社として横浜ベイスターズを運営するが、一〇月一九日、今度は横浜ベイスターズをディー・エヌ・エー（DeNA）へ譲渡することが決まったのだ。

オーナー企業ではなくなったが、TBSはベイスターズの試合の放映権を持ち続けている。

DeNA

株式会社ディー・エヌ・エー（DeNA）の創業者・南場《なんば》智子《ともこ》（一九六二～）は新潟県新潟市の出身で、石油卸売業経営者の家に生まれた。新潟県立新潟高等学校を卒業し、津田塾大学学芸学部英文学科に進学した。大学四年次には成績一位となり、奨学金で姉妹校ブリンマー大学に一年間、留学した。三木谷、孫と同様にアメリカで学んでいる。

南場は一九八六年にマッキンゼー・アンド・カンパニー・インク・ジャパンに入り、八八年に退職して、ハーバード・ビジネス・スクールに入学し、九〇年にMBAを取得、帰国するとマッキンゼー日本支社のパートナー（役員）に就任した。

一九九九年一月、南場はクライアントの大手インターネットプロバイダー「ソネット（So-net）」の山本泉二《せんじ》社長との会食の席で、So-netでネットオークションを立ち上げるべきだと力説した。当時は、まだ日本には本格的なネットオークションはなく、国内有数の顧客を持つソネットが始めれば成功すると確信していたのだ。あまりに熱心だったせいか、山本は「それなら、自分でやったら」と南場に言った。

南場はコンサルタントだったので、自分で事業をすることは考えてもみなかったが、山本の一言で、やってみようと決断する。マッキンゼーの同僚二人を誘って退社し、三月にネットオークション企画・運営会社「有限会社ディー・エヌ・エー」を設立、代表取締役社長に就任した。これがDeNAの始まりである。

社名は遺伝子のDNAと、電子商取引のe《イー》コマースとを組み合わせたもので、「eコマースの新しい遺伝子を世の中に広めていく〝DNA〟でありたい」という意味だった。八月に株式会社にし、一一月からオークションサイト「ビッダーズ」を運用開始した。

二〇〇一年二月にはリサイクル総合情報サイト「おいくら」を始め、五月には会員制EC支援サービス「クラブビッダーズ」を導入し、オークション&ショッピングサイト「ビッダーズ」にリニューアルさせた。

二〇〇四年、DeNAは株式会社インデックスと提携し、携帯電話専用のオークションサイト「モバオク」を開始し、七月にはアフィリエイトネットワーク「ポケットアフィリエイト」を始めた。そして二〇〇五年、東京証券取引所マザーズに上場する。

二〇〇六年、株式会社モバコレを設立し、携帯電話専用ゲームサイト「モバゲータウン」(現・モバゲー)を開始し、続いてショッピングモールサイト「au Shopping Mall」も始めた。

二〇一〇年には「モバゲーオープンプラットフォーム」のサービスを開始し、NTTドコモとの合弁による小説・コミック投稿コミュニティ「E☆エブリスタ」を始めた。

事業展開のかたわら、南場は二〇〇三年には内閣のIT戦略本部員、〇四年には規制改革・民間開放推進会議委員など、政府の仕事もしていた。

二〇一一年、夫が癌で療養することになり、南場はその看病のため、代表取締役兼CEOを退任し、代表権のない取締役となることを決めていた。この年のDeNAの売上高は一四〇〇億円を超えていた。

そんなとき、ベイスターズを買収することになる。

二〇〇〇年に住友銀行にいた春田真(一九六九〜)がDeNAに入社し、企画管理部門の責任者となっていた。二〇一〇年に春田は、「欲しいものがあります、プロ野球球団です」と告げた。南場は「どうせ買えないでしょう。話が本格的になったら教えて」と、半ば本気にしなかったが、その一年後の一一年に再び、「今年はいけそうです」と言ってきた。

それがベイスターズだったのだ。春田が交渉をし、まとまったところで、南場の出番となった。巨人のオーナーではなくなっていたが、プロ野球界に隠然たる影響力を持つ渡邉恒雄と南場は会食し、気に入られたようだった。ライブドアの堀江貴文がプロ野球参入に失敗したのは、最初に最高実力者である渡邉恒雄に仁義を切らなかったことにあるのが、このことからもわかる。そういう世界なのだ。

TBSホールディングスとBS・TBSは、保有する株式会社横浜ベイスターズの株式八七万株を、一株あたり七四七一円、総額六五億円でDeNAに譲渡した。TBSがマルハから買ったときは一四〇億円で、毎年二〇億円の赤字を補塡していたというから、かなりの損失だ。

一二月一日にオーナー会議と実行委員会で、オーナー会社変更が承認され、球団名は「横浜DeNAベイスターズ」となった。TBS時代のベイスターズは一度も優勝できないどころか、一〇年間で最下位八回という暗黒時代だった。

南場がＤｅＮＡの代表取締役を退いたため、春田がＤｅＮＡの会長となり、ベイスターズのオーナーに就任した。

その後、南場は一五年に復帰して取締役会長となり、同時に横浜ＤｅＮＡベイスターズオーナーに就任した。初の女性オーナーである。

球団と球場の一体化

ＤｅＮＡはファンの獲得に力を入れ、観客数は増えていった。二〇一二年は一一六万五九三三人だったが、一三年に一四二万五七二八人となり、二〇一四年には東京ヤクルトスワローズを抜いた。

しかし、いくら横浜スタジアムが満員になっても球団は赤字だった。球場へ使用料を払うだけで、売店での売上や広告収入が球団へは入ってこないためだ。球団に入るのは、極端に言えば、入場料とテレビ放映権収入、あとはグッズ販売の売上だけだった。大洋球団時代に、オーナー中部謙吉が一円も負担せずに新球場を建てようとしたことが、この赤字構造を生んでいた。一方、株式会社横浜スタジアムは黒字である。ＤｅＮＡはスタジアムに対し、使用料の値下げを求め、これは成功したが、根本的な改革が必要だった。そして、球団と球場が一体にならなければ、球団の黒字はありえない――この結論に達したのだ。

二〇一五年一一月、DeNAは株式会社横浜スタジアムを、TOB（株式公開買い付け）で買収することを決めた。横浜スタジアムの株主は、四五年間有効のオーナーズシートを得るために買った個人が多い。DeNAは、その一人ひとりに電話をかけて訪問し、合同説明会を四回開催するなどして理解を求めた。その結果、TOBの期限である二〇一六年一月二〇日までに七一・一二パーセントの株を取得し、持ち株比率七六・八七パーセントとなった。買い付けにかかった費用は七四億円だった。スタジアムの会社設立時には四〇億円だったので、ほぼ倍になった。株主たちも利益を得た。

二〇一六年のシーズンから、横浜DeNAはスタジアムと一体となった球団運営が可能となり、一八年には観客数は二〇〇万人を超えるようになった。

二〇一六年には、二〇年開催予定の東京オリンピックの野球とソフトボールが横浜スタジアムで行なわれることが決まり、観客席を約六〇〇〇増やすことになった。増築工事は一七年一一月に着工され、二〇年二月に完成した。コロナ禍でオリンピックは延期され、二一年に開催されたものの無観客となったので、増築工事はオリンピックのためという意味では無駄だった。しかしベイスターズの人気が高まっていたので、長期的には無駄ではなく、二四年の観客数は二三五万人になった。

ベイスターズの成績も良くなり、二〇二二年は二位、二三年は三位と、優勝を争えるようになった。

二〇二四年のベイスターズは、レギュラーシーズンは三位だったが、クライマックスシリーズでタイガースとジャイアンツに勝って日本シリーズに進むと、福岡ソフトバンクホークスを倒し、日本一になった。その祝賀会には南場智子オーナーも参加し、三浦大輔監督とビールをかけあい、選手たちと優勝を喜び合った。

横浜DeNAベイスターズと同じ悩みを持っていたのが、北海道日本ハムファイターズだった。本拠地の札幌ドームは札幌市と北海道内の民間企業が出資した第三セクターである「株式会社札幌ドーム」が管理運営し、ファイターズは年間約一三億円の使用料を払っていた。一方で球場内の広告収益は一切、配分されない。この悪条件を解消しようと札幌市と交渉したが決裂し、ファイターズは北海道内に新球場を建てて移転することにした。

二〇一八年、新球場が北広島市に建てられることが発表された。北広島市は、三六ヘクタールを無償で賃貸し、固定資産税や都市計画税を一〇年間免除することで誘致に成功したのだ。

新球場は「株式会社ファイターズスポーツ＆エンターテイメント」が所有することになった。開閉式屋根付き球場で、隣接する五階建ての複合型施設にはホテルやサウナ、博物館、乗馬シミュレーター、フードホールなどがあり、いわゆるボールパークとして計画された。

ネーミングライツは、東京と大阪に本社を置く不動産会社「日本エスコン」が取得し、球場は「エスコンフィールドHOKKAIDO」と名付けられた。

エスコンフィールドHOKKAIDOの総工費は約六〇〇億円で、二〇二三年三月に開場した。

これで一二球団のうち、球団・球場が同資本なのは、阪神・広島・中日・DeNA・西武・ソフトバンク・オリックス・日本ハムの八球団となった。ロッテ、楽天は公営球場の指定管理者として運営を任されている。試合ごとに球場を借りているのは巨人とヤクルトのみとなる。その巨人も二〇二〇年に株式会社東京ドームの株を二〇パーセント取得し、球場の運営管理を行なえるようになった。ヤクルトが使っている明治神宮球場は外苑地区の再開発によって建て替えられるようだ。はたして、スワローズは新球場の運営に関与するのだろうか。

一九三六年の日本職業野球連盟スタート時に存在したのは七球団で、その時点で球場を自前で持っていたのは阪神タイガース（当時・大阪タイガース）のみだった。二〇二四年の現在、「球場は借りればいい」という正力松太郎の考えは否定されている。

二〇二四年八月一日、阪神甲子園球場は開場一〇〇周年を迎えた。同年一二月二六日には読売巨人軍が創立九〇周年、二五年一二月一〇日には阪神タイガースが創立九〇周年、二六年はプロ野球九〇周年を迎える。

あとがき

プロ野球球団をめぐる企業と経営者たちの物語は、ここで、ひとまず終わる。

プロ野球の歴史が本格的に始まった一九三六年に、球団・本拠地球場・球団歌が揃い、現在にいたるまで親会社が同じ球団は、阪神タイガースのみだということが、お分かりいただけたであろうか。

さらに言えば、一九三六年四月に日本職業野球連盟が最初のリーグ戦を主催したとき、巨人軍はアメリカ遠征に出ており参加していない。最初のリーグ戦に参加し、いまも続いている球団もまた、タイガースのみなのだ（中日ドラゴンズは歴史が継続しているかどうか微妙である）。

日本のプロ野球は読売巨人軍が牽引してきたかのように語られるが、それは読売・巨人中心史観の立場からの見方に過ぎない。阪神タイガースこそが一九三六年から二〇二四年までの八八年間にわたり、変わらぬ姿を球史に刻み続けているのだ。

一九六四年に優勝してからのタイガースは「万年二位」時代となり、経営陣が「優勝すると選手の給料を上げなければならないから、最後まで巨人と競り合い、二位に終わるのがいちばんいい」と嘯《うそぶ》いていた。暴言に等しいが、もしかしたら「経営戦略」としては正しかったのかもしれない。二リーグ分裂時の最後の段階での阪神の寝返りも、球団維持の観点からは正しかったとしか言いようがない。

しかし「巨人と競り合い二位でいい」というビジネスモデル（と言えるのかは微妙だが）は、やがて破綻する。補強をせず中長期のビジョンもないので、やがてタイガースは低迷していった。八五年に奇蹟の優勝を遂げたが、その後は「暗黒時代」に陥り、それでも客は入ったが、経営を支える観客動員数に陰りが出てきたとき、阪神電鉄はあわてて球団に資金を投じるようになり、二〇〇三年に優勝した。

だが使い慣れない大金を得た球団は、外国人選手の獲得など戦力強化には失敗し続けた。一方、グッズ販売などファンに出費させることには長けている。このタイガースの歴史については『１００年の甲子園』（朝日新聞出版）、『阪神タイガース１９６５－１９７８』（角川新書）、『阪神タイガース１９８５－２００３』（ちくま新書）の三冊に書いたのでお読みいただければありがたい。

本書の最初の版元である日本実業出版社の松本幹太氏と出会ったのは一〇年くらい前になる。お互いに阪神ファンだと知ってからは、神宮球場の阪神戦に年に何回か行くようになった。編集者と執筆者が会えば、「何か本を出しましょう」となるのは必然で、いくつもの企画が浮かんでは消え、ようやくここに実った。

どういうきっかけだったかは忘れたが、ある日、日本プロ野球の歴史を球団オーナーを通して見ていこうという趣向の本を思いついたのである。

当初は、一社ごとにその概要と、球団を持つにいたった経緯、手放した経緯を書いていくつもりだったが、プロ野球全体の「通史」となり、さらにプロ野球が始まる前、野球の日本伝来から書き起こすことになった。それは、「なぜ最初の七球団の親会社は鉄道と新聞だけだったのか」という漠然とした疑問を解明すべく調べていった結果、最初から野球と鉄道と新聞とは関係が深かったと分かったためである。

図らずも、本書執筆により、経営視点から見れば、我が阪神タイガースこそが最も由緒正しい球団であることを証明できたのは、望外の喜びである。

本書は発売されると、私の本としては最も多く新聞や雑誌などで紹介され、版を重ねることもできた。朝日新聞出版の長田匡司さんから本書の文庫化の提案をいただいたのは、二〇二三年一〇月、タイガースが優勝した直後で、日本実業出版社の承諾も得て一年後に出すことになった。その打ち合わせの過程で、『100年の甲子園』を先に書き下ろしで出すことも決まり、今年（二〇二四年）八月に発売された。その『100年の甲子園』に続いて、本書の編集も上坊真果さんが担当し、校正者の河辺孝一さんにチェックしていただいた。

参考文献

副題・シリーズ名等は省略したものもある。

■球団の公式史

『阪神タイガース　昭和のあゆみ』阪神タイガース、一九九一年
『阪急ブレーブス五十年史』阪急ブレーブス・阪急電鉄、一九八七年
『近鉄バファローズ　V1へのあゆみ　球団三十年史』近鉄野球、一九八〇年
『東京読売巨人軍50年史』東京読売巨人軍、一九八五年
『読売巨人軍90年史　1934〜2024』読売巨人軍、二〇二四年
『南海ホークス四十年史』南海ホークス、一九七八年
『V1記念　広島東洋カープ球団史』広島東洋カープ、一九七六年
『中日ドラゴンズ30年史』中日ドラゴンズ、一九六五年
『中日ドラゴンズ70年史』中日新聞社、二〇〇六年
『大洋ホエールズ15年史』大洋球団、一九六四年
『カープの歩み　1949-2011』中国新聞社、二〇一二年
冨沢佐一『カープ30年』中国新聞社、一九八〇年

■現存する球団

野崎勝義著『ダメ虎を変えた！』朝日新聞出版、二〇一一年
谷口源太郎著『巨人帝国崩壊　スポーツの支配者たち』花伝社、二〇〇五年

二宮寿朗著『ベイスターズ再建録「継承と革新」その途上の10年』双葉社、二〇二一年
『中日ドラゴンズ80年史　全3巻』ベースボール・マガジン社、二〇一六年
『ホエールズ&ベイスターズ　70年の航跡　１９５０－２０１９』ベースボール・マガジン社、二〇一九年
徳永喜男著『ヤクルトスワローズ球団史』ベースボール・マガジン社、一九九二年
『スワローズ全史　１９５０－２０２０』ベースボール・マガジン社、二〇二〇年
『広島東洋カープ70年史　１９５０－２０２０』ベースボール・マガジン社、二〇二〇年
『西武ライオンズ　the history １９７９－２００３』ベースボール・マガジン社、二〇〇三年
『ライオンズ全史　１９５０－２０１０』ベースボール・マガジン社、二〇一〇年
『ライオンズ70年史　１９５１－２０２０』ベースボール・マガジン社、二〇二〇年
『ファイターズ全史　１９７４－２０１５』ベースボール・マガジン社、二〇一五年
『阪急・オリックス80年史　１９３６－２０１６』ベースボール・マガジン社、二〇一六年
『ホークス80年史 全2巻』ベースボール・マガジン社、二〇一八年
『ロッテ70年史　１９５０－２０１９』ベースボール・マガジン社、二〇一九年

■現存しない球団

『追憶の「球団史」１９３６－２００４』ベースボール・マガジン社、二〇一三年
佐藤光房著『もうひとつのプロ野球　山本栄一郎の数奇な生涯』朝日新聞社、一九八六年
大平昌秀著『異端の球譜　「プロ野球元年」の天勝野球団』サワズ出版、一九九二年
山際康之著『広告を着た野球選手　史上最弱ライオン軍の最強宣伝作戦』河出書房新社、二〇一五年
小川勝著『幻の東京カップス』毎日新聞社、一九九六年
阿部牧郎著『焦土の野球連盟』双葉文庫、一九九〇年（初出は一九八七年）

佐竹敏之著『大洋ホエールズ誕生前！』文芸社、二〇〇九年
堤哲著『国鉄スワローズ1950－1964』交通新聞社新書、二〇一〇年
中野晴行著『球団消滅　幻の優勝チーム・ロビンスと田村駒治郎』筑摩書房、二〇〇四年（初出は二〇〇〇年）
坂井保之著『波瀾興亡の球譜　失われたライオンズ史を求めて』ベースボール・マガジン社、一九九五年
長谷川晶一著『最弱球団　高橋ユニオンズ青春記』彩図社、二〇一五年
長谷川晶一著『極貧球団　波瀾の福岡ライオンズ』日刊スポーツ出版社、二〇一五年
長谷川晶一著『虹色球団　日拓ホームフライヤーズの10カ月』柏書房、二〇一九年
野球雲編集部編『消えた球団　高橋ユニオンズ　1954〜1956』ビジネス社、二〇一九年
野球雲編集部編『消えた球団　松竹ロビンス　1936〜1952』ビジネス社、二〇一九年
野球雲編集部編『消えた球団　毎日オリオンズ　1950〜1957』ビジネス社、二〇一九年
『東映フライヤーズ全史』ベースボール・マガジン社、二〇一五年
『近鉄バファローズ球団史　1950－2004』ベースボール・マガジン社、二〇一二年

■人物

鈴木康允・酒井堅次著『ベースボールと陸蒸気　日本で初めてカーブを投げた男・平岡凞』小学館文庫、二〇〇五年
横田順彌・會津信吾著『快男児　押川春浪』徳間文庫、一九九一年（初出は一九八七年）
鈴木龍二著『鈴木龍二回顧録』ベースボール・マガジン社、一九八〇年
佐野眞一著『巨怪伝　正力松太郎と影武者たちの一世紀』文藝春秋、一九九四年
山際康之著『プロ野球オーナーたちの日米開戦』文藝春秋、二〇二一年

北原遼三郎著『東急・五島慶太の生涯』現代書館、二〇〇八年
新井喜美夫著『五島昇　大恐慌に一番強い経営者』講談社、二〇〇九年
岸松雄著『偉大なる青雲　大川博伝』鏡浦書房、一九六五年
津堅信之著『ディズニーを目指した男　大川博』日本評論社、二〇一六年
大澤昭彦著『正力ドームvs.ＮＨＫタワー　幻の巨大建築抗争史』新潮選書、二〇二四年
境政郎著『水野成夫の時代　社会運動の闘士がフジサンケイグループを創るまで』日本工業新聞社、二〇一二年
菅本進著『前田・水野・鹿内とサンケイ』東洋書院、一九九六年
南喜一著『ガマの闘争』蒼洋社、一九八〇年（初出は一九七〇年）
『追想　南喜一』南喜一追想録刊行会、一九七一年
桐山桂一著『反逆の獅子　陸軍に不戦工作を仕掛けた男・浅原健三の生涯』角川書店、二〇〇三年
井上茂著『時知りてこそ　ヤクルト創業者・永松昇』海鳥社、二〇一八年
早瀬利之著『ヤクルト集団の意気―松園尚己研究』笠倉出版社、一九八三年
永田雅一著『映画道まっしぐら』駿河台書房、一九五三年
『私の履歴書　昭和の経営者群像　3（永田雅一）』日本経済新聞社、一九九二年
田中純一郎著『一業一人伝　永田雅一』時事通信社、一九六二年
鈴木晰也著『ラッパと呼ばれた男―映画プロデューサー永田雅一』キネマ旬報社、一九九〇年
山下重定著『大いなる終焉―永田雅一の華麗なる興亡』日芸出版、一九七二年
松崎隆司著『ロッテを創った男　重光武雄論』ダイヤモンド社、二〇二〇年
柳町功著『重光武雄の経営　国境を越えたイノベーター』日本経済新聞出版、二〇二一年
櫻井義晃著『私のやり方、生き方』廣済堂出版、一九九九年

岡田茂著『波乱万丈の映画人生』角川書店、二〇〇四年
由井常彦編著『堤康次郎』エスピーエイチ、一九九六年
老川慶喜著『堤康次郎　西武グループと20世紀日本の開発事業』中公新書、二〇二四年
松尾理也著『前田久吉、産経新聞と東京タワーをつくった大阪人』創元社、二〇二三年
針木康雄著『堤義明・大いなる発想の秘密　かくて、野球もまたビジネスとなった』こう書房、一九八一年
川勝傳著『激動の時代を生きる』東洋経済新報社、一九八七年
『私の履歴書　経済人17（川勝伝）』日本経済新聞社、一九八一年
『私の履歴書　経済人22（大社義規）』日本経済新聞社、一九八七年
佐野眞一著『カリスマ　中内㓛とダイエーの戦後』日経BP社、一九九八年
佐野眞一編著『戦後戦記　中内㓛ダイエーと高度経済成長の時代』平凡社、二〇〇六年
小榑雅章著『闘う商人　中内㓛　ダイエーは何を目指したのか』岩波書店、二〇一八年
堀江貴文著『プロ野球買います！　ボクが500億円稼げたワケ』あ・うん、二〇〇四年
三木谷浩史著『楽天流』講談社、二〇一四年
溝上幸伸著『楽天　三木谷浩史』ぱる出版、二〇〇五年
佐野眞一著『あんぽん　孫正義伝』小学館文庫、二〇一四年（初出は二〇一二年）
村上世彰著『生涯投資家』文春文庫、二〇一九年（初出は二〇一七年）
南場智子著『不格好経営　チームDeNAの挑戦』日本経済新聞出版社、二〇一三年

■企業

『阪神電気鉄道百年史』阪神電気鉄道、二〇〇五年
『75年のあゆみ』阪急電鉄、一九八二年

『読売新聞百年史』読売新聞社、一九七六年
『大映十年史』大映、一九五一年
『松竹百年史』松竹、一九九六年
『クロニクル東映　1947-1991』東映、一九九二年
田中純一郎著『日本映画発達史　全五巻』中公文庫、一九七五〜七六年
広岡友紀著『日本の私鉄　阪神電気鉄道』毎日新聞社、二〇一二年
広岡友紀著『日本の私鉄　阪急電鉄』毎日新聞社、二〇一一年
広岡友紀著『日本の私鉄　南海電気鉄道』毎日新聞社、二〇一二年
広岡友紀著『日本の私鉄　近畿日本鉄道』毎日新聞社、二〇一二年
広岡友紀著『日本の私鉄　名古屋鉄道』毎日新聞社、二〇一二年
広岡友紀著『日本の私鉄　西日本鉄道』毎日新聞社、二〇一三年
広岡友紀著『日本の私鉄　東京急行電鉄』毎日新聞社、二〇一一年
広岡友紀著『日本の私鉄　西武鉄道』毎日新聞社、二〇〇九年
広岡友紀著『「西武」堤一族支配の崩壊』さくら舎、二〇一五年
上之郷利昭著『西武王国　堤一族の血と野望』講談社文庫、一九八五年（初出は一九八二年）
上之郷利昭著『新・西武王国』講談社文庫、一九八七年
共同通信社経済部編著『「西武王国」崩壊』東洋経済新報社、二〇〇五年
中嶋忠三郎著『「西武王国」その炎と影　狂気と野望の実録』サンデー社、二〇〇四年
山本博著『朝日新聞の「調査報道」―ジャーナリズムが追及した「政治家とカネ」』小学館文庫、二〇〇一年
杉本貴司著『ネット興亡記　敗れざる者たち』日本経済新聞出版、二〇二〇年
中川一徳著『メディアの支配者　上・下』講談社、二〇〇五年

中川一徳著『二重らせん　欲望と喧騒のメディア』講談社、二〇一九年
安積忍著『黒い渦潮　平和相互銀行合併の真相』幻冬舎、二〇一七年

■球史全般

『日本プロ野球60年史』ベースボール・マガジン社、一九九四年
『日本プロ野球80年史　歴史編』ベースボール・マガジン社、二〇一四年
中西満貴典著『追憶の日米野球』『同　Ⅱ』彩流社、二〇一七年、二〇一八年
中西満貴典著『プロ野球の誕生』『同　Ⅱ』彩流社、二〇二〇年
波多野勝著『日米野球の架け橋　鈴木惣太郎の人生と正力松太郎』芙蓉書房出版、二〇一三年
関三穂編『プロ野球史再発掘①〜⑦』ベースボール・マガジン社、一九八七年
小関順二著『「野球」の誕生　球場・球跡でたどる日本野球の歴史』草思社文庫、二〇一七年（初出は二〇一三年）
藤本定義著『実録プロ野球四十年史』恒文社、一九七七年
鈴木明著『日本プロ野球復活の日―昭和20年11月23日のプレイボール』集英社文庫、一九八七年（初出は一九七八年）
鈴木明著『セ・パ分裂　プロ野球を変えた男たち』新潮文庫、一九八七年（初出は一九八三年）
佐野正幸著『パ・リーグ激動の昭和48年』日刊スポーツ出版社、二〇一五年
青木一三著『ダイエー／オリックス球団買収の真相』ブックマン社、一九八九年
山室寛之著『1988年のパ・リーグ』新潮社、二〇一九年
朝日新聞スポーツ部著『スト決行　プロ野球が消えた2日間』朝日新聞社、二〇〇四年
小林至著『合併、売却、新規参入。たかが…されどプロ野球！』宝島社、二〇〇四年

手束仁著『プロ野球「悪党」読本』イースト・プレス・文庫ぎんが堂、二〇一八年
田中正恭著『プロ野球と鉄道』交通新聞社新書、二〇一八年
佐野正幸著『あの頃こんな球場があった―昭和プロ野球秘史』草思社、二〇〇六年
森田創著『洲崎球場のポール際　プロ野球の「聖地」に輝いた一瞬の光』講談社、二〇一四年
澤宮優著『東京スタジアムがあった　永田雅一、オリオンズの夢』河出書房新社、二〇一五年
『区民とつくる企画展　「上井草球場」』図録、杉並区立郷土博物館、二〇〇四年
永谷脩著『誰が「プロ野球」を殺したのか！』祥伝社、二〇〇四年
日本経済新聞社編『球界再編は終わらない』日本経済新聞社、二〇〇五年
安西巧著『歴史に学ぶプロ野球16球団拡大構想』日経プレミアシリーズ、日本経済新聞社、二〇二〇年

オーナーたちのプロ野球史《やきゅうし》
鉄道《てつどう》・新聞《しんぶん》・映画《えいが》・食品《しょくひん》・ITなど
58社《しゃ》の興亡《こうぼう》

朝日文庫

2024年12月30日　第1刷発行

著　者　中川右介《なかがわゆうすけ》

発行者　宇都宮健太朗
発行所　朝日新聞出版
〒104-8011　東京都中央区築地5-3-2
電話　03-5541-8832（編集）
03-5540-7793（販売）
印刷製本　大日本印刷株式会社

ISBN978-4-02-262105-4

浅田　次郎
椿山課長の七日間

突然死した椿山和昭は家族に別れを告げるため、美女の肉体を借りて七日間だけ〝現世〟に舞い戻った！　涙と笑いの感動巨編。《解説・北上次郎》

伊坂　幸太郎
ガソリン生活

望月兄弟の前に現れた女優と強面の芸能記者⁉　次々に謎が降りかかる、仲良し一家の冒険譚！　愛すべき長編ミステリー。《解説・津村記久子》

久坂部　羊
老乱

老い衰える不安を抱える老人と、介護の負担に悩む家族。在宅医療を知る医師がリアルに描いた新たな認知症小説。《解説・最相葉月》

久坂部　羊
生かさず、殺さず

息もつかせぬストーリー展開で医師と看護師と家族の壮絶で笑うに笑えない本音を現役医師が描いた医療サスペンスの傑作。《解説・日高　明》

堂場　瞬一
ピーク

一七年前、新米記者の永尾は野球賭博のスクープ記事を書くが、その後はパッとしない日々を送る。そんな時、永久追放された選手と再会し……。

貫井　徳郎
乱反射
《日本推理作家協会賞受賞作》

幼い命の死。報われぬ悲しみ。決して法では裁けない「殺人」に、残された家族は沈黙するしかないのか？　社会派エンターテインメントの傑作。

細谷正充・編／宇江佐真理／北原亞以子／杉本苑子／半村良／平岩弓枝／山本一力／山本周五郎・著

朝日文庫時代小説アンソロジー　人情・市井編

情に泣く

失踪した若君を探すため物乞いに堕ちた老藩士、家族に虐げられ娼家で金を毟られる旗本の四男坊など、名手による珠玉の物語。《解説・細谷正充》

伊東　潤

江戸を造った男

海運航路整備、治水、灌漑、鉱山採掘……江戸の都市計画・日本大改造の総指揮者、河村瑞賢の波瀾万丈の生涯を描く長編時代小説。《解説・飯田泰之》

山本　一力

たすけ鍼《ばり》

深川に住む染谷《せんこく》は〝ツボ師〟の異名をとる名鍼灸師。病を癒やし、心を救い、人助けや世直しに奔走する日々を描く長編時代小説。《解説・重金敦之》

木下　昌輝

まむし三代記

《中山義秀文学賞・日本歴史時代作家協会賞作品賞受賞》

斎藤道三の凶器〝国滅ぼし〟とは？　三代目義龍が下した驚愕の決断とは⁉　戦国史を根底から覆す瞠目の長篇時代小説。《解説・高橋敏夫》

宇江佐　真理

深尾くれない

深尾角馬は姦通した新妻、後妻をも斬り捨てる。やがて一人娘の不始末を知り……。孤高の剣客の壮絶な生涯を描いた長編小説。《解説・清原康正》

池波　正太郎

新装版

一年の風景

飼猫サムとの暮らし「人間以外の家族」、祖母の作る海苔弁「昔の味」、心安らぐ「日本の宿」など。円熟のエッセイ四二編。《解説・平松洋子》

佐宮　圭
男装の天才琵琶師
鶴田錦史の生涯・第17回小学館ノンフィクション大賞優秀賞受賞作。

女も我が子も捨て、全てを琵琶に捧げた鶴田錦史。「ノヴェンバー・ステップス」に至る壮絶な人生を描くノンフィクション。《解説・松井咲子》

下川　裕治
シニアになって、ひとり旅

消えゆくデパート大食堂、懐かしのキハ車両……旅の原点が蘇る。列車やフェリー、バスの車窓に人生を映して味わうひとり時間。

町山　智浩
ブレードランナーの未来世紀
〈映画の見方〉がわかる本

80年代の傑作が、保守的で能天気なアメリカに背を向けて描いたものとは。資料と監督自身の言葉から真の意味を読み解く。映画評論の金字塔。

春風亭　一之輔
まくらが来りて笛を吹く

一之輔ならではの切り口で日常を綴り、ときに湧き出る脳内妄想。思わずニヤリとさせられる、笑体不明の好エッセイ第二弾。《解説・赤江珠緒》

山田　清機
寿町のひとびと

横浜の一等地にある「ハマのドヤ街・寿町」。ここは異界か、最後の砦か。ひとびとの想像を超えた型破りな物語が、寿町の実像を描き出す。

松岡　正剛
知の編集工学
増補版

「編集工学」とは情報社会を面白く生きるための技法。情報編集術のバイブルをアップデートさせた増補版。《解説・山口昌男、大澤真幸》

久米 宏
久米宏です。
ニューステーションはザ・ベストテンだった

数々の人気番組を担当後、作り上げた革命的な報道番組。「テレビを変えた男」の格闘の日々を、永六輔、黒柳徹子らとの多彩な逸話を交え綴る。

森 まゆみ
暗い時代の人々

太平洋戦争終結に至るまでの暗い時代に、精神の自由を掲げ希望の灯りを点した人々——山川菊栄、吉野作造らの人生を描く。《解説・加藤陽子》

太田 匡彦
猫を救うのは誰か
ペットビジネスの「奴隷」たち

無理な繁殖、幼くても出荷……。「かわいい」の裏側でビジネスの「奴隷」となる犬や猫たち。凄惨な実態を、信念の取材が暴く。《解説・坂上 忍》

武田 砂鉄
わかりやすさの罪

すぐわかる、即身につく、〇回泣ける……。納得と共感に溺れ、わかりやすさの妄信あるいは猛進が止まらない社会への警鐘。《解説・TaiTan》

岡本 裕一朗
いま世界の哲学者が考えていること

世界の〝知の巨人〟の思考をまとめたベストセラーを、大幅加筆し文庫化。学問の最前線で活躍する哲学者が、人類の直面する難題に答えを出す。

品田 遊
名称未設定ファイル

ダ・ヴィンチ・恐山名義でも活躍する著者が、SNS、ブログ、掲示板に表れるネット世界の虚無をシニカルに描く名小説集。《解説・川添 愛》